高等院校电气工程及其自动化专业系列精品教材

电机学习题精解

（第三版）

孙旭东　　杨乐梅　编著

科学出版社

北京

内 容 简 介

本书是李发海、朱东起教授编著的《电机学》(第五版)的配套教学用书,是结合编者多年的教学实践编写而成的.书中对《电机学》中的所有思考题和习题都做了详细解答,并通过典型例题对解题思路与技巧进行了指导或提示,还对各章的主要知识点进行了归纳.这些内容对于读者深入理解和熟练掌握电机学的基本概念和基本分析方法,提高分析与解决电机实际问题的能力,都是有帮助的.

本书可作为高等学校电气工程及其自动化专业,以及其他强电类专业的补充教材或教学参考书,也可供报考电工类研究生的人员参考.

图书在版编目(CIP)数据

电机学习题精解/孙旭东,杨乐梅编著.—3版.—北京:科学出版社,2014.6
高等院校电气工程及其自动化专业系列精品教材
ISBN 978-7-03-040962-1

Ⅰ.①电… Ⅱ.①孙… ②杨… Ⅲ.①电机学-高等学校-题解 Ⅳ.①TM3-44

中国版本图书馆 CIP 数据核字(2014)第 121925 号

责任编辑:余 江 / 责任校对:彭 涛
责任印制:张 伟 / 封面设计:迷底书装

科学出版社 出版
北京东黄城根北街16号
邮政编码:100717
http://www.sciencep.com

北京中科印刷有限公司 印刷
科学出版社发行 各地新华书店经销
*
2001年6月第 一 版　开本:787×1092 1/16
2007年6月第 二 版　印张:20
2014年6月第 三 版　字数:512 000
2023年12月第二十次印刷
定价:69.00元
(如有印装质量问题,我社负责调换)

第三版前言

本书是李发海、朱东起教授编著的《电机学》(第五版)(科学出版社,2013)的配套教学用书(本书中简称其为教材). 为了便于教学和读者阅读,各章次序和所用的名词、符号均与《电机学》(第五版)保持一致,非重点内容也用"*"表示.

根据《电机学》(第五版)的修订情况,本书在《电机学习题与题解》(第二版)的基础上,对内容做了相应的修改,包括若干思考题、习题的调整和解答内容的修改,力求使思考题与习题编排更为合理,解答更加确切、清晰. 书中仍然对所有思考题和习题都做了解答. 此外,为了便于读者自主学习,提高解题能力,增加了以下内容:①在绪论和各章中新增了"学习目标"和"基本知识点"两节内容,对绪论和各章的学习要求做了说明,对主要知识点进行了归纳;②在第一至二十三章中分别新增了"典型例题解析"一节,精选了一些与习题不重复的典型题目,并对其解题思路、方法与技巧以及所涉及的重要知识点给出了较详细的指导或提示. 鉴于上述调整,本版书名改为《电机学习题精解》.

在第一版的前言中,我们已对编写本书的指导思想做了说明,并对如何使用本书给出了一些建议. 这些内容至今仍然适用,在此不再赘述. 希望读者在使用本书时,注重对电机学基本概念、基本理论与基本分析方法的理解和掌握,通过积极的思考、认真的练习与总结,来深化对电机学主要知识点及其内在联系的理解,进而提高学习能力和分析解决问题的能力.

本书由孙旭东、杨乐梅编著. 杨乐梅撰写了各章的"学习目标"、"基本知识点"和"典型例题解析"部分;孙旭东撰写修订了各章的"思考题及其解答"和"习题及其解"部分,并负责全书内容的修改、补充和定稿工作.

本书第一版中第一、二、五篇原稿由冯大钧撰写,对本书有重要贡献. 责任编辑余江对本书的体例和内容安排提出了宝贵建议. 本书承蒙李发海教授、朱东起教授审阅. 在此,特向他们表示衷心的感谢.

虽然经过了再版修订,但由于编者学识水平有限,书中仍难免有不妥之处,恳请广大读者批评指正和提出宝贵意见.

编著者
2014 年 4 月

《电机学》(第五版)
购买链接

《电机学》(第六版)
购买链接

第一版前言

本书是根据李发海、朱东起编著的《电机学》(第三版)(科学出版社，2001)中的思考题和习题，结合编者多年的教学实践编写而成的，是《电机学》(第三版)的配套教学用书. 为了便于教学和读者阅读，各章的编写次序和所用名词、符号均与《电机学》(第三版)保持一致.

电机学这门课程，由于概念多，理论性强，与工程实际结合密切，因此相对而言是比较难教难学的. 要学好这门课程，除了认真学习，勤思多问外，还必须做一定数量的思考题和习题. 本书收入精心选择的题目共 500 个，其中思考题 232 个、习题 268 个. 这些题目是清华大学电机教研组经过几代人的努力探索，不断实践的结晶，它反映了电机学教学的基本要求. 本书注重对基本功的考察，对理解和掌握电机的基本原理与电机学的基本概念、基本分析方法有很大帮助.

当今正处于信息时代，读者要学的知识显著增多，要求读者对这些题目都能独立地解答出来是不现实的. 为了提高学习效率，节约时间，应广大读者的要求，我们首次对这些思考题和习题做了全面的解答，有的题目还给出了两种解法. 当然，这只是我们向读者推荐的解题思路和方法. 如果读者在这些解答的帮助下，能够学会运用电机学的基本理论和基本分析方法解决实际的电机问题，或者因受到启发而钻研、探索出更简明、快捷的解题思路和方法，那么就实现了我们编写本书的最大愿望.

读者在使用本书时，先不要急于去看解答，最好是在对题目进行了独立思考与分析，或者独立解题之后，再与书中的解答相对照. 这样，将更有助于加深读者对电机学概念和理论的理解，提高运用所学知识的能力，使本书更好地发挥其作用.

本书由孙旭东、冯大钧编写. 冯大钧编写第一、二、五篇，孙旭东编写第三、四篇，并负责全书名词术语、符号的统一和文稿的整理工作. 全书由李发海教授和朱东起教授审阅. 由于这是一件全新的工作，加之时间仓促和编者水平有限，书中难免还会存在一些错误和不妥之处，希望读者批评指正. 读者对本书还有什么意见、建议和要求，欢迎告诉我们，以便再版时修改，使其更臻完善.

来函请寄：北京清华大学电机工程与应用电子技术系，邮政编码 100084.

编著者

目 录

第三版前言
第一版前言
绪论 ··· 1
   0.1 学习目标 ··· 1
   0.2 基本知识点 ··· 1

第一篇 变 压 器

第一章 变压器的用途、分类与结构 ·· 3
   1.1 学习目标 ··· 3
   1.2 基本知识点 ··· 3
   1.3 典型例题解析 ··· 4
   1.4 思考题及其解答 ··· 4
   1.5 习题及其解 ··· 5

第二章 变压器的运行分析 ··· 6
   2.1 学习目标 ··· 6
   2.2 基本知识点 ··· 6
   2.3 典型例题解析 ··· 9
   2.4 思考题及其解答 ··· 12
   2.5 习题及其解 ··· 20

第三章 三相变压器 ··· 40
   3.1 学习目标 ··· 40
   3.2 基本知识点 ··· 40
   3.3 典型例题解析 ··· 42
   3.4 思考题及其解答 ··· 42
   3.5 习题及其解 ··· 46

第四章 三绕组变压器和自耦变压器 ·· 52
   4.1 学习目标 ··· 52
   4.2 基本知识点 ··· 52
   4.3 典型例题解析 ··· 53
   4.4 思考题及其解答 ··· 55
   4.5 习题及其解 ··· 56

*第五章 变压器过渡过程中的过电流现象 ·································· 65
   5.1 学习目标 ··· 65
   5.2 基本知识点 ··· 65
   5.3 典型例题解析 ··· 65

5.4	思考题及其解答	66
5.5	习题及其解	66

第二篇 直 流 电 机

第六章　直流电机的用途、基本工作原理与结构 ········· 68
- 6.1　学习目标 ········· 68
- 6.2　基本知识点 ········· 68
- 6.3　典型例题解析 ········· 69
- 6.4　思考题及其解答 ········· 69
- 6.5　习题及其解 ········· 69

第七章　直流电机的磁路和电枢绕组 ········· 71
- 7.1　学习目标 ········· 71
- 7.2　基本知识点 ········· 71
- 7.3　典型例题解析 ········· 72
- 7.4　思考题及其解答 ········· 73
- 7.5　习题及其解 ········· 75

第八章　直流发电机 ········· 77
- 8.1　学习目标 ········· 77
- 8.2　基本知识点 ········· 77
- 8.3　典型例题解析 ········· 78
- 8.4　思考题及其解答 ········· 80
- 8.5　习题及其解 ········· 82

第九章　直流电动机 ········· 87
- 9.1　学习目标 ········· 87
- 9.2　基本知识点 ········· 87
- 9.3　典型例题解析 ········· 89
- 9.4　思考题及其解答 ········· 91
- 9.5　习题及其解 ········· 93

第三篇 交流电机的绕组电动势和磁动势

第十章　交流电机的绕组和电动势 ········· 108
- 10.1　学习目标 ········· 108
- 10.2　基本知识点 ········· 108
- 10.3　典型例题解析 ········· 110
- 10.4　思考题及其解答 ········· 112
- 10.5　习题及其解 ········· 115

第十一章　交流电枢绕组的磁动势 ········· 131
- 11.1　学习目标 ········· 131
- 11.2　基本知识点 ········· 131
- 11.3　典型例题解析 ········· 133

| 11.4 | 思考题及其解答 | 135 |
| 11.5 | 习题及其解 | 139 |

第四篇 同步电机

第十二章 同步电机的基本类型与结构 150
- 12.1 学习目标 150
- 12.2 基本知识点 150
- 12.3 典型例题解析 151
- 12.4 思考题及其解答 151
- 12.5 习题及其解 152

第十三章 同步电机的基本电磁关系 153
- 13.1 学习目标 153
- 13.2 基本知识点 153
- 13.3 典型例题解析 156
- 13.4 思考题及其解答 158
- 13.5 习题及其解 161

第十四章 同步发电机的运行特性 174
- 14.1 学习目标 174
- 14.2 基本知识点 174
- 14.3 典型例题解析 176
- 14.4 思考题及其解答 177
- 14.5 习题及其解 178

第十五章 同步发电机的并联运行 186
- 15.1 学习目标 186
- 15.2 基本知识点 186
- 15.3 典型例题解析 188
- 15.4 思考题及其解答 190
- 15.5 习题及其解 192

第十六章 同步电动机 205
- 16.1 学习目标 205
- 16.2 基本知识点 205
- 16.3 典型例题解析 206
- 16.4 思考题及其解答 208
- 16.5 习题及其解 210

*第十七章 同步电机的非正常运行 223
- 17.1 学习目标 223
- 17.2 基本知识点 223
- 17.3 典型例题解析 224
- 17.4 思考题及其解答 225
- 17.5 习题及其解 227

第五篇 异步电机

第十八章 三相异步电动机的结构和基本工作原理 ············ 233
18.1 学习目标 ············ 233
18.2 基本知识点 ············ 233
18.3 典型例题解析 ············ 234
18.4 思考题及其解答 ············ 235
18.5 习题及其解 ············ 236

第十九章 三相异步电动机的运行原理 ············ 238
19.1 学习目标 ············ 238
19.2 基本知识点 ············ 238
19.3 典型例题解析 ············ 242
19.4 思考题及其解答 ············ 244
19.5 习题及其解 ············ 248

第二十章 三相异步电动机的功率、转矩与运行性能 ············ 257
20.1 学习目标 ············ 257
20.2 基本知识点 ············ 257
20.3 典型例题解析 ············ 259
20.4 思考题及其解答 ············ 261
20.5 习题及其解 ············ 265

第二十一章 三相异步电动机的启动 ············ 274
21.1 学习目标 ············ 274
21.2 基本知识点 ············ 274
21.3 典型例题解析 ············ 275
21.4 思考题及其解答 ············ 278
21.5 习题及其解 ············ 279

第二十二章 三相异步电动机的调速 ············ 284
22.1 学习目标 ············ 284
22.2 基本知识点 ············ 284
22.3 典型例题解析 ············ 285
22.4 思考题及其解答 ············ 287
22.5 习题及其解 ············ 287

*第二十三章 三相异步电机的其他运行方式 ············ 294
23.1 学习目标 ············ 294
23.2 基本知识点 ············ 294
23.3 典型例题解析 ············ 294
23.4 思考题及其解答 ············ 296
23.5 习题及其解 ············ 296

*第六篇 特种电机

第二十四章　自控式同步电动机……………………………………………………………… 298
　24.1　学习目标 ……………………………………………………………………………… 298
　24.2　基本知识点 …………………………………………………………………………… 298
　24.3　思考题及其解答 ……………………………………………………………………… 299

第二十五章　永磁电机 …………………………………………………………………………… 301
　25.1　学习目标 ……………………………………………………………………………… 301
　25.2　基本知识点 …………………………………………………………………………… 301
　25.3　思考题及其解答 ……………………………………………………………………… 302

第二十六章　绕线型双馈异步电动机 …………………………………………………………… 304
　26.1　学习目标 ……………………………………………………………………………… 304
　26.2　基本知识点 …………………………………………………………………………… 304
　26.3　思考题及其解答 ……………………………………………………………………… 305

第二十七章　开关磁阻电机调速系统 …………………………………………………………… 307
　27.1　学习目标 ……………………………………………………………………………… 307
　27.2　基本知识点 …………………………………………………………………………… 307
　27.3　思考题及其解答 ……………………………………………………………………… 308

参考文献 ……………………………………………………………………………………………… 310

绪　论

电机在国民经济中起着非常重要的作用. 电机的基本工作原理是建立在电磁感应定律、电磁力定律、全电流定律等基本的电磁定律基础上的，掌握这些基本定律是研究电机基本理论的基础.

0.1　学习目标

基本要求：
（1）理解电机学中电机的定义.
（2）掌握常用的电机分类方法.
（3）熟练掌握电机学中常用的电工定律，包括电路的基尔霍夫定律、磁路欧姆定律、全电流定律、电磁感应定律、电磁力定律和能量守恒定律等.

0.2　基本知识点

1. 电机及其分类

（1）电机：电机学中所述的电机，是指利用电磁感应作用，实现电能与机械能之间的转换或电能与电能之间的变换的电磁装置.

（2）电机的分类
常用的电机分类方法如下：
①按能量传递、转换的功能及用途分为：变压器、发电机、电动机、控制电机.
②按结构特点和电源性质分为：变压器（是静止电机）、旋转电机（包含基本原理相同的直线电机）；旋转电机又可分为：直流电机、交流电机（按转速特点又分为同步电机、异步电机）.

2. 电机学中常用的电工定律

（1）电路定律
①基尔霍夫电流定律：在电路任意一个节点处，电流的代数和恒等于零，即 $\sum i = 0$.
②基尔霍夫电压定律：在电路中，任何一个回路内所有电压降的代数和恒等于所有电动势的代数和，即 $\sum u = \sum e$.

（2）磁路定律
①磁路的欧姆定律：磁路中的磁通等于作用在磁路上的磁动势除以磁路的磁阻，即

$$\Phi = \frac{F}{R_m}$$

式中，F 是作用在磁路上的磁动势，若磁路上有多个载流线圈产生磁动势，则 $F = \sum Ni$；

$R_m = \dfrac{l}{\mu S}$ 是磁路的磁阻（μ、l、S 分别为磁路的磁导率、长度和截面积）.

②磁路的节点定律：在磁路的节点上，磁通的代数和等于零，即 $\sum \Phi = 0$.

③全电流定律（安培环路定律）：磁场中沿任何一个闭合环路磁场强度的线积分等于穿过该环路的所有电流的代数和，即

$$\oint \boldsymbol{H} \cdot \mathrm{d}\boldsymbol{l} = \sum Ni$$

式中，当电流方向与积分路径方向符合右手螺旋关系时，电流取正号.

在电机的磁路计算中，上式可简化为 $\sum Hl = \sum Ni$.

（3）电磁感应定律

①电磁感应定律：当线圈中的磁链（磁通）交变时，线圈中将产生感应电动势. 当规定感应电动势的正方向与磁链的正方向符合右手螺旋关系时，该电动势可表示为

$$e = -\dfrac{\mathrm{d}\psi}{\mathrm{d}t} = -N\dfrac{\mathrm{d}\Phi}{\mathrm{d}t}$$

②变压器电动势：线圈和磁场相对静止，由于线圈中的磁链随时间变化而感应的电动势称为变压器电动势.

③运动电动势：由于线圈和磁场之间存在相对运动，导致线圈中磁链发生变化而产生的感应电动势称为运动电动势，也称切割电动势，该电动势可表示为

$$e = Blv$$

其方向用右手定则确定.

（4）电磁力定律

载流导体在磁场中受到电磁力的作用. 当导体和磁场互相垂直时，电磁力的大小为

$$f = Bli$$

其方向用左手定则确定.

（5）能量守恒定律

电机的能量传递和转换过程遵守能量守恒定律，即

$$\text{输入能量} = \text{输出能量} + \text{内部损耗}$$

在分析电机时，能量守恒定律通常以功率平衡关系的形式来表示.

第一篇 变 压 器

第一章 变压器的用途、分类与结构

1.1 学习目标

本章介绍变压器的用途、分类、电力变压器的主要结构和铭牌上各额定值的含义.

基本要求：

(1) 了解电力变压器的主要结构.
(2) 掌握变压器的基本工作原理.
(3) 掌握变压器额定值的含义及其关系.

1.2 基本知识点

1. 变压器的主要功能和用途

(1) 变压器是一种静止的电器，它利用电磁感应原理，把一种等级的电压和电流的交流电能变换为同频率的另一种等级的电压和电流的交流电能.

(2) 变压器应用非常广泛. 在电力系统中，电力变压器是核心设备之一，主要用于升压或降压，以实现大功率电能的远距离经济传输和电能的合理分配与使用.

2. 变压器的分类

(1) 按用途分为：电力变压器、特种变压器.
(2) 按绕组数目分为：双绕组变压器、三绕组变压器、自耦变压器.
(3) 按相数分为：单相变压器、三相变压器.
(4) 按冷却方式分为：干式变压器、油浸式变压器.

3. 电力变压器的主要结构

变压器主要由两个或两个以上的绕组绕在同一个铁心上组成. 接到交流电源的绕组称为一次绕组；接到负载的绕组称为二次绕组.

铁心和绕组是变压器的主要部分，统称为变压器器身. 油浸式电力变压器除了器身，还有油箱、冷却装置、保护装置和出线装置等部件.

4. 变压器的主要额定值

(1) 额定容量 S_N（VA 或 kVA）：指变压器在额定运行工况下的视在功率.
(2) 额定电压 U_{1N}/U_{2N}（V 或 kV）：一次绕组的额定电压 U_{1N} 是指正常运行时，一次绕组应施加的电源（电网）电压有效值；二次绕组的额定电压 U_{2N} 是指变压器一次绕组加额定电压时，二次绕组的空载电压有效值.

（3）额定电流 I_{1N}/I_{2N}（A）：I_{1N}、I_{2N} 是指变压器额定运行时，一、二次绕组允许通过的电流有效值.

（4）额定频率 f（Hz）：我国电网频率 $f=50\text{Hz}$. 有些国家的电网频率 $f=60\text{Hz}$.

注意 对于三相变压器，额定容量 S_N 指的是三相总容量，额定电压 U_{1N}、U_{2N} 均指线电压，额定电流 I_{1N}、I_{2N} 均指线电流.

单相双绕组变压器的额定容量为 $S_N = U_{1N}I_{1N} = U_{2N}I_{2N}$；

三相双绕组变压器的额定容量为 $S_N = \sqrt{3}U_{1N}I_{1N} = \sqrt{3}U_{2N}I_{2N}$.

1.3 典型例题解析

例 1.1 一台三相变压器，一、二次绕组分别为三角形、星形联结，额定容量 $S_N = 100\text{kVA}$，额定电压 $U_{1N}/U_{2N} = 10.5/0.4\text{kV}$，求该变压器的：（1）一、二次侧额定电流；（2）一、二次侧的额定相电压和额定相电流.

思路与技巧 三相变压器的额定电压和额定电流均为线值，其额定电压和额定相电压、额定电流和额定相电流的关系与绕组的联结方式有关，详见下面的解答.

解：（1）一次侧额定电流 $I_{1N} = \dfrac{S_N}{\sqrt{3}U_{1N}} = \dfrac{100}{\sqrt{3}\times 10.5} = 5.499$（A）

二次侧额定电流 $I_{2N} = \dfrac{S_N}{\sqrt{3}U_{2N}} = \dfrac{100}{\sqrt{3}\times 0.4} = 144.3$（A）

（2）一次绕组为三角形联结，因此，一次侧额定相电压、额定相电流分别为

$$U_{1N\phi} = U_{1N} = 10.5 \text{ (kV)}, \quad I_{1N\phi} = \dfrac{I_{1N}}{\sqrt{3}} = \dfrac{5.499}{\sqrt{3}} = 3.175 \text{ (A)}$$

二次绕组为星形联结，因此，二次侧额定相电压、额定相电流分别为

$$U_{2N\phi} = \dfrac{U_{2N}}{\sqrt{3}} = \dfrac{0.4\times 10^3}{\sqrt{3}} = 231 \text{ (V)}, \quad I_{2N\phi} = I_{2N} = 144.3 \text{ (A)}$$

1.4 思考题及其解答

1-1 电力变压器的主要功能是什么？它是通过什么作用来实现其功能的？

答：电力变压器的主要功能是用来改变电压，即升压或降压. 它是通过电磁感应作用来实现其功能的. 绕在同一铁心上的一、二次绕组，与同一交变的磁通相链，绕组中产生的感应电动势与其匝数成正比.

1-2 电力变压器的主要用途有哪些？为什么电力系统中变压器的安装容量比发电机的安装容量大？

答：电力变压器按它的用途分主要有：①升压变压器；②降压变压器；③配电变压器；④联络变压器；⑤厂用电变压器. 因为发电机发出的电能要经过变压器升压、降压和配电后才传送到用户，所以变压器安装容量是发电机安装容量的几倍.

1-3 变压器的铁心为什么要用涂有绝缘漆的薄硅钢片叠成？若在铁心磁回路中出现较大的间隙，对变压器会有何影响？

答：铁心中交变的磁通会在铁心中引起铁损耗．用涂绝缘漆的薄硅钢片叠成铁心，可以大大减小铁损耗．若在铁心磁回路中出现较大的间隙，则主磁通所经过的铁心磁回路的磁阻就比较大，产生同样的主磁通所需的励磁磁动势和励磁电流就大大增加，即变压器的空载电流会大大增加．

1-4 变压器的主要额定值有哪些？一台单相变压器的额定电压为 220/110V，额定频率为 50Hz，试说明其意义．若这台变压器的额定电流为 4.55/9.1A，问在什么情况下称其运行在额定状态？

答：变压器的主要额定值有：①额定视在功率或称额定容量 S_N(kVA)；②额定线电压 U_{1N}/U_{2N}(kV)；③额定线电流 I_{1N}/I_{2N}(A)；④额定频率 f_N(Hz)．

一台单相变压器的额定电压为 220/110V，额定频率为 50Hz，这说明：①该变压器高压绕组若接在 50Hz、220V 电源上，则低压绕组空载电压为 110V，是降压变压器；②若该变压器低压绕组接在 50Hz、110V 电源上，则高压绕组空载电压为 220V，是升压变压器．

当这台变压器一次绕组加额定电压，二次侧加负载，使高压绕组电流为 4.55A、低压绕组电流为 9.1A 时，称其运行在额定状态．

1.5 习题及其解

1-1 一台三相变压器的额定容量为 $S_N = 3200$kVA，电压为 35/10.5kV，一、二次绕组分别为星形、三角形联结，求：

(1) 这台变压器一、二次侧的额定线电压、相电压及额定线电流、相电流；

(2) 若负载的功率因数为 0.85（滞后），则这台变压器额定运行时能带多少有功负载？输出的无功功率又是多少？

解：(1) 一次额定线电压　$U_{1N} = 35$kV

一次额定相电压　$U_{1N\phi} = \dfrac{U_{1N}}{\sqrt{3}} = \dfrac{35}{\sqrt{3}} = 20.2$ (kV)

一次额定线电流　$I_{1N} = \dfrac{S_N}{\sqrt{3}U_{1N}} = \dfrac{3200}{\sqrt{3} \times 35} = 52.8$ (A)

一次额定相电流　$I_{1N\phi} = I_{1N} = 52.8$A

二次额定线电压　$U_{2N} = 10.5$kV

二次额定相电压　$U_{2N\phi} = U_{2N} = 10.5$kV

二次额定线电流　$I_{2N} = \dfrac{S_N}{\sqrt{3}U_{2N}} = \dfrac{3200}{\sqrt{3} \times 10.5} = 176$ (A)

二次额定相电流　$I_{2N\phi} = \dfrac{I_{1N}}{\sqrt{3}} = 101.6$A

(2) 能带有功负载　$P = S_N \cos\varphi = 3200 \times 0.85 = 2720$ (kW)

输出无功功率　$Q = S_N \sin\varphi = 3200 \times 0.527 = 1686$ (kvar)

第二章 变压器的运行分析

2.1 学习目标

本章是变压器部分的核心内容,主要分析单相双绕组变压器稳态运行时的电磁关系.

基本要求:
(1) 了解变压器空载运行和负载运行时内部的电磁关系.
(2) 掌握变压器折合算法的依据及具体方法.
(3) 掌握分析变压器的基本方法——基本方程式、等效电路和相量图.
(4) 了解标幺值及其计算方法.
(5) 掌握变压器等效电路参数的测定方法.
(6) 了解变压器的运行特性,掌握运行性能指标的计算.

2.2 基本知识点

1. 负载运行时的电磁关系

负载运行:是指变压器的一次绕组接交流电源,二次绕组接负载的运行状况.

单相双绕组变压器负载运行时的电磁关系归纳如下:

$$\dot{U}_1 = -\dot{E}_1 + \dot{I}_1(R_1 + jX_1)$$

$$\dot{U}_1 \to \dot{I}_1 \to \dot{F}_1(N_1\dot{I}_1) \to \dot{\Phi}_{s1} \to \dot{E}_{s1} = -j\dot{I}_1X_1 \to \dot{I}_1R_1$$

$$\dot{F}_0(N_1\dot{I}_0) \to \dot{\Phi}_m \to \dot{E}_1, \dot{E}_2$$

$$\dot{U}_2 \to \dot{I}_2 \to \dot{F}_2(N_2\dot{I}_2) \to \dot{\Phi}_{s2} \to \dot{E}_{s2} = -j\dot{I}_2X_2 \to \dot{I}_2R_2$$

$$\dot{U}_2 = \dot{E}_2 - \dot{I}_2(R_2 + jX_2)$$

(1) 变压器各电磁量的正方向

要列写变压器的电磁关系表达式,首先要规定各物理量的正方向. 常用的惯例如下:

①一次绕组的电压 $\dot{U}_1$ 和电流 $\dot{I}_1$ 的正方向按电动机惯例;二次绕组的电压 $\dot{U}_2$ 和电流 $\dot{I}_2$ 的正方向按发电机惯例;

②电流的正方向与它产生的磁通的正方向符合右手螺旋关系;

③磁通的正方向与它感应的电动势的正方向符合右手螺旋关系.

由以上规定可知,电动势和电流的正方向一致.

(2) 主磁通和漏磁通

①主磁通 $\dot{\Phi}_m$：沿铁心闭合，与一、二次绕组同时交链，在一、二次相绕组中分别感应电动势 $\dot{E}_1$ 和 $\dot{E}_2$，将电磁功率从一次绕组传递到二次绕组，是传递能量的媒介．

②漏磁通：主要经非铁磁性材料闭合，仅与产生它的绕组相交链，只起漏电抗压降的作用，不直接参与能量传递．

(3) 磁动势平衡方程式

变压器负载运行时，产生主磁通的励磁磁动势 $\dot{F}_0$ 是一、二次绕组合成磁动势 $\dot{F}_1+\dot{F}_2$．

$$\dot{F}_1+\dot{F}_2=\dot{F}_0 \quad \text{或} \quad \dot{I}_1N_1+\dot{I}_2N_2=\dot{I}_0N_1$$

式中，$\dot{I}_1$、$\dot{I}_2$ 分别为一、二次绕组的相电流；$\dot{I}_0$ 为每相励磁电流．

(4) 感应电动势和变比

①主磁通 $\dot{\Phi}_m$ 在一、二次绕组中感应的电动势分别为 $\dot{E}_1=-\mathrm{j}4.44fN_1\dot{\Phi}_m$ 和 $\dot{E}_2=-\mathrm{j}4.44fN_2\dot{\Phi}_m$．式中，$N_1$、$N_2$ 分别为一、二次绕组的匝数．

②一、二次绕组相电动势之比，称为变压器的变比，用 k 表示，即 $k=\dfrac{E_1}{E_2}=\dfrac{N_1}{N_2}$．

③$\dot{F}_1$、$\dot{F}_2$ 分别产生只与一、二次绕组相交链的一、二次绕组漏磁通 $\dot{\Phi}_{s1}$、$\dot{\Phi}_{s2}$；漏磁通 $\dot{\Phi}_{s1}$、$\dot{\Phi}_{s2}$ 分别在一、二次绕组中感应漏电动势 $\dot{E}_{s1}$、$\dot{E}_{s2}$．

(5) 电动势平衡方程式

按照规定的正方向，将 $\dot{E}_{s1}$、$\dot{E}_{s2}$ 分别表示成一、二次绕组漏电抗 X_1、X_2 上的电压降，即 $\dot{E}_{s1}=-\mathrm{j}\dot{I}_1X_1$，$\dot{E}_{s2}=-\mathrm{j}\dot{I}_2X_2$．则一、二次绕组的电动势平衡方程式分别为

$$\dot{U}_1=-\dot{E}_1+\dot{I}_1(R_1+\mathrm{j}X_1)=-\dot{E}_1+\dot{I}_1Z_1, \qquad \dot{U}_2=\dot{E}_2-\dot{I}_2(R_2+\mathrm{j}X_2)=\dot{E}_2-\dot{I}_2Z_2$$

可将 $\dot{E}_1$ 表示成 $\dot{I}_0$ 在励磁阻抗 Z_m 上的电压降，即 $\dot{E}_1=-\dot{I}_0Z_m=-\dot{I}_0(R_m+\mathrm{j}X_m)$．其中，励磁电阻 R_m 是反映铁损耗的等效电阻；励磁电抗 X_m 是反映铁心导磁性能的等效电抗．

注意 ①漏磁通主要经非铁磁性材料闭合，所经磁路可视为线性的，因此，与漏磁通相对应的漏电抗 X_1、X_2 均为常数．

②由于主磁通 $\dot{\Phi}_m$ 沿非线性的铁心磁路闭合，其磁导率与其饱和程度有关，因此与主磁通相对应的等效参数 R_m 和 X_m 都不是常数，它们随铁心饱和程度的增大而减小．变压器正常运行时，一次侧外加额定电压 $U_1=U_{1N}$，当负载变化时（从空载到满载），由于 $I_1|Z_1|\ll U_1$，因此可认为 E_1 基本不变，即 Φ_m 和铁心饱和程度基本不变，则 R_m 和 X_m 可视为常数．

③变压器的空载运行可视为负载运行的一种特例．空载运行时，$\dot{I}_2=0$，$\dot{I}_1=\dot{I}_0$，将这些关系代入到以上两式中，可得到空载运行时的电动势平衡方程式．

(6) 变压原理

变压器正常运行时，忽略漏阻抗压降的影响，有 $\dfrac{U_1}{U_2}\approx\dfrac{E_1}{E_2}=\dfrac{N_1}{N_2}$．因此，只要一、二次绕组的匝数 N_1 和 N_2 不相等，一、二次电压就不相等，从而实现了变电压的目的．

2. 折合算法

(1) 折合的目的、依据

目的：为了得到反映变压器内部电磁关系的等效电路，以简化分析和计算．

依据：变压器的二次绕组是通过其磁动势 $\dot{F}_2$ 影响一次绕组的，因此，在保持 $\dot{F}_2$（包括幅值和相位）不变的条件下，可将二次绕组的匝数视为与一次绕组的相同，即把二次绕组折

合到一次绕组．同理，也可将一次绕组折合到二次绕组．

（2）折合方法（将二次绕组折合到一次绕组）

$$\dot{E}'_2 = k\dot{E}_2 = \dot{E}_1, \quad \dot{U}'_2 = k\dot{U}_2, \quad \dot{I}'_2 = \frac{\dot{I}_2}{k},$$

$$R'_2 = k^2 R_2, \quad X'_2 = k^2 X_2, \quad Z'_2 = k^2 Z_2, \quad Z'_L = k^2 Z_L$$

3. 等效电路和相量图

（1）T型等效电路

采用折合算法后，变压器的基本方程式如教材（本书所指教材即《电机学（第五版）》（李发海，朱东起编著），下同）式（2-33）所示．

根据基本方程式，可画出变压器的T型等效电路，如教材图2-10所示．

（2）简化等效电路

变压器在负载较大时，励磁电流 $I_0 \ll I_1$，为简化分析和计算，可以忽略 I_0，从而得到简化等效电路，如教材图2-11所示．其中，短路阻抗 $Z_k = Z_1 + Z'_2 = R_k + jX_k$，短路电阻 $R_k = R_1 + R'_2$，短路电抗 $X_k = X_1 + X'_2$．

（3）相量图

根据折合后的基本方程式或等效电路，可画出相量图，如教材图2-12所示．

注意 ①变压器的T型等效电路可用于分析变压器对称稳态运行的各种情况，而简化等效电路只能用于分析负载较大或短路时的运行情况，不能用于分析空载或轻载运行．

②基本方程式、等效电路和相量图这三种分析方法是统一的．定量计算时通常采用等效电路，定性分析各电磁量的大小和相位关系时采用相量图或基本方程式较为方便．

③对于三相变压器，基本方程式、等效电路和相量图中的各物理量均为一相的值．

4. 标幺值

标幺值是一个物理量的实际值与其基值（选定的一个同单位的固定数值）的比值．

（1）基值的选取

通常选取额定值作为基值．电压、电流、功率、阻抗的基值应满足电路定律．

单相变压器：一、二次侧的电压基值分别为 U_{1N}、U_{2N}，电流基值分别为 I_{1N}、I_{2N}，阻抗基值分别为 $z_{1N} = \frac{U_{1N}}{I_{1N}}$、$z_{2N} = \frac{U_{2N}}{I_{2N}}$；功率基值为 $S_N = U_{1N} I_{1N} = U_{2N} I_{2N}$．

三相变压器：一、二次侧的线电压、相电压基值分别为其额定电压 U_N、额定相电压 $U_{N\phi}$，线电流、相电流基值分别为其额定电流 I_N、额定相电流 $I_{N\phi}$，阻抗基值分别为 $z_{1N} = \frac{U_{1N\phi}}{I_{1N\phi}}$、$z_{2N} = \frac{U_{2N\phi}}{I_{2N\phi}}$；功率（三相）的基值为 $S_N = \sqrt{3} U_{1N} I_{1N} = \sqrt{3} U_{2N} I_{2N}$．

（2）采用标幺值的优点（详见教材2-4节）

5. 参数测定

通过变压器的短路试验和空载试验，可以测定其T型等效电路中的参数．

（1）短路试验

测定变压器的短路阻抗 Z_k 和短路电流 I_k 为额定值时的输入功率即短路损耗 p_{kN}．

短路试验时，二次绕组短路，一次绕组加低电压 U_k，忽略励磁电流和铁损耗，可得

$$|Z_k|=\frac{U_k}{I_k}, \quad R_k=R_1+R_2'=\frac{p_k}{I_k^2}, \quad X_k=X_1+X_2'=\sqrt{|Z_k|^2-R_k^2}$$

注意 以上式中的 U_k、I_k、p_k 均应取相值.

(2) 空载试验

测定变压器的变比 k、励磁阻抗 Z_m 和空载损耗 p_0.

空载试验时，二次绕组开路，一次绕组加额定电压 U_{1N}，测得一次侧的空载电流 I_0、输入功率 p_0 和二次侧空载电压 U_{20}. 忽略一次绕组漏阻抗，可得

$$k=\frac{U_{1N}}{U_{20}}, \quad |Z_m|=\frac{U_{1N}}{I_0}, \quad R_m=\frac{p_0}{I_0^2}, \quad X_m=\sqrt{|Z_m|^2-R_m^2}$$

注意 以上式中的 U_{1N}、U_{20}、I_0、p_0 均应取相值.

6. 运行性能

(1) 电压调整率

①定义：变压器负载运行时，二次绕组端电压 U_2 与二次绕组额定电压 U_{2N} 之差与额定电压 U_{2N} 的比值称为电压调整率，用 ΔU 表示，即 $\Delta U=\frac{U_{2N}-U_2}{U_{2N}}\times 100\%$.

②计算公式： $\Delta U=\beta(R_k\cos\varphi_2+X_k\sin\varphi_2)$

式中，β 为变压器的负载系数，$\beta=\frac{I_2}{I_{2N}}=\frac{I_1}{I_{1N}}$；$\varphi_2$ 为负载的功率因数角.

③影响电压调整率的因素：负载大小（β）、负载性质（φ_2）和短路阻抗（R_k、X_k）.

注意 对于纯电阻性负载（$\varphi_2=0$）和感性负载（$\varphi_2>0$），$\Delta U>0$；对于容性负载（$\varphi_2<0$），$\sin\varphi_2<0$，ΔU 可能为负值.

(2) 损耗和效率

①变压器的损耗：变压器的损耗包含铁损耗 p_{Fe} 和铜损耗 p_{Cu}. 变压器在额定电压 U_{1N} 下运行时，铁损耗 p_{Fe} 基本不变，称为不变损耗，$p_{Fe}\approx p_0$；铜损耗 p_{Cu} 与负载电流的平方成正比，随负载的变化而变化，称为可变损耗，$p_{Cu}\approx \beta^2 p_{kN}$.

②变压器效率计算公式：$\eta=1-\frac{\sum p}{P_2+\sum p}=1-\frac{p_0+\beta^2 p_{kN}}{\beta S_N\cos\varphi_2+p_0+\beta^2 p_{kN}}$.

③变压器获得最大效率的条件：$\beta_m^2 p_{kN}=p_0$ 或 $\beta_m=\sqrt{\frac{p_0}{p_{kN}}}$.

2.3 典型例题解析

例 2.1 一台三相变压器，额定电压 $U_{1N}/U_{2N}=35/6.3$ kV，额定频率 $f_N=50$ Hz，二次额定电流 $I_{2N}=54.99$ A，一、二次绕组分别为星形、三角形联结，空载运行时绕组每匝的感应电动势为 21 V. 求：(1) 一、二次绕组的每相匝数；(2) 变压器的额定容量；(3) 变压器在额定容量下运行且功率因数 $\cos\varphi=0.9$（超前）时的负载功率.

思路与技巧 已知空载运行时绕组每匝的感应电动势 E_T，欲求一、二次绕组的每相匝数 N_1、N_2，则应先求出空载运行时的相电动势 E_1、E_2. 空载运行时，相电动势与一、二

次额定相电压 $U_{1N\phi}$、$U_{2N\phi}$ 间存在 $E_1 \approx U_{1N\phi}$、$E_2 = U_{2N\phi}$ 的关系（下标 ϕ 表示一相，U_{2N} 定义为变压器一次绕组施加额定电压时二次绕组的空载线电压）．因此，需先求出 $U_{1N\phi}$ 和 $U_{2N\phi}$，然后利用相电动势与每匝电动势的比值求出匝数．

解：(1) 一次绕组（星形联结）额定相电压 $U_{1N\phi} = \dfrac{U_{1N}}{\sqrt{3}} = \dfrac{35}{\sqrt{3}} = 20.21$（kV）

二次绕组（三角形联结）额定相电压 $U_{2N\phi} = U_{2N} = 6.3 \text{kV}$

一、二次绕组每相匝数分别为 $N_1 = \dfrac{U_{1N\phi}}{E_T} = \dfrac{20.21 \times 10^3}{21} = 962$

$$N_2 = \dfrac{U_{2N\phi}}{E_T} = \dfrac{6.3 \times 10^3}{21} = 300$$

(2) 变压器的额定容量 $S_N = \sqrt{3} U_{2N} I_{2N} = \sqrt{3} \times 6.3 \times 54.99 = 600$（kVA）

(3) 变压器的负载功率 $P_2 = S_N \cos\varphi_2 = 600 \times 0.9 = 540$（kW）

注意 当主磁通为 Φ_m 时，一、二次绕组每相感应电动势有效值分别为 $E_1 = 4.44 f N_1 \Phi_m$、$E_2 = 4.44 f N_2 \Phi_m$，而一、二次绕组每匝的感应电动势有效值均为 $E_T = 4.44 f \Phi_m$.

例 2.2 一台单相变压器，$S_N = 1000 \text{kVA}$，$U_{1N}/U_{2N} = 60/6.3 \text{kV}$，$f_N = 50 \text{Hz}$，参数为：$\underline{Z}_1 = 0.00778 + j0.0278$，$\underline{Z}_2 = 0.00756 + j0.0277$，负载阻抗 $Z_L = 46 + j35$（Ω），忽略励磁电流，求：(1) 二次电流 I_2 和二次端电压 U_2；(2) 输出功率 P_2 和效率 η．

思路与技巧 忽略励磁电流，可利用简化等效电路进行分析．首先通过额定电压求出变比 k，然后将二次绕组的漏阻抗及负载阻抗换算到一次侧，用简化等效电路计算．

解：(1) 变比 $k = \dfrac{E_1}{E_2} \approx \dfrac{U_{1N}}{U_{2N}} = \dfrac{60}{6.3} = 9.524$

一次绕组阻抗基值 $z_{1N} = \dfrac{U_{1N}}{I_{1N}} = \dfrac{U_{1N}^2}{S_N} = \dfrac{(60 \times 10^3)^2}{1000 \times 10^3} = 3600$（$\Omega$）

一次绕组漏阻抗实际值 $Z_1 = \underline{Z}_1 z_{1N} = (0.00778 + j0.0278) \times 3600 = 28.01 + j100.1$（$\Omega$）

二次侧阻抗折合到一次侧的值为

$Z_2' = \underline{Z}_2 z_{1N} = (0.00756 + j0.0277) \times 3600 = 27.22 + j99.72$（$\Omega$）

$Z_L' = k^2 Z_L = 9.524^2 \times (46 + j35) = 4173 + j3175$（$\Omega$）

根据简化等效电路，可求得一次电流

$\dot{I}_1 = -\dot{I}_2' = \dfrac{\dot{U}_{1N}}{Z_1 + Z_2' + Z_L'} = \dfrac{60 \times 10^3 \angle 0°}{(28.01 + j100.1) + (27.22 + j99.72) + (4173 + j3175)}$

$= 11.09 \angle -38.6°$（A）

二次电流 $I_2 = k I_1 = 9.524 \times 11.09 = 105.6$（A）

二次端电压 $U_2 = I_2 |Z_L| = 105.6 \times |46 + j35| = 6104$（V）

(2) 输入功率 $P_1 = U_1 I_1 \cos\varphi_1 = 60 \times 11.09 \times \cos 38.6° = 520$（kW）

输出功率 $P_2 = U_2 I_2 \cos\varphi_2 = 6104 \times 105.6 \times \dfrac{46}{\sqrt{46^2 + 35^2}} = 512977$（W）$= 513$（kW）

效率 $\eta = \dfrac{P_2}{P_1} \times 100\% = \dfrac{513}{520} \times 100\% = 98.65\%$

提示 本题还可以用标幺值求解，即：先求出变比 k 和二次额定电流 I_{2N}，再求出二次

侧阻抗基值 z_{2N} 和负载阻抗标幺值 Z_L，然后用简化等效电路求出 $\dot{I}_1'=-\dot{I}_2'$，则 $I_2=I_2'I_{2N}$，$U_2=I_2|Z_L|U_{2N}$，$P_1=I_1\cos\varphi_1$，$P_2=U_2I_2\cos\varphi_2$，$P_2=P_2^*S_N$，$\eta=P_2/P_1$.

注意 变压器变比 k 的定义是一、二次绕组相电动势有效值之比，即 $k=E_1/E_2$. 可利用空载运行时 $E_2=U_{2N\phi}$、$E_1\approx U_{1N\phi}$ 的关系，通过 $U_{1N\phi}$ 和 $U_{2N\phi}$ 求得 k，即 $k=\dfrac{E_1}{E_2}\approx\dfrac{U_{1N\phi}}{U_{2N\phi}}$.

例 2.3 一台三相电力变压器，额定容量 $S_N=250$kVA，额定电压 $U_{1N}/U_{2N}=6300/400$V，一、二次绕组均为星形联结，折合到高压侧的每相短路阻抗 $Z_k=3.8+j6.4$（Ω），二次侧带三角形联结的三相对称负载，负载的每相阻抗为 $1.5+j1.14$（Ω），求该变压器负载运行时的：(1) 一、二次侧电流 I_1 和 I_2；(2) 二次端电压 U_2 和电压调整率 ΔU.

思路与技巧 三相变压器带三相对称负载稳态运行时的情况，可利用变压器的简化等效电路进行分析. 由于负载和二次绕组的联结方式不同，为便于求解，应先将三角形联结的三相对称负载变换为等效的星形联结的三相对称负载，再利用简化等效电路进行计算. 如果三角形联结的对称负载每相阻抗为 Z，则等效的星形联结负载的每相阻抗为 $\dfrac{1}{3}Z$.

解：(1) 通过额定相电压求变比 $k=\dfrac{U_{1N\phi}}{U_{2N\phi}}=\dfrac{U_{1N}}{U_{2N}}=\dfrac{6300}{400}=15.75$

将三相对称负载由三角形联结变换为星形联结，有

$$Z_L=\dfrac{1}{3}(1.5+j1.14)=0.5+j0.38\text{（Ω）}$$

将负载阻抗折合到一次侧，有 $Z_L'=k^2Z_L=15.75^2(0.5+j0.38)=124.03+j94.26$（Ω）
根据简化等效电路，可求得一次电流

$$I_1=I_2'=\dfrac{U_{1N}/\sqrt{3}}{|Z_k+Z_L'|}=\dfrac{6300/\sqrt{3}}{|(3.8+j6.4)+(124.03+j94.26)|}=22.35\text{(A)}$$

二次电流 $I_2=kI_1=15.75\times22.35=352$（A）

(2) 二次端电压 $U_2=\sqrt{3}I_2|Z_L|=\sqrt{3}\times352\times\sqrt{0.5^2+0.38^2}=382.9$（V）

电压调整率 $\Delta U=\dfrac{U_{2N}-U_2}{U_{2N}}\times100\%=\dfrac{400-382.9}{400}\times100\%=4.275\%$

注意 变压器等效电路和相量图中的各物理量均为相值，因此，在分析三相变压器的运行情况时，必须先将一次额定电压（线电压）换算成额定相电压，才能利用等效电路进行计算，最后还需要将电压、电流由相值转换成线值.

例 2.4 一台单相变压器，$S_N=3$kVA，$U_{1N}/U_{2N}=230/115$V，一次绕组漏阻抗 $Z_1=0.2+j0.6$（Ω），二次绕组漏阻抗 $Z_2=0.05+j0.14$（Ω），空载损耗 $p_0=38$W，短路损耗 $p_{kN}=84$W. 求：

(1) 折合到高压侧的短路电阻、短路电抗的实际值及其标幺值；
(2) 当输出电流 $I_2=21$A，负载功率因数 $\cos\varphi_2=0.75$（滞后）时的二次电压；
(3) 供电给 2.5kW，功率因数为 0.9（滞后）负载时的电压调整率和效率.

思路与技巧 要求负载运行时的二次电压，应先求出 R_k 和 X_k，并计算负载系数 $\beta=I_2/I_{2N}$，然后利用公式求出 ΔU，最后利用 $U_2=U_{2N}(1-\Delta U)$ 求出二次电压.

要求供电给 2.5kW、功率因数为 0.9（滞后）负载时的电压调整率，需要考虑负载电流变化对电压调整率和输出功率的影响，因此应先求出此时的负载系数 β.

要求变压器的效率 η，应先求出变压器的总损耗 $\sum p = p_{Fe} + p_{Cu} = p_0 + \beta^2 p_{kN}$，其中铁损耗 $p_{Fe} \approx p_0$，p_{Cu} 为变压器负载时的铜损耗，$p_{Cu} \approx \beta^2 p_{kN}$.

解：(1) 变比 $k = \dfrac{U_{1N}}{U_{2N}} = \dfrac{230}{115} = 2$

折合到高压侧的短路电阻 $R_k = R_1 + R_2' = R_1 + k^2 R_2 = 0.2 + 2^2 \times 0.05 = 0.4$ （Ω）

折合到高压侧的短路电抗 $X_k = X_1 + X_2' = X_1 + k^2 X_2 = 0.6 + 2^2 \times 0.14 = 1.16$ （Ω）

一次额定电流 $I_{1N} = \dfrac{S_N}{U_{1N}} = \dfrac{3 \times 10^3}{230} = 13.04$ （A）

一次绕组阻抗基值 $z_{1N} = \dfrac{U_{1N}}{I_{1N}} = \dfrac{230}{13.04} = 17.64$ （Ω）

短路电阻、短路电抗的标幺值 $\underline{R}_k = \dfrac{R_k}{z_{1N}} = \dfrac{0.4}{17.64} = 0.02268$

$$\underline{X}_k = \dfrac{X_k}{z_{1N}} = \dfrac{1.16}{17.64} = 0.06576$$

(2) 二次额定电流 $I_{2N} = \dfrac{S_N}{U_{2N}} = \dfrac{3 \times 10^3}{115} = 26.09$ （A）

负载系数 $\beta = \dfrac{I_2}{I_{2N}} = \dfrac{21}{26.09} = 0.8049$

电压调整率 $\Delta U = \beta(\underline{R}_k \cos\varphi_2 + \underline{X}_k \sin\varphi_2)$
$= 0.8049 \times (0.02268 \times 0.75 + 0.06576 \times \sqrt{1 - 0.75^2})$
$= 0.0487 = 4.87\%$

二次电压 $U_2 = U_{2N}(1 - \Delta U) = 115 \times (1 - 0.0487) = 109.4$ (V)

(3) 考虑电流变化对电压调整率的影响，电压调整率

$\Delta U = \beta(\underline{R}_k \cos\varphi_2 + \underline{X}_k \sin\varphi_2) = (0.02268 \times 0.9 + 0.06576 \times \sqrt{1 - 0.9^2})\beta = 0.04908\beta$

二次电压 $U_2 = U_{2N}(1 - \Delta U) = 115 \times (1 - 0.04908\beta)$

输出的有功功率 $P_2 = U_2 I_2 \cos\varphi_2 = 115 \times (1 - 0.04908\beta) \times (\beta \times 26.09) \times 0.9$
$= 2700\beta(1 - 0.04908\beta) = 2.5 \times 10^3$ (W)

求解上式，可得 $\beta = 0.9719$ 或 $\beta = 19.4$（$\beta > 1$，不合理，故舍去）．

电压调整率 $\Delta U = 0.04908\beta = 0.04908 \times 0.9719 = 0.0477 = 4.77\%$

效率 $\eta = \dfrac{P_2}{P_1} = \dfrac{P_2}{P_2 + p_0 + \beta^2 p_{kN}} \times 100\% = \dfrac{2.5 \times 10^3}{2.5 \times 10^3 + 38 + 0.9719^2 \times 84} \times 100\% = 95.52\%$

2.4 思考题及其解答

2-1 变压器的正方向和惯例的选择是不可改变的吗？规定不同的正方向对变压器各电磁量之间的实际关系有无影响？电机学教材中所述的一次绕组电路采用电动机惯例，是否意味着变压器的功率总是从一次侧流向二次侧的？应该如何判断其实际的功率流向？

答：(1) 正方向和惯例的选择是可以改变的，但改变惯例后，所得到的方程式也将作相应改变．

(2) 规定不同的正方向对变压器各电磁量之间的实际关系没有影响．

(3) 一次绕组电路采用电动机惯例,并不意味着变压器功率总是从一次侧流向二次侧.

(4) 应该根据 $P=UI\cos\varphi$ 的正或负来判断实际的有功功率的流向. 采用电动机惯例时, 若 $P>0$, 则功率为输入, 若 $P<0$, 则功率为输出, 即电压和电流的夹角 $\varphi<90°$ 时为输入, $\varphi>90°$ 时为输出. 同理, 实际的无功功率流向应根据 $Q=UI\sin\varphi$ 的正或负来判断.

2-2 变压器空载运行时的磁通是由什么电流产生的? 主磁通和一次漏磁通在磁通路径、数量和与二次绕组的关系上有何不同? 由此说明主磁通与漏磁通在变压器中的不同作用.

答:(1) 变压器空载运行时, 其二次绕组电流为零, 所以磁通是由一次绕组电流产生的.

(2) 磁通是无头无尾闭合的. 既链一次绕组又链二次绕组的磁通称为主磁通, 它在铁心中闭合, 所经过的磁路的磁阻很小. 只链一次绕组不链二次绕组的磁通称为一次漏磁通, 它必定经过空气或其他冷却介质闭合, 因此磁路的磁阻很大. 主磁通和一次漏磁通在数量上的比等于 E_1 和 E_{s1} 之比, 在空载时就等于 $|Z_m|$ 和 X_1 之比, 约等于几百. 也就是说, 主磁通是漏磁通的几百倍.

在满载时, 情况就不同了. 由于一次漏磁通和一次电流成正比, 因此满载漏磁通和空载漏磁通之比为 I_{1N}/I_{10}. 而满载电流和空载电流之比约为几十倍, 所以, 代表一次绕组漏磁通的 E_{s1} 将增加几十倍. 虽然如此, E_{s1} 仍比 E_1 小很多. 代表主磁通的 E_1, 只要外加电压 U_1 不变, 则在从空载到额定负载时它也基本不变. 实际上, 若带纯电感负载, 从空载到满载, E_1 和主磁通都将变小一点; 若带纯电容负载, 从空载到满载 E_1 和主磁通都将变大一点. 主磁通的变化受漏磁通变化的影响.

(3) 主磁通起传递电能的媒介作用, 它互链一、二次绕组, 使 $E_1/E_2=N_1/N_2=k$, 实现变电压的功能. 漏磁通的作用为在绕组电路中产生电压降, 负载时影响主磁通、E_1 和二次电压 U_2 的变化, 以及限制二次绕组短路时短路电流的大小.

2-3 变压器造好以后, 其铁心中的主磁通与外加电压的大小、频率有何关系? 与励磁电流有何关系? 一台频率为50Hz、额定电压为220/110V的变压器, 如果把一次绕组接到50Hz、380V 或 110V 电源上, 主磁通和励磁电流会如何变化? 如果把一次绕组接到 220V、60Hz 交流电源或直流电源上, 主磁通和励磁电流又将如何变化? 以上各种情况下的二次空载电压是多少?

答:(1) 变压器正常运行时, 主磁通 Φ_m 与外加相电压 U_1、频率 f 的关系是 $U_1 \approx E_1 = 4.44fN_1\Phi_m$, $\Phi_m \approx \dfrac{U_1}{4.44fN_1}$.

(2) 根据磁路欧姆定律, 磁动势=磁通×磁阻, 可得励磁电流和磁通关系为 $\sqrt{2}N_1I_{10}=\Phi_m R_m$, 其中, I_{10} 为一次绕组中励磁电流有效值, N_1 为一次绕组的匝数, Φ_m 为主磁通最大值, R_m 为主磁通所经磁路的磁阻, 即闭合铁心的磁阻, $R_m = \dfrac{l}{\mu_{Fe}S}$ (其中 l 为铁心磁路长度, S 为铁心的截面积, μ_{Fe} 为铁心的磁导率). 表示 Φ_m 与 I_{10} 的关系的曲线, 就是磁化特性曲线, 它呈饱和特性.

(3) 如果将 220V 绕组接到 380V 电源上, 主磁通也将增到原来的 380/220 倍; 如接到 110V 电源上, 则主磁通为原来的 1/2. 如果磁阻不变, 则励磁电流与主磁通成正比. 但由于铁心磁路有饱和现象, 接到 380V 电源上时, 磁阻大幅地增加, 所以此时励磁电流与接到 220V 电源上的励磁电流的比值要比 380/220 大很多. 此时铁损耗和铜损耗都很大, 时间久了有可能烧毁变压器. 一般变压器额定电压都设计在磁化特性曲线的拐弯处, 绕组电压低于其额定电压时，磁路可近似看作是线性的，因此接到110V电源时的励磁电流约为接到220V电源上励磁电流的1/2.

（4）磁通与频率成反比，所以接到220V、60Hz电源上时，主磁通将为接至50Hz电源时的5/6，磁路线性时，其励磁电流也为原来的5/6. 但接到直流电源上的情况与接到交流电源上的有本质的不同，此时绕组中不能产生感应电动势，$E_1=0$，一次电流将由欧姆定律决定，等于U_1/R_1，其中R_1为一次绕组的电阻. 由于R_1很小，因此电流将很大，足以烧毁变压器.

（5）对于以上各种情况，除接到直流电源上的二次绕组空载电压为零外，其他的二次绕组的空载电压均为一次绕组电压的1/2.

2-4 变压器二次绕组开路、一次绕组加额定电压时，虽然一次绕组电阻很小，但一次电流并不大，为什么？Z_m代表什么物理意义？电力变压器不用铁心而用空气心行不行？

答：（1）因为主磁通在一次绕组中产生的感应电动势基本上与一次绕组外加电压相平衡，用方程式表示，就是

$$\dot{U}_1 = -\dot{E}_1 + j\dot{I}_0 X_1 + \dot{I}_0 R_1 = \dot{I}_0 Z_m + j\dot{I}_0 X_1 + \dot{I}_0 R_1$$

则 $\dot{I}_0 = \dfrac{\dot{U}_1}{Z_m + jX_1 + R_1}$. 因$|Z_m| \gg X_1 > R_1$，即$|Z_m|$很大，所以一次电流并不大.

（2）Z_m为励磁阻抗，$Z_m = \dfrac{-\dot{E}_1}{\dot{I}_0}$，即单位励磁电流产生的电动势. 为了进一步了解其物理意义，可进行如下推导：

$$|Z_m| = \frac{E_1}{I_0} = \frac{4.44 f N_1 \Phi_m}{I_0} = \frac{2\pi f N_1 \Phi_m}{\sqrt{2} I_0} = \frac{2\pi f N_1^2 \Phi_m}{\sqrt{2} N_1 I_0} = \frac{2\pi f N_1^2}{R_m}$$

其中R_m为主磁路磁阻，可认为$R_m = \dfrac{\sqrt{2} N_1 I_0}{\Phi_m}$. 所以励磁阻抗与三个因素有关：①与频率成正比；②与绕组匝数的平方成正比；③与铁心磁路的磁阻成反比.

（3）由于电力变压器用了铁心，使主磁路的磁阻很小，也就使励磁阻抗$|Z_m|$很大，这样电力变压器高压绕组虽然电压很高，但空载电流（励磁电流）仍然很小. 若不用铁心而用空气心，则磁阻将大大增加，使$|Z_m|$变小，空载电流也大大增加，以致达到满载电流，使电力变压器无法再增加负载.

2-5 在制造同一规格的变压器时，若误将其中一台变压器的铁心截面做小了（为正常铁心截面的一半），问：在做空载试验时，当这台变压器的外加电压与其他正常变压器的相同时，它的主磁通、励磁电流、励磁阻抗与其他正常变压器的有什么不同？又若误将其中一台变压器的一次绕组匝数少绕一半，做上述试验时，这台变压器的主磁通、励磁电流、励磁阻抗和其他正常变压器的有什么不同（忽略漏阻抗、设磁路线性）？

答：（1）因为

$$U_1 \approx E_1 = 4.44 f N_1 \Phi_m; \quad \Phi_m = \frac{U_1}{4.44 f N_1}$$

所以这台变压器的主磁通Φ_m不变. 因为$\sqrt{2} N_1 I_0 = \Phi_m R_m$，其中磁阻$R_m = \dfrac{l}{\mu_{Fe} S}$，$S$为铁心截面积. 由于磁路线性，铁心截面减小为$S/2$，所以磁阻增加为$2R_m$，励磁电流增加为$2I_0$. 因励磁阻抗$|Z_m| = \dfrac{2\pi f N_1^2}{R_m}$，所以它减小为$|Z_m|/2$.

(2) 若匝数由 N_1 减为 $\frac{1}{2}N_1$，则主磁通由 $\Phi_m = \frac{U_1}{4.44fN_1}$ 增至 $2\Phi_m$. 由于磁路线性，因此 R_m 不变；因 $I_0 = \frac{\Phi_m R_m}{\sqrt{2}N_1}$，所以励磁电流将由 I_0 增至 $4I_0$. 根据 $|Z_m| = \frac{2\pi f N_1^2}{R_m}$，可知励磁阻抗的大小将由 $|Z_m|$ 减至 $\frac{1}{4}|Z_m|$.

2-6 变压器的电抗参数 X_m、X_1、X_2 各与什么磁通相对应？说明这些参数的物理意义以及它们的区别，从而分析它们的数值在空载试验、短路试验和正常负载运行时是否相等.

答：励磁电抗 X_m 对应于主磁通，主磁通所经过的磁路是闭合铁心，其磁阻通常很小；由于电抗与相应磁路的磁阻成反比，因此 X_m 的值很大. 由于磁阻与磁导率成反比，因此 X_m 与铁心的磁导率成正比. 而铁心的磁导率不是常数，其值与铁心的磁通密度大小（或者说铁心磁路的饱和程度）有关，因此 X_m 不是常数. 空载试验时，一次绕组施加额定电压，主磁通较大，因此铁心中的磁通密度较大，铁心磁路通常是饱和的. 正常负载运行时，一次绕组也施加额定电压，主磁通与空载试验时的基本相同（此时一次电流比空载时大，主磁通通常略有减小）. 也就是说，在空载试验和正常负载运行时，铁心的磁通密度基本相同，因此铁心磁导率基本相同，相应的 X_m 值基本相等（负载时的值通常略大于空载时的值）. 但在短路试验时，外施电压很低，主磁通很小，铁心磁路不饱和，因此铁心磁导率和相应的 X_m 值都比空载和负载时的大. 由于变压器正常运行时（从空载到额定负载）主磁通基本不变，因此在分析中可以近似地将 X_m 看作常数.

一次绕组漏电抗 X_1 与二次绕组漏电抗 X_2 分别对应于一次绕组漏磁通和二次绕组漏磁通，漏磁通要经过空气或其他非铁磁材料而闭合，磁路的磁阻很大，因此 X_1 和 X_2 就很小. 因为空气等非铁磁材料的磁导率为常数，所以 X_1 和 X_2 为常数，即在空载试验、短路试验及正常负载运行时，它们的数值都相等.

2-7 在单相电力变压器中，为了得到正弦的感应电动势，若不考虑磁滞与涡流效应，在铁心不饱和与饱和两种情况下空载励磁电流各呈何种波形？该电流与主磁通在时间上同相吗？若考虑磁滞和涡流，情况又将如何？

答：(1) 不考虑磁滞与涡流效应，在铁心不饱和时，磁化特性（励磁电流和主磁通的关系）是线性关系，所以当感应电动势为正弦形即主磁通为正弦形时，励磁电流也为正弦形.

在铁心饱和时，磁化特性为非线性，主磁通增加时，励磁电流增加更多. 当感应电动势为正弦形即主磁通为正弦形时，励磁电流为非正弦形. 在主磁通大的区域，励磁电流更大，而呈尖顶波.

由于不考虑磁滞和涡流，所以空载励磁电流（铁心不饱和时）或其基波（铁心饱和时）与主磁通在时间上同相，即与感应电动势相差 90°，没有励磁功率损耗.

(2) 考虑磁滞和涡流时，与 (1) 不同的是基波励磁电流将超前主磁通一个小角度，这个角度的大小将由磁滞和涡流损耗的大小来决定，损耗越大则角度越大.

2-8 电力变压器空载运行时功率因数高吗？这时输入变压器的功率主要消耗在何处？

答：(1) 电力变压器的额定效率很高. 为提高效率，要采取各种措施使磁滞和涡流损耗降至很小，使空载励磁电流超前主磁通一个很小的角度，即与感应电动势（端电压）的相位差很接近 90°，所以空载运行时功率因数是很低的.

(2) 这时输入变压器的功率主要消耗在磁滞和涡流损耗即铁损耗上. 变压器除了铁损耗

外还有铜损耗. 铜损耗和电流的平方成正比,电力变压器空载励磁电流通常不超过额定电流的 5%,因此空载时铜损耗不超过额定时铜损耗的 $(0.05)^2$,即 0.25%,完全可以忽略.

2-9 变压器二次侧带负载运行时,铁心中的主磁通还是仅由一次电流产生的吗?励磁所需的有功功率(铁损耗)是由一次侧还是二次侧提供的?

答:(1)负载运行时铁心中的主磁通不是仅由一次电流产生的,而是由一、二次电流共同产生的,即由合成磁动势 $N_1\dot{I}_1+N_2\dot{I}_2$ 产生的.

(2)二次侧带的负载若是电阻、电感、电容以及它们的组合,则励磁所需的有功功率肯定是由一次侧提供的. 若二次侧带的是有源负载,励磁所需的有功功率由哪一侧提供,则需要进行具体分析计算才能确定.

2-10 变压器一、二次绕组在电路上并没有联系,但在负载运行时,二次电流大则一次电流也变大,为什么?由此说明"磁动势平衡"的概念及其在定性分析变压器时的作用.

答: 变压器一、二次绕组在电路上没有联系,但通过铁心磁路中的主磁通相互联系着. 变压器负载运行时,一次电流 $\dot{I}_1$ 产生的磁动势 $\dot{F}_1$ 和二次电流 $\dot{I}_2$ 产生的磁动势 $\dot{F}_2$ 共同作用在磁路上,等于磁通乘磁阻,其方程式如下:

$$\dot{F}_1+\dot{F}_2=\dot{\Phi}_m R_m\angle\alpha$$

其中 α 是考虑铁心的磁滞和涡流损耗时磁动势超前磁通的一个小角度. 实际铁心的磁阻 R_m 很小,理想情况可看作零,即 $R_m=0$,则 $\dot{F}_1+\dot{F}_2=0$,$\dot{F}_1=-\dot{F}_2$. 这就叫磁动势平衡,即一、二次磁动势相量的大小相等、方向相反. 二次电流增大时,一次电流就随之增大.

当仅考虑数量关系时,有 $N_1I_1=N_2I_2$,即一次磁动势等于二次磁动势,即 $kI_1=I_2$ 或 $I_1=I_2/k$. 所以利用磁动势平衡的概念来定性分析变压器负载运行时,立即可得出结论:一、二次电流之比和它们的匝数成反比.

2-11 说明变压器折合算法的依据及具体方法. 可以将一次侧的量折合到二次侧吗?折合后各电压、电流、电动势及阻抗、功率等量与折合前的量分别是何关系?

答: 折合算法的依据是二次绕组通过其磁动势 $\dot{F}_2$ 对一次绕组起作用,只要保持 $\dot{F}_2$ 不变,就不会改变一次绕组的各个量. 具体方法是将二次绕组的匝数折合到与一次绕组相同的匝数,即 $\dot{F}_2=N_2\dot{I}_2=N_1\dot{I}'_2$. 所以折合后电流 $\dot{I}'_2=N_2\dot{I}_2/N_1=\dot{I}_2/k$. 电动势和匝数成正比,$E'_2/E_2=N_1/N_2=k$,所以折合后电动势 $\dot{E}'_2=k\dot{E}_2=\dot{E}_1$. 因而折合后二次阻抗 $Z'_2+Z'_L$ 为 $Z'_2+Z'_L=\dot{E}'_2/\dot{I}'_2=k\dot{E}_2/(\dot{I}_2/k)=k^2\dot{E}_2/\dot{I}_2=k^2(Z_2+Z_L)$. 为了保证在折合后二次电流相位不变,所以必须使折合后电阻和电抗分别为折合前的 k^2 倍,即 $R'_2=k^2R_2$,$X'_2=k^2X_2$,$R'_L=k^2R_L$,$X'_L=k^2X_L$. 折合后二次端电压 U'_2 的关系为 $\dot{U}'_2=\dot{I}'_2Z'_L=(\dot{I}_2/k)\times k^2Z_L=k\dot{I}_2Z_L=k\dot{U}_2$. 这样经过折合,变压器的基本方程式中就不包含匝数了,为得到变压器的等效电路打下了基础.

当然也可以将一次侧的量折合到二次侧. 依旧保持 $\dot{F}_1$ 不变,有 $\dot{F}_1=N_1\dot{I}_1=N_2\dot{I}'_1$,由此可将一次绕组匝数折合到与二次绕组相同的匝数,折合后电流 $\dot{I}'_1=N_1\dot{I}_1/N_2=k\dot{I}_1$;折合后电动势 $\dot{E}'_1$ 与绕组匝数成正比,即 $E'_1/E_1=N_2/N_1$,$\dot{E}'_1=\dot{E}_1/k$. 所以,$\dot{U}'_1=\dot{U}_1/k$,$Z'_1=Z_1/k^2$,$R'_1=R_1/k^2$,$X'_1=X_1/k^2$,且有功功率和无功功率折合前后都没有改变.

2-12 变压器一、二次侧间的功率传递是靠什么作用来实现的?在等效电路上可用哪些电量的乘积来表示?由此说明变压器能否直接传递直流电功率.

答: 变压器一、二次侧间的功率传递是靠电磁感应作用来实现的. 一次侧传递给二次侧的有功功率可用 $\dot{E}_1$ 和 $\dot{I}'_2$ 的点积即标量积来表示. 传递给二次侧的有功功率为 $P_M=\dot{E}_1\cdot\dot{I}'_2=\dot{E}'_2\cdot\dot{I}'_2=\dot{E}_2\cdot\dot{I}_2$. 因为通直流电时感应电动势 $\dot{E}_1$ 和 $\dot{E}_2$ 都等于零,所以不能传递直流电功率.

2-13 变压器的简化等效电路与 T 型等效电路相比，忽略了什么量？这两种等效电路各适用于什么场合？

答：简化等效电路是将 T 型等效电路中的励磁阻抗 $|Z_m|$ 视为无穷大时得到的，也就是在励磁电流 $\dot{I}_0 = -\dot{E}/Z_m = 0$ ——即忽略了励磁电流 $\dot{I}_0$ 的情况下得到的．T 型等效电路适用于一次绕组加交流额定电压时的各种运行情况，而简化等效电路只适用于变压器负载运行时计算一、二次电流和二次电压的场合，例如计算电压调整率和并联运行时负载分配等.

2-14 变压器二次侧带电阻和电感性负载时，从一次侧输入的无功功率是什么性质的？

答：从一次侧输入的无功功率为感性无功功率，即电流滞后电压 90° 的无功功率.

2-15 画出当变压器二次侧带纯电容负载时的相量图，并说明这时变压器的励磁无功功率实际上是由负载侧供给的．

答：相量图（略）请参考电机学教材中变压器负载时的相量图．纯电容负载时 $\dot{I}'_2$ 超前 $\dot{U}'_2$ 的 φ_2 角等于 90°，最后可得到 $\dot{I}_1$ 超前 $\dot{U}_1$ 一个 φ_1 角．按照教材中使用的正方向惯例，可得一次侧输入的无功功率 $Q_1 = \dot{U}_1 \times \dot{I}_1 = U_1 I_1 \sin\varphi_1 < 0$，为负；二次侧输出的无功功率 $Q_2 = \dot{U}'_2 \times \dot{I}'_2 = U'_2 I'_2 \sin\varphi_2 < 0$，为负．这说明此时无功功率实际上是从二次侧输入而从一次侧输出，而且二次侧无功功率的绝对值大于一次侧无功功率的绝对值，绝对值之差正好提供了励磁无功功率 $I_0^2 X_m$ 和一、二次绕组漏电抗所需的无功功率 $I_1^2 X_1$ 和 $I'^2_2 X'_2$．因此电容吸收负的滞后无功功率，实际上可看作发出正的滞后无功功率．更形象地说，电感是无功功率的负载，电容是无功功率的发电机．无功功率像有功功率一样，也需要平衡，发出的应等于吸收的.

2-16 变压器做空载和短路试验时，从电源输入的有功功率主要消耗在什么地方？在一、二次侧分别做同一试验，测得的输入功率相同吗？为什么？

答：空载试验时，从电源输入的有功功率的消耗主要是铁损耗．短路试验时，从电源输入的有功功率的消耗主要是铜损耗.

在一、二次侧分别做空载试验，只要都加额定电压，由于 $U_{1N} = kU_{2N}$，这两种情况下铁心中主磁通是相等的：

$$\Phi_m = \frac{U_{1N}}{4.44fN_1} = \frac{kU_{2N}}{4.44fN_1} = \frac{N_1/N_2 U_{2N}}{4.44fN_1} = \frac{U_{2N}}{4.44fN_2}$$

所以铁损耗相等，即电源输入功率相同.

由于短路试验时所加电压很低，铁心中主磁通很小，铁损耗可忽略不计，因此，在一、二次侧分别做短路试验时，只要都加额定电流，这两种情况的铜损耗就相等，即电源输入功率相等.

2-17 试证明：当忽略铜损耗时，在高压侧和在低压侧做空载试验所测得的两条空载特性曲线，当用标幺值表示时是重合的.

证明：设对任一给定的主磁通，在高压侧做空载试验时，测得相应的电压为 U_1、电流为 I_{10}；在低压边做空载试验时，测得相应的电压为 U_2、电流为 I_{20}．因为二者的磁通相同，所以电压之比等于匝数之比，即 $U_1 = kU_2$．因为磁通相同，所以要求磁动势相同，即 $N_1 I_{10} = N_2 I_{20}$，$I_{10} = I_{20}/k$．用标幺值表示时，有

$$\underline{U}_1 = \frac{U_1}{U_{1N}} = \frac{kU_2}{kU_{2N}} = \underline{U}_2$$

$$\underline{I}_{10} = \frac{I_{10}}{I_{1N}} = \frac{I_{20}/k}{I_{2N}/k} = \underline{I}_{20}$$

即二者的纵坐标和横坐标分别相等. 所以, $\underline{U}_1=f(\underline{I}_{10})$ 和 $\underline{U}_2=f(\underline{I}_{20})$ 这两条空载特性曲线是重合的.

2-18 变压器负载运行时引起二次电压变化的原因是什么？电压调整率的大小与这些因素有何关系？二次侧带什么性质负载时有可能使电压调整率为零？

答：引起二次端电压变化的内因是变压器本身的漏阻抗，外因是负载电流的大小和性质. 二次电压调整率的大小和这些因素关系为

$$\Delta U = \beta(\underline{R}_k \cos\varphi_2 + \underline{X}_k \sin\varphi_2)$$

其中, $\underline{R}_k$ 和 $\underline{X}_k$ 分别为变压器短路电阻和短路电抗的标幺值；

β 为负载电流标幺值($\beta = I_2/I_{2N}$)；

φ_2 为负载电流滞后 $\dot{U}_2$ 的角度.

只有二次侧带容性负载，即 φ_2 为负数时，$\sin\varphi_2$ 也为负数，ΔU 才有可能为零.

2-19 变压器带额定负载时，其效率是否不变，为常数？效率的高低与负载性质有关吗？

答：不是常数，而是随负载性质而变. 效率高低是与负载性质有关的. 当 $\cos\varphi_2 = 1$，即为纯电阻负载时效率最高；当 $\cos\varphi_2 = 0$，即纯电感或纯电容负载时效率最低.

2-20 变压器运行时，内部哪些损耗是基本不变的，哪些又是随负载而变的？

答：铁损耗是基本不变的. 铜损耗是随负载而变的，和负载电流的平方成正比，即与 β^2 成正比.

2-21 某单相变压器的额定电压为 220/110V，在高压侧测得的励磁阻抗 $|Z_m|=240\Omega$，短路阻抗 $|Z_k|=0.8\Omega$. 则在低压侧测得的励磁阻抗和短路阻抗分别应为多大？

答：在低压侧测得的励磁阻抗为

$$|Z'_m| = |Z_m|/k^2 = 240/2^2 = 60(\Omega)$$

在低压侧测得的短路阻抗为

$$|Z'_k| = |Z_k|/k^2 = 0.8/2^2 = 0.2(\Omega)$$

2-22 某单相变压器的额定容量 $S_N=100\text{kVA}$，额定电压 $U_{1N}/U_{2N}=3300/220\text{V}$，参数为 $R_1=0.45\Omega$，$X_1=2.96\Omega$，$R_2=0.0019\Omega$，$X_2=0.0137\Omega$. 分别求折合到高、低压侧的短路阻抗，它们之间有什么关系？

答：
$$k = \frac{N_1}{N_2} = \frac{U_{1N}}{U_{2N}} = \frac{3300}{220} = 15$$

$$Z_k = (R_1 + R'_2) + j(X_1 + X'_2)$$
$$= (0.45 + 15^2 \times 0.0019) + j(2.96 + 15^2 \times 0.0137)$$
$$= 0.8775 + j6.0245(\Omega)$$

$$|Z_k| = \sqrt{0.8775^2 + 6.0245^2} = 6.106(\Omega)$$

$$Z'_k = (R'_1 + R_2) + j(X'_1 + X_2) = (R_1/k^2 + R_2) + j(X_1/k^2 + X_2)$$
$$= (0.45/15^2 + 0.0019) + j(2.96/15^2 + 0.0137)$$
$$= 0.0039 + j0.02686(\Omega)$$

$$|Z'_k| = \sqrt{0.0039^2 + 0.02686^2} = 0.02714(\Omega)$$

它们之间的关系为 $Z_k = k^2 Z'_k$.

2-23 某台三相电力变压器，$S_N = 560\text{kVA}$，额定电压 $U_{1N}/U_{2N} = 10/0.4\text{kV}$，高、低压

绕组分别为三角形联结和星形联结，低压绕组每相 $R_2=0.004\Omega$，$X_2=0.0058\Omega$. 将低压侧的量折合到高压侧，折合值 R'_2、X'_2 分别是多大？

答：在用一相等效电路来解三相变压器对称运行问题时，电压、电流、电动势等量都要用相值而不要用线值，这样求解一相的量时就不必考虑高、低压绕组的联结方式. 因此变比 k 用额定相电压的比值：

$$k = \frac{10}{\frac{0.4}{\sqrt{3}}} = 25\sqrt{3}$$

则

$$R'_2 = k^2 R_2 = 1875 \times 0.004 = 7.5(\Omega)$$
$$X'_2 = k^2 X_2 = 1875 \times 0.0058 = 10.875(\Omega)$$

2-24 一台三相变压器二次绕组为三角形联结，变比 $k=4$. 带每相阻抗 $Z_L=3+j0.9(\Omega)$ 的三相对称负载稳态运行时，若负载为三角形联结，则在变压器的等效电路中 Z'_L 应为多少？若负载为星形联结，Z'_L 又是多少？

答：用一相等效电路来解三相变压器对称运行问题时，变压器的二次绕组和负载的联结方式必须一致. 若不一致，则必须对负载的联结方式进行变换，使其与二次绕组的相同.

（1）若二次绕组和负载都为三角形联结，则
$$Z'_L = k^2 Z_L = 4^2 \times (3+j0.9) = 48+j14.4(\Omega)$$

（2）若负载为星形联结，首先需要把负载变换为三角形联结：
$$Z_{L\triangle} = 3Z_{LY} = 3 \times (3+j0.9) = 9+j2.7(\Omega)$$
$$Z'_L = k^2 Z_{L\triangle} = 4^2 \times (9+j2.7) = 144+j43.2(\Omega)$$

2-25 试证明：在额定电压时，变压器空载电流标幺值等于励磁阻抗模的标幺值的倒数.

证明：额定电压时空载电流为
$$I_0 = U_{1N}/|Z_m|$$

空载电流的标幺值为
$$\underline{I}_0 = \frac{I_0}{I_{1N}} = \frac{U_{1N}}{|Z_m| I_{1N}}$$

励磁阻抗模的标幺值为
$$|\underline{Z}_m| = \frac{|Z_m|}{\frac{U_{1N}}{I_{1N}}} = \frac{|Z_m| I_{1N}}{U_{1N}}$$

所以
$$\underline{I}_0 = \frac{1}{|\underline{Z}_m|}$$

式中的 U_{1N}、I_{1N} 分别为额定相电压、相电流.

2-26 试证明：变压器在额定电流下做短路试验时，所加短路电压的标幺值等于短路阻抗模的标幺值.

证明：在额定电流下做短路试验时，所加的短路电压为
$$U_k = I_{1N} |Z_k|$$

短路电压标幺值为

$$\underline{U}_k = \frac{U_k}{U_{1N}} = \frac{I_{1N}|Z_k|}{U_{1N}}$$

短路阻抗模标幺值为

$$|\underline{Z}_k| = \frac{|Z_k|}{\frac{U_{1N}}{I_{1N}}} = \frac{I_{1N}|Z_k|}{U_{1N}}$$

所以

$$\underline{U}_k = |\underline{Z}_k|$$

式中的 U_{1N}、I_{1N} 分别为额定相电压、相电流.

2-27 一台变压器二次电压、电流的正方向采用发电机惯例,如果二次电流超前电压 $60°$,则二次侧有功功率和无功功率的传输方向是怎样的?

答:有功功率 $U_2I_2\cos\varphi_2>0$,无功功率 $U_2I_2\sin\varphi_2<0$,所以二次侧输出有功功率,输入无功功率.

2-28 一台电力变压器,负载性质一定,当负载大小分别为 $\beta=1$、$\beta=0.8$、$\beta=0.1$ 及空载时,其效率分别为 η_1、η_2、η_3、η_0,试比较各效率的大小.

答:因变压器的最高效率一般不设计在 $\beta=1$ 时,而通常是在 $\beta=0.5\sim0.6$ 时,所以可判断出各效率的大小关系为 $\eta_2>\eta_1>\eta_3>\eta_0$.

2.5 习题及其解

2-1 变压器铭牌数据为 $S_N=100\text{kVA}$,$U_{1N}/U_{2N}=6300/400\text{V}$,高、低压绕组均为星形联结,低压绕组每相匝数为 40 匝,求:

(1) 高压绕组每相匝数;

(2) 如果高压侧额定电压由 6300V 改为 1000V,保持主磁通及低压绕组额定电压不变,则新的高、低压绕组每相匝数应是多少?

解:(1) 求高压绕组每相的匝数 N_1:

已知低压绕组每相匝数 $N_2=40$,因

$$\frac{U_{1N}/\sqrt{3}}{U_{2N}/\sqrt{3}} = \frac{N_1}{N_2}$$

则

$$N_1 = N_2 \frac{U_{1N}}{U_{2N}} = 40 \times \frac{6300}{400} = 630$$

(2) 保持主磁通及低压绕组额定电压不变,就是保持低压绕组的匝数不变,$N_2=40$,则

$$\frac{N_1}{N_2} = \frac{1000/\sqrt{3}}{400/\sqrt{3}}, \qquad N_1 = 100$$

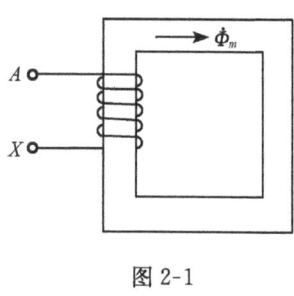

图 2-1

2-2 一台变压器主磁通正方向如图 2-1 所示,设 $\phi = \Phi_m\sin\omega t$,已知线圈 AX 感应电动势有效值为 E_1,试分别对下面 (a)、(b) 两种 $\dot{E}_1$ 正方向的规定:

(1) 写出 e_1 的瞬时值表达式,画出 ϕ、e_1 的波形图及 $\dot{\Phi}_m$、

$\dot{E}_1$ 的相量图;

(2) 说明在 $\omega t = 0 \sim \dfrac{\pi}{2}$ 的时间内，铁心中主磁通的变化规律，以及线圈端 A 与 X 哪点的电位高.

(a) $\dot{E}_1$ 的正方向从 A 点指向 X 点；(b) $\dot{E}_1$ 的正方向从 X 点指向 A 点.

解：(a) $\dot{E}_1$ 的正方向从 A 点指向 X 点时.

(1) $$e_1 = -N_1 \frac{\mathrm{d}\phi}{\mathrm{d}t} = N_1 \omega \Phi_m \sin(\omega t - 90°)$$

ϕ、e_1 的波形图和相量图分别如图 2-2（a）、（b）所示.

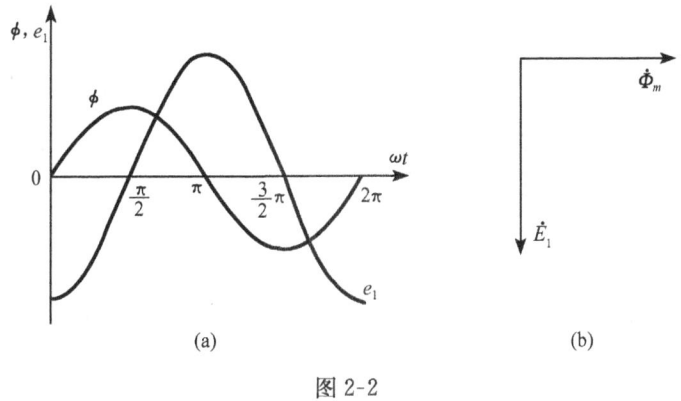

图 2-2

(2) 当 ωt 从 $0 \sim \dfrac{\pi}{2}$ 时，铁心中主磁通从 0 增加到 $+\Phi_m$；E_1 从负到零. E_1 为负，说明此时 $\dot{E}_1$ 的实际方向是从 X 点指向 A 点，因电动势方向为电位升的方向，所以 A 点电位比 X 点电位高.

(b) $\dot{E}_1$ 的正方向从 X 点指向 A 点时.

(1) $$e_1 = N_1 \frac{\mathrm{d}\phi}{\mathrm{d}t} = N_1 \omega \Phi_m \sin(\omega t + 90°)$$

ϕ、e_1 的波形图和相量图分别如图 2-3（a）、（b）所示.

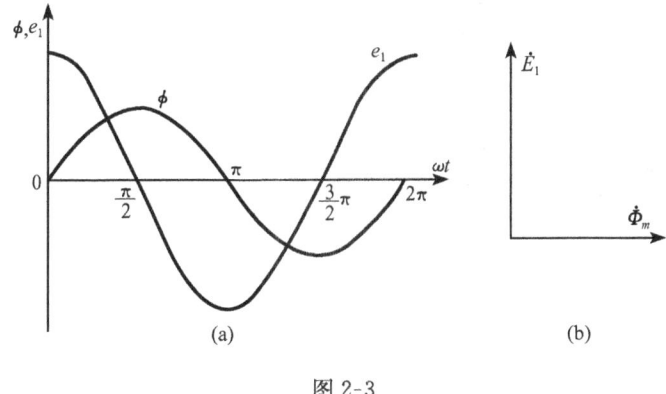

图 2-3

(2) 当 ωt 从 $0 \sim \dfrac{\pi}{2}$ 时，铁心中主磁通从 0 增加到 $+\Phi_m$；E_1 从正到零. E_1 为正，说明此

时 $\dot{E}_1$ 的实际方向从 X 点指向 A 点,所以 A 点电位比 X 点电位高.

以上(a)与(b)两种情况的结果说明,$\dot{E}_1$ 的正方向无论是像(a)还是像(b)那样规定,都不影响其结果,该瞬时 A 点电位比 X 点电位高.

2-3 变压器一次与二次绕组的电压、电动势正方向如图 2-4(a)所示,设变比 $k=2$,一次电压 u_1 波形如图 2-4(b)所示. 试画出 e_1、e_2、主磁通 ϕ 和 u_2 随时间变化的波形,并用相量图表示 $\dot{E}_1$、$\dot{E}_2$、$\dot{\Phi}_m$、$\dot{U}_2$ 和 $\dot{U}_1$ 的关系(忽略漏阻抗压降).

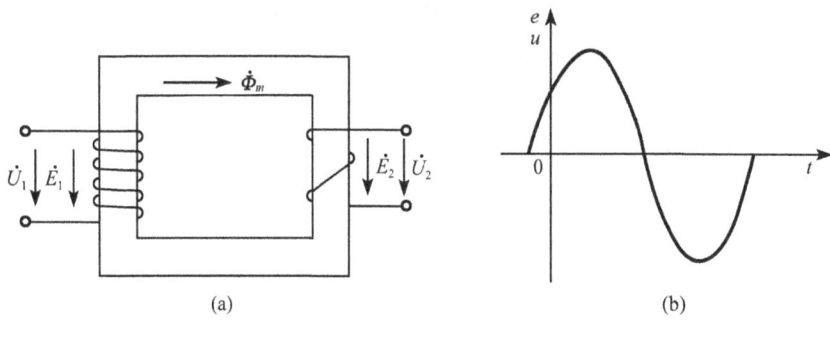

图 2-4

解:根据正方向列出方程式,再由方程式就可画出 e_1、e_2、ϕ 和 u_2 随时间变化的波形和它们的相量图.

根据正方向可得以下方程式:

(1) $\dot{U}_1 = -\dot{E}_1$;   (2) $\dot{U}_2 = -\dot{E}_2$;   (3) $\dot{E}_1 = -j\dfrac{N_1\omega}{\sqrt{2}}\dot{\Phi}_m$;

(4) $\dot{E}_2 = -j\dfrac{N_2\omega}{\sqrt{2}}\dot{\Phi}_m$;   (5) $\dfrac{\dot{E}_1}{\dot{E}_2} = \dfrac{N_1}{N_2} = k = 2$

根据以上方程式可画出波形图与相量图,分别如图 2-5(a)、(b)所示.

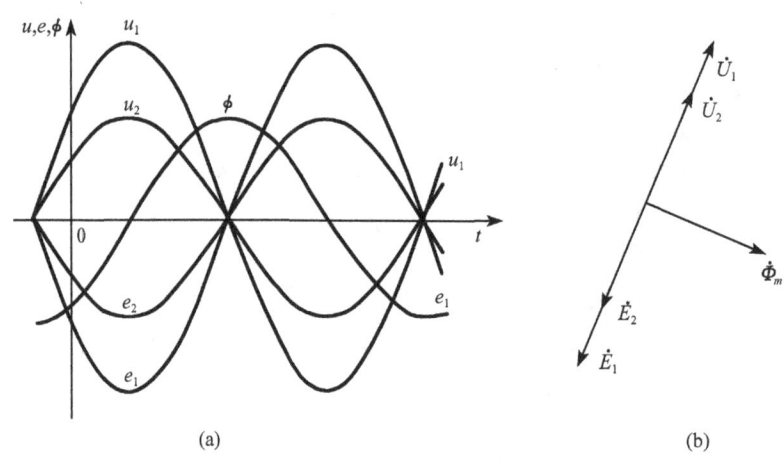

图 2-5

2-4 一台变压器各电磁量的正方向如图 2-6 所示,试写出一、二次感应电动势的表达式及空载时一次侧的电压平衡方程式.

解： $\dot{E}_1 = -j\dfrac{\omega N_1}{\sqrt{2}}\dot{\Phi}_m$

$\dot{E}_2 = -j\dfrac{\omega N_2}{\sqrt{2}}\dot{\Phi}_m$

$\dot{U}_1 = \dot{E}_1 + \dot{E}_{s1} - \dot{I}_0 R_1$

$= -j\omega L_m \dot{I}_0 - j\omega L_1 \dot{I}_0 - \dot{I}_0 R_1$

$= -jX_m \dot{I}_0 - jX_1 \dot{I}_0 - \dot{I}_0 R_1$

$= -\dot{I}_0(jX_m + jX_1 + R_1)$

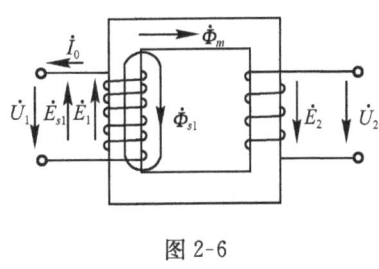

图 2-6

若考虑铁损耗，则

$$\dot{U}_1 = -\dot{I}_0(R_m + jX_m + jX_1 + R_1)$$

2-5 如图 2-7 所示，单相变压器 $U_{1N}/U_{2N} = 220/110\text{V}$，高压绕组出线端为 A、X，低压绕组出线端为 a、x，A 和 a 为同极性端. 今在 A 和 X 两端加 220V，ax 开路时的励磁电流为 I_0，主磁通为 Φ_m，励磁磁动势为 F_0，励磁阻抗为 $|Z_m|$. 求下列三种情况下的主磁通、励磁磁动势、励磁电流和励磁阻抗：

(1) AX 边开路，ax 端加 110V 电压；

(2) X 和 a 相连，Ax 端加 330V 电压；

(3) X 和 x 相连，Aa 端加 110V 电压.

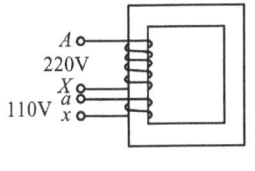

图 2-7

解： (1) 设高压绕组匝数为 N_1，低压绕组匝数为 N_2. 则

$$\frac{N_1}{N_2} = \frac{U_{1N}}{U_{2N}} = \frac{220}{110}, \qquad N_1 = 2N_2$$

原来情况下主磁通 Φ_m 为

$$\Phi_m = \frac{U_{1N}}{4.44 f N_1}$$

现在情况下主磁通 Φ'_m 为

$$\Phi'_m = \frac{U_{2N}}{4.44 f N_2}$$

所以

$$\frac{\Phi'_m}{\Phi_m} = \frac{U_{2N}}{4.44 f N_2} \times \frac{4.44 f N_1}{U_{1N}} = \frac{U_{2N}}{U_{1N}} \cdot \frac{N_1}{N_2} = 1$$

即主磁通没有变，因此励磁磁动势也不变，$F'_0 = F_0$.

$$F'_0 = N_2 I'_0 \quad \text{而} \quad F_0 = N_1 I_0$$

$$I'_0 = \frac{N_1}{N_2} I_0 = 2 I_0$$

即励磁电流增加 1 倍.

$$|Z'_m| = \frac{U_{2N}}{I'_0}, \qquad |Z_m| = \frac{U_{1N}}{I_0}$$

$$\frac{|Z'_m|}{|Z_m|} = \frac{U_{2N}}{U_{1N}} \cdot \frac{I_0}{I'_0} = \frac{1}{4}$$

即励磁阻抗为原来的 $\dfrac{1}{4}$.

（2）现在 Ax 侧匝数为
$$N_1 + N_2 = 1.5N_1$$
现在主磁通为
$$\Phi'_m = \frac{U_{Ax}}{4.44f(N_1+N_2)} = \frac{330}{4.44f \times 1.5N_1}$$
原来主磁通为
$$\Phi_m = \frac{U_{1N}}{4.44fN_1} = \frac{220}{4.44fN_1}$$
$$\frac{\Phi'_m}{\Phi_m} = \frac{330}{220} \times \frac{N_1}{1.5N_1} = 1$$
即主磁通没有变，因此励磁磁动势不变，$F'_0 = F_0$.
$$F'_0 = I'_0 \times 1.5N_1, \qquad F_0 = I_0 N_1$$
$$I'_0 = I_0 \frac{1}{1.5} = \frac{2}{3} I_0$$
即励磁电流为原来的 $\frac{2}{3}$.
$$|Z'_m| = \frac{U_{Ax}}{I'_0} = \frac{330}{I'_0}, \qquad |Z_m| = \frac{U_{1N}}{I_0} = \frac{220}{I_0}$$
$$\frac{|Z'_m|}{|Z_m|} = \frac{330}{220} \cdot \frac{I_0}{I'_0} = \left(\frac{3}{2}\right)^2$$
即励磁阻抗为原来的 $\left(\frac{3}{2}\right)^2$.

（3）现在匝数为
$$N_1 - N_2 = N_2 = \frac{1}{2} N_1$$
主磁通为
$$\Phi'_m = \frac{U_{Aa}}{4.44f(N_1-N_2)} = \frac{110}{4.44f \times \frac{1}{2}N_1}$$
$$\frac{\Phi'_m}{\Phi_m} = \frac{110}{220} \frac{N_1}{\frac{1}{2}N_1} = 1$$
即主磁通没有变，因此励磁磁动势 $F'_0 = F_0$ 也不变.
$$F'_0 = I'_0 \frac{1}{2} N_1$$
$$F_0 = I_0 N_1$$
$$I'_0 = 2I_0$$
即励磁电流为原来的 2 倍.
$$|Z'_m| = \frac{U_{Aa}}{I'_0} = \frac{110}{2I_0}, \qquad |Z_m| = \frac{U_{1N}}{I_0} = \frac{220}{I_0}$$
$$\frac{|Z'_m|}{|Z_m|} = \frac{110}{220} \frac{I_0}{2I_0} = \frac{1}{4}$$
即励磁阻抗为原来的 $\frac{1}{4}$.

2-6 A 和 B 两台单相变压器，额定电压都是 220/110V，且高压绕组匝数相等。当将高压绕组接 220V 电源做空载试验时，测得它们的励磁电流相差 1 倍。设磁路线性。现将两台变压器的高压绕组串联起来接到 440V 电源上，二次绕组开路，求两台变压器的主磁通的数量关系，其二次电压各为多少？

解： 设 $I_{0A}=2I_{0B}$。做空载试验时，由于匝数相等，所以有

$$F_{0A}=2F_{0B}$$
$$F_{0A}=\Phi_{mA}R_{mA}$$
$$F_{0B}=\Phi_{mB}R_{mB}$$

电压和匝数相等，主磁通相等 $\Phi_{mA}=\Phi_{mB}$，所以 $R_{mA}=2R_{mB}$，即变压器 A 的磁阻为变压器 B 的 2 倍。

现将两台变压器高压绕组串联，则励磁电流相同，励磁磁动势相同，由于变压器 A 的磁阻为变压器 B 的 2 倍，所以变压器 A 的主磁通为 B 的 $1/2$，即

$$\Phi_{mA}=\frac{1}{2}\Phi_{mB}$$

则一次绕组电压关系为 $U_{1A}=\frac{1}{2}U_{1B}$。由 $U_{1A}+U_{1B}=440\text{V}$，可得

$$U_{1A}=146.7\text{V}, \qquad U_{20A}=73.3\text{V}$$
$$U_{1B}=293.3\text{V}, \qquad U_{20B}=146.7\text{V}$$

2-7 一台三相电力变压器，一、二次绕组均为星形联结，额定容量 $S_N=100\text{kVA}$，额定电压 $U_{1N}/U_{2N}=6000/400\text{V}$，额定电流 $I_{1N}/I_{2N}=9.62/144.3\text{A}$。每相参数：一次绕组漏阻抗 $Z_1=R_1+jX_1=4.2+j9(\Omega)$，励磁阻抗 $Z_m=R_m+jX_m=514+j5526(\Omega)$。计算：

(1) 励磁电流及其与额定电流的比值；
(2) 空载运行时的输入功率；
(3) 一次绕组相电压、相电动势及漏阻抗压降，并比较它们的大小。

解： (1) 励磁电流：

$$Z_1+Z_m=4.2+j9+514+j5526=5559.2\angle 84.65°(\Omega)$$

$$I_0=\frac{6\times 10^3}{\sqrt{3}\times 5559.2}=0.623(\text{A})$$

$$\frac{I_0}{I_{1N}}=\frac{0.623}{9.62}=6.48\%$$

(2) 空载运行的输入功率：

视在功率

$$S_1=\sqrt{3}U_{1N}I_0=\sqrt{3}\times 6000\times 0.623=6474(\text{VA})$$

功率因数角

$$\varphi_0=84.65°$$

有功功率

$$P_1=\sqrt{3}U_{1N}I_0\cos\varphi_0=6474\times\cos 84.65°=604(\text{W})$$

无功功率

$$Q_1=\sqrt{3}U_{1N}I_0\sin\varphi_0=6474\times\sin 84.65°=6446(\text{var})$$

(3) 一次绕组的相电压、相电动势及漏阻抗压降：

相电压为
$$U_1 = \frac{U_{1N}}{\sqrt{3}} = \frac{6000}{\sqrt{3}} = 3464(\text{V})$$

相电动势
$$E_1 = I_0 |Z_m| = 0.623 \times \sqrt{514^2 + 5526^2} = 3458(\text{V})$$

一次绕组每相漏阻抗压降为
$$I_0 |Z_1| = 0.623 \times \sqrt{4.2^2 + 9^2} = 6.2(\text{V})$$

三者大小的比较：
$$I_0 |Z_1| \ll E_1$$
$$U_1 \approx E_1$$

2-8 变压器一、二次绕组匝数比为 $N_1/N_2 = 4.5/1.5$，如图 2-8 所示. 若 $i_1 = 10\sin\omega t$ (A)，试写出图 2-8（a）与（b）两种情况下二次电流 i_2 的瞬时值表达式（忽略励磁电流）.

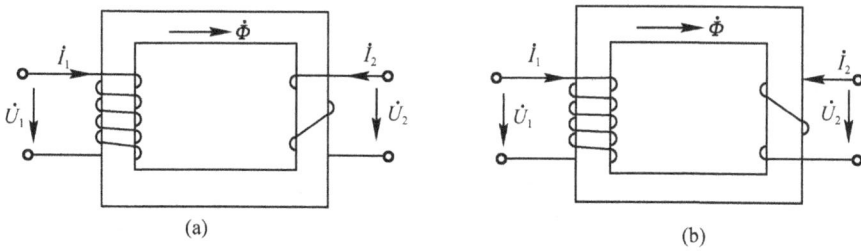

图 2-8

解：（a）磁动势平衡方程式为
$$N_1 \dot{I}_1 + N_2 \dot{I}_2 = 0$$

即
$$\dot{I}_2 = -\frac{N_1}{N_2} \dot{I}_1$$

则
$$i_2 = -\frac{4.5}{1.5} i_1 = -30\sin\omega t (\text{A})$$

（b）磁动势平衡方程式为
$$N_1 \dot{I}_1 - N_2 \dot{I}_2 = 0$$

即
$$\dot{I}_2 = \frac{N_1}{N_2} \dot{I}_1$$

则
$$i_2 = \frac{4.5}{1.5} i_1 = 30\sin\omega t (\text{A})$$

2-9 一台单相降压变压器，额定容量 200kVA，额定电压 1000/230V，一次绕组参数为 $R_1 = 0.1\Omega$，$X_1 = 0.16\Omega$，$R_m = 5.5\Omega$，$X_m = 63.5\Omega$，已知额定负载运行时 $\dot{I}_1$ 滞后 $\dot{U}_1$ 的相位差为 30°，求空载与额定负载运行时的一次电动势 E_1 的大小.

解：（1）空载运行时，等效电路为 Z_1 和 Z_m 串联，因此可先求励磁电流 I_0，再求 $E_1 =$

$I_0|Z_m|$.

$$I_0 = \frac{U_1}{|Z_1+Z_m|} = \frac{1000}{|(0.1+5.5)+j(0.16+63.5)|} = 15.65(A)$$

$$E_1 = I_0|Z_m| = 15.65 \times \sqrt{5.5^2+63.5^2} = 997(V)$$

（2）额定负载时，只能用相量方程求解．

$$-\dot{E}_1 = \dot{U}_1 - \dot{I}_1 Z_1 = \dot{U}_1 - \dot{I}_1 R_1 - j\dot{I}_1 X_1$$

为计算方便，应以 $\dot{I}_1$ 作为参考相量，设 $\dot{I}_1 = I_{1N}\angle 0°$，则

$$\begin{aligned}-\dot{E}_1 &= U_{1N}\angle 30° - I_{1N}R_1\angle 0° - I_{1N}X_1\angle 90° \\&= U_{1N}\cos 30° + jU_{1N}\sin 30° - I_{1N}R_1 - jI_{1N}X_1 \\&= (1000\cos 30° - 200\times 0.1) + j(1000\sin 30° - 200\times 0.16) \\&= 846 + j468 = 967\angle 29°(V)\end{aligned}$$

即 $E_1 = 967V$．

2-10 某台三相电力变压器，$S_N=600kVA$，$U_{1N}/U_{2N}=10000/400V$，一、二次绕组分别为三角形、星形联结，短路阻抗 $Z_k=1.8+j5(\Omega)$．二次侧带星形联结的三相负载，每相负载阻抗 $Z_L=0.3+j0.1(\Omega)$．计算该变压器的以下几个量：

（1）一次电流 I_1 及其与额定电流 I_{1N} 的百分比 β_1；
（2）二次电流 I_2 及其与额定电流 I_{2N} 的百分比 β_2；
（3）二次电压 U_2 及其与额定电压 U_{2N} 相比降低的百分值；
（4）变压器的输出容量．

解：（1）一次电流计算：

变比

$$k = \frac{U_{1N}}{U_{2N}/\sqrt{3}} = \frac{10000}{400/\sqrt{3}} = 43.3$$

负载阻抗

$$Z_L = 0.3 + j0.1 = 0.316\angle 18.43°(\Omega)$$
$$Z'_L = k^2 Z_L = 562.5 + j187.5(\Omega)$$

从一次侧看进去的每相总阻抗

$$\begin{aligned}Z &= Z_k + Z'_L = R_k + jX_k + R'_L + jX'_L \\&= 1.8 + j5 + 562.5 + j187.5 \\&= 596.23\angle 18.84°(\Omega)\end{aligned}$$

一次电流

$$I_1 = \frac{\sqrt{3}U_{1N}}{|Z|} = \frac{\sqrt{3}\times 10000}{596.23} = 29.05(A)$$

一次额定电流

$$I_{1N} = \frac{S_N}{\sqrt{3}U_{1N}} = \frac{600\times 10^3}{\sqrt{3}\times 10000} = 34.64(A)$$

比值

$$\beta_1 = \frac{I_1}{I_{1N}} = \frac{29.05}{34.64} = 83.86\%$$

（2）二次电流计算：

二次电流
$$I_2 = k\frac{I_1}{\sqrt{3}} = k\frac{U_{1N}}{|Z|} = 43.3 \times \frac{10000}{596.23} = 726.23(A)$$

二次额定电流
$$I_{2N} = \frac{S_N}{\sqrt{3}U_{2N}} = \frac{600 \times 10^3}{\sqrt{3} \times 400} = 866.05(A)$$

比值
$$\beta_2 = \frac{I_2}{I_{2N}} = \frac{726.23}{866.05} = 83.86\%$$

(3) 二次电压计算：

二次电压
$$U_2 = \sqrt{3}I_2|Z_L| = \sqrt{3} \times 726.23 \times 0.316 = 397.47(V)$$

二次电压比额定值降低
$$\Delta U = U_{2N} - U_2 = 400 - 397.47 = 2.53(V)$$

二次电压降低的百分值
$$\frac{\Delta U}{U_{2N}} = \frac{2.53}{400} = 0.63\%$$

(4) 变压器的输出容量
$$S_2 = \sqrt{3}U_2I_2 = \sqrt{3} \times 397.47 \times 726.23 = 499950(VA)$$

即
$$S_2 \approx 500kVA$$

2-11 晶体管功率放大器对输出信号来说相当于一个交流电源，其电动势$E_s = 8.5V$，内阻$R_s = 72\Omega$. 另有一扬声器电阻$R = 8\Omega$. 现采用两种方法把扬声器接入放大器电路作负载，一种直接接入，另一种是经过变比$k=3$的变压器接入，分别如图 2-9（a）、(b) 所示. 忽略变压器的漏阻抗和励磁电流. 求：

(1) 两种接法时扬声器获得的功率；
(2) 要使放大器输出功率最大，变压器变比应为多少？
(3) 变压器在电路中作用是什么？

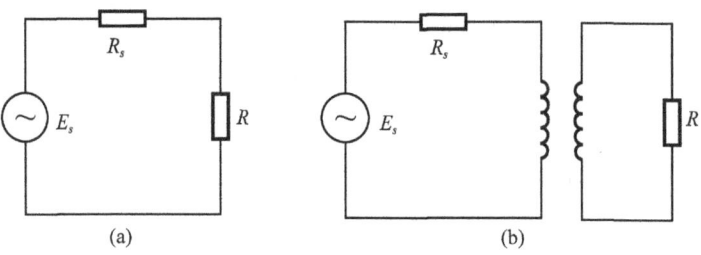

图 2-9

解：(1) 直接接入时，电源输出电流为
$$I_1 = \frac{E_s}{R_s + R} = \frac{8.5}{72 + 8} = 0.10625(A)$$

扬声器获得的功率为

$$P_1 = I_1^2 R = 0.10625^2 \times 8 = 0.0903(\text{W})$$

通过变压器接入时，电源输出电流为

$$I_2 = \frac{E_s}{R_s + R'} = \frac{E_s}{R_s + k^2 R} = \frac{8.5}{72 + 3^2 \times 8} = 0.059027(\text{A})$$

扬声器获得的功率为

$$P_2 = I_2^2 R' = 0.059027^2 \times 72 = 0.25(\text{W})$$

(2) 要使放大器输出功率最大，要求电源的外阻等于其内阻，即 $R_s = R' = k^2 R$，则变比应为

$$k = \sqrt{\frac{R_s}{R}} = \sqrt{\frac{72}{8}} = 3$$

(3) 变压器在电路中的作用是变阻抗．

2-12 一台单相变压器，$S_N = 2\text{kVA}$，$U_{1N}/U_{2N} = 1100/110\text{V}$，$R_1 = 4\Omega$，$X_1 = 15\Omega$，$R_2 = 0.04\Omega$，$X_2 = 0.15\Omega$；负载阻抗 $Z_L = 10 + \text{j}5(\Omega)$ 时，求：

(1) 一、二次电流 I_1 和 I_2；

(2) 二次电压 U_2 比 U_{2N} 降低了多少？

解：(1) 变比 $k = U_{1N}/U_{2N} = 1100/110 = 10$，将二次阻抗折合到一次侧，有

$$R_2' = k^2 R_2 = 10^2 \times 0.04 = 4(\Omega)$$
$$X_2' = k^2 X_2 = 10^2 \times 0.15 = 15(\Omega)$$
$$Z_L' = k^2 Z_L = 10^2 \times (10 + \text{j}5) = 1000 + \text{j}500(\Omega)$$

用简化等效电路，可求得

$$I_1 = I_2' = \frac{U_{1N}}{|Z_1 + Z_2' + Z_L'|} = \frac{1100}{|(4 + 4 + 1000) + \text{j}(15 + 15 + 500)|}$$
$$= \frac{1100}{|1008 + \text{j}530|} = \frac{1100}{\sqrt{1008^2 + 530^2}} = 0.966(\text{A})$$
$$I_2 = k I_2' = 10 \times 0.966 = 9.66(\text{A})$$

(2) $$U_2 = I_2 |Z_L| = 9.66 \times \sqrt{10^2 + 5^2} = 108(\text{V})$$

U_2 比 U_{2N} 降低了

$$\Delta U = U_{2N} - U_2 = 110 - 108 = 2(\text{V})$$

2-13 一台三相变压器，$S_N = 2000\text{kVA}$，$U_{1N}/U_{2N} = 1000/400\text{V}$，一、二次绕组均为星形联结．一次绕组接额定电压，二次绕组接三相对称负载，负载为星形联结，每相阻抗为 $Z_L = 0.96 + \text{j}0.48(\Omega)$．变压器折合到高压侧的每相短路阻抗为 $Z_k = 0.15 + \text{j}0.35(\Omega)$．该变压器负载运行时，计算：

(1) 一、二次电流 I_1 和 I_2；

(2) 二次端电压 U_2．

解：(1) 变比 $k = \dfrac{U_{1N}/\sqrt{3}}{U_{2N}/\sqrt{3}} = 2.5$

$$Z_L' = k^2 Z_L = 2.5^2 \times (0.96 + \text{j}0.48) = 6 + \text{j}3(\Omega)$$
$$I_1 = I_2' = \frac{U_{1N}/\sqrt{3}}{|Z_k + Z_L'|} = \frac{1000/\sqrt{3}}{|(0.15 + \text{j}0.35) + (6 + \text{j}3)|} = 82.4(\text{A})$$

$$I_2 = kI'_2 = 2.5 \times 82.4 = 206(\text{A})$$

(2) $$U_2 = \sqrt{3} I_2 |Z_L| = \sqrt{3} \times 206 \times \sqrt{0.96^2 + 0.48^2} = 383(\text{V})$$

2-14 一台三相电力变压器 $S_N=1000\text{kVA}$，$U_{1N}/U_{2N}=10000/3300\text{V}$，一、二次绕组分别为星形、三角形联结，短路阻抗标幺值 $\underline{Z}_k=0.015+\text{j}0.053$，带三相三角形联结对称负载，每相负载阻抗 $Z_L=50+\text{j}85(\Omega)$，计算一、二次电流 I_1、I_2 及二次端电压的大小。

解：三相变压器接三相对称负载时，可用单相变压器的等效电路进行计算。首先，必须将电压、电流的线值转换成相值进行计算，最后再把相值转换成线值作为答案。其次，二次绕组的联结必须和负载的联结相同。如果不同，必须将负载进行 Y-△ 转换，变成和二次绕组相同的联结后再计算。

$$\text{变比 } k = \frac{U_{1N}/\sqrt{3}}{U_{2N}} = \frac{10000/\sqrt{3}}{3300} = 1.7496$$

今 $\underline{Z}_k$ 为标幺值，Z_L 为实际值，必须将 Z_L 转换成标幺值或将 $\underline{Z}_k$ 转换为实际值，现采用将 Z_L 转换为标幺值 $\underline{Z}_L$，这样可免去折合。

$$I_{1N} = \frac{S_N}{\sqrt{3} U_{1N}} = \frac{1000 \times 10^3}{\sqrt{3} \times 10000} = 57.7(\text{A})$$

$$I_{2N} = \frac{S_N}{\sqrt{3} U_{2N}} = \frac{1000 \times 10^3}{\sqrt{3} \times 3300} = 175(\text{A})$$

$$\underline{Z}_L = \frac{Z_L}{z_{2N}} = \frac{50+\text{j}85}{\frac{3300}{175/\sqrt{3}}} = 1.53 + \text{j}2.6$$

$$\underline{I}_1 = \underline{I}_2 = \frac{1}{|\underline{Z}_k + \underline{Z}_L|} = \frac{1}{|0.015+\text{j}0.053+1.53+\text{j}2.6|} = 0.3257$$

$$I_1 = \underline{I}_1 I_{1N} = 0.3257 \times 57.57 = 18.8(\text{A})$$
$$I_2 = \underline{I}_2 I_{2N} = 0.3257 \times 175 = 57(\text{A})$$
$$\underline{U}_2 = \underline{I}_2 |\underline{Z}_L| = 0.3257 \times |1.53+\text{j}2.6| = 0.9826$$
$$U_2 = \underline{U}_2 U_{2N} = 0.9826 \times 3300 = 3242(\text{V})$$

2-15 两台单相变压器的数据为：第 I 台，$S_N=1\text{kVA}$，$U_{1N}/U_{2N}=240/120\text{V}$，折合到高压侧的短路阻抗为 $4\angle 60°(\Omega)$；第 II 台，$S_N=1\text{kVA}$，$U_{1N}/U_{2N}=120/24\text{V}$，折合到高压侧的短路阻抗为 $1\angle 60°(\Omega)$。现将第 II 台的高压绕组接在第 I 台的低压绕组上，再将第 I 台高压绕组接到 240V 交流电源作连续降压，如图 2-10 所示，忽略励磁电流。

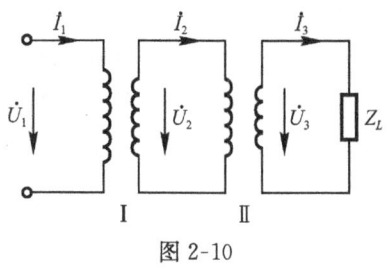

图 2-10

(1) 当所接负载 $Z_L=10+\text{j}\sqrt{300}(\Omega)$ 时，求各级电压和电流的大小；

(2) 若负载侧短路，求各级电压和电流大小。

解：(1) 变压器 I, II 的变比分别为 $k_{\text{I}} = \frac{240}{120} = 2$，$k_{\text{II}} = \frac{120}{24} = 5$。

负载阻抗折合到变压器 II 的高压侧为 $Z'_L = k_{\text{II}}^2 Z_L$，则

变压器 I 的负载阻抗为 $Z_{k\text{II}} + k_{\text{II}}^2 Z_L$，折合到其高压侧为 $k_{\text{I}}^2 Z_{k\text{II}} + k_{\text{I}}^2 k_{\text{II}}^2 Z_L$。

变压器Ⅰ的总阻抗为

$$Z_{kⅠ} + k_Ⅰ^2 Z_{kⅡ} + k_Ⅰ^2 k_Ⅱ^2 Z_L = 4∠60° + 4∠60° + 4×25×20∠60°$$
$$= 2008∠60°(Ω)$$

变压器Ⅰ高压绕组电流 $I_1 = \dfrac{240}{2008} = 0.1195(A)$

变压器Ⅰ低压绕组电流 $I_2 = k_Ⅰ I_1 = 2×0.1195 = 0.239(A)$

变压器Ⅱ低压绕组电流 $I_3 = k_Ⅱ I_2 = 5×0.239 = 1.195(A)$

变压器Ⅱ低压侧电压 $U_3 = I_3|Z_L| = 1.195×20 = 23.9(V)$

变压器Ⅰ低压侧电压 $U_2 = I_2|Z_{kⅡ} + k_Ⅱ^2 Z_L| = 119.7(V)$

(2) 当负载侧短路即 $Z_L = 0$ 时，变压器Ⅰ的总阻抗为

$$Z_{kⅠ} + k_Ⅰ^2 Z_{kⅡ} = 4∠60° + 2^2 × 1∠60° = 8∠60°(Ω)$$

$$I_1 = \dfrac{240}{8} = 30(A)$$

$$I_2 = k_Ⅰ I_1 = 2I_1 = 60(A)$$

$$I_3 = k_Ⅱ I_2 = 5I_2 = 5×60 = 300(A)$$

$$U_3 = I_3 Z_L = 0V$$

$$U_2 = I_2|Z_{kⅡ}| = 60×1 = 60(V)$$

2-16 两台完全相同的单相变压器，$S_N = 1kVA$，$U_{1N}/U_{2N} = 220/110V$，$Z_1 = Z_2'$，$Z_2 = 0.1 + j0.15(Ω)$，忽略励磁电流. 求图 2-11 中 (a)、(b)、(c)、(d) 四种情况下二次绕组的循环电流分别是多少？

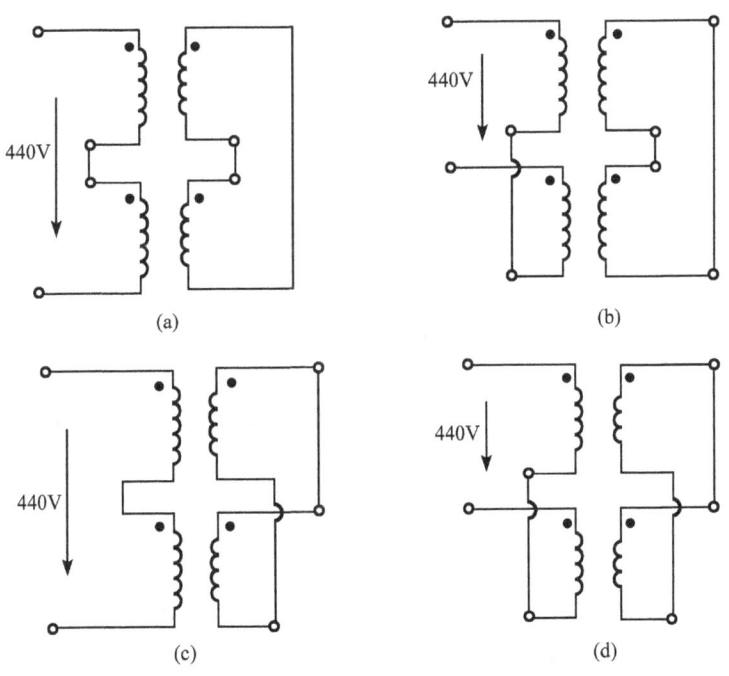

图 2-11

解：图 2-11 (b) 和 (c) 二次侧总电动势 $\sum E_2 = 0$，所以 $I_2 = 0$.

图 2-11 (a) 和 (d) 二次侧总电动势 $\sum E_2 = 2E_2$，所以 $\dot{I}_2 = \frac{2\dot{E}_2}{2Z_2} = \frac{\dot{E}_2}{Z_2}$，相当于一台变压器一次绕组加 220V 电源时的短路电流.

$$Z_2 = 0.1 + j0.15(\Omega)$$
$$Z'_2 = k^2 Z_2 = 4Z_2 = 0.4 + j0.6(\Omega)$$
$$Z_k = Z_1 + Z'_2 = 2Z'_2 = 0.8 + j1.2(\Omega)$$
$$I_1 = I'_2 = \frac{220}{|Z_k|} = \frac{220}{|0.8 + j1.2|} = 152.6(A)$$
$$I_2 = 2I'_2 = 2 \times 152.6 = 305(A)$$

2-17 一台三相变压器，$S_N = 750\text{kVA}$，$U_{1N}/U_{2N} = 10000/400\text{V}$，一、二次绕组分别为星形、三角形联结. 在低压侧做空载试验，数据为 $U_{20} = 400\text{V}$，$I_{20} = 65\text{A}$，$p_0 = 3.7\text{kW}$. 在高压侧做短路试验，数据为 $U_{1k} = 450\text{V}$，$I_{1k} = 35\text{A}$，$p_k = 7.5\text{kW}$. 设 $R_1 = R'_2$，$X_1 = X'_2$，求变压器参数.

解： 变比

$$k = \frac{U_{1N}/\sqrt{3}}{U_{2N}} = \frac{10000/\sqrt{3}}{400} = 14.43$$

在低压侧做空载试验测出的励磁阻抗实际值为

$$|Z'_m| = |Z'_0| = \frac{U_{20}}{I_{20}/\sqrt{3}} = \frac{400}{65/\sqrt{3}} = 10.66(\Omega)$$

$$R'_m = R'_0 = \frac{p_0}{3(I_{20}/\sqrt{3})^2} = \frac{3.7 \times 10^3}{I_{20}^2} = 0.8757(\Omega)$$

$$X'_m = \sqrt{|Z'_m|^2 - R'^2_m} = \sqrt{10.66^2 - 0.8757^2} = 10.62(\Omega)$$

折合到一次侧的实际值为

$$|Z_m| = k^2 |Z'_m| = 2220\Omega$$
$$R_m = k^2 R'_m = 182.3\Omega$$
$$X_m = k^2 X'_m = 2211\Omega$$
$$|Z_k| = \frac{U_{1k}}{\sqrt{3}I_{1k}} = \frac{450}{\sqrt{3} \times 35} = 7.423(\Omega)$$
$$R_k = \frac{p_k}{3I_{1k}^2} = \frac{7.5 \times 10^3}{3 \times 35^2} = 2.041(\Omega)$$
$$X_k = \sqrt{|Z_k|^2 - R_k^2} = \sqrt{7.423^2 - 2.041^2} = 7.137(\Omega)$$
$$X_1 = X'_2 = \frac{1}{2}X_k = 3.569\Omega$$
$$R_1 = R'_2 = \frac{1}{2}R_k = 1.02\Omega$$

2-18 将上题变压器计算结果用标幺值表示，并证明：把参数折合到一侧所取标幺值，与参数不折合而直接取标幺值所得的结果一样.

解： 高压绕组额定相电压

$$U_{1N\phi} = 10000/\sqrt{3} = 5774(\text{V})$$

高压绕组额定相电流

$$I_{1N\phi} = \frac{S_N}{\sqrt{3}U_N} = \frac{750 \times 10^3}{\sqrt{3} \times 10000} = 43.3(\text{A})$$

高压绕组阻抗基值

$$z_{1N} = U_{1N\phi}/I_{1N\phi} = 133.3\Omega$$

各参数标幺值为

$$\underline{X}_m = X_m/z_{1N} = 16.59$$
$$\underline{R}_m = R_m/z_{1N} = 1.368$$
$$\underline{X}_1 = \underline{X}'_2 = X_1/z_{1N} = 0.02677$$
$$\underline{R}_1 = \underline{R}'_2 = R_1/z_{1N} = 0.007652$$

低压绕组相电压

$$U_{2N\phi} = 400\text{V}$$

低压绕组相电流

$$I_{2N\phi} = \frac{S_N}{3U_{2N\phi}} = \frac{750 \times 10^3}{3 \times 400} = 625(\text{A})$$

低压绕组阻抗基值

$$z_{2N} = U_{2N\phi}/I_{2N\phi} = 0.64\Omega$$
$$\underline{X}'_m = X'_m/z_{2N} = 16.59$$
$$\underline{R}'_m = R'_m/z_{2N} = 1.368$$

结果 $\underline{X}_m = \underline{X}'_m$，$\underline{R}_m = \underline{R}'_m$，因而证明了折合到一侧后所取的标幺值，与不折合而直接取标幺值的结果是一样的.

2-19 一台三相变压器，$U_{1N}/U_{2N}=110/6.3$kV，一、二次绕组均为星形联结，短路阻抗标幺值 $\underline{Z}_k = 0.008 + \text{j}0.1$. 带三相对称星形联结负载，每相负载阻抗标幺值 $\underline{Z}_L = 1 + \text{j}0.3$. 求二次电压 U_2 比额定值降低了多少？

解：
$$\underline{I}_1 = \underline{I}_2 = \frac{1}{|\underline{Z}_k + \underline{Z}_L|} = \frac{1}{|0.008+\text{j}0.1+1+\text{j}0.3|} = 0.922$$
$$\underline{U}_2 = \underline{I}_2 |\underline{Z}_L| = 0.922 \times |1+\text{j}0.3| = 0.9626$$
$$U_2 = \underline{U}_2 U_{2N} = 0.9626 \times 6300 = 6064(\text{V})$$
$$\Delta U = U_{2N} - U_2 = 6300 - 6064 = 236(\text{V})$$

2-20 一台单相变压器，$S_N = 600$kVA，$U_{1N}/U_{2N} = 35/6.3$kV. 当电流为额定时，变压器漏阻抗压降占额定电压的 6.5%，绕组的铜损耗为 9.5kW；当一次绕组加额定电压时，励磁电流占额定电流的 5.5%，功率因数为 0.1，求这台变压器的短路阻抗和励磁阻抗的标幺值和实际值.

解：
$$I_{1N} = \frac{S_N}{U_{1N}} = \frac{600 \times 10^3}{35 \times 10^3} = 17.14(\text{A})$$

$$R_k = \frac{p_{kN}}{I_{1N}^2} = \frac{9.5 \times 10^3}{17.14^2} = 32.34(\Omega)$$

$$\underline{R}_k = \frac{R_k}{\frac{U_{1N}}{I_{1N}}} = \frac{32.34}{\frac{35 \times 10^3}{17.14}} = 0.01584$$

或

$$\underline{R}_k = \underline{p}_{kN} = \frac{p_{kN}}{S_N} = \frac{9.5}{600} = 0.01583$$

$$|\underline{Z}_k| = 6.5\% = 0.065$$

$$\underline{X}_k = \sqrt{|\underline{Z}_k|^2 - \underline{R}_k^2} = \sqrt{0.065^2 - 0.01584^2} = 0.063$$

$$X_k = \underline{X}_k \frac{U_{1N}}{I_{1N}} = 0.063 \times \frac{35 \times 10^3}{17.14} = 128.6(\Omega)$$

$$|Z_k| = |\underline{Z}_k| \frac{U_{1N}}{I_{1N}} = 0.065 \times \frac{35 \times 10^3}{17.14} = 132.7(\Omega)$$

已知 $\underline{I}_0 = 5.5\% = 0.055$，则

$$|\underline{Z}_m| = \frac{1}{\underline{I}_0} = \frac{1}{0.055} = 18.18$$

$$\underline{R}_m = |\underline{Z}_m|\cos\varphi_0 = 18.18 \times 0.1 = 1.818$$

$$\underline{X}_m = \sqrt{|\underline{Z}_m|^2 - \underline{R}_m^2} = 18.09$$

$$|Z_m| = |\underline{Z}_m| \frac{U_{1N}}{I_{1N}} = 37.1\text{k}\Omega$$

$$X_m = \underline{X}_m \frac{U_{1N}}{I_{1N}} = 36.9\text{k}\Omega$$

$$R_m = \underline{R}_m \frac{U_{1N}}{I_{1N}} = 3.71\text{k}\Omega$$

2-21 一台三相变压器，$S_N = 100\text{kVA}$，$U_{1N}/U_{2N} = 6/0.4\text{kV}$，一、二次绕组均为星形联结，在高压侧做短路试验，测得短路电流为 9.4A 时的短路电压为 251.9V，输入功率为 1.92kW，求短路电压标幺值的有功分量和无功分量．

解：

$$|Z_k| = \frac{U_k}{\sqrt{3}I_k} = \frac{251.9}{\sqrt{3} \times 9.4} = 15.47(\Omega)$$

$$R_k = \frac{p_k}{3I_{1k}^2} = \frac{1920}{3 \times 9.4^2} = 7.24(\Omega)$$

$$X_k = \sqrt{|Z_k|^2 - R_k^2} = 13.67\Omega$$

$$I_{1N} = \frac{S_N}{\sqrt{3}U_{1N}} = \frac{100 \times 10^3}{\sqrt{3} \times 6000} = 9.62(\text{A})$$

短路电压标幺值有功分量为

$$u_{ka} = \frac{I_{1N}R_k\sqrt{3}}{U_{1N}} = \frac{9.62 \times 7.24\sqrt{3}}{6000} = 0.0201$$

短路电压标幺值无功分量为

$$u_{kr} = \frac{I_{1N}X_k\sqrt{3}}{U_{1N}} = \frac{9.62 \times 13.67\sqrt{3}}{6000} = 0.03796$$

2-22 一台三相变压器，$S_N = 5600\text{kVA}$，$U_{1N}/U_{2N} = 35/6.3\text{kV}$，一、二次绕组分别为星形、三角形联结．在高压侧做短路试验，测得 $U_{1k} = 2610\text{V}$，$I_{1k} = 92.3\text{A}$，$p_k = 53\text{kW}$．当 $U_1 = U_{1N}$，$I_2 = I_{2N}$ 时，测得二次电压 $U_2 = U_{2N}$．求此时负载的性质及功率因数角 φ_2 的大小．

解：

$$|Z_k| = \frac{U_{1k}}{\sqrt{3}I_{1k}} = \frac{2610}{\sqrt{3} \times 92.3} = 16.33(\Omega)$$

$$R_k = \frac{p_k}{3I_{1k}^2} = \frac{53 \times 10^3}{3 \times 92.3^2} = 2.07(\Omega)$$

$$X_k = \sqrt{|Z_k|^2 - R_k^2} = 16.198\Omega$$

$$I_{1N} = \frac{S_N}{\sqrt{3}U_{1N}} = \frac{5600 \times 10^3}{\sqrt{3} \times 35 \times 10^3} = 92.38(A)$$

$$\underline{R}_k = \frac{\sqrt{3}I_{1N}R_k}{U_{1N}} = \frac{\sqrt{3} \times 92.38 \times 2.07}{35 \times 10^3} = 0.00946$$

$$\underline{X}_k = \frac{\sqrt{3}I_{1N}X_k}{U_{1N}} = \frac{\sqrt{3} \times 92.38 \times 16.198}{35 \times 10^3} = 0.074$$

由 $\Delta U = \beta(\underline{R}_k\cos\varphi_2 + \underline{X}_k\sin\varphi_2) = 0$ 可得

$$-\underline{R}_k\cos\varphi_2 = \underline{X}_k\sin\varphi_2$$

$$\tan\varphi_2 = -\frac{\underline{R}_k}{\underline{X}_k} = -\frac{0.00946}{0.074} = -0.12784$$

$$\varphi_2 = -7.285° \quad (负号指容性负载)$$

2-23 一台三相变压器，$S_N = 5600\text{kVA}$，$U_{1N}/U_{2N} = 6000/3300\text{V}$，一、二次绕组分别为星形、三角形联结. 空载损耗 $p_0 = 18\text{kW}$，额定电流时短路损耗 $p_{kN} = 56\text{kW}$. 求：

(1) 当输出电流 $I_2 = I_{2N}$、$\cos\varphi_2 = 0.8$ 时的效率 η；

(2) 效率最大时的负载因数 β_m.

解：(1)
$$\eta = 1 - \frac{p_0 + \beta^2 p_{kN}}{\beta S_N \cos\varphi_2 + p_0 + \beta^2 p_{kN}}$$
$$= 1 - \frac{18 + 1^2 \times 56}{5600 \times 0.8 + 18 + 1^2 \times 56} = 98.38\%$$

(2) 效率最大时负载因数 β_m 为

$$\beta_m = \sqrt{\frac{p_0}{p_{kN}}} = \sqrt{\frac{18}{56}} = 0.567$$

2-24 某台单相变压器满载时，二次电压为 115V，电压调整率为 2%，一次绕组与二次绕组的匝数比为 20:1，试求一次端电压.

解：由 $\Delta U = \frac{U_{2N} - U_2}{U_{2N}}$ 可得

$$U_{2N} = \frac{U_2}{1 - \Delta U} = \frac{115}{1 - 0.02} = 117.3(V)$$

$$U_{1N} = kU_{2N} = 20 \times 117.3 = 2346(V)$$

2-25 某台单相变压器的一、二次电压比在空载时为 14.5:1，在额定负载时为 15:1，求此变压器的匝数比及电压调整率.

解：
$$\frac{N_1}{N_2} = \frac{U_{1N}}{U_{2N}} = 14.5$$

$$\Delta U = \frac{U_{2N} - U_2}{U_{2N}} = 1 - \frac{U_2}{U_{2N}} = 1 - \frac{\frac{U_{1N}}{15}}{\frac{U_{1N}}{14.5}} = 1 - \frac{14.5}{15}$$

$$= 1 - 0.967 = 0.0333 = 3.33\%$$

2-26 额定频率为 50Hz、额定负载功率因数为 0.8（滞后）、额定电压调整率为 10% 的变压器，现将它接到 60Hz 电源上，保持一次电压为额定值不变，且使负载功率因数仍为 0.8（滞后），电流仍为额定值. 已知在额定状态下变压器的漏电抗压降为电阻压降的 10 倍，求此时的电压调整率.

解： $$\Delta U = R_k \cos\varphi_2 + X_k \sin\varphi_2$$

ΔU 由两部分组成，第一部分 $R_k \cos\varphi_2$ 与频率无关，第二部分 $X_k \sin\varphi_2$ 则与频率成正比. 因此

$$\Delta U_N = R_k \cos\varphi_2 + X_k \sin\varphi_2 = R_k \cos\varphi_2 + 10 R_k \sin\varphi_2 = 10\%$$

$$\Delta U = R_k \cos\varphi_2 + \frac{60}{50} X_k \sin\varphi_2 = R_k \cos\varphi_2 + 12 R_k \sin\varphi_2$$

两式相除可得 $\Delta U = 11.76\%$.

2-27 某工厂一配电变压器，$S_N = 315\text{kVA}$，$U_{1N}/U_{2N} = 6000/400\text{V}$，一、二次绕组均为星形联结，空载损耗 $p_0 = 1150\text{W}$，短路损耗 $p_{kN} = 5066\text{W}$. 全日负载情况是：满载 10h，$\cos\varphi_2 = 0.85$；$\frac{3}{4}$ 负载 4h，$\cos\varphi_2 = 0.8$；$\frac{1}{2}$ 负载 5h，$\cos\varphi_2 = 0.5$；$\frac{1}{4}$ 负载 4h，$\cos\varphi_2 = 0.9$；空载 1h. 求全日平均效率是多少？

解： 全日平均效率为

$$\eta = \frac{\text{全日总的输出能量}}{\text{全日总的输入能量}} = \frac{\text{全日总的输出能量}}{\text{全日总的输出能量} + \text{全日总的能量损耗}}$$

全日总的输出能量为

$$315 \times 0.85 \times 10 + \frac{3}{4} \times 315 \times 0.8 \times 4$$
$$+ \frac{1}{2} \times 315 \times 0.5 \times 5 + \frac{1}{4} \times 315 \times 0.9 \times 4$$
$$= 3902.125(\text{kW} \cdot \text{h})$$

全日铁损耗为

$$1.15 \times 24 = 27.6(\text{kW} \cdot \text{h})$$

全日铜损耗为

$$5.066 \times 10 + \left(\frac{3}{4}\right)^2 \times 5.066 \times 4 + \left(\frac{1}{2}\right)^2 \times 5.066 \times 5 + \left(\frac{1}{4}\right)^2 \times 5.066 \times 4$$
$$= 69.6575(\text{kW} \cdot \text{h})$$

$$\eta = \frac{3902.125}{3902.125 + 27.6 + 69.6575} = \frac{3902.125}{3999.3825} = 97.57\%$$

2-28 规定变压器电压、电动势、电流和磁通的正方向如图 2-12 所示，

(1) 写出变压器的基本方程式；

(2) 画出二次绕组带纯电容负载时的相量图.

解： (1) 变压器的基本方程式如下：

$$\dot{U}_1 = \dot{E}_1 + \dot{I}_1 R_1 + j\dot{I}_1 X_1 \quad (2\text{-}1)$$

$$\dot{E}_2 = -\dot{U}_2 + \dot{I}_2 R_2 + j\dot{I}_2 X_2 \quad (2\text{-}2)$$

$$\dot{E}_1 = +j \frac{N_1 \omega}{\sqrt{2}} \dot{\Phi}_m \quad (2\text{-}3)$$

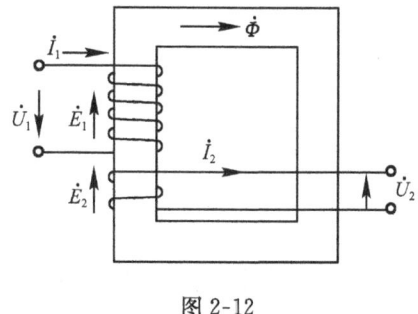

图 2-12

$$\dot{E}_2 = -j\frac{N_2\omega}{\sqrt{2}}\dot{\Phi}_m \qquad (2\text{-}4)$$

$$N_1\dot{I}_1 + N_2\dot{I}_2 = N_1\dot{I}_0 \qquad (2\text{-}5)$$

$$\dot{U}_2 = -\dot{I}_2 Z_L \qquad (2\text{-}6)$$

令二次绕组带纯电容负载，$Z_L = -jX_c$，代入方程（2-6）可得

$$\dot{U}_2 = j\dot{I}_2 X_c \qquad (2\text{-}7)$$

（2）相量图见图 2-13. 其作图步骤为

① 任意作 $\dot{I}_2$；
② 根据方程（2-7）可得 $\dot{U}_2$；
③ 根据方程（2-2）可得 $\dot{E}_2$；
④ 根据方程（2-4）可得 $\dot{\Phi}_m$；
⑤ 有铁损耗时 $\dot{I}_0$ 超前 $\dot{\Phi}_m$ 一个小角度，可得 $\dot{I}_0$；
⑥ 根据方程（2-5）可得 $\dot{I}_1$；
⑦ 根据方程（2-3）可得 $\dot{E}_1$；
⑧ 根据方程（2-1）可得 $\dot{U}_1$.

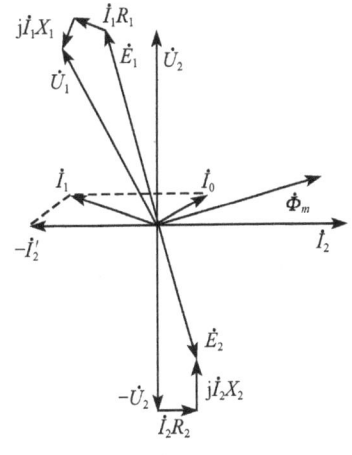

图 2-13

2-29 一台三相电力变压器，$U_{1N}/U_{2N} = 10000/400\text{V}$，一、二次绕组均为星形联结. 在二次侧做空载试验，测出数据为 $U_2 = U_{2N} = 400\text{V}$，$I_2 = I_{20} = 60\text{A}$，$p_0 = 3800\text{W}$. 在一次侧做短路试验，测出数据为 $U_1 = U_{1k} = 440\text{V}$，$I_1 = I_{1N} = 43.3\text{A}$，$p_k = 10900\text{W}$，室温 20℃. 求该变压器每一相的参数值（用标幺值表示）.

解： 变比为

$$k = \frac{U_{1N}/\sqrt{3}}{U_{2N}/\sqrt{3}} = \frac{10000/\sqrt{3}}{400/\sqrt{3}} = 25$$

二次额定电流

$$I_{2N} = kI_{1N} = 25 \times 43.3 = 1083(\text{A})$$

一次绕组阻抗基值

$$z_{1N} = \frac{U_{1N}}{\sqrt{3}I_{1N}} = \frac{10000}{\sqrt{3} \times 43.3} = 133.3(\Omega)$$

二次绕组阻抗基值

$$z_{2N} = \frac{U_{2N}}{\sqrt{3}I_{2N}} = \frac{400}{\sqrt{3} \times 1083} = 0.213(\Omega)$$

二次侧测得励磁阻抗

$$|Z_m| = \frac{U_{2N}}{\sqrt{3}I_{20}} = \frac{400}{\sqrt{3} \times 60} = 3.85(\Omega)$$

$$|\underline{Z}_m| = \frac{|Z_m|}{z_{2N}} = \frac{3.85}{0.213} = 18.08$$

励磁电阻

$$R_m = \frac{p_0}{3I_{20}^2} = \frac{3800}{3 \times 60^2} = 0.35(\Omega)$$

$$\underline{R}_m = \frac{R_m}{z_{2N}} = \frac{0.35}{0.213} = 1.64$$

励磁电抗
$$X_m = \sqrt{|Z_m|^2 - R_m^2} = \sqrt{18.08^2 - 1.64^2} = 18$$

一次侧测得短路阻抗
$$|Z_k| = \frac{U_{1k}}{\sqrt{3}I_{1k}} = \frac{440}{\sqrt{3} \times 43.3} = 5.87(\Omega)$$

短路电阻
$$R_k = \frac{p_k}{3I_{1k}^2} = \frac{10900}{3 \times 43.3^2} = 1.94(\Omega)$$

短路电抗
$$X_k = \sqrt{|Z_k|^2 - R_k^2} = \sqrt{5.87^2 - 1.94^2} = 5.54(\Omega)$$

换算到75℃（铜线变压器）时，有
$$R_{k\,75℃} = 1.94 \times \frac{234.5 + 75}{234.5 + 20} = 2.36(\Omega)$$
$$|Z_{k\,75℃}| = \sqrt{2.36^2 + 5.54^2} = 6.02(\Omega)$$

标幺值为
$$R_{k\,75℃}^* = \frac{R_{k\,75℃}}{z_{1N}} = \frac{2.36}{133.3} = 0.0177$$
$$X_k^* = \frac{X_k}{z_{1N}} = \frac{5.54}{133.3} = 0.0416$$
$$|Z_{k\,75℃}^*| = \frac{|Z_{k\,75℃}|}{z_{1N}} = \frac{6.02}{133.3} = 0.0452$$

一、二次绕组电阻
$$R_{1\,75℃}^* \approx R_{2\,75℃}'^* = \frac{1}{2}R_{k\,75℃}^* = 0.00885$$

一、二次绕组漏电抗
$$X_1^* \approx X_2'^* = \frac{1}{2}X_k^* = 0.0208$$

2-30 一台三相变压器额定数据为：$S_N=1000\text{kVA}$，$U_{1N}/U_{2N}=10000/6300\text{V}$，一、二次绕组分别为星形、三角形联结. 已知空载损耗 $p_0=4.9\text{kW}$，短路损耗 $p_{kN}=15\text{kW}$. 求：

（1）当该变压器供给额定负载且 $\cos\varphi=0.8$（滞后）时的效率；
（2）当负载 $\cos\varphi=0.8$（滞后）时的最高效率；
（3）当负载 $\cos\varphi=1.0$ 时的最高效率.

解：（1）额定负载，$\cos\varphi=0.8$（滞后）时
因 $\beta=1$，所以效率为
$$\eta = 1 - \frac{p_0 + p_{kN}}{S_N\cos\varphi + p_0 + p_{kN}}$$
$$= 1 - \frac{4.9 \times 10^3 + 15 \times 10^3}{10^6 \times 0.8 + 4.9 \times 10^3 + 15 \times 10^3} = 97.57\%$$

（2）$\cos\varphi=0.8$（滞后）时
$$\beta_m = \sqrt{\frac{p_0}{p_{kN}}} = \sqrt{\frac{4.9}{15}} = 0.5715$$

最高效率为

$$\eta_{\max} = 1 - \frac{p_0 + \beta_m^2 p_{kN}}{\beta_m S_N \cos\varphi + p_0 + \beta_m^2 p_{kN}}$$

$$= 1 - \frac{2 \times 4.9 \times 10^3}{0.5715 \times 10^6 \times 0.8 + 2 \times 4.9 \times 10^3} = 97.90\%$$

(3) $\cos\varphi = 1$ 时

最高效率（亦即变压器可能运行的最高效率）为

$$\eta_{\max} = 1 - \frac{p_0 + \beta_m^2 p_{kN}}{\beta_m S_N + p_0 + \beta_m^2 p_{kN}}$$

$$= 1 - \frac{2 \times 4.9 \times 10^3}{0.5715 \times 10^6 + 2 \times 4.9 \times 10^3} = 98.31\%$$

第三章 三相变压器

3.1 学习目标

本章主要分析三相变压器的磁路系统、联结组和变压器的并联运行,简单介绍三相变压器的空载电动势波形和三相移相变压器的工作原理. 本章也是变压器的核心内容.

基本要求:

(1) 掌握三相变压器组和三铁心柱变压器磁路的特点.

(2) 掌握三相变压器的联结组,能根据绕组联结图确定联结组标号或根据联结组标号画出绕组联结图.

(3) 了解三相变压器绕组联结方式和磁路结构对空载电动势波形的影响.

(4) 了解变压器理想并联运行的条件.

(5) 掌握变压器并联运行时负载分配的计算.

3.2 基本知识点

1. 三相变压器的磁路系统

(1) 三相变压器组

由三台相同的单相变压器连接起来组成. 特点:

①各相主磁路彼此独立,每相主磁通沿各自铁心闭合.

②三相主磁路对称,当三相电压对称时,三相主磁通和励磁电流也对称.

(2) 三铁心柱变压器(亦称三相心式变压器)

三铁心柱变压器是由三相变压器组演变而来的. 特点:

①三相主磁路彼此相关,每相主磁通都须经由另外两相的铁心才能形成闭合回路.

②三相主磁路不对称,中间相磁路较短,两边相磁路较长;当三相电压对称时,三相主磁通对称,但励磁电流不对称.

2. 变压器的联结组标号

(1) 单相变压器组的联结组

①同极性端:绕在同一个铁心柱上的高、低压绕组,与同一主磁通交链,它们的感应电动势有相对极性关系,其中瞬时极性相同的两个端子为同极性端.

②单相变压器的联结组标号:表示高、低压绕组电动势 $\dot{E}_A$ 和 $\dot{E}_a$ 的相位关系. 与绕组首、尾端的标记方式有关:若把高、低压绕组的同极性端、异极性端分别标记为首端,则 $\dot{E}_A$ 和 $\dot{E}_a$ 分别为同相、反相,联结组标号分别为 I I 0 和 I I 6.

注意 规定变压器各绕组电动势的正方向是从绕组的首端指向尾端.

(2) 三相变压器的绕组联结方式

主要有星形联结和三角形联结两种. 三角形联结根据联结顺序的不同, 分为两种: $AX—BY—CZ—AX$ 和 $AX—CZ—BY—AX$. 三相绕组的首端 A、B、C 或 a、b、c 为引出端.

(3) 三相变压器的联结组

三相变压器的联结组与三相绕组的联结方式以及绕组首、尾端的标记方式有关.

联结组标号由表示高、低压绕组联结方式的字母和表示高、低压侧对应线电动势相位关系的时钟序数组成. 星形联结用"Y、YN"(高压绕组)或"y、yn"(低压绕组)表示("N"或"n"表示中点引出); 三角形联结用"D"(高压绕组)或"d"(低压绕组)表示. 相位关系采用时钟表示法: 将高压绕组线电动势相量作为长针并指向 12 点, 将低压绕组对应的线电动势相量作为短针, 它指向的钟点数就是时钟序数.

通过画电动势相量位形图, 在已知三相变压器绕组的联结方式、同极性端和首尾端标志时, 可确定其联结组标号; 反之, 若已知联结组标号, 则可画出绕组联结图.

注意 ①在三相变压器的绕组联结图中, 上、下对齐的高、低压相绕组是绕在同一个铁心柱上的. 当将二者的同极性端标为首端时, 其电动势同相, 否则反相.

②在电动势相量位形图中, 由三个线电动势相量构成的三角形为等边三角形; 当外施电压为正相序时, 三角形的三个顶点 A、B、C 或 a、b、c 按顺时针方向排列.

③三相变压器在采用星形联结或三角形联结时, 高、低压侧对应线电动势的相位差都是 $30°$ 的整数倍. Yy 和 Dd 联结时, 时钟序数为偶数, Yd 和 Dy 联结时, 时钟序数为奇数.

*3. 三相变压器空载运行电动势波形

影响三相变压器空载相电动势波形的因素有: 绕组联结方式和磁路结构.

(1) Yy 联结

三相空载电流 i_0 的 3 次谐波 i_{03} 不能流通, i_0 接近正弦波, 主磁通 ϕ 含有 3 次谐波 ϕ_3.

①三相变压器组: ϕ_3 能沿主磁路(铁心)闭合, 磁阻小, 故 ϕ_3 及其感应的 3 次谐波电动势 e_3 值较大, 使空载相电动势畸变为尖顶波, 对变压器绝缘构成很大威胁.

②三铁心柱变压器: 三相的 ϕ_3 同相, 不能沿铁心闭合, 只能经由非铁磁性材料闭合, 磁阻较大, 故 ϕ_3 及其感应的 e_3 值都较小, 空载相电动势接近正弦波.

(2) Dy 和 Yd 联结

i_{03} 可在三角形联结的绕组内流通, 所以主磁通 ϕ 和空载相电动势均接近正弦波.

4. 变压器的并联运行

变压器的并联运行, 是指把变压器一、二次绕组相同标志的出线端联在一起, 分别接到母线上的运行方式.

(1) 并联运行的理想条件

①一次与二次绕组额定电压彼此相同(变比相等);

②二次线电压对一次线电压的相位移相同(联结组标号相同);

③短路阻抗标幺值相等.

满足条件①和②可保证空载时各变压器之间无循环电流, 满足条件③可保证各变压器分担的负载与其额定容量成正比, 使装机容量得到充分利用. 其中条件②必须严格满足, 否则会产生很大的环流, 可能烧坏变压器.

（2）并联运行的负载分配

一、二次额定电压和联结组标号均相同，但短路阻抗标幺值不相等的变压器并联运行时，各变压器的负载系数 β 与其短路阻抗标幺值成反比，即 $\beta_\alpha : \beta_\beta : \beta_\gamma = \dfrac{1}{|Z_{k\alpha}|} : \dfrac{1}{|Z_{k\beta}|} : \dfrac{1}{|Z_{k\gamma}|}$. 短路阻抗标幺值 $|Z_k|$ 小的变压器先达到满载.

3.3 典型例题解析

例 3.1 画出联结组标号为 Yd7 的三相变压器的电动势相量图和绕组联结图.

思路与技巧 本题为三相变压器联结组的作图题，应先根据联结组标号画出对应的电动势相量位形图，然后根据电动势相量图中显示的高、低压绕组相电动势之间的相位关系，画出绕组联结图. 由于三角形联结有两种方式，所以当三相变压器有一侧绕组采用三角形联结时，答案至少有两种，通常只需画出一种.

解：Yd7 联结时，低压侧线电动势 $\dot{E}_{ab}$ 滞后对应的高压侧线电动势 $\dot{E}_{AB}$ $7 \times 30° = 210°$. 据此，可确定电动势相量位形图中 $\triangle ABC$ 和 $\triangle abc$ 顶点的位置.

当低压绕组的联结顺序为 $ax—by—cz—ax$ 时，对应的电动势相量图如图 3-1（a）所示. 可见，$\dot{E}_a$ 与 $\dot{E}_A$ 反相. 为此，低压绕组 ax 应和高压绕组 AX 位于同一铁心柱上，且二者的异极性端标记为首端. 据此可画出绕组联结图，如图 3-1（b）所示.

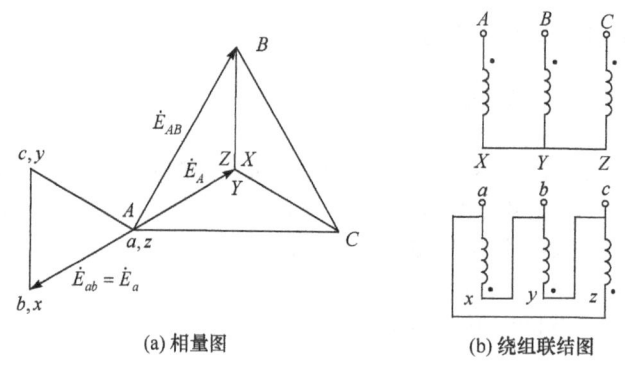

(a) 相量图　　(b) 绕组联结图

图 3-1 Yd7 联结方法一

当低压绕组的联结顺序为 $ax—cz—by—ax$ 时，对应的电动势相量图如图 3-2（a）所示. 可见，$\dot{E}_a$ 与 $\dot{E}_C$ 同相. 为此，低压绕组 ax 应和高压绕组 CZ 位于同一铁心柱上，且二者的同极性端都标为首端. 据此可画出绕组联结图，如图 3-2（b）所示.

注意 ①根据电动势相量位形图中三角形顶点的分布规律，可很快确定各顶点位置.

②相电动势同相或反相的高、低压相绕组是绕在同一铁心柱上的；相电动势为同相、反相时，分别以同极性端、异极性端作为首端.

3.4 思考题及其解答

3-1 三相变压器组和三铁心柱变压器在磁路结构上有何区别？三相对称的磁通和三相

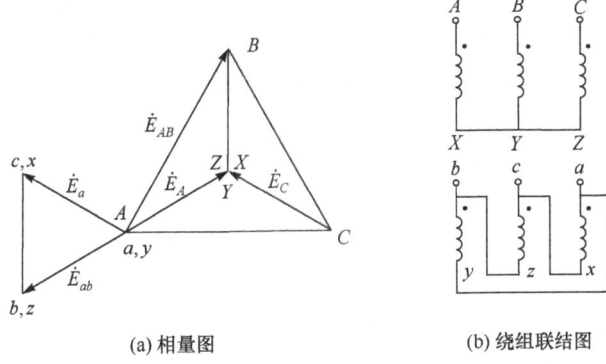

(a) 相量图　　(b) 绕组联结图

图 3-2　Yd7 联结方法二

同相磁通在这两种磁路中遇到的磁阻有何不同？在如图 3-3 所示的五铁心柱变压器中，情况又是怎样的？

答： 三相变压器组的各相磁路互相独立，因此三相对称的磁通和三相同相磁通遇到的磁阻是一样的．三铁心柱变压器的各相磁路是互相依赖的，因此三相对称的磁通和三相同相磁通遇到的磁阻是不一样的．三相对称磁通的大小相等、时间上互差 120°，它们之和为零．一相磁通实际上经另外两相磁路构成回路．三相同相磁通的大小相等，时间上同相位，它们之和为每相磁通的 3 倍，这个磁通无法通过铁心构成回路，而必须走空气磁路，磁阻就大大地增加了．

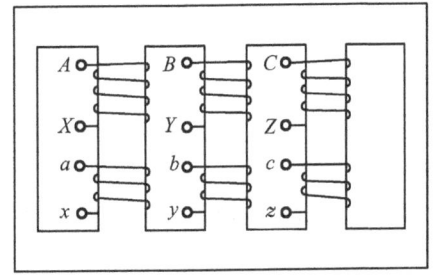

图 3-3

五铁心柱三相变压器属于独立磁路，每相磁通都可从另外两个没有绕组的铁心柱内通过．

3-2 单相双绕组变压器各绕组的极性端与其出线端的标志有关吗？单相双绕组变压器可能有几种不同的联结组标号？并进一步说明用电压表确定单相变压器绕组极性端和联结组标号的方法．

答： 各绕组的极性端由其绕向决定，而其出线端标志是人为指定的，二者是无关的．因此就有两种可能：一是 A 和 a 为同极性端；二是 A 和 a 为异极性端，即 A 和 x 为同极性端．所以单相双绕组变压器有两种不同的联结组标号，即ⅠⅠ0 和ⅠⅠ6.

用电压表确定单相双绕组变压器绕组同极性端和联结组标号的方法如下：

(1) 将 X 与 x 联在一起；

(2) 在 AX 加电压 U_{AX}；

(3) 测 U_{AX}，U_{ax} 和 U_{Aa}.

若 $U_{Aa}=U_{AX}-U_{ax}$，则 A 和 a 为同极性端，联结组标号为ⅠⅠ0；若 $U_{Aa}=U_{AX}+U_{ax}$，则 A 和 a 为异极性端，A 和 x 为同极性端，联结组标号为ⅠⅠ6.

3-3 三相变压器的联结组标号是以一、二次相电动势还是线电动势的相位关系来决定的？不用线电动势 $\dot{E}_{AB}$ 与 $\dot{E}_{ab}$，而用 $\dot{E}_{BC}$ 与 $\dot{E}_{bc}$ 的相位关系来确定联结组标号行吗？用 $\dot{E}_{BA}$ 与 $\dot{E}_{ba}$ 行吗？

答：联结组标号是由一、二次线电动势的相位关系决定的．在确定联结组标号时，不用 $\dot{E}_{AB}$ 与 $\dot{E}_{ab}$，而用 $\dot{E}_{BC}$ 与 $\dot{E}_{bc}$，或用 $\dot{E}_{BA}$ 与 $\dot{E}_{ba}$，只要是用一、二次侧对应的两个线电动势都是可以的，因为它们的相位关系和 $\dot{E}_{AB}$ 与 $\dot{E}_{ab}$ 的相位关系完全一样.

3-4 试从三相变压器联结组标号的时钟表示法定义，说明当只将二次绕组标志 a、b、c 相应改标为 c、a、b 后，所得到的联结组标号的时钟序数将如何变化？

答：改标后，$\dot{U}_{ab}$ 实际上是原来的 $\dot{U}_{bc}$，而 $\dot{U}_{bc}$ 滞后 $\dot{U}_{ab}$ 为 $120°$，相应的时钟序数为 4，所以新的时钟序数就比原来的增加 4，即原来 0 点就变为 4 点；原来 1 点就变为 5 点，依此类推.

3-5 有三台相同的单相变压器，已经知道每台一、二次绕组各自的出线端，但不知它们的极性端，如果只有一块只能用于低压侧测电压的电压表，能否在未确定每一单相变压器的极性端的情况下将变压器正确地联结成：(1) Dy；(2) Yd.

答：(1) 能．一次绕组联成 D 联结没问题，因为现在是三相变压器组，磁路彼此独立，无相间极性．二次绕组有可能一相接反，即三个线电压不对称，有一个大，两个小．如 U_{ac} 大，$U_{ab}=U_{bc}$ 小，说明 b 相接反，把 b 和 y 对换一下即可.

（2）也能．先将二次绕组联成 Y 联结，用上面方法确定二次绕组首端和尾端．然后就可正确地联成 D 联结.

3-6 一台三相变压器，Yy0 联结，但一次绕组的 B 和 Y 接反，二次绕组联结无误．如果这是三台单相变压器联结成的，它会出现什么现象？能否在二次绕组予以改正？

答：出现的现象是二次绕组的三个线电压不对称，U_{ac} 大，$U_{ab}=U_{bc}$ 小．这可以在二次绕组予以改正，只要将 b 和 y 对换一下即可.

3-7 如果上题的错误出现在一台三铁心柱变压器上，又应如何改正？

答：必须将一次绕组的 B 和 Y 改正．因为其磁路是互相依赖的，应使三相磁通之和为零，若某相接反，使三相磁通之和不为零，这磁通将走空气磁路而闭合，使磁阻大大增加．或者更确切地说，就是在线电压对称条件下，使相电压不对称，发生中点位移.

3-8 Yd 联结的三相变压器，当一次绕组接三相对称电源时，试分析下列各量有无 3 次谐波：(1) 一、二次相、线电流；(2) 主磁通；(3) 一、二次相、线电动势；(4) 一、二次相、线电压.

答：一次绕组相、线电流无 3 次谐波，因为它们不能流通．二次绕组相电流有 3 次谐波，这是励磁磁动势的需要．二次绕组线电流没有 3 次谐波，因为没有它们的通路．主磁通接近正弦波，3 次谐波很小，因为励磁磁动势有 3 次谐波．因此，一、二次绕组相电动势接近正弦波，3 次谐波很小．一、二次绕组线电动势和一、二次绕组相、线电压都无 3 次谐波.

3-9 Yd 联结的三相变压器一次侧加额定电压，将二次侧的闭合三角形打开，用电压表量测开口处电压；再将三角形闭合，用电流表量测回路电流．请问在三相变压器组与三铁心柱变压器中，各次测得的电压和电流有何不同？为什么？

答：在三相变压器组中，量测的开口电压很大．因为一次绕组无 3 次谐波电流，不能产生 3 次谐波磁动势，因此就有 3 次谐波磁通，在每相中感应 3 次谐波电动势，它们是同相的，所以开口电压为 3 倍的每相 3 次谐波电动势．闭合后量测的 3 次谐波电流不大，因为变压器本身所需的 3 次谐波磁动势不大.

在三铁心柱变压器中，量测的开口电压不大．因为其磁路是相互依赖的，3 次谐波磁通在时间上是同相的,它们必须走空气磁路,磁阻很大,因此 3 次谐波磁通很小,感应的 3 次谐波电动势也很小. 量测的开口电压为 3 倍的每相 3 次谐波电动势,也不大. 闭合后量测的 3 次谐波电流不大,因为变压器本身所需的 3 次谐波磁动势不大.

3-10 试标出图 3-4(a)、(b)、(c)、(d)各图中的绕组同极性端,并画出高、低压绕组电动势相量图,指出其联结组标号.

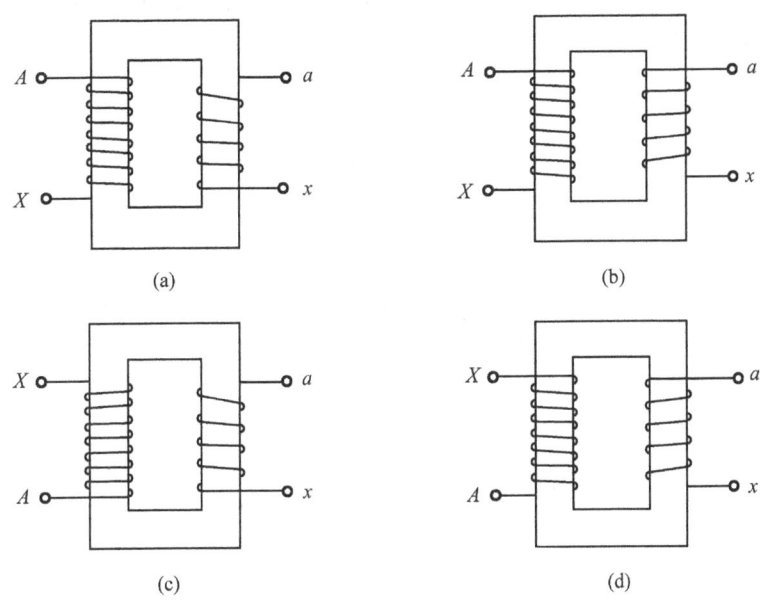

图 3-4

答：图（a）同极性端为 A 与 x,联结组标号为 I I 6.
图（b）同极性端为 A 与 a,联结组标号为 I I 0.
图（c）同极性端为 A 与 x,联结组标号为 I I 6.
图（d）同极性端为 A 与 x,联结组标号为 I I 6.

3-11 变压器并联运行的条件有哪些？哪一个条件是要严格保证的？为什么？

答：变压器并联运行的条件是：①联结组标号要相同；②一、二次额定电压要分别相同；③短路阻抗标幺值要相等. 联结组标号相同的条件要严格保证. 因为联结组标号标志了二次电压对一次电压的相位移,其最小值是 30°,这时,ΔU_2 已达到额定电压的 51.8%,就能产生几倍额定电流大小的循环电流,易损坏变压器.

3-12 两台变比相同的三相变压器,一次额定电压也相同,联结组标号分别为 Yyn0 和 Yyn8,能否想法使它们并联运行？

答：能. 只要将 Yyn8 变压器的二次绕组标志 a、b、c 分别改标为 c、a、b 即可,因为这时已改为 Yyn0 的变压器了.

3-13 联结组标号与一、二次电压都相同的变压器并联运行时,若短路阻抗标幺值不同,对负载分配有何影响？若并联运行的各变压器容量大小不同,为尽量提高设备容量利用率,则它们的额定容量与其短路阻抗标幺值最好满足什么关系？

答：若短路阻抗标幺值不同,则各变压器的负载因数就不相同. 若各变压器的容量不同,为尽量提高设备容量利用率,则额定容量大的最好其短路阻抗标幺值小,即其负载因数大；反之则利用率就低.

3-14 联结组标号与短路阻抗标幺值都相同的降压变压器并联运行时，若其变比不等，会发生什么情况？为充分利用并联运行各变压器的容量，对容量大的变压器，希望其变比大些还是小些好？为什么？

答： 变比不等时会产生循环电流. 对容量大的变压器，希望其变比小些即二次电压高些，这样，循环电流就由大容量变压器负担. 由于容量大即额定电流大，循环电流和额定电流之比相对就小，由此增加的负载因数就小些. 让容量大的变压器多负担些较为合理.

3.5 习题及其解

3-1 根据图 3-5 所示的绕组联结图确定出联结组标号.

解： 根据绕组联结图，可画出相应的电动势相量图，如图 3-6 所示.

(1) 根据图 3-6（a）可知，联结组标号为 Yy8.
(2) 根据图 3-6（b）可知，联结组标号为 Yd5.
(3) 根据图 3-6（c）可知，联结组标号为 Yd3.
(4) 根据图 3-6（d）可知，联结组标号为 Yd3.

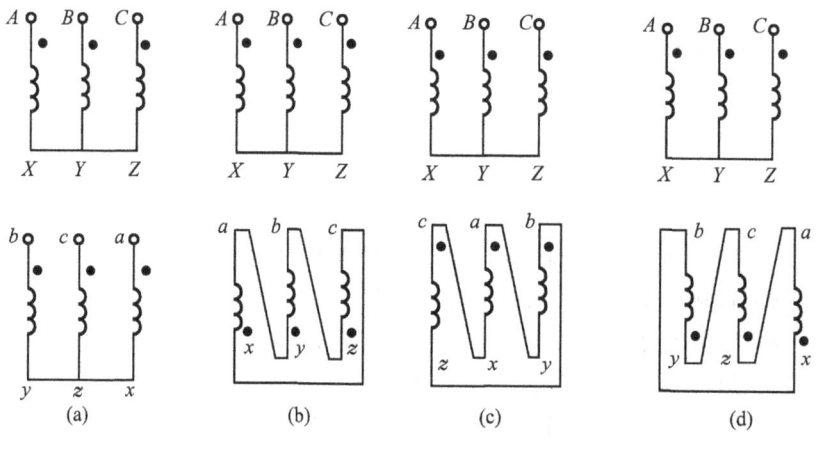

图 3-5

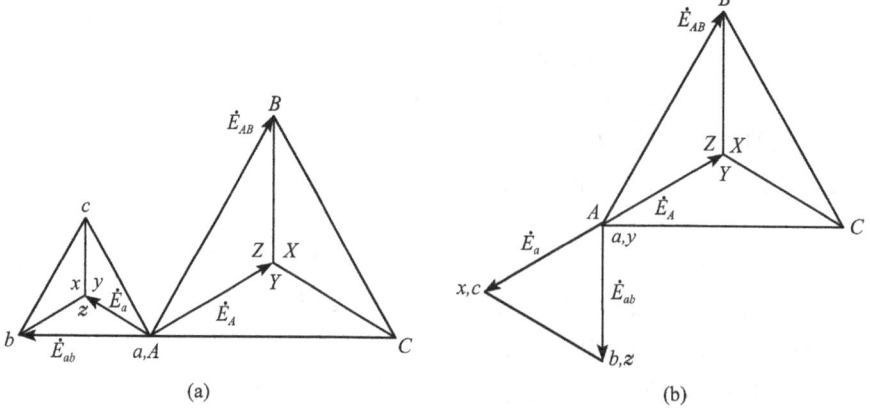

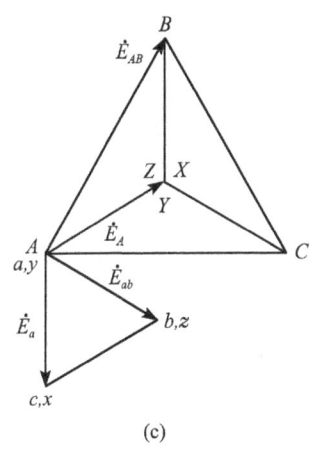
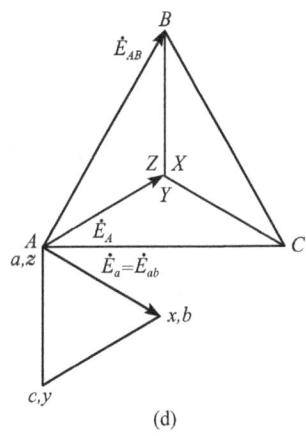

(c)   (d)

图 3-6

3-2 根据下列联结组标号画出绕组联结图：

(1) Yy2；(2) Yd5；(3) Dy1；(4) Yy8.

解：(1) 画出 Yy2 联结的电动势相量图，如图 3-7（a）所示．据此可画出如图 3-7（b）所示的绕组联结图．

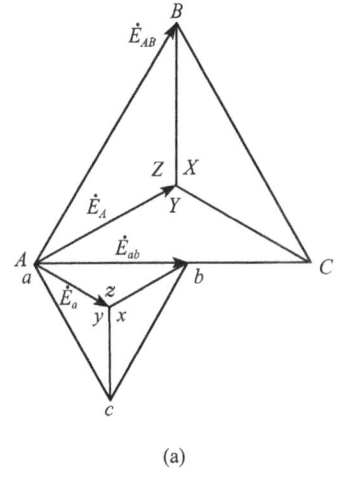
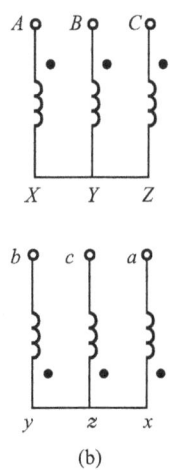

(a)   (b)

图 3-7 Yy2 联结

(2) Yd5 的电动势相量图和绕组联结图如图 3-8 所示．

(3) Dy1 的电动势相量图和绕组联结图如图 3-9 所示．

(4) Yy8 的电动势相量图和绕组联结图分别如图 3-6（a）、图 3-5（a）所示．

需要说明的是：Yd 联结和 Dy 联结时，每一个联结组都有两种联结方式（取决于其中 D 联结的方式）；图 3-8、图 3-9 所示的分别是 Yd5、Dy1 的一种联结方式的情况，其另一种联结方式读者可自己进行分析．

3-3 一台三相变压器联结组标号为 Yy2，如果需要改接为 Yy0，怎样改法？

解：第一步，将二次绕组各相的首端和尾端对换一下，这样就成为 Yy8．

第二步，将二次绕组的 a、b、c 标志分别改为 c、a、b，这样就成为 Yy0．

3-4 一台三相变压器联结组标号为 Yd5，请分别改接为 Yd1 和 Yd11．

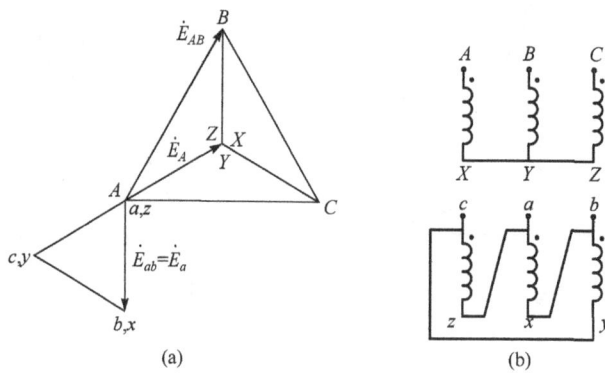

图 3-8 Yd5 联结

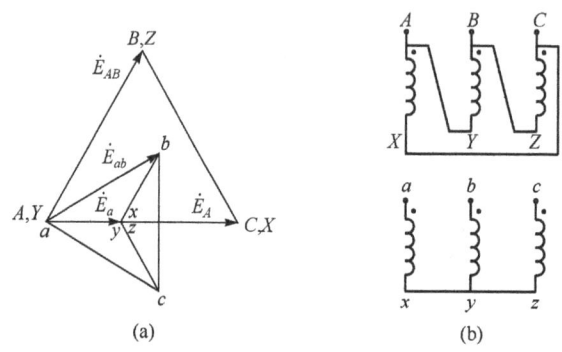

图 3-9 Dy1 联结

解：（1）将二次绕组的 a、b、c 标志分别改为 b、c、a，这样 Yd5 就成为 Yd1.

（2）将二次绕组各相的首端和尾端对换一下，这样 Yd5 就改为 Yd11.

3-5 α 和 β 两台变压器并联运行，已知 $S_{N\alpha}=20000\text{kVA}$，$|\underline{Z}_{k\alpha}|=0.08$；$S_{N\beta}=10000\text{kVA}$，$|\underline{Z}_{k\beta}|=0.06$；负载电流 $I=200\text{A}$。求两台变压器的电流 I_α 和 I_β 各为多少？（设并联变压器的 φ_k 相等，下同）

解：
$$\frac{I_\alpha}{I_\beta}=\frac{\beta_\alpha S_{N\alpha}}{\beta_\beta S_{N\beta}}=\frac{|\underline{Z}_{k\beta}|}{|\underline{Z}_{k\alpha}|}\frac{S_{N\alpha}}{S_{N\beta}}=\frac{0.06}{0.08}\times\frac{20000}{10000}=\frac{3}{2}$$
$$I_\alpha+I_\beta=200\text{A}$$

所以 $I_\alpha=120\text{A}$，$I_\beta=80\text{A}$.

3-6 有 α 和 β 两台变压器并联运行，已知 $S_{N\alpha}=10\text{kVA}$，$u_{k\alpha}=5\%$；$S_{N\beta}=30\text{kVA}$，$u_{k\beta}=3\%$。在二次侧带 30kVA 的负载时，试求各变压器的负载.

解：
$$\frac{S_\alpha}{S_\beta}=\frac{\beta_\alpha S_{N\alpha}}{\beta_\beta S_{N\beta}}=\frac{u_{k\beta}}{u_{k\alpha}}\frac{S_{N\alpha}}{S_{N\beta}}=\frac{3}{5}\times\frac{10}{30}=\frac{1}{5}$$
$$S_\alpha+S_\beta=30\text{kVA}$$

所以 $S_\alpha=5\text{kVA}$，$S_\beta=25\text{kVA}$.

3-7 A 和 B 两台单相变压器，一次和二次额定电压相同，$S_{NA}=30\text{kVA}$，$u_{kA}=3\%$，$S_{NB}=50\text{kVA}$，$u_{kB}=5\%$，将此两台变压器并联运行，在二次侧带 70kVA 的负载时，A 变压器过载的百分率是多少？

解:
$$\frac{\beta_A}{\beta_B} = \frac{u_{kB}}{u_{kA}} = \frac{5}{3}$$
$$\beta_A S_{NA} + \beta_B S_{NB} = 70$$

联立求解以上两式，可得
$$\beta_A = 1.167, \quad \beta_B = 0.7$$

A 变压器过载百分率为
$$(\beta_A - 1) \times 100\% = (1.167 - 1) \times 100\% = 16.7\%$$

3-8 有一台 Dd 联结的变压器组，各相变压器的容量为 2000kVA，额定电压为 60/6.6kV，满载时的铜损耗为 15kW，在二次侧测定的短路电压为 160V；另有一台 Yy 联结的变压器组，各相变压器的容量为 3000kVA，额定电压为 34.7/3.82kV，满载时的铜损耗为 22.5kW，在一次侧测得的短路电压为 840V．这两组变压器能并联运行吗？

解:（1）要求联结组标号相同，是可以做到的．
（2）判断一、二次额定电压是否相同：
第 1 台
$$U_{1N}/U_{2N} = 60/6.6 \text{kV}$$
第 2 台
$$U_{1N}/U_{2N} = 34.7\sqrt{3}/3.82\sqrt{3} = 60.1/6.616 = 60/6.6 (\text{kV})$$
因此满足条件．

（3）判断短路电压标幺值 u_k 是否相等：
第 1 台
$$u_k = \frac{160}{6600} = 0.0242$$
第 2 台
$$u_k = \frac{840}{34700} = 0.0242$$
因此满足条件．

结论：这两组变压器能并联运行．

3-9 具有相同联结组标号的 3 台三相变压器 α、β、γ，它们的数据为：$S_{N\alpha}=1000\text{kVA}$，$|\underline{Z}_{k\alpha}|=0.0625$；$S_{N\beta}=1800\text{kVA}$，$|\underline{Z}_{k\beta}|=0.066$；$S_{N\gamma}=3200\text{kVA}$，$|\underline{Z}_{k\gamma}|=0.07$．把它们并联后接上共同的负载为 5500kVA．

（1）确定每台变压器的负载是多少？
（2）3 台变压器在不允许任何一台过载的情况下所能担负的最大总负载是多少？这时变压器总设备容量的利用率是多少？

解:（1）设 α、β、γ 变压器的负载因数分别为 β_α、β_β、β_γ，则
$$\beta_\alpha S_{N\alpha} + \beta_\beta S_{N\beta} + \beta_\gamma S_{N\gamma} = S = 5500\text{kVA}$$
即
$$1000\beta_\alpha + 1800\beta_\beta + 3200\beta_\gamma = 5500$$
又
$$\beta_\alpha : \beta_\beta : \beta_\gamma = \frac{1}{|\underline{Z}_{k\alpha}|} : \frac{1}{|\underline{Z}_{k\beta}|} : \frac{1}{|\underline{Z}_{k\gamma}|}$$

$$= \frac{1}{0.0625} : \frac{1}{0.066} : \frac{1}{0.07}$$

联立以上二式求解，可得

$$\beta_\alpha = 0.99, \quad \beta_\beta = 0.936, \quad \beta_\gamma = 0.883$$

即

$$S_\alpha = 0.99 \times 1000 = 990 \text{(kVA)}$$
$$S_\beta = 0.936 \times 1800 = 1685 \text{(kVA)}$$
$$S_\gamma = 0.883 \times 3200 = 2825 \text{(kVA)}$$

(2) 让短路阻抗标幺值最小的变压器 α 达到满载，即令 $\beta'_\alpha = 1$，则最大总负载为

$$S_{\max} = \frac{\beta'_\alpha S}{\beta_\alpha} = \frac{1 \times 5500}{0.99} = 5560 \text{(kVA)}$$

这时变压器总设备容量的利用率为

$$\frac{S_{\max}}{S_{N\alpha} + S_{N\beta} + S_{N\gamma}} = \frac{5560}{1000 + 1800 + 3200} = 92.7\%$$

3-10　某变电所共有 3 台变压器，数据如下：

变压器 A：$S_N = 3200\text{kVA}$，$U_{1N}/U_{2N} = 35/6.3\text{kV}$，$u_k = 6.9\%$；

变压器 B：$S_N = 5600\text{kVA}$，$U_{1N}/U_{2N} = 35/6.3\text{kV}$，$u_k = 7.5\%$；

变压器 C：$S_N = 3200\text{kVA}$，$U_{1N}/U_{2N} = 35/6.3\text{kV}$，$u_k = 7.6\%$。

3 台变压器的联结组标号均为 Yy0，求：

(1) 变压器 A 与变压器 B 并联运行，当总负载为 8000kVA 时，每台变压器分担多少负载？

(2) 3 台变压器并联运行时，在不许任何一台变压器过载的条件下，求输出最大总负载。

解：（1）

$$\frac{\beta_A}{\beta_B} = \frac{u_{kB}}{u_{kA}} = \frac{0.075}{0.069} = \frac{25}{23}$$

$$\beta_A S_{NA} + \beta_B S_{NB} = 8000$$

联立以上两式求解，可得

$$\beta_A = 0.95785, \quad S_A = 3065 \text{kVA}$$
$$\beta_B = 0.88123, \quad S_B = 4935 \text{kVA}$$

(2) 令 u_k 最小的变压器 A 的 $\beta_A = 1$，则

$$\beta_B = \beta_A \frac{u_{kA}}{u_{kB}} = 1 \times \frac{0.069}{0.075} = \frac{23}{25}$$

$$\beta_C = \beta_A \frac{u_{kA}}{u_{kC}} = 1 \times \frac{0.069}{0.076} = \frac{69}{76}$$

最大总负载

$$S_{\max} = \beta_A S_{NA} + \beta_B S_{NB} + \beta_C S_{NC}$$
$$= 3200 + \frac{23}{25} \times 5600 + \frac{69}{76} \times 3200$$
$$= 11257 \text{(kVA)}$$

3-11　某工厂由于生产发展，用电容量由 500kVA 增为 800kVA。原有一台变压器，

$S_N = 560\text{kVA}$, $U_{1N}/U_{2N} = 6300/400\text{V}$,Yyn0,$u_k = 6.5\%$. 今有 3 台备用变压器数据如下：

变压器 A：$S_N = 320\text{kVA}$,$U_{1N}/U_{2N} = 6300/400\text{V}$,Yyn0,$u_k = 5\%$；

变压器 B：$S_N = 240\text{kVA}$,$U_{1N}/U_{2N} = 6300/400\text{V}$,Yyn4,$u_k = 6.5\%$；

变压器 C：$S_N = 320\text{kVA}$,$U_{1N}/U_{2N} = 6300/440\text{V}$,Yyn0,$u_k = 6.5\%$.

试计算在不允许变压器过载情况下，选用哪一台与原有变压器并联运行最为恰当？如负载进一步增加后，需用 3 台变压器并联运行，选两台变比相等的与原有的一台并联运行，问最大总负载容量可能是多少？哪一台变压器最先满载？

解：(1) 应选用变压器 B，因为 Yyn4 可改为 Yyn0，即把二次绕组标号 a、b、c 改标为 b、c、a. 这样，并联运行的三个条件就都满足了；

总容量 $S = 560 + 240 = 800\text{kVA}$ 也满足要求.

(2) 应选用变压器 A 与 B. 让 u_k 最小的变压器 A 的负载因数 $\beta_A = 1$，则变压器 B 的负载因数为

$$\beta_B = \beta_A \frac{u_{kA}}{u_{kB}} = 1 \times \frac{5}{6.5} = 0.769$$

原有变压器的负载因数为

$$\beta = \beta_B = 0.769$$

最大总负载容量为

$$S_{\max} = 1 \times 320 + 0.769 \times 240 + 0.769 \times 560$$
$$= 935.2(\text{kVA})$$

其中，变压器 A 先满载.

第四章 三绕组变压器和自耦变压器

4.1 学习目标

本章介绍在电力系统中应用较广的三绕组变压器和自耦变压器.
基本要求:
(1) 了解三绕组变压器的用途、结构特点和绕组容量的配合.
(2) 了解自耦变压器的用途、结构特点和容量传递关系.
(3) 掌握自耦变压器额定容量的计算方法.

4.2 基本知识点

1. 三绕组变压器

(1) 结构特点和用途

结构特点:每相有高、中、低压3个绕组,同心地套在同一铁心柱上.

用途:把三个不同电压等级的电网联系起来时,常采用三绕组变压器.

(2) 额定容量和绕组容量搭配

三绕组变压器各绕组的容量等于其额定电压与额定电流的乘积. 三个绕组的容量可以相等,也可以不相等,三绕组变压器的额定容量是指容量最大的那个绕组的容量.

高、中、低压绕组容量有三种搭配关系:100/100/100、100/50/100、100/100/50.

2. 自耦变压器

(1) 结构特点和用途

结构特点:一、二次绕组共用一部分绕组,这部分绕组称为公共绕组,非公共部分的绕组称为串联绕组. 因此,一、二次绕组之间不仅有磁的耦合,还有电的直接联系.

用途:在高压大容量电力系统中常作为联络变压器,联结两个电压等级相近的电网.

(2) 基本电磁关系

①变比

自耦变压器的变比用 k_A 表示. 对于降压自耦变压器, $k_A = \dfrac{U_{1N\phi}}{U_{2N\phi}} = \dfrac{N_1 + N_2}{N_2}$,其中 N_1、N_2 分别为串联绕组和公共绕组的匝数.

②电流、电压关系

高压侧相电流 I_1 就是串联绕组的相电流;低压侧相电流 I_2 等于串联绕组相电流 I_1 和公共绕组相电流 I 两者之和,即 $I_2 = I_1 + I$. 忽略励磁电流,则 $I_1 = I_2/k_A$.

高压侧额定相电压 $U_{1N\phi}$ 等于串联绕组和公共绕组的额定相电压之和,低压侧额定相电压 $U_{2N\phi}$ 就是公共绕组的额定相电压.

③简化等效电路（详见教材图 4-7）

（3）容量关系

自耦变压器的容量和其绕组容量（又称为电磁容量）不相等，必须分清.

自耦变压器的绕组容量：以单相自耦变压器为例，是指绕组电压和电流的乘积；绕组的额定容量等于绕组额定电压和额定电流的乘积.

自耦变压器的容量：是指变压器总的输入或输出容量. 以单相自耦变压器为例，它等于输入（或输出）电压和输入（或输出）电流的乘积；额定容量 $S_{NA}=U_{1N}I_{1N}=U_{2N}I_{2N}$.

自耦变压器的额定容量 S_{NA} 由两部分组成：①电磁容量 S_M，是通过串联绕组和公共绕组的电磁感应作用由一次侧传递到二次侧的容量；②传导容量 S_C，是通过电路联结直接传导到二次侧的容量. $S_M=\left(1-\dfrac{1}{k_A}\right)S_{NA}$，$S_C=\dfrac{1}{k_A}S_{NA}$ （$k_A>1$）.

自耦变压器由于绕组容量小于额定容量，所以与额定容量相同的双绕组变压器相比，具有使用材料少、体积小、成本低、效率高等优点. 变比 k_A 越接近于 1，绕组容量在额定容量中所占的比例越小，其优点越明显.

4.3 典型例题解析

例 4.1 一台单相自耦变压器，$U_{1N}/U_{2N}=220/180\mathrm{V}$，稳态运行时负载电流 $I_2=360\mathrm{A}$，负载功率因数 $\cos\varphi_2=1$，忽略变压器损耗和漏阻抗压降的影响，计算：

（1）自耦变压器高压绕组的电流 I_1 和公共绕组的电流 I；

（2）自耦变压器的总容量、电磁容量和传导容量.

思路与技巧 根据降压自耦变压器的工作原理，其高压绕组电流 $I_1=I_2/k_A$，低压绕组电流 I_2 为 I_1 和公共绕组电流 I 之和. 据此可先求出 I_1 和 I，再求各容量.

解：（1）自耦变压器的变比 $\quad k_A=\dfrac{U_{1N}}{U_{2N}}=\dfrac{220}{180}=1.222$

高压绕组的电流 $\quad I_1=\dfrac{I_2}{k_A}=\dfrac{360}{1.222}=294.6$（A）

公共绕组的电流 $\quad I=I_2-I_1=360-294.6=65.4$（A）

（2）自耦变压器的容量 $\quad S_A=U_{2N}I_2=180\times360=64800$（VA）$=64.8$（kVA）

电磁容量 $\quad S_M=U_{2N}I=180\times65.4=11772$（VA）$=11.77$（kVA）

传导容量 $\quad S_C=U_{2N}I_1=180\times294.6=53028$（VA）$=53.03$（kVA）

或 $\quad S_C=S_A-S_M=64800-11772=53028$（VA）$=53.03$（kVA）

例 4.2 一台三相双绕组变压器，额定容量 $S_N=100\mathrm{kVA}$，额定电压 $U_{1N}/U_{2N}=3000/400\mathrm{V}$，Yyn0 联结，空载损耗 $p_0=680\mathrm{W}$，$u_k\%=6.5\%$，短路损耗 $p_{kN}=2450\mathrm{W}$. 现将其改成 3000/3400V 的升压自耦变压器. 试求：

（1）该自耦变压器的额定容量及其与电磁容量之比；

（2）该自耦变压器折合到高压侧的短路阻抗实际值及其标幺值.

解：（1）当自耦变压器的一、二次电压为 3000/3400V 时，自耦变压器高压侧（二次侧）的额定电流就是原双绕组变压器低压侧（二次侧）的额定电流，即

$$I_{2NA}=I_{2N}=\dfrac{S_N}{\sqrt{3}U_{2N}}=\dfrac{100\times10^3}{\sqrt{3}\times400}=144.34\text{（A）}$$

自耦变压器的额定容量
$$S_{NA}=\sqrt{3}U_{2NA}I_{2NA}=\sqrt{3}\times 3400\times 144.34=850014 \text{ (VA)}=850 \text{ (kVA)}$$

自耦变压器的电磁容量 $S_M=S_N=100\text{kVA}$

自耦变压器的额定容量及其与电磁容量之比 $\dfrac{S_{NA}}{S_M}=\dfrac{850}{100}=8.5$

（2）该升压自耦变压器从高压侧（3400V）看的短路阻抗实际值 Z_{kA} 等于原双绕组变压器从低压侧（400V）看的短路阻抗实际值．双绕组变压器低压侧阻抗基值为

$$z_{2N}=\dfrac{U_{2N\phi}}{I_{2N\phi}}=\dfrac{U_{2N}^2}{S_N}=\dfrac{400^2}{100\times 10^3}=1.6 \text{ （Ω）}$$

则自耦变压器折合到高压侧的短路阻抗实际值为

$$|\underline{Z}_{kA}|=|\underline{Z}_k|z_{2N}=u_k z_{2N}=0.065\times 1.6=0.104 \text{ （Ω）}$$

改接为自耦变压器后，由于额定电压从 400V 升至 3400V，额定电流未变，因此阻抗基值增大，短路阻抗标幺值减小．自耦变压器的短路阻抗标幺值为

$$|\underline{Z}_{kA}|=|\underline{Z}_k|\dfrac{U_{2N}}{U_{2NA}}=u_k\dfrac{U_{2N}}{U_{2NA}}=0.065\times\dfrac{400}{3400}=0.007647$$

或者先求出自耦变压器高压侧的阻抗基值，再求短路阻抗的标幺值：

$$z_{2NA}=\dfrac{U_{2NA\phi}}{I_{2NA\phi}}=\dfrac{U_{2NA}/\sqrt{3}}{I_{2NA}}=\dfrac{3400/\sqrt{3}}{144.34}=13.6 \text{ （Ω）}, \quad |\underline{Z}_{kA}|=\dfrac{|Z_{kA}|}{z_{2NA}}=\dfrac{0.104}{13.6}=0.007647$$

提示 本题（1）中自耦变压器的额定容量还有两种解法．

① 自耦变压器的变比（按高、低压侧额定相电压之比计算）

$$k_A=\dfrac{U_{2NA\phi}}{U_{1NA\phi}}=\dfrac{U_{2NA}}{U_{1NA}}=\dfrac{3400}{3000}=1.1333$$

自耦变压器的额定容量 $S_{NA}=\dfrac{S_N}{k_{xy}}=\dfrac{S_N}{1-\dfrac{1}{k_A}}=\dfrac{100}{1-\dfrac{1}{1.1333}}=850 \text{ （kVA）}$

② 由于自耦变压器二次侧额定电流与原双绕组变压器二次侧额定电流相同，因此自耦变压器额定容量与原双绕组变压器额定容量之比等于它们的二次额定电压之比，即

$$\dfrac{S_{NA}}{S_N}=\dfrac{U_{2NA}I_{2NA}}{U_{2N}I_{2N}}=\dfrac{U_{2NA}}{U_{2N}}$$

所以自耦变压器的额定容量为 $S_{NA}=\dfrac{U_{2NA}}{U_{2N}}S_N=\dfrac{3400}{400}\times 100=850 \text{ （kVA）}.$

此外，本题（2）中自耦变压器短路阻抗标幺值还有另一种解法：

先求出双绕组变压器短路阻抗标幺值 $|\underline{Z}_k|=u_k=0.065$ 和自耦变压器的变比 $k_A=1.1333$（按高、低压侧额定相电压之比计算），则

$$|\underline{Z}_{kA}|=k_{xy}|\underline{Z}_k|=\left(1-\dfrac{1}{k_A}\right)|\underline{Z}_k|=\left(1-\dfrac{1}{1.1333}\right)\times 0.065=0.007645$$

4.4 思考题及其解答

4-1 三绕组变压器一次绕组的额定容量与二、三次绕组的额定总容量总是相同的吗?为什么?

答: 三绕组变压器的额定容量是按每个绕组分别计算的,它等于绕组的额定电压乘以额定电流. 通常,三个绕组的容量按不同比例搭配,一次绕组额定容量与二、三次绕组的额定总容量是不相同的. 例如,高压、中压、低压三个绕组容量搭配关系为 100、100、50,高压绕组作为一次绕组,中压、低压绕组作为二、三次绕组. 此时,若一次绕组的额定容量为 100kVA,则二、三次绕组的额定总容量为 150kVA,是不相同的. 绕组额定容量仅反映绕组带负载的能力,在具体运行时各绕组的负载分配仍应符合能量守恒定律,即输入功率等于输出功率加上变压器本身的损耗.

4-2 三绕组变压器的一次绕组接额定电压运行时,二次绕组负载发生的变化是否会对三次绕组的端电压产生影响?为什么?

答: 一次绕组加额定电压不变时,如果二次绕组的负载发生变化,即二次绕组电流发生变化,则根据磁动势平衡关系可知,一、三次绕组电流会相应地改变. 因此,一次绕组漏阻抗压降与三次绕组漏阻抗压降会发生变化,使三次绕组的端电压改变. 可根据三绕组变压器的等效电路对三次绕组端电压的变化值进行定量计算.

4-3 三绕组变压器等效电路中的等效电抗与双绕组变压器等效电路中的漏电抗在概念上有何异同?

答: 三绕组变压器等效电路中的等效电抗是由各绕组的自感和绕组之间的互感组合而成的,因此有时会出现负值. 而双绕组变压器等效电路中的漏电抗,是该绕组的漏磁通感应的漏磁电动势与该绕组电流的比值. 当然,双绕组变压器的等效电路也可用自感和互感的概念来推导. 但是三绕组就不能用主磁通和漏磁通的概念来推导,因为三绕组变压器的磁通情况比较复杂,例如,只链两绕组的磁通是算主磁通还是算漏磁通就无法定义,因而只能从自感和互感的定义来推导.

4-4 三绕组变压器二、三次绕组均短路,一次绕组接到额定电压,如何计算各个绕组的短路电流?

答: 根据三绕组变压器的等效电路,可写出以下方程式:

$$\dot{I}_1 = -(\dot{I}'_2 + \dot{I}'_3)$$
$$\dot{U}_{1N} = \dot{I}_1 Z_1 - \dot{I}'_2 Z'_2$$
$$\dot{U}_{1N} = \dot{I}_1 Z_1 - \dot{I}'_3 Z'_3$$

根据这三个方程,可计算各绕组的短路电流 $\dot{I}_1$、$\dot{I}'_2$ 和 $\dot{I}'_3$,即

$$\dot{I}'_2 = \frac{-\dot{U}_{1N} Z'_3}{Z_1 Z'_2 + Z_1 Z'_3 + Z'_2 Z'_3}$$

$$\dot{I}'_3 = \frac{-\dot{U}_{1N} Z'_2}{Z_1 Z'_2 + Z_1 Z'_3 + Z'_2 Z'_3}$$

$$\dot{I}_1 = \frac{\dot{U}_{1N}(Z'_3 + Z'_2)}{Z_1 Z'_2 + Z_1 Z'_3 + Z'_2 Z'_3}$$

4-5 自耦变压器的绕组容量总是与变压器容量相同吗?其高、低压绕组之间的功率是

如何传递的？变压器一次额定容量与二次额定容量相同吗？

答： 自耦变压器绕组容量总是小于变压器容量，因为自耦变压器容量等于绕组容量（又称电磁容量）加上传导容量。其高、低压绕组间的功率传递有两种途径：一是通过电磁感应传递，这部分功率称为电磁功率；二是直接传导，这部分功率称为传导功率。自耦变压器一次额定容量与二次额定容量相同，这点与双绕组变压器是一样的。

4-6 自耦变压器的变比 k_A 通常在什么范围内？k_A 太大、太小各有何缺点？

答： 自耦变压器的变比 k_A 通常大于 1，小于或等于 2。k_A 太大的缺点，一是使绕组容量接近变压器容量，优越性明显降低；二是高低压相差悬殊，由于一、二次绕组有电的联系，会给低压绕组的绝缘和安全用电带来一定困难。若 k_A 太小，如 $k_A=1$，就可直接传导，而不需要变压器了。

4-7 一台 2300/230V、10kVA 的单相双绕组变压器，若将其一、二次绕组串联改接成一台自耦变压器，可以有几种接法？各种接法的一、二次额定电压分别是多大？哪种接法得到的自耦变压器的额定容量为最大？

答： 原额定电压为 2300V 的绕组可作为自耦变压器的公共绕组，额定电压为 230V 的绕组作为串联绕组。当二者顺极性串联时，可得到额定电压为 2530/2300V 的自耦变压器；当二者反极性串联时，得到的是额定电压为 2300/2070V 的自耦变压器。此外，原额定电压为 230V，2300V 的绕组可分别作为公共绕组和串联绕组，二者分别顺极性、反极性串联起来后，可分别得到额定电压为 2530/230V，2070/230V 的自耦变压器。这四种接法中，第一种接法得到的自耦变压器的额定容量最大，为 110kVA。需要说明的是，公共绕组和串联绕组反极性串联所构成的自耦变压器，由于其容量比相应的顺极性串联时的小，所以在实际中不被采用。

4.5 习题及其解

4-1 一台单相三绕组变压器额定电压为：高压侧 100kV，中压侧 20kV，低压侧 10kV。在中压侧带上功率因数为 0.8（滞后）、10000kVA 的负载，在低压侧带上 6000kVA 的进相无功负载（电容性负载）时，求高压侧的电流（不考虑变压器的损耗及励磁电流）。

解： 先求高压侧输入功率，再求其电流。

输出有功功率
$$P_2 = S_2\cos\varphi_2 = 10000 \times 0.8 = 8000(\text{kW})$$

输出无功功率
$$Q_2 = S_2\sin\varphi_2 - Q_3 = 10000 \times 0.6 - 6000 = 0$$

根据能量守恒定律，可得输入有功功率 $P_1=P_2$，输入无功功率 $Q_1=Q_2$，即
$$P_1 = 8000\text{kW}, \quad Q_1 = 0$$

因此
$$I_1 = \frac{P_1}{U_1} = \frac{8000 \times 10^3}{100 \times 10^3} = 80(\text{A})$$

4-2 三相三绕组变压器额定电压为 60/30/10kV，联结组标号为 Yd11d11。中压侧带功率因数为 0.8（滞后）的 5000kVA 负载，在低压侧接入进相电容器以改善功率因数。当高压侧的功率因数改善到 0.95（滞后）的时候，求接入低压侧电容器的容量是多少？在这种

情况下，高压、中压及低压绕组流过的电流大约是多少？

解：中压侧输出有功功率
$$P_2 = 5000 \times 0.8 = 4000(\text{kW})$$

中压侧输出无功功率
$$Q_2 = 5000 \times 0.6 = 3000(\text{kvar})$$

高压侧输入有功功率
$$P_1 = P_2 = 4000(\text{kW})$$

高压侧输入容量
$$S_1 = \frac{P_1}{\cos\varphi_1} = \frac{4000}{0.95} = 4210.5(\text{kVA})$$

高压侧输入无功功率
$$Q_1 = S_1 \sin\varphi_1 = 1314.5(\text{kvar})$$

低压侧输入无功功率
$$Q_3 = Q_2 - Q_1 = 1685(\text{kVA})$$

高压绕组电流
$$I_1 = \frac{S_1}{\sqrt{3}U_1} = \frac{4210.5}{\sqrt{3} \times 60} = 40.5(\text{A})$$

中压绕组电流
$$I_2 = \frac{S_2}{3U_2} = \frac{5000}{3 \times 30} = 55.6(\text{A})$$

低压绕组电流
$$I_3 = \frac{Q_3}{3U_3} = \frac{1685}{3 \times 10} = 56.2(\text{A})$$

低压侧每相容抗
$$X_C = \frac{U_3}{I_3} = \frac{10 \times 10^3}{56.2} = 177.9(\Omega)$$

每相电容器的电容
$$C = \frac{1}{\omega X_C} = \frac{1}{2\pi f X_C} = 17.89\mu\text{F}$$

4-3 一台三相三绕组变压器的额定容量为 10000/10000/10000kVA，额定电压 $U_{1N}/U_{2N}/U_{3N}$=110/38.5/11kV，YNyn0d11 联结．短路试验数据为

$$p_{k12} = 148.75\text{kW}, \quad u_{k12} = 10.1\%$$
$$p_{k13} = 111.2\text{kW}, \quad u_{k13} = 16.95\%$$
$$p_{k23} = 82.7\text{kW}, \quad u_{k23} = 6.06\%$$

电流均为额定值，试计算其简化等效电路中的各参数．

解：
$$I_{1N} = \frac{S_{1N}}{\sqrt{3}U_{1N}} = \frac{10000}{\sqrt{3} \times 110} = 52.5(\text{A})$$

$$R_{k12} = \frac{p_{k12}}{3I_{1N}^2} = \frac{148.75 \times 10^3}{3 \times 52.5^2} = 17.99(\Omega)$$

$$|Z_{k12}| = \frac{u_{k12}U_{1N}}{\sqrt{3}I_{1N}} = \frac{0.101 \times 110 \times 10^3}{\sqrt{3} \times 52.5} = 122.18(\Omega)$$

$$X_{k12} = \sqrt{|Z_{k12}|^2 - R_{k12}^2} = 120.85\Omega$$

$$I_{2N} = \frac{S_{2N}}{\sqrt{3}U_{2N}} = \frac{10000}{\sqrt{3} \times 38.5} = 150(A)$$

$$R_{k23} = \frac{p_{k23}}{3I_{2N}^2} = \frac{82.7 \times 10^3}{3 \times 150^2} = 1.225(\Omega)$$

$$|Z_{k23}| = \frac{u_{k23}U_{2N}}{\sqrt{3}I_{2N}} = \frac{0.0606 \times 38.5 \times 10^3}{\sqrt{3} \times 150} = 8.98(\Omega)$$

$$X_{k23} = \sqrt{|Z_{k23}|^2 - R_{k23}^2} = 8.896\Omega$$

$$R'_{k23} = k_{12}^2 R_{k23} = \left(\frac{110}{38.5}\right)^2 \times 1.225 = 10(\Omega)$$

$$X'_{k23} = k_{12}^2 X_{k23} = \left(\frac{110}{38.5}\right)^2 \times 8.896 = 72.62(\Omega)$$

$$R_{k13} = \frac{p_{k13}}{3I_{1N}^2} = \frac{111.2 \times 10^3}{3 \times 52.5^2} = 13.45(\Omega)$$

$$|Z_{k13}| = \frac{u_{k13}U_{1N}}{\sqrt{3}I_{1N}} = \frac{0.1695 \times 110 \times 10^3}{\sqrt{3} \times 52.5} = 205(\Omega)$$

$$X_{k13} = \sqrt{|Z_{k13}|^2 - R_{k13}^2} = 204.6\Omega$$

$$R_1 = \frac{1}{2}(R_{k12} + R_{k13} - R'_{k23}) = \frac{1}{2} \times (17.99 + 13.45 - 10) = 10.72(\Omega)$$

$$R'_2 = \frac{1}{2}(R_{k12} + R'_{k23} - R_{k13}) = \frac{1}{2} \times (17.99 + 10 - 13.45) = 7.27(\Omega)$$

$$R'_3 = \frac{1}{2}(R_{k13} + R'_{k23} - R_{k12}) = \frac{1}{2} \times (13.45 + 10 - 17.99) = 2.73(\Omega)$$

$$X_1 = \frac{1}{2}(X_{k12} + X_{k13} - X'_{k23}) = \frac{1}{2} \times (120.85 + 204.6 - 72.62) = 126.4(\Omega)$$

$$X'_2 = \frac{1}{2}(X_{k12} + X'_{k23} - X_{k13}) = \frac{1}{2} \times (120.85 + 72.62 - 204.6) = -5.57(\Omega)$$

$$X'_3 = \frac{1}{2}(X_{k13} + X'_{k23} - X_{k12}) = \frac{1}{2} \times (204.6 + 72.62 - 120.85) = 78.2(\Omega)$$

4-4 一台单相双绕组变压器的额定数据为 $U_{1N}/U_{2N}=220/110\text{V}$，$S_N=20\text{kVA}$，$|Z_k|=0.05$. 现把它改接为 330/220V 的自耦变压器，求：

(1) 自耦变压器的高、低压侧额定电流是多少？

(2) 自耦变压器的额定容量是多少？

(3) 从高压侧看自耦变压器短路阻抗的实际值与标幺值各为多大？

(4) 从低压侧看自耦变压器短路阻抗的实际值与标幺值各为多大？

(5) 双绕组变压器和自耦变压器高压侧接额定电压、低压侧短路时，稳态短路电流标幺值各为多大？

解：(1) 自耦变压器一次额定电流（即高压侧额定电流）I_{1NA} 就是原双绕组变压器低压（110V）绕组的额定电流 I_{2N}，即

$$I_{1NA} = I_{2N} = \frac{20 \times 10^3}{110} = 181.8(A)$$

自耦变压器二次额定电流（即低压侧额定电流）I_{2NA} 就是原双绕组变压器低压（110V）与高压（220V）绕组的额定电流之和，即

$$I_{2NA} = I_{2N} + I_{1N} = \frac{20 \times 10^3}{110} + \frac{20 \times 10^3}{220} = 272.7(A)$$

(2) 自耦变压器的额定容量为

$$S_{NA} = U_{1NA} I_{1NA} = 330 \times 181.8 = 60(kVA)$$

或

$$S_{NA} = U_{2NA} I_{2NA} = 220 \times 272.7 = 60(kVA)$$

由于自耦变压器增加了直接传导的容量

$$I_{1NA} U_{2NA} = 181.8 \times 220 = 40(kVA)$$

所以自耦变压器的额定容量为 60kVA。

(3) 从自耦变压器高压侧看的短路阻抗的实际值等于双绕组变压器从低压侧看的短路阻抗的实际值，即

$$|\underline{Z}_{k1A}| = |\underline{Z}_{k2}| = |\underline{Z}_k| \frac{U_{2N}}{I_{2N}} = 0.05 \times \frac{110}{\frac{20 \times 10^3}{110}} = 0.03025(\Omega)$$

标幺值

$$|\underline{Z}_{k1A}| = \frac{|\underline{Z}_{k1A}|}{\frac{U_{1NA}}{I_{1NA}}} = \frac{0.03025}{330} \times 181.8 = 0.01667$$

(4) 从自耦变压器低压侧看的短路阻抗实际值，就是把从高压侧看的短路阻抗实际值折合到低压侧，即除以 k_A^2 后的值. 则

$$|\underline{Z}_{k2A}| = |\underline{Z}_{k1A}| \frac{1}{k_A^2} = 0.03025 \times \frac{1}{\left(\frac{330}{220}\right)^2} = 0.01344(\Omega)$$

标幺值

$$|\underline{Z}_{k2A}| = \frac{|\underline{Z}_{k2A}| I_{2NA}}{U_{2NA}} = \frac{0.01344 \times 272.7}{220} = 0.01667$$

(5) 双绕组变压器和自耦变压器一次侧接额定电压、二次侧短路时，稳态短路电流标幺值分别为

$$\underline{I}_k = \frac{1}{0.05} = 20$$

$$\underline{I}_{kA} = \frac{1}{0.01667} = 60$$

4-5 一台 Yyn0 联结的三相变压器，$S_N = 320kVA$，$U_{1N}/U_{2N} = 6300/400V$，空载损耗 $p_0 = 1.524kW$，短路损耗 $p_{kN} = 5.5kW$，$u_k = 4.5\%$. 求：

(1) 带额定负载且功率因数为 0.8（滞后）时的电压调整率和效率；

(2) 若改为6300/6700V的升压自耦变压器，其额定容量为多少？带额定负载且功率因数为0.8（滞后）时，其电压调整率和效率为多少？

解：（1）
$$I_{1N} = \frac{S_N}{\sqrt{3}U_{1N}} = \frac{320 \times 10^3}{\sqrt{3} \times 6300} = 29.33(A)$$

$$R_k = \frac{p_{kN}}{3I_{1N}^2} = \frac{5.5 \times 10^3}{3 \times 29.33^2} = 2.131(\Omega)$$

$$\underline{R}_k = \frac{R_k I_{1N}}{\frac{U_{1N}}{\sqrt{3}}} = \frac{\sqrt{3} \times 2.131 \times 29.33}{6300} = 0.0172$$

或

$$\underline{R}_k = p_{kN} = \frac{p_{kN}}{S_N} = \frac{5.5}{320} = 0.0172$$

$$|\underline{Z}_k| = u_k = 0.045$$

$$\underline{X}_k = \sqrt{|\underline{Z}_k|^2 - \underline{R}_k^2} = 0.0416$$

$$\Delta U = \beta(\underline{R}_k \cos\varphi_2 + \underline{X}_k \sin\varphi_2)$$
$$= 1 \times (0.0172 \times 0.8 + 0.0416 \times 0.6) = 0.0387 = 3.87\%$$

$$\eta = 1 - \frac{p_0 + \beta^2 p_{kN}}{\beta S_N \cos\varphi_2 + p_0 + \beta^2 p_{kN}} = 1 - \frac{1.524 + 1^2 \times 5.5}{1 \times 320 \times 0.8 + 1.524 + 1^2 \times 5.5}$$
$$= 97.33\%$$

(2) 自耦变压器高压侧额定电流就是双绕组变压器低压侧（400V）的额定电流，则

$$I_{1NA} = I_{2N} = \frac{S_N}{\sqrt{3}U_{2N}} = \frac{320 \times 10^3}{\sqrt{3} \times 400} = 461.9(A)$$

自耦变压器的额定容量为

$$S_{NA} = \sqrt{3} \times 6700 \times 461.9 = 5360(kVA)$$

自耦变压器从高压侧看的短路阻抗实际值和双绕组变压器从低压侧（400V）看的短路阻抗实际值相同，但由于额定电压由400V改为6700V，因此自耦变压器阻抗基值变大，阻抗标幺值变小。

$$\underline{R}_{kA} = \underline{R}_k \frac{400}{6700} = 0.0172 \times \frac{400}{6700} = 0.001027$$

$$\underline{X}_{kA} = \underline{X}_k \frac{400}{6700} = 0.0416 \times \frac{400}{6700} = 0.002484$$

$$\Delta U_A = \beta(\underline{R}_{kA} \cos\varphi_2 + \underline{X}_{kA} \sin\varphi_2)$$
$$= 0.001027 \times 0.8 + 0.002484 \times 0.6 = 0.231\%$$

$$\eta_A = 1 - \frac{p_0 + \beta^2 p_{kN}}{\beta S_{NA} \cos\varphi_2 + p_0 + \beta^2 p_{kN}}$$
$$= 1 - \frac{1.524 + 1^2 \times 5.5}{1 \times 5360 \times 0.8 + 1.524 + 1^2 \times 5.5} = 99.84\%$$

4-6 一台单相双绕组变压器额定容量为200kVA，额定电压为1000/230V，若将其改装成自耦变压器，可有几种不同的一、二次电压变比方案？各种方案中一、二次额定电流及

变压器容量各为多少？

解：一、二次电压基本上为两种，即 1230V/1000V 和 1230V/230V. 另有两种将一、二次侧对换，即 1000V/1230V 和 230V/1230V.

(1) 当一、二次电压为 1230V/1000V 时，高压侧额定电流即为双绕组变压器低压绕组的额定电流：

$$I_{1NA} = I_{2N} = \frac{S_N}{U_{2N}} = \frac{200 \times 10^3}{230} = 870 \text{(A)}$$

低压侧额定电流为双绕组变压器低压和高压绕组的额定电流之和：

$$I_{2NA} = I_{2N} + I_{1N} = \frac{200 \times 10^3}{230} + \frac{200 \times 10^3}{1000} = 1070 \text{(A)}$$

自耦变压器的额定容量为

$$S_{NA} = U_{1NA} I_{1NA} = U_{2NA} I_{2NA} = 870 \times 1230 = 1070 \times 1000 \text{(VA)} = 1070 \text{(kVA)}$$

(2) 当一、二次电压为 1230V/230V 时，高压侧额定电流为双绕组变压器高压 (1000V) 绕组的额定电流：

$$I_{1NA} = I_{1N} = \frac{S_N}{U_{1N}} = \frac{200 \times 10^3}{1000} = 200 \text{(A)}$$

低压侧额定电流为双绕组变压器高压和低压绕组额定电流之和：

$$I_{2NA} = I_{1N} + I_{2N} = \frac{S_N}{U_{1N}} + \frac{S_N}{U_{2N}} = 1070 \text{(A)}$$

自耦变压器额定容量为

$$S_{NA} = U_{1NA} I_{1NA} = U_{2NA} I_{2NA} = 1230 \times 200 = 230 \times 1070 \text{(VA)} = 246 \text{(kVA)}$$

4-7 有一台双绕组变压器数据如下：$S_N = 5600 \text{kVA}$，$U_{1N}/U_{2N} = 6.6/3.3 \text{kV}$，联结组标号为 Yyn0，$u_k = 10.5\%$. 今改为自耦变压器，电压为 $U_{1N}/U_{2N} = 9.9/3.3 \text{kV}$，求：

(1) 改为自耦变压器后的容量 S_{NA} 与原来双绕组变压器容量 S_N 之比；

(2) 改为自耦变压器后，在额定电压时稳态短路电流与额定电流之比，即稳态短路电流的标幺值. 稳态短路电流与双绕组变压器的稳态短路电流之比是多少？

解：(1) 由于自耦变压器高压侧额定电流与原双绕组变压器高压侧额定电流相同，因此自耦变压器容量与原双绕组变压器容量之比就等于它们高压侧额定电压之比，即

$$\frac{S_{NA}}{S_N} = \frac{9.9}{6.6} = \frac{3}{2} = 1.5$$

(2) 改为自耦变压器后，从 9.9kV 高压侧看的短路阻抗实际值，等于双绕组变压器从 6.6kV 高压侧看的短路阻抗实际值. 因此自耦变压器的短路阻抗标幺值因其电压升高而变小

$$u_{kA} = \frac{6.6}{9.9} u_k = \frac{2}{3} \times 10.5\% = 7\%$$

稳态短路电流的标幺值为

$$\underline{I}_{kA} = \frac{1}{u_{kA}} = \frac{1}{0.07} = 14.3$$

双绕组变压器稳态短路电流的标幺值为

$$\underline{I}_k = \frac{1}{u_k} = \frac{1}{0.105} = 9.52$$

二者之比为
$$I_{kA}/I_k = 14.3/9.52 = 1.5$$

4-8 一台三相变压器，$S_N = 31500\text{kVA}$，$U_{1N}/U_{2N} = 400/110\text{kV}$，联结组标号为 Yyn0，$u_k = 14.9\%$，空载损耗 $p_0 = 105\text{kW}$，短路损耗 $p_{kN} = 205\text{kW}$. 现将其改装成自耦变压器，改装前后的一相线路分别如图 4-1（a）和（b）所示. 求:

（1）改装后的变压器总容量、电磁容量、传导容量，以及改装后变压器增加了多少容量?

（2）改为自耦变压器后，在额定负载及 $\cos\varphi_2 = 0.8$（滞后）时，效率比未改前提高了多少?

（3）改为自耦变压器后，在额定电压时稳态短路电流是改装前额定电压下的稳态短路电流的多少倍? 改装前后稳态短路电流各为其额定电流的多少倍?

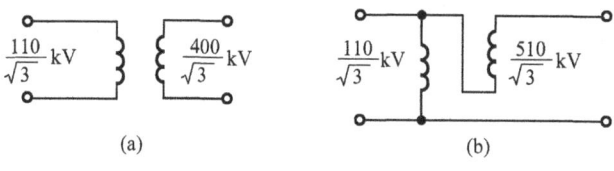

图 4-1

解：(1) 改装后变压器额定容量为
$$S_{NA} = S_N \frac{510}{400} = 31500 \times \frac{510}{400} = 40162.5 (\text{kVA})$$

电磁容量为 31500kVA；

传导容量为 $40162.5 - 31500 = 8662.5(\text{kVA})$；

改装后增加的容量是传导容量为 8662.5kVA.

(2)
$$\eta_A = 1 - \frac{p_0 + \beta^2 p_{kN}}{\beta S_{NA} \cos\varphi_2 + p_0 + \beta^2 p_{kN}}$$
$$= 1 - \frac{105 + 1^2 \times 205}{1 \times 40162.5 \times 0.8 + 105 + 1^2 \times 205} = 99.04\%$$

$$\eta = 1 - \frac{p_0 + \beta^2 p_{kN}}{\beta S_N \cos\varphi_2 + p_0 + \beta^2 p_{kN}}$$
$$= 1 - \frac{105 + 1^2 \times 205}{1 \times 31500 \times 0.8 + 105 + 1^2 \times 205} = 98.78\%$$

改装后，效率提高了
$$\eta_A - \eta = 99.04\% - 98.78\% = 0.26\%$$

(3) 改装前后从高压侧看的短路阻抗实际值是一样的，但改装后额定电压高了，为原来的 $510/400 = 1.275$ 倍，所以稳态短路电流为原来的 1.275 倍.

改装前
$$I_k = \frac{1}{u_k} = \frac{1}{0.149} = 6.71$$

改装后

$$I_{kA} = I_k \frac{510}{400} = 8.56$$

4-9 一台单相变压器的数据如下：$S_N = 1\text{kVA}$，$U_{1N}/U_{2N} = 220/110\text{V}$，$I_{1N}/I_{2N} = 4.55/9.1\text{A}$. 今将它改接为自耦变压器，接法如图 4-2 (a)、(b) 两种，求此两种自耦变压器当低压绕组 ax 接于 110V 电源时，AX 侧的电压 U_1 及变压器容量各为多少？

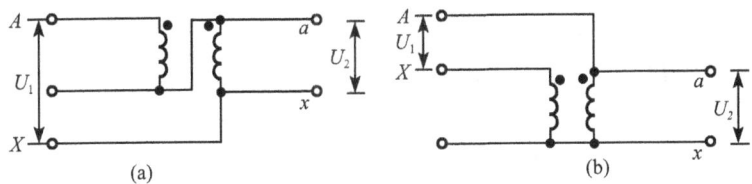

图 4-2

解：(a) 当 ax 接于 110V 电源时，AX 侧电压为
$$U_1 = 330\text{V}$$
变压器容量为
$$S = 4.55 \times 330 = 1.5(\text{kVA})$$
(b) 当 ax 接于 110V 电源时，AX 侧电压为
$$U_1 = 110\text{V}$$
变压器容量为
$$S = 4.55 \times 110 = 0.5(\text{kVA})$$

4-10 一台额定容量为 20kVA 的单相双绕组变压器，高压绕组是一个线圈，匝数为 N_1，额定电压为 2400V；低压绕组是两个线圈，每个线圈匝数为 N_2、额定电压为 1200V. 现将它改接成如图 4-3 所示的各种联结的自耦变压器，在每一个线圈的电压、电流都不超过额定值的情况下，试求每一种联结方式下自耦变压器高压、低压侧的额定电压、额定电流、额定容量及公共绕组的额定电流.

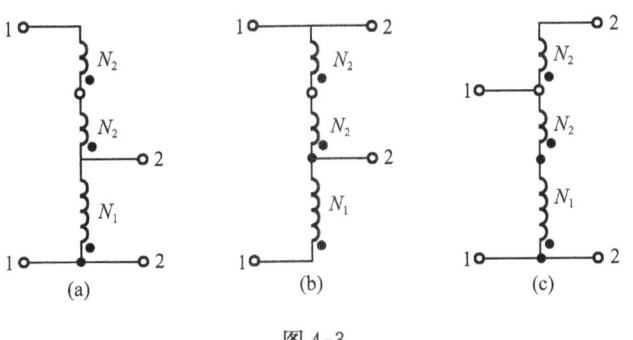

图 4-3

解：高压线圈（匝数为 N_1）的额定电流为 $\frac{20}{2.4} = 8.33(\text{A})$；

低压侧的额定电流为 $\frac{20}{1.2} = 16.67(\text{A})$；

每个低压线圈（匝数为 N_2）的额定电流为 8.33A.

(a) 自耦变压器高压侧额定电压 $U_{1NA} = 4800\text{V}$，额定电流 $I_{1NA} = 8.33\text{A}$，额定容量 S_{1NA}

$=4800\times8.33=40(\text{kVA})$；

公共绕组中额定电流为 8.33A；

低压侧额定电压 $U_{2NA}=2400\text{V}$，额定电流 $I_{2NA}=16.67\text{A}$，额定容量 $S_{2NA}=2400\times16.67=40(\text{kVA})$.

(b) 自耦变压器高压侧额定电压 $U_{1NA}=4800\text{V}$，额定电流 $I_{1NA}=8.33\text{A}$，额定容量 $S_{1NA}=4800\times8.33=40(\text{kVA})$；

公共绕组中额定电流为 8.33A；

低压侧额定电压 $U_{2NA}=2400\text{V}$，额定电流 $I_{2NA}=16.67\text{V}$，额定容量 $S_{2NA}=2400\times16.67=40(\text{kVA})$.

(c) 自耦变压器高压侧额定电压 $U_{1NA}=4800\text{V}$，额定电流 $I_{1NA}=8.33\text{A}$，额定容量 $S_{1NA}=4800\times8.33=40(\text{kVA})$；

公共绕组中额定电流为 8.33A；

低压侧额定电压 $U_{2NA}=3600\text{V}$，额定电流 $I_{2NA}=8.33+8.33\times\dfrac{1}{3}=8.33\times\dfrac{4}{3}=11.11(\text{A})$，额定容量 $S_{2NA}=3600\times11.11=40(\text{kVA})$.

*第五章 变压器过渡过程中的过电流现象

5.1 学习目标

本章分析变压器空载合闸和二次绕组发生突然短路的问题.
基本要求:
(1) 了解变压器空载合闸和二次绕组突发短路过渡过程中的电磁过程.
(2) 掌握变压器二次绕组突发短路时一次绕组的稳态短路电流和最大可能短路电流的计算方法.

5.2 基本知识点

变压器过渡过程中的过电流现象主要包括两种情况:一种是变压器空载合闸,另一种是变压器发生突然短路.

1. 变压器空载合闸到电源

分析变压器的空载合闸,可先不计铁心饱和,列出一次回路电压方程,求出磁通 ϕ 的微分方程,得到 ϕ 随时间变化的表达式. 之后,可根据磁化特性分析空载合闸电流的过渡过程.

由于变压器铁心存在饱和现象,励磁电流 i_0 和磁通 ϕ 呈非线性关系,在最不利的情况下空载合闸,ϕ 的最大值可能超过 $2\Phi_m$,铁心非常饱和,因此 i_0 可达额定电流的 3~5 倍.

变压器空载合闸过程中,随着自由分量磁通的衰减,i_0 也衰减. 空载合闸电流对变压器本身危害不大,但当它衰减较慢时,可能引起变压器一次侧过电流保护装置动作而跳闸.

2. 变压器突发短路

对于变压器的突发短路,可忽略励磁电流,采用简化等效电路进行分析. 先列出突然短路时用一次电流表示的微分方程式,求解该微分方程式即可得到突发短路电流的表达式.

大型变压器,$R_k \ll L_k$,其突发短路电流为 $i_k = \sqrt{2} I_{1k} \left[\cos\alpha e^{-\frac{R_k}{L_k}t} - \cos(\omega t + \alpha) \right]$.

突发短路电流的大小与短路瞬间电源电压的初相角 α 有关. 当 $\alpha = 0$(即 $u_1 = 0$)时突发短路,情况最严重;在短路发生后半个周期($\omega t = \pi$)时,短路电流达到最大值.

突然短路时会产生极大的短路冲击电流,如不采取有效措施,可能使变压器损坏.

5.3 典型例题解析

例 5.1 一台 Dyn 联结的三相变压器,$S_N = 1600\text{kVA}$,$U_{1N}/U_{2N} = 10/0.4\text{kV}$,已知 $|\underline{Z}_k| = 0.08$,$\underline{R}_k = 0.014$. 计算:
(1) 二次绕组短路时,一次绕组的稳态短路电流及其倍数;
(2) 在最不利的情况下二次绕组突发短路时,一次绕组短路电流的最大值.

解:短路电抗标幺值 $\underline{X}_k = \sqrt{|\underline{Z}_k|^2 - \underline{R}_k^2} = \sqrt{0.08^2 - 0.014^2} = 0.07877$

(1) 一次额定电流 $I_{1N}=\dfrac{S_N}{\sqrt{3}U_{1N}}=\dfrac{1600}{\sqrt{3}\times 10}=92.38$ (A)

一次绕组稳态短路电流相对于额定电流的倍数即该稳态短路电流标幺值,为

$$I_k^*=\dfrac{1}{|Z_k^*|}=\dfrac{1}{0.08}=12.5$$

一次绕组稳态短路电流 $I_k=I_k^* I_{1N}=12.5\times 92.38=1155$ (A)

(2) 当 $\alpha=0°$ 时发生突然短路,短路情况最严重. 短路发生后半个周期,即 $t=\pi/\omega$ 时,短路电流达到最大值,为

$$i_{k\max}=\sqrt{2}I_k\left(1+e^{-\frac{R_k}{L_k}\frac{\pi}{\omega}}\right)=\sqrt{2}I_k\left(1+e^{-\frac{R_k^*}{X_k^*}\pi}\right)=\sqrt{2}\times 1155\times\left(1+e^{-\frac{0.014}{0.07877}\pi}\right)=2568 \text{ (A)}$$

5.4 思考题及其解答

5-1 变压器空载合闸到额定电压的电源时,在最不利的情况下,铁心中的主磁通瞬时最大值是稳态运行时主磁通最大值的多少倍?这时,空载合闸电流的最大值是否也是稳态时励磁电流的同样倍数?为什么?

答: 在最不利的情况下,铁心中的主磁通瞬时最大值会是稳态运行时磁通最大值的 2 倍多. 但这时空载合闸电流的最大值不是稳态励磁电流的同样倍数,因为在额定电压下稳态运行时,主磁通已处于磁化曲线的拐弯点,即铁心磁路已饱和,当主磁通超过其稳态值两倍多时,铁心磁路就非常饱和,因此励磁电流很大,超过稳态励磁电流值的几十乃至百余倍,可达额定电流的 3~5 倍.

5-2 在什么情况下变压器的空载合闸电流为最大、最小?各约为额定励磁电流的多少倍?这个电流对变压器本身的直接危害大吗?

答: 当 $\alpha=90°$ (α 为变压器接通的电源电压的正弦瞬时值表达式中的初相角)瞬间接通电源时,空载合闸电流最小,就是额定励磁电流. 当 $\alpha=0°$ 瞬间接通电源时,空载合闸电流最大,约为额定励磁电流的几十倍乃至百余倍. 这个电流对变压器本身的直接危害不大.

5-3 怎样避免过大的空载合闸电流?

答: 可在变压器的一次侧先串入一附加电阻再合闸,这样既可以减小空载合闸电流,又可以使它迅速衰减. 当变压器处于稳定状态时,再把这个附加电阻切除.

5-4 单相变压器在什么情况下的突发短路电流最小?什么时候最大?各约为稳态短路电流的多少倍?突发短路电流对变压器有何危害?

答: 当 $\alpha=90°$ 时,突发短路电流最小,其中没有自由分量,就是稳态短路电流. 当 $\alpha=0°$ 时,突发短路电流最大,约为稳态短路电流的 1.8 倍. 这个短路电流对变压器的危害是使变压器受到很大的机械力作用.

5-5 突发短路电流与变压器短路阻抗标幺值 $|Z_k^*|$ 有何关系?从限制突发短路电流的角度看此值应选择大些还是小些好?这样选择 $|Z_k^*|$ 对变压器稳态运行性能有何影响?

答: 突发短路电流与变压器短路阻抗标幺值 $|Z_k^*|$ 成反比. 从限制突发短路电流的角度出发,此值应选择大些好. 但这样选择 $|Z_k^*|$ 会使变压器稳态运行时的电压调整率变大.

5.5 习题及其解

5-1 一台三相变压器,联结组标号为 Yyn0,$S_N=180\text{kVA}$,$U_{1N}/U_{2N}=10/0.4\text{kV}$,$p_{kN}=3.53\text{kW}$,$u_k=4\%$. 求:

(1) 二次绕组短路时一次绕组的稳态短路电流 I_k;

(2) 在 $\alpha=0°$ 二次绕组突发短路时一次绕组短路电流的最大值(α 为突发短路开始即 $t=0$ 时一次电压的初相角).

解: 首先求出一次额定电流和短路阻抗标幺值:

$$I_{1N} = \frac{S_N}{\sqrt{3}U_{1N}} = \frac{180}{\sqrt{3} \times 10} = 10.39(\text{A})$$

$$|\underline{Z}_k| = u_k = 0.04$$

$$\underline{R}_k = \underline{p}_{kN} = \frac{p_{kN}}{S_N} = \frac{3.53}{180} = 0.0196$$

$$\underline{X}_k = \sqrt{|\underline{Z}_k|^2 - \underline{R}_k^2} = \sqrt{0.04^2 - 0.0196^2} = 0.0349$$

(1) 稳态短路电流标幺值为

$$\underline{I}_k = \frac{1}{|\underline{Z}_k|} = \frac{1}{0.04} = 25$$

稳态短路电流为

$$I_k = \underline{I}_k I_{1N} = 25 \times 10.39 = 260(\text{A})$$

(2) $\alpha=0$, $t=\pi/\omega$ 时短路电流达到最大值：

$$i_{k\max} = \sqrt{2} I_k (1 + e^{-\frac{R_k}{X_k}\pi}) = \sqrt{2} \times 260 \times (1 + e^{-\frac{0.0196}{0.0349}\times\pi}) = 430.7(\text{A})$$

$$\underline{i}_{k\max} = \frac{i_{k\max}}{\sqrt{2} I_{1N}} = \frac{430.7}{\sqrt{2} \times 10.39} = 29.3$$

第二篇 直流电机

第六章 直流电机的用途、基本工作原理与结构

6.1 学习目标

本章介绍学习直流电机需要了解的入门知识.

基本要求：
(1) 了解直流电机的基本工作原理.
(2) 了解直流电机的基本结构.
(3) 掌握直流电机额定值的含义及其关系.

6.2 基本知识点

1. 直流电机的基本工作原理

(1) 直流发电机：励磁绕组通入直流电流建立气隙磁场；原动机拖动电枢（转子）旋转，电枢线圈切割气隙磁场，产生交变电动势；通过换向器和电刷，在电刷端引出直流电动势；可为接在电刷端的负载供电，从而将机械能转换为直流电能.

(2) 直流电动机：励磁绕组通入直流电流建立气隙磁场；在电刷端接直流电源，电枢导体通入电流，产生电磁力；通过换向器和电刷，使线圈电流交变，因而电磁力及其产生的电磁转矩方向恒定，可使转子拖动机械负载持续旋转，从而将电能转换为机械能.

注意 直流电机运行时，电枢绕组中的电流和感应电动势是交变的，但正、负电刷间的电流和电动势是直流量. 这种交、直流电的转换是通过换向器和电刷的配合作用而实现的.

2. 直流电机的主要结构

直流电机由定子和转子两大部分组成，定、转子之间有气隙.
(1) 定子：作用是建立主磁场和机械支撑及固定. 包括机座、主磁极（主极铁心和励磁绕组）、换向极、电刷装置等部件.
(2) 转子：一般称为电枢，由电枢铁心、电枢绕组、换向器等部件构成. 电枢铁心由涂绝缘漆的硅钢片叠成；其外圆冲有槽，以嵌放电枢绕组.

3. 直流电机的额定值

直流电机的额定值主要有额定功率 P_N、额定电压 U_N、额定电流 I_N、额定转速 n_N 等. 此外还有额定励磁电流 I_{fN}、额定效率 η_N、额定电磁转矩 T_N 等.

注意 额定功率 P_N 是指直流电机在额定运行状况下的输出功率，对于直流发电机，有

$P_N=U_NI_N$；对于直流电动机，则有 $P_N=U_NI_N\eta_N$.

6.3　典型例题解析

例 6.1　一台直流发电机，额定电压 $U_N=230$V，额定电流 $I_N=326.1$A，额定输入功率 $P_{1N}=85$kW. 求该发电机的额定功率 P_N 和额定效率 η_N.

解：发电机的额定功率　　$P_N=U_NI_N=230\times 326.1\times 10^{-3}=75$（kW）

额定效率　　$\eta_N=\dfrac{P_N}{P_{1N}}\times 100\%=\dfrac{75}{85}\times 100\%=88.24\%$

注意　电机的额定功率 P_N 是指电机运行于额定工况时的输出功率 P_2，而 P_{1N} 是指电机在额定工况时的输入功率. 对于发电机、电动机，P_N 分别为电机额定运行时出线端输出的电功率和转轴上输出的机械功率.

例 6.2　一台直流电动机，部分铭牌数据如下：额定功率 $P_N=96$kW，额定电压 $U_N=440$V，额定电流 $I_N=254$A，额定转速 $n_N=3000$r/min. 求该电动机的额定输入功率 P_{1N}、额定效率 η_N 和额定输出转矩 T_{2N}.

解：额定输入功率　　$P_{1N}=U_NI_N=440\times 254=111760$（W）$=111.76$（kW）

额定效率　　$\eta_N=\dfrac{P_N}{P_{1N}}\times 100\%=\dfrac{96}{111.76}\times 100\%=85.9\%$

额定输出转矩　　$T_{2N}=\dfrac{P_N}{\Omega_N}=\dfrac{P_N}{\dfrac{2\pi n_N}{60}}=\dfrac{30P_N}{\pi n_N}=\dfrac{30\times 96\times 10^3}{\pi\times 3000}=305.6$（N·m）

注意　电动机的额定功率 P_N 等于其额定输出转矩 T_{2N} 与额定机械角速度 Ω_N 的乘积，即 $P_N=T_{2N}\Omega_N$. 不要把 T_{2N} 与额定电磁转矩 T_N 相混淆.

6.4　思考题及其解答

6-1　直流电机的电枢导体里流过的是直流电流还是交流电流？

答：直流电机电枢导体里流过的是交流电流，其频率 $f=\dfrac{pn}{60}$（Hz），其中 p 为电机的极对数，n 为转子转速，单位为 r/min. 通过换向器和电刷引出来的电流才是直流电.

6-2　直流电机铭牌上的额定功率是指输出功率还是输入功率？对发电机和电动机有什么不同？

答：铭牌上的额定功率是指输出功率.

发电机输出的是电功率，因此其额定功率指的是从电枢出线端输出的电功率.

电动机输出的是机械功率，因此其额定功率指的是轴上输出的机械功率.

6.5　习题及其解

6-1　已知一台直流发电机的额定功率 $P_N=145$kW，额定电压 $U_N=230$V，额定效率 $\eta_N=89\%$. 求该发电机的输入功率 P_1 和额定电流 I_N.

解：
$$P_1 = \frac{P_N}{\eta_N} = \frac{145}{0.89} = 162.9(\text{kW})$$
$$I_N = \frac{P_N}{U_N} = \frac{145 \times 10^3}{230} = 630(\text{A})$$

6-2 已知一台直流电动机铭牌数据如下：额定功率 $P_N=30\text{kW}$，额定电压 $U_N=220\text{V}$，额定转速 $n_N=1500\text{r/min}$，额定效率 $\eta_N=87\%$. 求该电动机的额定电流和额定输出转矩.

解： 电动机输出额定转矩 T_{2N} 等于其输出功率 P_N 除以其机械角速度 Ω_N：

$$T_{2N} = \frac{P_N}{\Omega_N} = \frac{P_N}{2\pi \dfrac{n_N}{60}} = \frac{60 P_N}{2\pi n_N} = \frac{60 \times 30 \times 10^3}{2\pi \times 1500} = 191(\text{N} \cdot \text{m})$$

$$P_1 = \frac{P_N}{\eta_N} = \frac{30}{0.87} = 34.48(\text{kW})$$

$$I_N = \frac{P_1}{U_N} = \frac{34.48 \times 10^3}{220} = 156.7(\text{A})$$

第七章 直流电机的磁路和电枢绕组

7.1 学习目标

本章介绍直流电机磁场和电枢绕组的基础知识,包括励磁磁场的分布和磁化特性、单叠绕组和单波绕组的联结规律及特点、电枢绕组的感应电动势和电磁转矩.

基本要求:
(1) 了解直流电机的励磁磁场和磁化特性.
(2) 了解直流电机电枢绕组的构成.
(3) 了解单叠绕组和单波绕组的特点.
(4) 掌握直流电机电枢电动势和电磁转矩的计算.

本章的重点是直流电机的电枢电动势公式和电磁转矩公式,它们是具体分析直流电机运行问题的依据,必须牢固掌握.

7.2 基本知识点

1. 直流电机的励磁磁场

(1) 励磁磁场:直流电机电枢电流 $I_a=0$ 时,由励磁磁动势建立的气隙磁场.

(2) 励磁磁场的空间分布:忽略铁心的磁阻时,气隙某处的磁通密度取决于该处的磁动势和气隙大小. 主磁极中心及其附近的气隙小且均匀,靠近极尖处气隙变大,极尖以外气隙很大,因此励磁磁动势产生的气隙磁通密度 b_δ 沿电枢圆周的分布波形为一平顶波.

(3) 直流电机的磁化特性:指每极主磁通 Φ_0 与产生它的每对极励磁磁动势 F_0 之间的关系 $\Phi_0 = f(F_0)$. 磁化特性曲线是一条具有饱和特性的曲线.

2. 电枢绕组

(1) 作用:产生感应电动势和电磁转矩,是实现机电能量转换的关键部件.

(2) 基本特点:电枢绕组是由结构形状相同的绕组元件通过换向器联结而成的闭合绕组,通过电刷与外部电路发生联系,并形成偶数条并联支路.

(3) 联结规律:可通过各种节距来描述,包括第一节距 y_1、第二节距 y_2、合成节距 y 与换向器节距 y_K. 详见教材 7-3 节.

(4) 单叠绕组:是 $y=y_K=\pm 1$ 的一类电枢绕组($y=-1$ 通常不用). 它把同一主磁极下的元件串联起来构成一条支路,所以 $2a=2p$ (a 为并联支路对数,p 为极对数).

*(5) 单波绕组:是 $y=y_K=\dfrac{K\mp 1}{p}=\dfrac{Q_u\mp 1}{p}$ 的一类电枢绕组("+1"较少采用). 它把所有同极性主磁极下的元件串联起来构成一条支路,所以 $2a=2$.

(6) 电刷的放置:电刷放置的原则是使空载时正、负电刷间的感应电动势最大. 当元件几何形状对称时，电刷在换向器表面的位置应对准主极中心线，此时被电刷短路的元件感应电动势为零或最小。电刷组数等于直流电机的极数 $2p$。

3. 电枢电动势

（1）定义：电枢绕组的感应电动势是指正、负电刷之间的平均电动势，即一条并联支路的平均电动势，简称电枢电动势。

（2）电枢电动势公式：$E_a = \dfrac{pz}{60a}\Phi n = C_e \Phi n$

式中，$C_e = \dfrac{pz}{60a}$，为电动势常数（z 为电枢总导体数）；Φ 为气隙每极磁通量，单位为 Wb；n 为转速，单位为 r/min；E_a 的单位为 V。

$E_a \propto \Phi n$，改变 Φ 或 n 的大小，可使 E_a 的大小发生变化；E_a 的方向取决于 Φ 和 n 的方向，单独改变 Φ（即励磁电流 I_f）或 n 的方向，就可改变 E_a 的方向。

（3）电枢电动势的性质：直流发电机的电枢电动势 E_a 与电枢电流 I_a 同向，故电枢电动势为电源电动势；直流电动机的电枢电动势 E_a 与电枢电流 I_a 方向相反，为反电动势性质。

4. 电磁转矩

（1）定义：电磁转矩是指电枢上所有载流导体在磁场中受力所产生的转矩的总和。

（2）电磁转矩公式：$T = \dfrac{pz}{2\pi a}\Phi I_a = C_t \Phi I_a$

式中，$C_t = \dfrac{pz}{2\pi a} = \dfrac{60}{2\pi}C_e$，为转矩常数；$I_a$ 为电枢电流，单位为 A；T 的单位为 N·m。

$T \propto \Phi I_a$，改变 Φ 或 I_a 的大小，可使 T 的大小发生变化；T 的方向取决于 Φ 和 I_a 的方向，单独改变 Φ（即励磁电流 I_f）或 I_a 的方向，就可改变 T 的方向。

（3）电磁转矩的性质：直流发电机的电磁转矩 T 的方向与转向相反，T 为制动转矩；直流电动机的转向与电磁转矩 T 的方向相同，T 为拖动转矩。

7.3 典型例题解析

例 7.1 一台他励直流电动机，采用单叠绕组，电枢总导体数 $z=248$，额定值为：$P_N=100\text{kW}$，$U_N=220\text{V}$，$\eta_N=89.5\%$，$n_N=730\text{r/min}$，额定运行时电磁转矩 $T_N=1399\text{N·m}$，求此时的气隙每极磁通量 Φ_N 和电枢电动势 E_{aN}。

思路与技巧 为求 Φ_N，在已知 T_N 和 z 时，可先求出额定电枢电流 I_{aN}，并根据绕组型式确定并联支路对数 a，再利用公式 $T=C_t\Phi I_a$ 求解。为求 I_{aN}，就需要知道他励直流电动机的电流关系。所谓他励，是指励磁电流由单独的直流电源供给，因此他励直流电动机的电枢电流与输入电流相等，即 $I_a=I$。根据 $P_N=U_N I_N \eta_N$ 和其他已知条件可求出 I_N，即 I_{aN}。已知 n_N，求得 Φ_N 后，就可利用公式 $E_a=C_e \Phi n$ 求出 E_{aN}。

解：额定电枢电流 $I_{aN}=I_N=\dfrac{P_N}{U_N \eta_N}=\dfrac{100\times 10^3}{220\times 0.895}=507.9$ （A）

单叠绕组的并联支路数 $2a$ 等于极数 $2p$，即 $a=p$。则额定运行时的每极磁通量为

$$\Phi_N = \frac{T_N}{C_t I_{aN}} = \frac{T_N}{\frac{pz}{2\pi a}I_{aN}} = \frac{T_N}{\frac{z}{2\pi}I_{aN}} = \frac{1399}{\frac{248}{2\pi} \times 507.9} = 0.06979 \text{ (Wb)}$$

额定运行时的电枢电动势为

$$E_{aN} = C_e \Phi_N n_N = \frac{pz}{60a}\Phi_N n_N = \frac{z}{60}\Phi_N n_N = \frac{248}{60} \times 0.06979 \times 730 = 210.6 \text{ (V)}$$

7.4 思考题及其解答

7-1 直流电机的主磁路包括哪几部分？磁路未饱和时，励磁磁动势主要消耗在磁路的哪一部分上？

答：直流电机的主磁路包括气隙、电枢齿、电枢轭、磁极和磁轭五部分．磁路未饱和时，励磁磁动势主要消耗在气隙上．

7-2 励磁磁动势是怎样产生的？与哪些量有关？

答：励磁磁动势是由励磁绕组通以励磁电流产生的．其大小与励磁电流大小和励磁绕组的匝数有关．

7-3 既然直流电机磁路中的磁通一般保持不变，为什么电枢铁心要用薄的硅钢片叠成，并且片间还要绝缘？

答：当电枢旋转时，电枢铁心就像电枢绕组中导体一样切割磁力线，产生电动势．如果电枢铁心不用薄的硅钢片叠成并且片间绝缘，就会产生很大的环流或称涡流．用片间有绝缘的薄硅钢片叠成铁心，可减小涡流损耗，提高电机的效率．

7-4 直流电机单叠绕组的支路对数与极对数满足什么关系？单波绕组的支路对数是多少？

答：单叠绕组的支路对数等于极对数，或者说支路数等于极数．单波绕组的支路对数等于1，或者说支路数为2．

7-5 叠绕组与波绕组元件联结的规律有何不同？同样极对数 p 的单波、单叠绕组，它们的支路对数为什么相差 p 倍？

答：单叠绕组元件联结的规律是按换向器节距 $y_K = 1$，并沿圆周将一个N极下各元件一个接一个串联起来后，再串联相邻一个S极下的各元件，依此顺序进行下去，最后自成一个闭合回路．通过电刷将电动势引出来，一个极下元件构成一个支路，所以支路数等于极数，或者说支路对数等于极对数，即 $a = p$．单波绕组元件联结的规律是按 $y_K = \frac{K-1}{p}$（K 为换向片数）把相同极性下的各元件分别串联在一起，即把N极下所有元件都串联完再串联S极下的所有元件，最后自成闭合回路．通过电刷将电动势引出来，只能构成两个支路，即支路对数永远等于1，$a = 1$．因此，当极对数相同时，单叠绕组支路对数必定是单波绕组支路对数的 p 倍．

7-6 一台四极单叠绕组的直流电机，

(1) 只用相邻的两只电刷，电机是否能够工作？对感应电动势有何影响？对电机的容量有何影响？如果仅取去一只电刷，电机剩下三只电刷（指刷架）是否还能工作？

(2) 若只有一个元件断线，问对电机的电动势和电流有何影响？

(3) 若只用相对着的两只电刷，电机可以运行吗？

答：(1) 只用相邻两只电刷，电机能够工作．此时，电枢感应电动势不受影响，但电机容量要减小．设原来电枢绕组每条支路电流为 I，4 条支路并联总电流为 $4I$．现在两条支路并联，一条支路电阻为另一支路电阻的 3 倍，因此两路并联总电流为 $I+I/3=4I/3$．现在电流和原来电流之比为 $(4I/3)/4I=1/3$，因此，现在容量减为原来容量的 1/3．

如果仅取去一只电刷，剩下三只电刷仍能工作．由于现在是剩下两条支路并联，因此对感应电动势无影响．由于两条支路的电阻相等，因此两条支路并联总电流为 $2I$，现在电流和原来电流之比为 $2I/4I=1/2$，所以现在容量为原来容量的 1/2．

(2) 只有一个元件断线时，电动势不受影响．元件断线的那条支路的电流为零，因此现在相当于三条支路并联，总电流为原来总电流的 3/4，即容量为原来容量的 3/4．

(3) 只用相对着的两只电刷时，由于这两只电刷间的电压为零，所以电机无法运行．

7-7 同上题，只是电机改为单波绕组，问电机的情况又将如何？

答：(1) 只用相邻两只电刷，电机能工作，对感应电动势和电机容量均无影响．

仅取去一只电刷时，因为仍是两条支路并联，所以电机还能工作，对电动势和电机容量均无影响．

(2) 若只有一个元件断线，则对电动势无影响．由于仅剩下一条支路有电流，电流为原来的 1/2，因此容量减为原来容量的 1/2．

(3) 只用相对着的两只电刷时，由于这两只电刷为等电位，电压为零，因此电机无法运行．

7-8 设电机的导体数及其他条件都不变，当联结成单波绕组或单叠绕组时，试比较这两种联结的感应电动势、电流和电机容量的大小．

答：由于单叠绕组的支路对数为单波绕组的支路对数的 p 倍，因此在每个元件电流相同时，单叠绕组总的电枢电流为单波绕组总的电枢电流的 p 倍．

由于总的元件数相同，因此单波绕组每支路的元件数为单叠绕组的 p 倍．由于每个元件感应电动势相同，因此单波绕组每个支路的电动势即电刷间电压为单叠绕组电刷间电压的 p 倍．所以，单叠和单波绕组的容量相同．单叠绕组适合于低电压大电流的场合，单波绕组适合于高电压小电流的场合．

7-9 直流发电机一个元件所感应的电动势和电刷间的感应电动势有什么不同？如何写它们的表达式？

答：一个元件所感应的电动势为交流电动势，其表达式为 $e=b_\delta lv$．由于气隙磁通密度 b_δ 在 N，S 极下正、负交替地变化，因此一个元件的感应电动势也是交变的．

电刷间的感应电动势为直流电动势，是一个支路的电动势．其表达式为 $E_a=\dfrac{pz}{60a}n\Phi$，其中 Φ 是气隙每极磁通量（Wb），n 为电枢的转速（r/min），p 为极对数，z 是电枢绕组总导体数，a 为支路对数．

7-10 绕组元件短距（或长距）是否会削弱支路电动势？在计算电刷间电动势 E_a 时有没有考虑这个影响？

答：绕组元件短距（或长距）都会削弱支路电动势．在计算电刷间电动势 E_a 时，没有考虑这个影响，因为直流电机中不允许元件短距（或长距）太多，因此绕组元件短距（或长距）对 E_a 的影响也不大．

7.5 习题及其解

7-1 已知一直流电机数据为：元件数 S 和换向片数 K 均等于22，极对数 $p=2$，右行单叠绕组.

（1）计算绕组各节距 y_K、y_1、y、y_2；
（2）列出元件联结次序表；
（3）画出绕组展开图、磁极与电刷位置，并标出电刷的极性；
（4）画出并联支路图，求支路对数 a.

解：（1）$y_K=1$，$y=y_K=1$

$$\tau = \frac{K}{2p} = \frac{22}{4} = 5.5$$

取 $y_1=5$，则

$$y_2 = y - y_1 = 1 - 5 = -4$$

（2）元件联结次序表为

1—2—3—4—5—6—7—8—9—10—11—12—13—14—15—16—17—18—19—20—21—22—1

（3）略.

（4）并联支路图略；$a=p=2$.

7-2 已知一直流电机数据为：元件数 S 和换向片数 K 都等于19，极对数 $p=2$，左行单波绕组.

（1）计算绕组各节距 y_K、y_1、y、y_2；
（2）列出元件联结次序；
（3）画出绕组展开图、磁极与电刷的位置，标出电刷的极性；
（4）画出并联支路图，求支路对数 a.

解：（1）

$$y_K = \frac{K-1}{p} = \frac{19-1}{2} = 9; \quad y = y_K = 9$$

$$y_1 = \frac{K}{2p} = \frac{19}{4} = 4.75$$

取 $y_1=5$，则

$$y_2 = y - y_1 = 9 - 5 = 4$$

（2）元件联结次序表为

1—10—19—9—18—8—17—7—16—6—15—5—14—4—13—3—12—2—11—1

（3）略.

（4）并联支路图略；支路对数 $a=1$.

7-3 一台直流电机，$p=3$，单叠绕组，总导体数 $z=398$，每极磁通 $\Phi=2.1\times10^{-2}$Wb，分别求下列转速时的电枢绕组电动势 E_a：

（1）转速 $n=1500$r/min；
（2）转速 $n=500$r/min.

解：（1）转速 $n=1500\text{r/min}$ 时，

$$E_a = \frac{pz}{60a}n\Phi = \frac{3\times 398}{60\times 3}\times 1500\times 2.1\times 10^{-2} = 209(\text{V})$$

（2）转速 $n=500\text{r/min}$ 时，

$$E_a = \frac{pz}{60a}n\Phi = \frac{3\times 398}{60\times 3}\times 500\times 2.1\times 10^{-2} = 69.7(\text{V})$$

7-4 同上题，设电枢电流 $I_a=10\text{A}$，磁通保持不变，问电枢所受电磁转矩为多大？如把此绕组改为单波绕组，保持支路电流不变，问此时的电磁转矩又是多大？

解：（1）电磁转矩为

$$T = \frac{pz}{2\pi a}\Phi I_a = \frac{3\times 398}{2\pi\times 3}\times 2.1\times 10^{-2}\times 10 = 13.3(\text{N}\cdot\text{m})$$

（2）改为单波绕组后，$a=1$．保持支路电流不变时，单波绕组的支路电流等于原单叠绕组的支路电流，为 $\frac{I_a}{2a}=\frac{10}{6}\text{A}$．所以单波绕组的电枢电流

$$I'_a = 2\times \text{支路电流} = 2\times \frac{10}{6} = 10/3(\text{A})$$

单波绕组电磁转矩

$$T' = \frac{pz}{2\pi a}\Phi I'_a = \frac{3\times 398}{2\pi\times 1}\times 2.1\times 10^{-2}\times \frac{10}{3} = 13.3(\text{N}\cdot\text{m})$$

7-5 一台他励直流发电机，额定功率 $P_N=30\text{kW}$，额定电压 $U_N=230\text{V}$，额定转速 $n_N=1500\text{r/min}$，极对数 $p=2$，单叠绕组，电枢总导体数 $z=572$，气隙每极磁通 $\Phi=0.017\text{Wb}$．求额定运行时的电枢电动势 E_a 和电磁转矩 T．

解：

$$E_a = \frac{pz}{60a}\Phi n = \frac{2\times 572}{60\times 2}\times 0.017\times 1500 = 243.1(\text{V})$$

$$I_a = I_N = \frac{P_N}{U_N} = \frac{30\times 10^3}{230} = 130(\text{A})$$

$$T = \frac{pz}{2\pi a}\Phi I_a = \frac{2\times 572}{2\pi\times 2}\times 0.017\times 130 = 201(\text{N}\cdot\text{m})$$

7-6 已知他励直流发电机 $P_N=17\text{kW}$，$U_N=230\text{V}$，$n_N=1500\text{r/min}$，$p=2$，$z=468$，单波绕组，每极气隙磁通 $\Phi=0.0103\text{Wb}$．求电磁转矩及电枢绕组电动势．

解： 单波绕组 $a=1$

$$C_t = \frac{pz}{2a\pi} = \frac{2\times 468}{2\times 1\times 3.14} = 149$$

$$I_a = I_N = \frac{P_N}{U_N} = \frac{17\times 10^3}{230} = 73.91(\text{A})$$

$$T = C_t\Phi I_a = 149\times 0.0103\times 73.91 = 113.4(\text{N}\cdot\text{m})$$

$$C_e = \frac{pz}{60a} = \frac{2\times 468}{60\times 1} = 15.6$$

$$E_a = C_e\Phi n = 15.6\times 0.0103\times 1500 = 241(\text{V})$$

第八章 直流发电机

8.1 学习目标

本章介绍直流发电机的励磁方式、运行原理、电枢反应和运行特性. 本章是直流电机的重点内容.

基本要求:
(1) 了解直流发电机的励磁方式.
(2) 掌握直流发电机的基本方程式,能熟练运用基本方程式进行计算.
(3) 了解直流电机电枢反应的概念和电枢反应的性质.
(4) 了解直流发电机的运行特性.
(5) 掌握并励直流发电机自励建压的条件.

本章的重点是直流发电机的基本方程式、直流发电机的外特性和并励直流发电机的自励建压.

8.2 基本知识点

1. 励磁方式

励磁方式是指励磁绕组的供电方式. 实质上是励磁绕组和电枢绕组连接的方式.
(1) 直流发电机的励磁方式:分为他励和自励两大类,自励又分为并励、串励和复励.
(2) 不同励磁方式下直流发电机的电流关系:他励直流发电机,I_a 与 I_f 无关;并励直流发电机,$I_a = I + I_f$;串励直流发电机,$I_a = I = I_f$.

2. 稳态运行时的基本方程式

①电压方程式
电枢回路:$E_a = U + I_a R_a$(R_a 为电枢回路总电阻,包括电刷接触电阻)
励磁回路:$U_f = I_f R_f$(R_f 为励磁回路总电阻,U_f 为励磁绕组回路的端电压)
②转矩平衡方程式:$T_1 = T + T_0$
式中,T_1 为原动机的拖动转矩;T、T_0 分别为直流发电机的电磁转矩、空载转矩.
③功率平衡关系式:$P_1 = P_M + p_0 = P_M + p_m + p_{Fe} + p_a$,$P_M = P_2 + p_{Cu}$($+ p_f$,并励时)

注意 在直流发电机的功率平衡关系中,自励直流发电机的铜损耗包括电枢的铜损耗 p_{Cu} 和励磁损耗 p_f,而他励直流发电机的铜损耗不包括励磁损耗 p_f.

④电磁功率:$P_M = T\Omega = E_a I_a$

电磁功率 P_M 既可用机械功率 $T\Omega$ 表示,代表原动机为克服制动性质的电磁转矩 T 而由转轴给发电机输入的机械功率;也可用电功率 $E_a I_a$ 表示,代表电枢绕组产生的电功率.

3. 直流电机的电枢反应

（1）电枢反应的定义

直流电机负载运行时，气隙磁场是由励磁磁动势 F_f 和电枢磁动势 F_a 共同建立的。电枢磁动势 F_a 对励磁磁动势 F_f 产生的气隙磁场的影响称为电枢反应。

（2）电枢反应的性质

当电刷在几何中性线上时，电枢磁动势 F_a 的轴线位于交轴，产生交轴电枢反应。否则，F_a 可分解为直轴、交轴电枢磁动势 F_{ad}、F_{aq} 两个分量，分别产生直轴、交轴电枢反应。

①交轴电枢反应：使每个主极下磁场一半被增强，另一半被削弱，导致物理中性线偏移几何中性线一个角度；当磁路饱和时，具有一定的去磁作用。

②直轴电枢反应：具有去磁或增磁作用。对于直流发电机，当电刷顺、逆电枢转向偏离几何中性线时，直轴电枢反应分别起去磁、增磁作用。直流电动机的情况正好相反。

注意 ①在直流电机中，不论电枢绕组采用哪种型式，各支路电流都是通过电刷引入或引出的，所以被电刷短路的电枢元件的元件边是电枢表面电流分布的分界线。

②正常情况下，被电刷短路的整距元件的元件边正好在几何中性线处。工程上为画图方便，常省去换向器，将电刷直接画在电枢表面被它短路的元件边处，即几何中性线处。这种放置方法习惯上称为"电刷在几何中性线上"，此时电刷实际位置仍在主极中心线处。

4. 直流发电机的运行特性

（1）空载特性：当转速 n = 常数且电枢电流 I_a = 0 时，电枢电动势 E_0（等于电枢端电压 U_0）和励磁电流 I_f 之间的关系 $E_0 = f(I_f)$。空载特性实质上就是电机的磁化特性。

注意 ①不论哪种励磁方式的直流发电机，其空载特性都是在他励方式下测得的。

②由于励磁电流相同时，$E_a \propto n$，因此不同转速下的空载特性是不一样的。

（2）外特性和电压调整率

①外特性：当转速 n = 常数且励磁回路总电阻 R_f = 常数时，电枢端电压 U 和负载电流 I 之间的关系 $U = f(I)$。外特性是直流发电机最重要的一种特性。不同励磁方式的直流发电机，其外特性曲线各不相同。

②他励直流发电机的外特性是一条略微下垂的曲线，其原因是：(a) I 增大，使电枢反应去磁作用增强，故每极磁通量 Φ 和 E_a 减小；(b) I 增大，使 $I_a R_a$ 增大，U 降低。

③电压调整率：指发电机从额定负载到空载时，端电压升高的数值对额定电压的比值。

注意 并励直流发电机在电枢端电压 U 下降时，I_f 将减小（R_f = 常数时），使 E_a 和 U 进一步下降，所以，其电压调整率 ΔU 比他励直流发电机的大。

（3）调节特性：当转速 n = 常数且电枢端电压 U = 常数时，I_f 和 I 之间的关系 $I_f = f(I)$。

（4）并励直流发电机自励建压的条件：①电机有剩磁；②励磁绕组并联到电枢两端的极性正确；③励磁回路的总电阻小于发电机运行转速下的临界电阻。

8.3 典型例题解析

例 8.1 一台并励直流发电机，P_N = 82kW，U_N = 230V，n_N = 970r/min，电枢回路串联各绕组的总电阻 $R_{a\Sigma}$ = 0.026Ω，并励绕组的电阻 r_f = 22.8Ω，一对电刷上的压降 ΔU_b =

2V. 额定负载时，励磁回路串入的调节电阻 $r_j=3.5\Omega$，铁损耗和机械损耗 $p_{Fe}+p_m=2.5$kW，附加损耗 $p_a=0.005P_N$，求：

(1) 额定负载时的电磁功率、电磁转矩、输入功率和效率；

(2) 发电机转速保持不变，若负载电阻增大25%，要使电枢端电压仍为额定值，则励磁回路串入的调节电阻 r_j 应为多大（设发电机磁路线性，ΔU_b 不变）？

思路与技巧 (1) 要求电磁功率 P_M，可先求出电枢电动势 E_a 和电枢电流 I_a。而要求解 I_a，需要用到并励直流发电机的电流关系式 $I_a=I+I_f$。

(2) 由于转速 n 不变，磁路线性，因此 $E_a \propto \Phi n \propto I_f$。由于电枢端电压不变，因此根据负载电阻 R_L 的变化情况可求出负载电流 I。将这些关系和电流关系式代入电压方程式，解得 I_f 后，即可求出 r_j。

解：(1) 额定电流 $I_N=\dfrac{P_N}{U_N}=\dfrac{82\times 10^3}{230}=356.5$ （A）

额定励磁电流 $I_{fN}=\dfrac{U_N}{R_f}=\dfrac{U_N}{r_f+r_j}=\dfrac{230}{22.8+3.5}=8.745$ （A）

额定电枢电流 $I_{aN}=I_N+I_{fN}=356.5+8.745=365.25$ （A）

额定电枢电动势 $E_{aN}=U_N+I_{aN}R_{a\Sigma}+\Delta U_b=230+365.25\times 0.026+2=241.5$(V)

额定电磁功率 $P_{MN}=E_{aN}I_{aN}=241.5\times 365.25=88208$ （W）$=88.208$ （kW）

额定电磁转矩 $T_N=\dfrac{P_{MN}}{\Omega_N}=\dfrac{P_{MN}}{\dfrac{2\pi n_N}{60}}=\dfrac{88208}{\dfrac{2\pi\times 970}{60}}=868.4$ （N·m）

额定输入功率 $P_{1N}=P_{MN}+p_{Fe}+p_m+p_a=88.208+2.5+0.005\times 82=91.118$ （kW）

额定效率 $\eta_N=\dfrac{P_N}{P_{1N}}\times 100\%=\dfrac{82}{91.118}\times 100\%=89.99\%$

(2) 由于 $I=U_N/R_L$，U_N 不变，因此当负载电阻 R_L 增大25%时，输出电流 $I=0.8I_N$，
$$U_N=E_a-I_aR_{a\Sigma}-\Delta U_b=E_a-(I+I_f)R_{a\Sigma}-\Delta U_b$$
$$=\dfrac{I_f}{I_{fN}}E_{aN}-(0.8I_N+I_f)R_{a\Sigma}-\Delta U_b$$

代入已知数据，可解得 $I_f=8.676$A。则励磁回路串入的调节电阻应为
$$r_j=\dfrac{U_N}{I_f}-r_f=\dfrac{230}{8.676}-22.8=3.709\ （\Omega）$$

点评 要求解本题，需要熟练掌握并励直流发电机稳态运行时的基本方程式，如电枢回路和励磁回路的电压方程式、功率平衡关系、电磁功率公式和电流关系式等，并会灵活应用。所以本题是一道综合性较强的题目。

例8.2 一台并励直流发电机，额定电压 $U_N=230$V，额定转速 $n_N=1000$r/min，励磁绕组电阻 $r_f=56\Omega$。试验测得转速为800r/min时的空载特性如下：

I_f/A	0.5	1.0	1.5	2.0	2.5	3.0
E_0/V	72	142	156	172	184	214

试求：

(1) 发电机以额定转速空载运行时，要使端电压 $U_0=230$V，励磁回路应串入多大的调

节电阻 r_j（不计空载时电枢电流的影响）？

（2）额定转速下的临界电阻为多大？

思路与技巧 要求解（1），需用到该发电机在额定转速 1000r/min 下的空载特性，所以首先要将 800r/min 时的空载特性换算为 1000r/min 时的空载特性.

因为空载电动势 $E_0 = C_e\Phi n$，所以 $\dfrac{E_0}{E_0'} = \dfrac{C_e\Phi n}{C_e\Phi n'} = \dfrac{n}{n'}$，即 $E_0 = \dfrac{n}{n'}E_0'$. 由此可求得 1000r/min 时的空载特性.

忽略空载（负载电流 $I=0$）时电枢电流产生的电枢反应和电枢回路压降，查该空载特性，可得 $U_0=230\text{V}$ 时所需的励磁电流，进而求出励磁回路应串入的调节电阻的值.

要求解（2），需要过原点作空载特性曲线的切线，该切线的斜率即为临界电阻值.

解：（1）每极磁通量不变时，$\dfrac{E_0}{E_0'} = \dfrac{n_N}{n}$，所以 $E_0 = \dfrac{n_N}{n}E_0' = \dfrac{1000}{800}E_0' = 1.25E_0'$，可求得 1000r/min 时的空载特性如下：

I_f/A	0.5	1.0	1.5	2.0	2.5	3.0
E_0/V	90	177.5	195	215	230	267.5

从该空载特性上，可查得 $U_0=230\text{V}$ 时所需的励磁电流为 $I_{f0}=2.5\text{A}$.

励磁回路应串入的调节电阻 $r_j = \dfrac{U_0}{I_{f0}} - r_f = \dfrac{230}{2.5} - 56 = 36$（Ω）

（2）额定转速下的临界电阻 $R_{cr} = \dfrac{90}{0.5} = 180$（Ω）

提示 本题还有一种解法：

（1）发电机以额定转速空载运行时，$U_0 = 230\text{V}$，保持励磁电流不变，当转速 $n=800$ r/min 时，相应的空载端电压为 $U_0' \approx E_0' = E_0\dfrac{n}{n_N} \approx U_0\dfrac{n}{n_N} = 230 \times \dfrac{800}{1000} = 184$（V）.

由转速 $n=800$r/min 时的空载特性，可以查出当 $U_0=184\text{V}$ 时所需的励磁电流 $I_{f0}=2.5\text{A}$. 所以励磁回路应串入的调节电阻为 $r_j = \dfrac{U_0}{I_{f0}} - r_f = \dfrac{230}{2.5} - 56 = 36$（Ω）.

（2）额定转速下的临界电阻 $R_{cr} = \dfrac{72 \times \dfrac{1000}{800}}{0.5} = \dfrac{90}{0.5} = 180$（Ω）

注意 并励直流发电机的空载特性通常采用他励方法获得.

8.4 思考题及其解答

8-1 电枢反应磁动势与励磁磁动势有什么不同？

答： 电枢反应磁动势由均匀分布在电枢圆周上的电枢绕组产生，所以，电枢反应磁动势沿电枢圆周可视为按三角形波分布，其最大值与电枢电流大小成正比. 电枢反应磁动势位置由电刷位置决定. 若电刷放在几何中性线上，则电枢反应磁动势最大值的位置在交轴.

励磁磁动势由励磁绕组产生. 由于励磁绕组是一个集中绕组，所以励磁磁动势在空间不是均匀分布的，而是有突变的，其最大值位置在直轴，其大小和励磁电流大小成正比.

8-2 直流电机负载时的电枢绕组电动势与空载时的是否相同？计算电枢绕组电动势 E_a 时要用什么磁通来计算？

答：因为负载时的电枢电流产生电枢磁动势，它和空载时励磁磁动势合成，共同产生气隙磁通. 一般来说，该磁通和空载时仅由励磁磁动势产生的磁通是不一样的. 因此它们感应的电枢绕组电动势就不相同. 在空载和负载运行时，计算电枢绕组电动势中应分别使用空载和负载时的气隙磁通.

8-3 对于直流发电机，如果电刷在几何中性线上，且磁路不饱和，这时的电枢反应是什么性质的？

答：由于电刷在几何中性线上，电枢反应仅是交轴电枢反应，使半个磁极下磁动势增加，另半个磁极下磁动势减小. 由于磁路不饱和，使半个磁极下磁通密度增加，另半个磁极下磁通密度减小，且增，减幅度相同，结果使一个磁极下的磁通维持不变. 所以，电枢反应的性质是既不去磁也不增磁.

8-4 直流发电机负载工作下，将电刷顺电枢转向移动一角度后，电枢反应是什么性质？当电枢反方向转动后，负载工作下电枢反应的性质与前者有何不同？

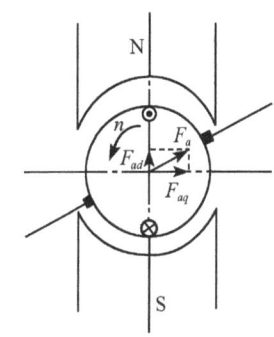

图 8-1

答：图 8-1 所示的为直流发电机将电刷顺电枢转向移动一角度的情况. 根据磁极极性和电枢转向，可用右手定则确定电枢导体中感应电动势的方向，如图所示，在 N 极下为 ⊙，即从纸面出来；在 S 极下为 ⊗，表示进纸面. 由于是发电机，因此电流方向和电动势方向相同. 根据电流方向，用右手螺旋定则可确定电枢磁动势 F_a 的方向，如图所示. 可见，现在除了交轴电枢磁动势 F_{aq} 外，还有直轴电枢磁动势 F_{ad}，其方向与主极磁场方向相反，所以直轴电枢反应的性质是去磁的.

当电枢反方向转动后，电动势和电流也就反方向，因而 F_a、F_{aq} 和 F_{ad} 也都反方向，F_{ad} 就变成增磁的.

8-5 直流电机的电磁功率指的是什么？如何说明直流发电机中由机械能到电能的转换？

答：直流电机的电磁功率指的是由电功率和机械功率相互转换的功率，所以，电磁功率 P_M 以电功率形式表示时，等于电枢电动势与电枢电流的乘积；以机械功率形式表示时，等于电磁转矩与机械角速度的乘积，即

$$P_M = E_a I_a = T\Omega$$

直流发电机的电动势 E_a 和电枢电流 I_a 方向相同，说明是发出电功率. 同时电磁转矩 T 和角速度 Ω 方向相反，说明必须输入一个和电磁转矩大小相等、方向相反的转矩才能维持发电机以角速度 Ω 稳定运行，也就是需要输入机械功率. 所以，直流发电机的电磁功率就是将机械功率转换为电功率的功率.

8-6 直流发电机的损耗包括哪几部分？哪些损耗随负载的大小而变化？哪些是不变损耗？铁损耗存在于直流电机的哪一部分？

答：主要包括铁损耗、电枢铜损耗和机械损耗. 电枢铜损耗随负载的大小变化，与电枢电流 I_a 的平方成正比. 铁损耗和机械损耗为不变损耗，即与负载电流无关. 铁损耗存在于直流电机的电枢铁心中.

8-7 为什么他励直流发电机的外特性是下垂的？

答： 这是因为：①电枢回路电阻压降随电枢电流的增大而增大，使端电压下降；②电枢反应通常起去磁作用，使气隙磁通量减少，从而减小了电枢电动势 E_a，使端电压下降．

8-8 并励直流发电机能自励的基本条件是什么？

答： 自励的基本条件有三个．①是有剩磁，若没有，需将励磁绕组通入直流电流，使磁极磁化，然后断电，则电机便有剩磁．②是励磁绕组并联到电枢两端的极性要正确，就是使由剩磁感应引起的励磁电流所产生的磁通方向和剩磁方向一致．如果不一致，就要把励磁绕组两端对换一下再接到电枢两端．③是励磁回路的总电阻必须小于该转速下的临界电阻值．空载特性气隙线的斜率等于该转速下的临界电阻值．励磁回路的总电阻必须小于该临界值，才能使励磁回路电阻特性曲线与空载特性相交以建立电压，否则就不能建立自励电压．

8-9 比较他励直流发电机和并励直流发电机短路电流的情况．

答： 他励发电机的励磁电流由其他直流电源供给，因此短路电流为他励发电机能输出的最大电流．并励发电机就不同，由于其励磁绕组并联在电枢端上，当电枢端短路即电压为零时，励磁电流也为零，因此短路电流不大，仅等于剩磁电压除以电枢回路电阻．

8-10 比较他励直流发电机和并励直流发电机电压调整率 ΔU 的大小，两者有什么不同？

答： 在他励发电机中，电枢回路电阻压降和电枢反应的去磁作用，使电枢端电压随负载电流增加而下降．在并励发电机中，除了以上两种因素使端电压下降外，还由于当端电压下降时将引起励磁电流减小，使电枢电动势进一步减小，导致电压进一步下降，电压调整率增大．所以，并励发电机的电压调整率 ΔU 比他励发电机的大．

8-11 把他励直流发电机转速升高 20%，此时空载端电压升高多少？如果是并励发电机，电压升高比前者大还是小？

答： 由于电枢电动势和转速成正比，因此，如果把他励发电机转速升高 20%，则其电枢电动势就升高 20%．而空载端电压等于电枢电动势，因此它也就升高 20%．

在并励发电机中，空载端电压也随转速的升高而升高，端电压升高引起励磁电流增大，使电枢电动势和空载端电压进一步升高．所以，并励发电机电压升高得比他励发电机的大．

8-12 一台直流发电机，在励磁电流和电枢电流不变的条件下，若转速下降，则其铜损耗、铁损耗、机械损耗、电枢电动势、电磁功率、电磁转矩、输出功率、输入功率分别如何变化？

答： 因电枢电流 I_a 和励磁电流 I_f 不变，故铜损耗 p_{Cu} 不变，电枢磁动势和励磁磁动势不变，则气隙磁通 Φ 不变．因 Φ 不变，故铁损耗 p_{Fe} 随转速 n 降低而减小．机械损耗 p_m 随 n 降低而减小．电枢电动势 $E_a = C_e \Phi n$，电磁功率 $P_M = E_a I_a$，输出功率 $P_2 = P_M - p_{Cu}$，输入功率 $P_1 = P_M + p_{Fe} + p_m$，这些量都减小；电磁转矩 $T = C_t \Phi I_a$，不变．

8.5 习题及其解

8-1 已知一台并励直流发电机，额定功率 $P_N = 10 \text{kW}$，额定电压 $U_N = 230 \text{V}$，额定转速 $n_N = 1450 \text{r/min}$，电枢回路绕组总电阻 $R_{a\Sigma} = 0.486 \Omega$，励磁绕组电阻 $R_f = 215 \Omega$，一对电刷上压降为 2V．额定负载时的电枢铁损耗 $p_{Fe} = 442 \text{W}$，机械损耗 $p_m = 104 \text{W}$．求：

（1）额定负载时的电磁功率和电磁转矩；

（2）额定负载时的效率．

解：(1) 额定负载时电磁功率 $P_M = E_{aN} I_{aN}$

$$I_{aN} = I_N + I_f = \frac{P_N}{U_N} + \frac{U_N}{R_f} = \frac{10 \times 10^3}{230} + \frac{230}{215} = 44.55(\text{A})$$

$$E_{aN} = U_N + I_{aN} R_a + 2 = 230 + 44.55 \times 0.486 + 2 = 253.7(\text{V})$$

所以
$$P_M = E_{aN} I_{aN} = 253.7 \times 44.55 = 11.3(\text{kW})$$

电磁转矩为
$$T_N = \frac{P_M}{\Omega_N} = \frac{60}{2\pi} \frac{P_M}{n_N} = \frac{60}{2\pi} \frac{11300}{1450} = 74.4(\text{N} \cdot \text{m})$$

(2) 额定负载时的效率为
$$\eta_N = \frac{P_N}{P_1}$$

$$P_1 = P_M + p_{Fe} + p_m = 11300 + 442 + 104 = 11.846(\text{kW})$$

所以
$$\eta_N = \frac{P_N}{P_1} = \frac{10}{11.846} = 84.4\%$$

8-2 一台他励直流发电机，额定转速 $n_N = 1000\text{r/min}$，额定电压 $U_N = 230\text{V}$，额定电枢电流 $I_{aN} = 10\text{A}$，励磁电流 $I_f = 3\text{A}$，电枢电阻（包括电刷接触电阻）为 1Ω，励磁绕组电阻 $R_f = 50\Omega$，转速为 750r/min 时的空载特性如下表：

I_f/A	0.4	1.0	1.6	2.0	2.5	2.6	3.0	3.6	4.4
E_0/V	33	78	120	150	176	180	194	206	225

当该发电机工作在额定转速时，求：
(1) 空载端电压的大小；
(2) 满载时的感应电动势；
(3) 若将此电机改为并励发电机，则额定负载时励磁回路应串入多大的电阻？
(4) 若整个电机的励磁绕组共有 850 匝，则满载时电枢反应的去磁磁动势为多少？

解：(1) 空载端电压 $U_0 = E_0$，从 $n = 750\text{r/min}$ 时的空载特性可查出 $I_f = 3\text{A}$ 时的空载电动势 $E'_0 = 194\text{V}$。

因电动势和转速成正比，故可得额定转速 $n_N = 1000\text{r/min}$ 时的空载电动势为

$$E_0 = \frac{n_N}{n} E'_0 = \frac{1000}{750} \times 194 = 258.7(\text{V})$$

所以
$$U_0 = E_0 = 258.7(\text{V})$$

(2) 满载时的感应电动势为
$$E_{aN} = U_N + I_{aN} R_a = 230 + 10 \times 1 = 240(\text{V})$$

(3) 改为并励发电机，励磁回路应串入电阻 R_s：
$$R_s + R_f = \frac{U_N}{I_f} = \frac{230}{3}$$

所以

$$R_s = \frac{230}{3} - R_f = 26.7(\Omega)$$

(4) 已知额定转速时满载感应电动势 $E_{aN}=240\text{V}$，换算到 $n=750\text{r/min}$ 时的电动势为 $E'_{aN}=E_{aN}\frac{n}{n_N}=180\text{V}$，由 E'_{aN} 从空载特性上可查得所需励磁电流为 $I_{f0}=2.6\text{A}$。因此电枢反应的去磁电流为 $I_f-I_{f0}=3-2.6=0.4\text{A}$，电枢反应的去磁磁动势为 $0.4\times850=340\text{A}$。

8-3 如果把上题直流电机额定负载时的端电压提高到240V，用增加转速的办法，问转速应增加到多少？这种情况下的空载端电压为多少？

解： 当端电压提高到 $U'_N=240\text{V}$ 时，满载电动势为

$$E'_{aN}=U'_N+I_{aN}R_a=240+10\times1=250(\text{V})$$

电动势和转速成正比：

$$\frac{E'_{aN}}{E_{aN}}=\frac{n'_N}{n_N}$$

$$n'_N=\frac{E'_{aN}}{E_{aN}}n_N=\frac{250}{240}\times1000=1042(\text{r/min})$$

这种情况下空载端电压为

$$U'_0=U_0\frac{n'_N}{n_N}=258.7\times\frac{1042}{1000}=270(\text{V})$$

8-4 一台他励直流发电机，额定值为：$P_N=20\text{kW}$, $U_N=220\text{V}$, $n_N=1500\text{r/min}$, $R_a=0.2\Omega$。由一台柴油机作原动机。励磁电流不变，忽略电枢反应。如果柴油机在直流发电机由满载到空载时转速上升5%。求空载时直流发电机的端电压 U_0。

解：

$$I_{aN}=\frac{P_N}{U_N}=\frac{20\times10^3}{220}=90.9(\text{A})$$

$$E_{aN}=U_N+I_{aN}R_a=220+90.9\times0.2=238(\text{V})$$

励磁电流不变，忽略电枢反应，有

$$U_0=E_0=E_{aN}=238\text{V}$$

因电动势与转速成正比，当转速上升5%时，

$$U'_0=1.05U_0=1.05\times238=250(\text{V})$$

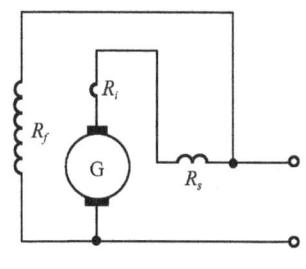

图 8-2

8-5 一台复励直流发电机，如图8-2所示，它的数据为：$P_N=6\text{kW}$, $U_N=230\text{V}$, $n_N=1450\text{r/min}$，电枢绕组电阻为 0.57Ω，换向极绕组电阻为 0.255Ω，串励绕组电阻为 0.076Ω（它们都是串联），一对电刷上压降为2V，并励绕组回路电阻为 177Ω，额定负载时电枢铁损耗 $p_{Fe}=234\text{W}$，机械损耗 $p_m=61\text{W}$。求：

(1) 额定负载时的电磁功率和电磁转矩；
(2) 额定负载时的效率。

解： (1)

$$I_N=\frac{P_N}{U_N}=\frac{6000}{230}=26.1(\text{A})$$

$$I_f=\frac{U_N}{R_f}=\frac{230}{177}=1.3(\text{A})$$

$$I_{aN}=I_N+I_f=26.1+1.3=27.4(\text{A})$$

$$E_{aN} = U_N + I_{aN}\sum R_a + \Delta U$$
$$= 230 + 27.4 \times (0.57 + 0.255 + 0.076) + 2 = 256.7(\text{V})$$
$$P_M = E_{aN}I_{aN} = 256.7 \times 27.4 = 7.03(\text{kW})$$
$$T_N = \frac{P_M}{\Omega_N} = 9550\frac{P_M}{n_N} = 9550 \times \frac{7.03}{1450} = 46.3(\text{N} \cdot \text{m})$$

(2) $$P_1 = P_M + p_{\text{Fe}} + p_m$$
$$= 7.03 + 0.234 + 0.061 = 7.325(\text{kW})$$
$$\eta_N = \frac{P_N}{P_1} = \frac{6}{7.325} = 81.9\%$$

8-6 设有一台并励直流发电机，当转速为1450r/min时，测得的空载特性如下：

I_f/A	0.64	0.89	1.38	1.5	1.73	1.82	2.07	2.75
E_0/V	101.5	145.0	217.5	230.0	249.4	253.0	263.9	284.2

电枢回路总电阻（包括电刷接触电阻）$R_a = 0.568\Omega$，额定电枢电流为40.5A，当额定负载时电枢反应的去磁效应相当于并励绕组励磁电流的0.05A。求该电机在额定转速为1450r/min、额定电压为230V时，并励回路的电阻是多少？

解：额定运行情况下的电枢感应电动势为
$$E_{aN} = U_N + I_{aN}R_a = 230 + 40.5 \times 0.568 = 253(\text{V})$$

由空载特性曲线表格中求出，当$E_{aN} = 253$V时，$I_{f0} = 1.82$A。

题目中给出，当额定负载时，电枢反应的去磁效应相当于并励绕组励磁电流的0.05A。因此，实际的励磁电流是
$$I_{fN} = I_{f0} + 0.05 = 1.82 + 0.05 = 1.87(\text{A})$$

最后得到励磁绕组回路的总电阻为
$$R_f = \frac{U_N}{I_{fN}} = \frac{230}{1.87} = 123(\Omega)$$

8-7 一台他励直流发电机的额定数据为：$P_N = 6$kW，$U_N = 230$V，$n_N = 1450$r/min，电枢回路总电阻$R_a = 0.61\Omega$，铁损耗和机械损耗$p_{\text{Fe}} + p_m = 295$W，附加损耗$p_a = 60$W。试求额定负载下的电磁功率、电磁转矩及效率。

解：电机额定电流，即额定电枢电流为
$$I_{aN} = I_N = \frac{P_N}{U_N} = \frac{6 \times 10^3}{230} = 26.09(\text{A})$$

额定负载时的电枢电动势为
$$E_{aN} = U_N + I_{aN}R_a = 230 + 26.09 \times 0.61 = 245.9(\text{V})$$

额定负载时的电磁功率为
$$P_M = E_{aN}I_{aN} = 245.9 \times 26.09 = 6416(\text{W})$$

电磁转矩为
$$T = \frac{P_M}{\Omega_N} = \frac{P_M}{2\pi n_N/60} = \frac{6416 \times 60}{2\pi \times 1450} = 42.25(\text{N} \cdot \text{m})$$

铜损耗为
$$p_{\text{Cu}} = I_{aN}^2 R_a = 26.09^2 \times 0.61 = 415.2(\text{W})$$

总损耗为
$$\sum p = p_{Cu} + p_{Fe} + p_m + p_a$$
$$= 415.2 + 295 + 60 = 770.2(\text{W})$$

效率为
$$\eta = 1 - \frac{\sum p}{P_2 + \sum p} = 1 - \frac{\sum p}{P_N + \sum p}$$
$$= 1 - \frac{770.2}{6000 + 770.2} = 88.6\%$$

第九章 直流电动机

9.1 学习目标

本章介绍直流电动机的运行原理、工作特性、机械特性以及启动、调速和电磁制动. 本章也是直流电机的重点内容.

基本要求:
(1) 了解直流电机的可逆原理,掌握直流电机运行状态的判断方法.
(2) 掌握直流电动机的基本方程式,能熟练运用基本方程式进行计算.
(3) 了解直流电动机的工作特性.
(4) 掌握直流电动机的机械特性.
(5) 掌握直流电动机的启动、调速和电磁制动.

本章的重点是直流电动机的基本方程式、机械特性和调速.

9.2 基本知识点

1. 直流电机的可逆原理

(1) 电机的可逆原理:一台旋转电机在不同的外部条件下,既可以作为发电机运行,又可以作为电动机运行,这称为电机运行的可逆原理.

(2) 直流电机运行状态的判据:当 $E_a > U$ 时,为发电机;当 $E_a < U$ 时,为电动机.

2. 直流电动机的励磁方式

直流电动机的励磁方式分为他励、并励、串励和复励. 他励直流电动机:I_a 与 I_f 无关;并励直流电动机:$I = I_a + I_f$;串励直流电动机:$I = I_a = I_f$.

3. 直流电动机稳态运行时的基本方程式

(1) 电压方程式

电枢回路: $U = E_a + I_a R_a$

励磁回路: $U_f = I_f R_f$

(2) 转矩平衡方程式: $T = T_2 + T_0 = T_L$

式中,T、T_0 分别为电动机的电磁转矩、空载转矩;T_2 为机械负载转矩;T_L 为总负载转矩.

(3) 功率平衡关系式: $P_1 = P_M + p_{Cu}$ ($+ p_f$,并励时),$P_M = P_2 + p_0 = P_2 + p_m + p_{Fe} + p_a$

注意 直流电动机和直流发电机的能量转换和传递过程是相反的,P_1 和 P_M、P_M 和 P_2 之间的关系各不相同. 直流电动机的电磁功率 P_M 是电功率转换成的机械功率.

4. 他励/并励直流电动机的工作特性

是指当电枢端电压 $U = U_N$、励磁电流 $I_f = I_{fN}$ 时,电动机的转速 n、电磁转矩 T、效率

η 与电枢电流 I_a（或输出功率 P_2）的关系．常用 n、T、$\eta = f(I_a)$ 表示．

（1）转速特性 $n = f(I_a)$：考虑电枢反应的去磁作用，$n = f(I_a)$ 是一条略为下倾的曲线．

（2）转矩特性 $T = f(I_a)$：考虑电枢反应的去磁作用，$T = f(I_a)$ 比过原点的直线略向右偏．

（3）效率特性 $\eta = f(I_a)$：当可变损耗与不变损耗相等时，效率 η 达到最大值．

5. 直流电动机的机械特性

（1）他励/并励直流电动机的机械特性
①定义：当电枢端电压 U 和励磁电流 I_f 一定时，转速 n 与电磁转矩 T 的关系 $n = f(T)$．
②机械特性表达式：$n = \dfrac{U}{C_e \Phi} - \dfrac{R_a + R_s}{C_e C_t \Phi^2} T = n_0' - \alpha T$（$R_s$ 为电枢回路串接的电阻）．其中，$n_0' = \dfrac{U}{C_e \Phi}$ 为理想空载转速；$\alpha = \dfrac{R_a + R_s}{C_e C_t \Phi^2}$ 为机械特性的斜率．
③固有机械特性：是指 $U = U_N$，$I_f = I_{fN}$，电枢回路不串任何电阻（$R_s = 0$）时的机械特性．该特性是一条略向下倾斜的直线，即转矩 T 变化时转速 n 变化很小，为硬特性．
④人为机械特性：人为地改变电动机的电枢端电压 U、气隙磁通 Φ 或在电枢回路中串接电阻 R_s，所得到的机械特性称为人为机械特性．

（2）串励直流电动机的固有机械特性：是指串励直流电动机的电枢端电压 $U = U_N$，电枢回路不串接任何电阻时的机械特性 $n = f(T)$．它是一条非线性的软特性．

注意 串励直流电动机不允许空载或轻载运行，否则会造成飞车，损坏电动机．

（3）复励直流电动机的机械特性：复励直流电动机既有并励绕组又有串励绕组，其机械特性介于并励直流电动机和串励直流电动机之间．

6. 电动机稳定运行的条件

（1）电动机的机械特性与负载的机械特性有交点．

（2）在该交点处，满足 $\dfrac{\mathrm{d}T}{\mathrm{d}n} < \dfrac{\mathrm{d}T_L}{\mathrm{d}n}$．

7. 直流电动机的启动方法

（1）直接启动：直接将电动机接到额定电压的电源上进行启动．该方法最初启动电流很大，故只适用于容量很小的直流电动机．

（2）电枢串电阻启动：是指在电枢回路中串入启动电阻以限制启动电流的启动方法．该方法启动过程中的电能损耗较大，很不经济，故只适用于中、小型直流电动机．

（3）降压启动：是指降低电枢端电压来限制启动电流的启动方法．该方法虽然需要专用的直流调压电源，设备投资较大，但是启动平稳，启动过程中的能量损耗小．

注意 他励或并励直流电动机启动时，为产生较大的启动转矩，应不降低励磁绕组端电压，励磁回路中串联的电阻也应调至最小．

8. 直流电动机的调速

调速的实质是通过改变电动机的机械特性，使其与负载机械特性的交点发生变化，从而使电动机在同一负载下获得不同的转速.

(1) 他励直流电动机的调速方法

①改变电枢回路里的串联电阻 R_s 调速：保持电枢端电压 U 和磁通 Φ 不变，在电枢回路中串入附加电阻 R_s 调速. 当负载转矩不变时，串入的电阻 R_s 越大，转速 n 越低.

②改变气隙磁通 Φ 调速：保持 U 和电枢回路电阻一定，仅改变磁通 Φ 来调速. 通常是使 Φ 小于其额定值，故也称弱磁调速. 当负载转矩不变时，Φ 越小，n 越高.

③改变电枢端电压 U 调速：保持气隙磁通 Φ 和电枢回路电阻 R_a 不变，仅改变电枢端电压 U 来调速. 通常是使 $U<U_N$. 当负载转矩不变时，电枢端电压 U 越小，转速 n 越低.

(2) 他励直流电动机调速的分析与计算

对直流电动机调速问题进行分析与计算，仍要以其基本方程式为依据. 当电动机拖动恒转矩负载运行时，根据公式 $T=C_t\Phi I_a$ 和转矩平衡方程式 $T=T_L$，可知调速前后稳态运行时有 $\Phi_N I_{aN}=\Phi I_a$，因此根据磁通 Φ 的变化情况可确定稳态电枢电流 I_a. 然后利用方程式 $E_a=U-I_a R_a$，求出电枢电动势 E_a，再利用公式 $E_a=C_e\Phi n$ 求出调速后的稳态转速 n.

9. 直流电动机的电磁制动

(1) 电磁制动：是指使电动机产生与其转向相反的电磁转矩，使电动机尽快停转，或者限制机组的转速.

(2) 直流电动机的电磁制动方法

①回馈制动：适用于机组减速或限速的场合. 降低电枢端电压 U（调压调速中）或在外力作用下转速 n 升高（电力机车下坡时），使 $U<E_a$ 时，I_a 和 T 均反向，电机进入发电状态，T 起制动作用，使 n 降低或限制 n 上升，并将动能转换为电能回馈给电网.

②能耗制动：常用于使他励直流电动机快速停车或下放重物. 保持励磁电流 I_f 的大小及方向不变，使电枢脱离电网而经制动电阻 R_L 闭合. 则 I_a 和 T 均变负，T 起制动作用，使机组减速，直至停转. 制动时，机组的动能转变成电能，消耗在电枢回路总电阻上.

③反接制动：用于使电机快速停车（反抗性负载）或限速反转（位能性负载）.

快速停车：保持他励直流电动机励磁电流 I_f 的大小及方向不变，将电枢电源反接，并串入制动电阻 R_L. 则 I_a 和 T 均变负，T 起制动作用，使电机转速迅速下降.

限速反转：他励直流电动机下放重物时，在电枢回路串入足够大的电阻 R_s，使电动机人为机械特性与恒转矩负载机械特性的交点在第四象限，此时 I_a 和 T 方向未变，但 n 反向，T 起制动作用，限制重物的下放速度.

在反接制动中，电动机从电网吸取电能，同时将机组的动能或位能转换成电能；这些电能全部消耗在电枢回路总电阻上.

9.3 典型例题解析

例 9.1 一台并励直流电动机，额定功率 $P_N=40\text{kW}$，额定电压 $U_N=220\text{V}$，额定电枢电流 $I_{aN}=210\text{A}$，额定转速 $n_N=1200\text{r/min}$，电枢回路总电阻 $R_a=0.08\Omega$，励磁回路总电阻 $R_f=30\Omega$，附加损耗 $p_a=0.01P_N$，试求：

(1) 额定运行时电动机的输入功率 P_1 和总损耗 $\sum p$；

(2) 额定运行时电动机的电枢铜损耗 p_{Cu}、励磁铜损耗 p_f、电磁功率 P_M、铁损耗与机械损耗之和 $p_{Fe}+p_m$；

(3) 额定运行时的电磁转矩 T_N、输出转矩 T_2 和空载转矩 T_0；

(4) 电动机的理想空载转速 n_0' 和机械特性的斜率 α.

思路与技巧 求解本题，需应用并励直流电动机的功率关系式、转矩平衡方程式、电压方程式等. 注意并励直流电动机的输入电流 $I=I_a+I_f$.

解：(1) 电动机的额定励磁电流 $I_{fN}=\dfrac{U_N}{R_f}=\dfrac{220}{30}=7.333$ (A)

额定电流 $I_N=I_{aN}+I_{fN}=210+7.333=217.33$ (A)

输入功率 $P_1=U_N I_N=220\times 217.33=47813$ (W) $=47.813$ (kW)

总损耗 $\sum p=P_1-P_N=47813-40000=7813$ (W)

(2) 额定运行时的电枢铜损耗 $p_{Cu}=I_{aN}^2 R_a=210^2\times 0.08=3528$ (W)

励磁铜损耗 $p_f=I_{fN}^2 R_f=7.333^2\times 30=1613$ (W)

电磁功率 $P_M=P_1-p_{Cu}-p_f=47813-3528-1613=42672$ (W)

或

额定电枢电动势 $E_{aN}=U_N-I_{aN}R_a=220-210\times 0.08=203.2$ (V)

电磁功率 $P_M=E_{aN}I_{aN}=203.2\times 210=42672$ (W)

铁耗与机械耗之和 $p_{Fe}+p_m=P_M-P_N-p_a=42672-40000-0.01\times 40000=2272$ (W)

(3) 额定运行时的电磁转矩 $T_N=\dfrac{P_M}{\Omega_N}=\dfrac{P_M}{\frac{2\pi n_N}{60}}=\dfrac{42672}{\frac{2\pi\times 1200}{60}}=339.6$ (N·m)

输出转矩 $T_2=\dfrac{P_N}{\Omega_N}=\dfrac{P_N}{\frac{2\pi n_N}{60}}=\dfrac{40000}{\frac{2\pi\times 1200}{60}}=318.3$ (N·m)

空载转矩 $T_0=T_N-T_2=339.6-318.3=21.3$ (N·m)

(4) $C_e\Phi_N=\dfrac{E_{aN}}{n_N}=\dfrac{203.2}{1200}=0.16933$

理想空载转速 $n_0'=\dfrac{U_N}{C_e\Phi_N}=\dfrac{220}{0.16933}=1299$ (r/min)

机械特性的斜率 $\alpha=\dfrac{R_a}{C_e C_t \Phi_N^2}=\dfrac{R_a}{9.55(C_e\Phi_N)^2}=\dfrac{0.08}{9.55\times 0.16933^2}=0.2916$

提示 本题(3)还有一种解法.

$$C_e\Phi_N=\dfrac{E_{aN}}{n_N}=\dfrac{203.2}{1200}=0.16933$$

额定电磁转矩 $T_N=C_t\Phi_N I_{aN}=9.55 C_e\Phi_N I_{aN}=9.55\times 0.16933\times 210=339.6$ (N·m)

空载转矩 $T_0=\dfrac{p_0}{\Omega_N}=\dfrac{p_{Fe}+p_m+p_a}{\frac{2\pi n_N}{60}}=\dfrac{2272+400}{\frac{2\pi\times 1200}{60}}=21.3$ (N·m)

输出转矩 $T_2=T_N-T_0=339.6-21.3=318.3$ (N·m)

例 9.2 一台并励直流电动机，$P_N=10\text{kW}$，$U_N=220\text{V}$，$n_N=900\text{r/min}$，$\eta_N=87\%$，

电枢回路总电阻 $R_a=0.32\Omega$,励磁回路总电阻 $R_f=130\Omega$. 当电动机带额定负载运行时,突然将电源电压降为200V,不计励磁回路的电感和电枢反应,求:

(1) 电源电压降低瞬间的电枢电流、电枢电动势、电磁转矩;
(2) 达到稳态时的转速(假设磁路线性,设负载转矩和空载转矩保持不变).

思路与技巧 并励直流电动机降低电源电压 U 调速时,励磁电流 I_f 与电源电压 U 成正比例地下降. 假设磁路线性,则在降低电源电压的瞬间,每极磁通量 Φ 与励磁电流 I_f 成正比例地下降,由于转速 n 不能突变,所以电枢电动势 E_a 随 Φ 的下降而下降.

由于负载转矩和空载转矩保持不变,因此,调速前后稳态运行时,电磁转矩 $T=T_2+T_0=C_t\Phi I_a$ 保持不变,由此可知,U 降低后,稳态电枢电流 I_a 与 Φ 成反比例地增大. 求出 I_a 后,根据 $E_a=U-I_aR_a$,可求出电源电压降低后的稳态电枢电动势 E_a,再根据 $E_a=C_e\Phi n$,可求出稳态转速.

解:(1) 额定励磁电流 $\quad I_{fN}=\dfrac{U_N}{R_f}=\dfrac{220}{130}=1.692$ (A)

额定电流 $\quad I_N=\dfrac{P_N}{U_N\eta_N}=\dfrac{10\times 10^3}{220\times 0.87}=52.25$ (A)

额定电枢电流 $\quad I_{aN}=I_N-I_{fN}=52.25-1.692=50.56$ (A)

额定电枢电动势 $\quad E_{aN}=U_N-I_{aN}R_a=220-50.56\times 0.32=203.8$ (V)

在电源电压突然降低的瞬间,转速不能突变,而磁路线性,主磁通随励磁电流减小而减小,所以此时电枢电动势为

$$E_a'=E_{aN}\dfrac{\Phi}{\Phi_N}=E_{aN}\dfrac{I_f}{I_{fN}}=E_{aN}\dfrac{U}{U_N}=203.8\times\dfrac{200}{220}=185.3 \text{ (V)}$$

该瞬间的电枢电流 $\quad I_a'=\dfrac{U-E_a'}{R_a}=\dfrac{200-185.3}{0.32}=45.94$ (A)

电磁转矩 $\quad T'=9.55\dfrac{E_a'I_a'}{n_N}=9.55\times\dfrac{185.3\times 45.94}{900}=90.33$ (N·m)

(2) 由于负载转矩和空载转矩保持不变,稳态时有 $T=C_t\Phi_N I_{aN}=C_t\Phi I_a$,所以降低电源电压后的稳态电枢电流为

$$I_a=I_{aN}\dfrac{\Phi_N}{\Phi}=50.56\times\dfrac{220}{200}=55.62 \text{ (A)}$$

稳态电枢电动势 $\quad E_a=U-I_aR_a=200-55.62\times 0.32=182.2$ (V)

稳态转速 $\quad n=\dfrac{E_a}{E_{aN}}\dfrac{\Phi_N}{\Phi}n_N=\dfrac{182.2}{203.8}\times\dfrac{220}{200}\times 900=885$ (r/min)

9.4 思考题及其解答

9-1 一台并联在电网上的直流发电机,怎样能使它运行于电动机状态?

答:只要使原动机输入转矩 $T_1=0$,电机转速就下降,电动势 $E_a=C_e\Phi n$ 也随之下降. 当电动势小于端电压即 $E_a<U$,直流电机就成为电动机运行状态了.

9-2 若不考虑电枢反应的影响,他励直流电动机的机械特性为什么是下垂的?若电枢反应的去磁作用很明显,则对机械特性有什么影响?

答：机械特性下垂是由电枢回路电阻压降引起的．若电枢回路电阻为零，则机械特性就不下垂，为一水平线．若电枢反应的去磁作用很明显，则机械特性将会上翘．

9-3 直流电动机带恒转矩负载运行，如果增加它的励磁电流，说明以下各量的变化趋势：T，E_a，I_a 和 n．

答：当增加励磁电流时，主磁通增加，E_a 增加，$I_a = \dfrac{U - E_a}{R_a}$ 就减小，一般情况电磁转矩 $T = C_t \Phi I_a$ 要减小．但负载转矩为恒转矩，因此电磁转矩小于负载转矩，使转速下降，E_a 也下降，则 I_a 增加，T 增加．最后 T 等于恒定负载转矩时转速才稳定．由于 T 不变，而磁通增加，因此，与原来稳态时相比，I_a 减小，E_a 增大，n 减小．

9-4 一台并励直流电动机在正转时有一定转速，现欲改变其旋转方向，为此停车后改变其励磁电流方向或电枢电流方向均可．但重新启动后发现该电机在同样情况下的转速与原来的不一样了，问可能是什么原因的？

答：可能原因是电刷不在几何中性线上．由于电刷不在几何中性线上，电枢反应除了交轴电枢反应外还有直轴电枢反应．而直轴电枢反应在正转和反转时其效果正好相反，若正转时为增磁，则反转时必为去磁，因此在同样情况下使电动机的正、反转转速不同．

9-5 要改变下列电动机的转向时，应采取什么措施？
（1）串励直流电动机；（2）并励直流电动机；（3）复励直流电动机．

答：（1）对串励直流电动机，应改变其电枢电流方向或励磁电流方向．注意只能改变其中之一的方向，若两者都变等于没变．

（2）并励直流电动机和串励直流电动机一样，应改变其电枢电流方向或改变其励磁电流方向．

（3）复励直流电动机同样地应改变其电枢电流方向或改变其励磁电流方向．励磁电流应包括串励的和并励的，必须同时改变．

9-6 并励直流电动机空载运行，如果励磁回路突然断开，说明以下各量将如何变化：Φ，E_a，I_a 和 n．

答：励磁回路断开后，磁通将从正常磁通减小到励磁电流为零时的剩磁磁通，电枢电动势将从接近端电压值下降到由剩磁产生的很小的值，电枢电流将从空载电流值上升到非常大的值．因而电磁转矩增大，使电机加速，电机转速要超过其正常值，最后会使电机在电气绝缘和机械强度等方面遭到损坏．因此，应采取措施防止励磁回路突然断开，即防止失磁现象的发生．

9-7 启动直流电动机时，为什么必须在电枢回路中串电阻或降低电源电压？

答：开始启动时转速为零，感应电动势也为零，启动电流为端电压除以电枢回路总电阻 R_a，即 $I_a = U/R_a$．一般直流电动机 R_a 很小，因此在额定电压下的启动电流很大，约为额定电流的几十倍．这样大的电流会使换向困难，产生强烈火花或环火，或使电流保护装置跳闸，所以必须在电枢回路中串电阻或降低电源电压以减小启动电流，一般将启动电流限制在两倍的额定电流以内．

9-8 并联于电网上运行的直流电机，电枢电压为 U，电枢电流为 I_a，电磁转矩为 T，转速为 n．按照电动机惯例，怎样判断它运行在发电机状态还是电动机状态？若按照发电机惯例，又如何判断？

答：按电动机惯例，$UI > 0$，$T\Omega > 0$ 时为电动机状态；$UI < 0$，$T\Omega < 0$ 时为发电机状

态. 若按照发电机惯例,则 $UI>0$,$T\Omega>0$ 时为发电机状态;$UI<0$,$T\Omega<0$ 时为电动机状态.

9-9 将一台额定功率为 30kW 的直流发电机改为电动机运行,则其额定功率将大于、等于还是小于 30kW?反过来,将一台额定功率为 30kW 的直流电动机改为发电机运行,其额定功率的情况又如何?

答:将额定功率为 30kW 的直流发电机改为电动机运行时,在电枢电流不超过其额定值的条件下,其额定功率(机械功率)将小于 30kW. 反之,将额定功率为 30kW 的直流电动机改为发电机运行时,其额定功率(电功率)将大于 30kW.

9.5 习题及其解

9-1 已知并励直流发电机数据为额定电压 $U_N=230\text{V}$,额定电枢电流 $I_{aN}=15.7\text{A}$,额定转速 $n_N=2000\text{r/min}$,电枢回路总电阻 $R_a=1\Omega$(包括电刷的接触电阻),励磁回路电阻 $R_f=610\Omega$. 已知电刷在几何中性线上,不考虑磁路饱和的影响. 今将其改为电动机运行,并联于 220V 电网,当电枢电流与发电机额定电枢电流相同时,求电动机的转速.

解:电动机的电动势为
$$E_{aM}=U-I_{aN}R_a=220-15.7\times1=204.3(\text{V})$$
发电机的电动势
$$E_{aNG}=U_N+I_{aN}R_a=230+15.7\times1=245.7(\text{V})$$
电动机的转速为
$$n=\frac{E_{aM}}{C_e\Phi_M}$$
发电机的转速为
$$n_N=\frac{E_{aNG}}{C_e\Phi_G}$$
$$\frac{n}{n_N}=\frac{E_{aM}}{E_{aNG}}\frac{\Phi_G}{\Phi_M}$$
不考虑磁路饱和的影响时,发电机与电动机的气隙磁通之比为
$$\frac{\Phi_G}{\Phi_M}=\frac{I_{fG}}{I_{fM}}=\frac{U_{fG}}{U_{fM}}=\frac{230}{220}$$
则
$$n=n_N\frac{E_{aM}}{E_{aNG}}\frac{\Phi_G}{\Phi_M}=2000\times\frac{204.3}{245.7}\times\frac{230}{220}=1739(\text{r/min})$$

9-2 一台并励直流电动机,额定电压 $U_N=220\text{V}$,电枢电流 $I_{aN}=75\text{A}$,额定转速 $n_N=1000\text{r/min}$,电枢回路总电阻 $R_a=0.26\Omega$(包括电刷的接触电阻),励磁回路总电阻 $R_f=91\Omega$,铁损耗 $p_{\text{Fe}}=600\text{W}$,机械损耗 $p_m=198\text{W}$,求:

(1)电动机额定负载运行时输出转矩 T_2;

(2)电动机额定负载时的效率 η.

解:(1)额定负载运行时的电枢电动势为

$$E_{aN} = U_N - I_{aN}R_a = 220 - 75 \times 0.26 = 200.5(\text{V})$$

电磁功率

$$P_M = E_{aN}I_{aN} = 200.5 \times 75 = 15037.5(\text{W})$$

额定负载运行时的输出功率

$$P_2 = P_M - p_{Fe} - p_m = 15037.6 - 600 - 198 = 14239.5(\text{W})$$

$$T_2 = 9.55 \frac{P_2}{n_N} = 9.55 \times \frac{14239.5}{1000} = 136(\text{N} \cdot \text{m})$$

（2）励磁电流为

$$I_f = \frac{U_N}{R_f} = \frac{220}{91} = 2.42(\text{A})$$

电动机输入电流为

$$I_N = I_{aN} + I_f = 75 + 2.4 = 77.4(\text{A})$$

输入功率

$$P_1 = U_N I_N = 220 \times 77.4 = 17028(\text{W})$$

$$\eta = \frac{P_2}{P_1} = \frac{14239.5}{17028} = 83.6\%$$

9-3 他励直流电动机的铭牌数据：$P_N = 1.75\text{kW}$，$U_N = 110\text{V}$，$I_{aN} = 20.1\text{A}$，$n_N = 1450\text{r/min}$，试计算：

（1）固有机械特性；

（2）50%额定负载时的转速；

（3）转速为1500r/min时的电枢电流。

解：（1）为了计算固有机械特性，必须要确定电枢回路总电阻 R_a。现只能用经验公式估算，即根据电枢铜损耗为电机总损耗的 $\frac{1}{2} \sim \frac{2}{3}$，可得

$$R_a = \left(\frac{1}{2} \sim \frac{2}{3}\right)\frac{U_N I_{aN} - P_N}{I_{aN}^2}$$

$$\approx 0.58 \times \frac{110 \times 20.1 - 1750}{20.1^2} = 0.66(\Omega)$$

$$E_{aN} = U_N - I_{aN}R_a = 110 - 20.1 \times 0.66 = 96.7(\text{V})$$

理想空载转速

$$n_0' = n_N \frac{U_N}{E_{aN}} = 1450 \times \frac{110}{96.7} = 1649(\text{r/min})$$

固有机械特性上的另一点为额定点，在额定转速 n_N 时的电磁转矩为

$$T_N = 9.55 \frac{E_{aN}I_{aN}}{n_N} = 9.55 \times \frac{96.7 \times 20.1}{1450} = 12.8(\text{N} \cdot \text{m})$$

（2）50%额定负载时的转速 n，可由两种方法求得：

解法一

$$n = \frac{n_0' + n_N}{2} = \frac{1649 + 1450}{2} = 1550(\text{r/min})$$

解法二

$$E_a = U_N - \frac{1}{2}I_{aN}R_a = 110 - \frac{1}{2} \times 20.1 \times 0.66 = 103.4(\text{V})$$

$$n = n_N \frac{E_a}{E_{aN}} = 1450 \times \frac{103.4}{96.7} = 1550(\text{r/min})$$

(3) 转速 $n' = 1500\text{r/min}$ 时电动势为

$$E'_a = E_{aN} \frac{n'}{n_N} = 96.7 \times \frac{1500}{1450} = 100(\text{V})$$

电枢电流

$$I'_a = \frac{U_N - E'_a}{R_a} = \frac{110 - 100}{0.66} = 15.2(\text{A})$$

9-4 一台并励直流电机并联于 220V 直流电网运行，已知电机支路对数 $a=1$，极对数 $p=2$，电机总导体数 $z=372$，额定转速 $n_N=1500\text{r/min}$，每极磁通 $\Phi=1.1\times 10^{-2}\text{Wb}$，电枢回路总电阻 $R_a=0.2\Omega$，励磁回路总电阻 $R_f=120\Omega$，铁损耗 $p_{\text{Fe}}=362\text{W}$，机械损耗 $p_m=204\text{W}$，试求：

(1) 此直流电机运行于发电机状态还是电动机状态？
(2) 电机的电磁转矩 T；
(3) 输入功率和电机的效率．

解： (1) $E_a = \dfrac{pz}{60a}\Phi n = \dfrac{2 \times 372}{60 \times 1} \times 1.1 \times 10^{-2} \times 1500 = 204.6(\text{V})$

因 $E_a < U$，所以为电动机运行状态．

(2)
$$I_a = \frac{U - E_a}{R_a} = \frac{220 - 204.6}{0.2} = 77(\text{A})$$

$$T = 9.55\frac{E_a I_a}{n} = 9.55 \times \frac{204.6 \times 77}{1500} = 100.3(\text{N}\cdot\text{m})$$

(3)
$$I_f = \frac{U}{R_f} = \frac{220}{120} = 1.83(\text{A})$$
$$I = I_a + I_f = 77 + 1.83 = 78.83(\text{A})$$
$$P_1 = UI = 220 \times 78.83 = 17343(\text{W})$$
$$P_2 = P_M - p_{\text{Fe}} - p_m = E_a I_a - p_{\text{Fe}} - p_m$$
$$= 204.6 \times 77 - 362 - 204 = 15188(\text{W})$$
$$\eta = \frac{P_2}{P_1} = \frac{15188}{17343} = 87.6\%$$

9-5 一台并励直流发电机数据如下：$P_N=82\text{kW}$，$U_N=230\text{V}$，$n_N=970\text{r/min}$，电枢回路总电阻 $R_a=0.032\Omega$（包括电刷接触电阻），励磁回路总电阻 $R_f=30\Omega$．今将此发电机作为电动机运行，所加额定电压 $U=220\text{V}$，若额定电枢电流仍与原先数据相同，求：

(1) 这时电动机的转速（设电刷在几何中性线上，并且磁路不饱和）；
(2) 当电动机空载运行时，已知空载转矩 T_0 是额定电磁转矩 T_N 的 1.2%，求电动机空载运行时的转速．

解： (1) 发电机时，电枢电流 $I_a = I_N + I_f$

$$I_N = \frac{P_N}{U_N} = \frac{82 \times 10^3}{230} = 356.5(\text{A})$$

$$I_f = \frac{U_N}{R_f} = \frac{230}{30} = 7.7(\text{A})$$

$$I_a = I_N + I_f = 364(\text{A})$$

发电机时电动势

$$E_{aN} = U_N + I_a R_a = 230 + 364 \times 0.032 = 241.6(\text{V})$$

电动机时的电动势

$$E_a = U - I_a R_a = 220 - 364 \times 0.032 = 208(\text{V})$$

发电机时转速为 $n_N = \frac{E_{aN}}{C_e \Phi_G}$,电动机时转速为 $n = \frac{E_a}{C_e \Phi_M}$,所以

$$\frac{n}{n_N} = \frac{E_a}{E_{aN}} \frac{\Phi_G}{\Phi_M} = \frac{E_a}{E_{aN}} \frac{U_N}{U}$$

$$n = n_N \frac{E_a}{E_{aN}} \frac{U_N}{U} = 970 \times \frac{208}{241.6} \times \frac{230}{220} = 873(\text{r/min})$$

(2) 因 $T_0 = 1.2\% T_N$,每极磁通不变,所以

$$I_0 = 1.2\% I_a = 1.2\% \times 364 = 4.368(\text{A})$$

$$E_{a0} = U - I_0 R_a = 220 - 4.368 \times 0.032 = 219.86(\text{V})$$

$$n_0 = n \frac{E_{a0}}{E_a} = 873 \times \frac{219.86}{208} = 923(\text{r/min})$$

9-6 一台并励直流电动机,$U_N = 110\text{V}$,$R_a = 0.04\Omega$(包括电刷接触电阻),已知电动机在某负载下运行时,$I_a = 40\text{A}$,转速 $n = 1000\text{r/min}$. 现在使负载转矩增加到原来的 4 倍,问电动机的电流和转速各为多少(忽略电枢反应的作用和空载转矩)?

解:忽略电枢反应的作用时,每极磁通不变. 不计空载转矩时,电磁转矩等于负载转矩. 因此,当负载转矩增大到原来的 4 倍时,电枢电流变为

$$I'_a = 4I_a = 4 \times 40 = 160(\text{A})$$

原来电枢电动势为

$$E_a = U_N - I_a R_a = 110 - 40 \times 0.04 = 108.4(\text{V})$$

负载增加后,电动势变为

$$E'_a = U_N - I'_a R_a = 110 - 160 \times 0.04 = 103.6(\text{V})$$

转速变为

$$n' = n \frac{E'_a}{E_a} = 1000 \times \frac{103.6}{108.4} = 956(\text{r/min})$$

9-7 一台串励直流电动机,$U_N = 110\text{V}$,$R_a = 0.1\Omega$(包括电刷接触电阻和串励绕组电阻),已知电动机在某负载下运行时,电枢电流 $I_a = 40\text{A}$,转速 $n = 1000\text{r/min}$. 现在使负载转矩增加到其 4 倍,问电动机电枢电流和转速各为多少(假设磁路线性并不计空载转矩)?

解:
$$T = C_t \Phi I_a = C_t k I_a^2$$

$$I_a = \frac{\sqrt{T}}{\sqrt{C_t k}}$$

$$\frac{I_a}{I'_a} = \frac{\sqrt{T}}{\sqrt{T'}}$$

已知 $T'=4T$，所以

$$I'_a = I_a = \frac{\sqrt{T'}}{\sqrt{T}} = 40\frac{\sqrt{4T}}{\sqrt{T}} = 80(\text{A})$$

$$E_a = U_N - I_a R_a = 110 - 40 \times 0.1 = 106(\text{V})$$

$$E'_a = U_N - I'_a R_a = 110 - 80 \times 0.1 = 102(\text{V})$$

$$n = \frac{E_a}{C_e \Phi} = \frac{E_a}{C_e k I_a}$$

$$n' = \frac{E'_a}{C_e \Phi'} = \frac{E'_a}{C_e k I'_a}$$

$$n' = n\frac{E'_a}{E_a}\frac{I_a}{I'_a} = 1000 \times \frac{102}{106} \times \frac{40}{80} = 481(\text{r/min})$$

9-8 已知并励直流电动机有下列数据：$U_N=220\text{V}$，$I_{aN}=45.5\text{A}$，$n_N=1040\text{r/min}$，$R_a=0.65\Omega$（包括电刷接触电阻），$R_f=200\Omega$，额定转速下空载特性如下：

I_f/A	0.4	0.6	0.8	1.0	1.1	1.2	1.3
E_0/V	83	120.5	158	182	191	198.6	204

若电源电压下降到 $U=160\text{V}$，而电磁转矩不变，求电动机转速（忽略电枢反应）。

解： 原来励磁电流为

$$I_f = \frac{U_N}{R_f} = \frac{220}{200} = 1.1(\text{A})$$

现在励磁电流为

$$I'_f = \frac{U}{R_f} = \frac{160}{200} = 0.8(\text{A})$$

从空载特性查得相应的空载电动势分别为 $E_0=191\text{V}$，$E'_0=158\text{V}$。则这两种情况下磁通之比为

$$\frac{\Phi}{\Phi'} = \frac{E_0}{E'_0} = \frac{191}{158}$$

这两种情况下电磁转矩不变，即

$$C_t \Phi I_{aN} = C_t \Phi' I'_{aN}$$

则

$$I'_{aN} = I_{aN}\frac{\Phi}{\Phi'} = 45.5 \times \frac{191}{158} = 55(\text{A})$$

这两种负载情况下电动势分别为

$$E_a = U_N - I_{aN} R_a = 220 - 45.5 \times 0.65 = 190.4(\text{V})$$

$$E'_a = U - I'_{aN} R_a = 160 - 55 \times 0.65 = 124.3(\text{V})$$

现在电动机转速 n 应为

$$n = n_N\frac{E'_a \Phi}{E_a \Phi'} = 1040 \times \frac{124.3}{190.4} \times \frac{191}{158} = 821(\text{r/min})$$

9-9 两台相同的串励电动机，它们的电枢回路总电阻都为 0.3Ω，由于制造上的原因使两台电机的气隙略有差异。因此同样接到 550V 的电源上，而且电枢电流都达 100A 时，一台电机的转速为 600r/min，另一台转速为 550r/min。现将两台电机的转轴耦合在一起，再

把它们的电枢串联起来（极性正确）接到 550V 直流电源上，求：

（1）当电枢电流为 100A 时，它们的转速为多少？

（2）此时，气隙较大的电机的电压为多少？

解：（1）设它们的转速为 n，则第一台电机的电动势为

$$E_{a1} = C_e \Phi_1 n$$

第二台电机的电动势为

$$E_{a2} = C_e \Phi_2 n$$

它们串联接到 550V 直流电源上时，有

$$550 = E_{a1} + I_a R_a + E_{a2} + I_a R_a$$

即

$$550 = C_e \Phi_1 n + C_e \Phi_2 n + 2 \times 100 \times 0.3 \tag{9-1}$$

另外，两台电机分别接到 550V 电源上时，有

$$550 = 600 C_e \Phi_1 + 100 \times 0.3 \tag{9-2}$$

$$550 = 550 C_e \Phi_2 + 100 \times 0.3 \tag{9-3}$$

由式（9-2）和式（9-3）解得 $C_e \Phi_1 = \dfrac{520}{600}$，$C_e \Phi_2 = \dfrac{520}{550}$。代入式（9-1），可解得 $n = 270 \text{r/min}$。

（2）这两台串励电动机的电枢电压和电流相同时，其电动势也相同。由于第一台电动机的转速高，为 600r/min，因此它的每极磁通小，气隙大。其电压为

$$U_1 = C_e \Phi_1 n + I_a R_a = \frac{520}{600} \times 270 + 100 \times 0.3 = 264(\text{V})$$

9-10 一台并励直流电动机：$P_N = 5.5 \text{kW}$，$U_N = 110\text{V}$，$I_N = 58\text{A}$，$n_N = 1470\text{r/min}$，$R_f = 137\Omega$，$R_a = 0.17\Omega$。电机在额定运行时突然在电枢回路串入 0.5Ω 电阻，若不计电枢电路中的电感，计算此瞬时的电枢电动势、电枢电流和电磁转矩，并求稳态转速（假定负载转矩不变）。

解：（1）额定励磁电流为

$$I_f = \frac{U_N}{R_f} = \frac{110}{137} = 0.803(\text{A})$$

额定电枢电流为

$$I_{aN} = I_N - I_f = 58 - 0.803 = 57.2(\text{A})$$

额定电枢电动势为

$$E_{aN} = U_N - I_a R_a = 110 - 57.2 \times 0.17 = 100.3(\text{V})$$

在电枢串入电阻的瞬时，转速和磁通不变，所以电动势不变，为 $E_a' = E_{aN} = 100.3\text{V}$。

（2）电枢电流为

$$I_a' = \frac{U_N - E_a'}{R_a + 0.5} = \frac{110 - 100.3}{0.17 + 0.5} = 14.48(\text{A})$$

（3）电磁转矩为

$$T' = T_N \frac{I_a'}{I_{aN}} = T_N \frac{14.48}{57.2} = 0.253 T_N$$

$$T_N = 9.55 \frac{E_{aN} I_{aN}}{n_N} = 9.55 \times \frac{100.3 \times 57.2}{1470} = 37.27(\text{N·m})$$

$$T' = 0.253 T_N = 0.253 \times 37.27 = 9.43(\text{N·m})$$

(4) 稳态时，由于负载转矩不变，不计空载转矩，则电磁转矩不变，电枢电流不变，$I_a = 57.2$A，所以电动势

$$E_a = U_N - I_a(R_a + 0.5) = 110 - 57.2 \times 0.67 = 71.7(\text{V})$$

因转速和电动势成正比，所以

$$n = n_N \frac{E_a}{E_{aN}} = 1470 \times \frac{71.7}{100.3} = 1051(\text{r/min})$$

9-11 如上题之电机在额定情况下运行时，如将电源电压突然降到100V，试求上题之各项的解答（假定磁路线性，不考虑机电过渡过程）.

解：(1) 电压下降，励磁电流就减小，磁通减小，所以电枢电动势下降为

$$E'_a = E_{aN} \frac{U}{U_N} = 100.3 \times \frac{100}{110} = 91.18(\text{V})$$

(2) 电枢电流

$$I'_a = \frac{U - E'_a}{R_a} = \frac{100 - 91.18}{0.17} = 51.9(\text{A})$$

(3) 电磁转矩

$$T' = T_N \frac{I'_a}{I_{aN}} \frac{\Phi'}{\Phi_N} = T_N \frac{51.9}{57.2} \times \frac{100}{110} = 0.825 T_N$$

$$= 0.825 \times 37.27 = 30.7(\text{N·m})$$

(4) 稳态时电枢电流为

$$I_a = I_{aN} \frac{\Phi_N}{\Phi} = 57.2 \times \frac{110}{100} = 62.9(\text{A})$$

$$E_a = U - I_a R_a = 100 - 62.9 \times 0.17 = 89.3(\text{V})$$

$$n = n_N \frac{E_a}{E_{aN}} \frac{\Phi_N}{\Phi} = 1470 \times \frac{89.3}{100.3} \times \frac{110}{100} = 1440(\text{r/min})$$

9-12 题9-10的电机在额定情况下运行时，如调节 I_f 值，使磁通值突然减少15%，试求题9-10中各项的解答.

解：(1) 磁通减少15%时，电动势也减少15%.

$$E'_a = 0.85 E_{aN} = 0.85 \times 100.3 = 85.255(\text{V})$$

(2) 电枢电流为

$$I'_a = \frac{U_N - E'_a}{R_a} = \frac{100 - 85.255}{0.17} = 145.6(\text{A})$$

(3)

$$T' = T_N \frac{I'_a}{I_{aN}} \frac{\Phi'}{\Phi_N} = T_N \frac{145.6}{57.2} \times 0.85 = 2.16 T_N$$

$$= 2.16 \times 37.27 = 80.5(\text{N·m})$$

(4) 由于负载转矩不变，所以稳态时电枢电流为

$$I_a = \frac{I_{aN} \Phi_N}{\Phi} = 57.2 \times \frac{1}{0.85} = 67.29(\text{A})$$

$$E_a = U_N - I_a R_a = 110 - 67.29 \times 0.17 = 98.56(\text{V})$$

$$n = n_N \frac{E_a}{E_{aN}} \frac{\Phi_N}{\Phi} = 1470 \times \frac{98.56}{100.3} \times \frac{1}{0.85} = 1699(\text{r/min})$$

9-13 并励直流电动机数据如下：$U_N=220\text{V}$，$R_a=0.032\Omega$，$R_f=27.5\Omega$. 今将电动机装在起重机上，当使重物上升时电动机的数据为 $U=U_N$，$I_a=350\text{A}$，$n=795\text{r/min}$. 问：保持电动机的电压和励磁电流不变，以转速 $n'=100\text{r/min}$ 将重物下放时，电枢回路需要串入多大电阻？

解：上升时

$$E_a = U_N - I_a R_a = 220 - 350 \times 0.032 = 208.8(\text{V})$$

以 $n' = -100\text{r/min}$ 下放时

$$E'_a = E_a \frac{n'}{n} = 208.8 \times \frac{-100}{795} = -26.26(\text{V}).$$

在电枢回路串入电阻 R_s 时，电枢电流不变，则

$$U_N = E'_a + I_a(R_s + R_a)$$

$$R_s = \frac{U_N - E'_a}{I_a} - R_a = \frac{220 + 26.26}{350} - 0.032 = 0.6716(\Omega)$$

9-14 同上题之电机，在励磁电流保持不变，电枢回路串电阻的情况下，如欲采用能耗制动办法，将此重物以 100r/min 的速度下放，问应串多少电阻？仍采用此法，并通过改变串联电阻的大小来改变下放速度，问可能达到的最慢下放速度 $n_{\min}$ 是多少？

解：从上题解答可知以 $n' = -100\text{r/min}$ 下放时电动势为

$$E'_a = -26.26\text{V}$$

能耗制动时，$U=0$，设电枢回路应串电阻 R_s，则

$$0 = E'_a + I_a(R_s + R_a)$$

$$R_s = \frac{-E'_a}{I_a} - R_a = \frac{26.26}{350} - 0.032 = 0.043(\Omega)$$

要达到最慢下放速度，电枢回路应不串电阻. 此时，

$$E_{a\min} = I_a R_a = 350 \times 0.032 = 11.2(\text{V})$$

$$n_{\min} = n \frac{E_{a\min}}{E_a} = 795 \times \frac{11.2}{208.8} = 42.6(\text{r/min})$$

9-15 两台完全一样的并励直流电机，它们的转轴互相耦合在一起，而电枢并联于 230V 的直流电网上（极性正确），转轴上不带任何负载. 已知在 1000r/min 时空载特性如下：

I_f/A	1.3	1.4
E_0/V	186.7	195.9

电枢回路总电阻都是 0.1Ω（包括电刷接触电阻）. 现在机组运行的转速是 1200r/min，甲台电机的励磁电流为 1.4A，乙台电机的励磁电流为 1.3A，问：

(1) 这时哪台电机为发电机？哪台为电动机？
(2) 总的机械损耗和铁损耗是多少？
(3) 只调节励磁电流能否改变两台电机的运行状态（转速不变）？
(4) 是否可以在 1200r/min 时两台电机都从电网吸取功率或向电网送功率？

解：(1) 由甲台电机的励磁电流 1.4A，从 1000r/min 时的空载特性上可得该转速下的电动势为 195.9V. 当转速为 1200r/min 时，甲台电机的电动势为

$$E_{aA} = 195.9 \times \frac{1200}{1000} = 235(\text{V})$$

同理，可得乙台电机在转速为 1200r/min 时的电动势为

$$E_{aB} = 186.7 \times \frac{1200}{1000} = 224(\text{V})$$

由于 $E_{aA} > U$，$E_{aB} < U$，因此，甲为发电机，乙为电动机.

(2) 两台电机总的机械损耗和铁损耗等于电动机的电磁功率减去发电机的电磁功率.

电动机的电枢电流为

$$I_{aB} = \frac{U - E_{aB}}{R_a} = \frac{230 - 224}{0.1} = 60(\text{A})$$

电磁功率为

$$P_{MB} = E_{aB} I_{aB} = 224 \times 60 = 13440(\text{W})$$

发电机的电枢电流为

$$I_{aA} = \frac{E_{aA} - U}{R_a} = \frac{235 - 230}{0.1} = 50(\text{A})$$

电磁功率为

$$P_{MA} = E_{aA} I_{aA} = 235 \times 50 = 11750(\text{W})$$

总的机械损耗和铁损耗为

$$P_{MB} - P_{MA} = 13440 - 11750 = 1690(\text{W})$$

(3) 要改变两台电机运行状态并保持转速不变，应减小甲台电机的励磁电流，同时增加乙台电机的励磁电流. 当两台电机的励磁电流相同时，两台电机都是电动机. 最后，乙台成为发电机，甲台为电动机.

(4) 都可以通过从电网吸收电功率成为电动机，但不能都成为发电机.

9-16 一台他励直流电动机数据如下：$U_N = 220\text{V}$，$I_{aN} = 10\text{A}$，$n_N = 1500\text{r/min}$，$R_a = 1\Omega$. 现将电动机拖动一重物 $G = 5.44\text{kg}$ 上升，如图 9-1 所示，已知绞车车轮半径 $r = 0.25\text{m}$. 忽略机械损耗和铁损耗以及电枢反应的作用，保持励磁电流和端电压为额定值，试问：

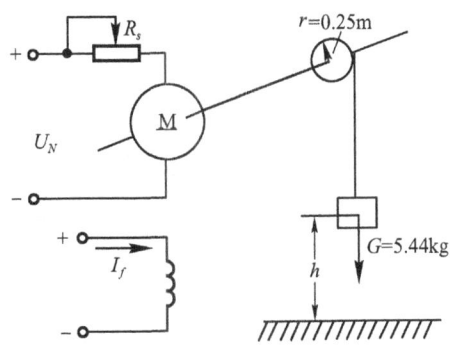

图 9-1

(1) 若电动机以 $n = 150\text{r/min}$ 的速度将重物提升，电枢回路应串入多少电阻？

(2) 当重物上升到距地面 h 高度时需要停住，这时电枢回路应串入多少电阻？

(3) 如果希望把重物从 h 高度下放到地面，并保持下放重物的速度为 3.14m/s，这时电枢回路应串多少电阻？

(4) 如果当重物停在 h 高度时，把重物拿掉，电动机的转速将为多少？

解：（1）负载转矩为
$$T_L = 9.81Gr = 9.81 \times 5.44 \times 0.25 = 13.34(\text{N} \cdot \text{m})$$

额定运行时电枢电动势为
$$E_{aN} = U_N - I_{aN}R_a = 220 - 10 \times 1 = 210(\text{V})$$

电动机的额定转矩 T_N 为
$$T_N = 9.55 \frac{E_{aN}I_{aN}}{n_N} = 9.55 \times \frac{210 \times 10}{1500} = 13.37(\text{N} \cdot \text{m})$$

提升重物时，电枢电流 I_a 为
$$I_a = I_{aN} \frac{T_L}{T_N} = 10 \times \frac{13.34}{13.37} = 9.89(\text{A})$$

当重物以 $n=150\text{r/min}$ 上升时，电动势 E_a 为
$$E_a = E_{aN} \frac{n}{n_N} = 210 \times \frac{150}{1500} = 21(\text{V})$$

设电枢回路应串电阻为 R_s，则
$$U_N = E_a + I_a(R_s + R_a)$$
$$R_s = \frac{U_N - E_a}{I_a} - R_a = \frac{220 - 21}{9.98} - 1 = 18.94(\Omega)$$

(2) $n=0$ 时 $E_0=0$. 设电枢回路应串电阻为 R_s'，则
$$U_N = I_a(R_s' + R_a)$$
$$R_s' = \frac{U_N}{I_a} - R_a = \frac{220}{9.98} - 1 = 21(\Omega)$$

(3) 以 $v=3.14\text{m/s}$ 的速度下放重物时，电动机转速为
$$n'' = \frac{60v}{2\pi r} = \frac{60 \times 3.14}{2\pi \times 0.25} = 120(\text{r/min})$$

下放时的电动势为
$$E_a'' = \frac{n''}{n_N}E_{aN} = \frac{-120}{1500} \times 210 = -16.8(\text{V})$$

电枢回路应串电阻为
$$R_s'' = \frac{U_N - E_a''}{I_a} - R_a = \frac{220 + 16.8}{9.98} - 1 = 22.7(\Omega)$$

(4) 当重物去掉时，$T=0$，$I_a=0$，则 $E_a=U_N=220\text{V}$，所以电机转速为
$$n_0 = n_N \frac{E_a}{E_{aN}} = n_N \frac{U_N}{E_{aN}} = 1500 \times \frac{220}{210} = 1571(\text{r/min})$$

9-17 上题若电动机电枢回路不串电阻，利用改变磁通的办法来达到调速的目的，问：

(1) 当电动机加额定励磁电流时，重物上升的速度是多少？

(2) 如果把电动机的气隙磁通分别减小到 $\Phi=0.8\Phi_N$，$\frac{1}{21}\Phi_N$，$\frac{1}{22}\Phi_N$ 和 $\frac{1}{23}\Phi_N$ 几种情况

时，电动机的转速分别是多少？

(3) 如果使电动机的磁通 $\Phi = -\Phi_N$，则其转速为多少？

解：(1) 电动机的电动势为

$$E_a = U_N - I_a R_a = 220 - 9.98 \times 1 \approx 210(\text{V})$$

电动机的转速为

$$n = n_N \frac{E_a}{E_{aN}} = 1500 \times \frac{210}{210} = 1500(\text{r/min})$$

重物上升速度为

$$v = \frac{2\pi rn}{60} = \frac{2\pi \times 0.25}{60} \times 1500 = 39.25(\text{m/s})$$

(2) 改变磁通时，电磁转矩保持不变．

① $\Phi = 0.8\Phi_N$ 时，

$$I'_a = I_a \frac{\Phi_N}{0.8\Phi_N} = 9.98 \times \frac{1}{0.8} = 12.48(\text{A})$$

$$E_a = U_N - I'_a R_a = 220 - 12.48 \times 1 = 207.5(\text{V})$$

$$n = n_N \frac{E_a}{E_{aN}} \frac{\Phi_N}{0.8\Phi_N} = 1500 \times \frac{207.5}{210} \times \frac{1}{0.8} = 1853(\text{r/min})$$

② $\Phi = \frac{1}{21}\Phi_N$ 时，

$$I'_a = I_a \frac{\Phi_N}{\frac{1}{21}\Phi_N} = 9.98 \times 21 = 209.58(\text{A})$$

$$E_a = U_N - I'_a R_a = 220 - 209.58 \times 1 = 10.42(\text{V})$$

$$n = n_N \frac{E_a}{E_{aN}} \frac{\Phi_N}{\frac{1}{21}\Phi_N} = 1500 \times \frac{10.42}{210} \times 21 = 1563(\text{r/min})$$

③ $\Phi = \frac{1}{22}\Phi_N$ 时，

$$I'_a = I_a \frac{\Phi_N}{\frac{1}{22}\Phi_N} = 9.98 \times 22 = 219.56(\text{A})$$

$$E_a = U_N - I'_a R_a = 220 - 219.56 \times 1 = 0.44(\text{V})$$

$$n = n_N \frac{E_a}{E_{aN}} \frac{\Phi_N}{\frac{1}{22}\Phi_N} = 1500 \times \frac{0.44}{210} \times 22 = 69(\text{r/min})$$

④ $\Phi = \frac{1}{23}\Phi_N$ 时，

$$I'_a = 9.98 \times 23 = 229.54(\text{A})$$

$$E_a = 220 - 229.54 \times 1 = -9.54(\text{V})$$

$$n = 1500 \times \frac{-9.54}{210} \times 23 = -1567(\text{r/min})$$

(3) $\Phi = -\Phi_N$ 时,

$$I'_a = I_a \frac{\Phi_N}{-\Phi_N} = -I_a = -9.98(A)$$

$$E_a = U_N - I'_a R_a = 220 + 9.98 \times 1 = 229.98(V)$$

$$n = n_N \frac{E_a}{E_{aN}} \frac{\Phi_N}{-\Phi_N} = 1500 \times \frac{229.98}{210} \times (-1) = -1643(r/min)$$

9-18 若题 9-16 电动机电枢回路不串电阻并保持 Φ_N 不变,而利用改变电源电压的办法来调速,

(1) 若电动机以 $n = 150$ r/min 将重物提升,则电动机的端电压是多少?

(2) 当重物上升到 h 高度时需要停住,这时电动机的端电压是多少?

(3) 当重物停在 h 高度时,把电枢两端脱离电源并短接起来,此时电动机转速是多少?转向如何?

(4) 如果在电动机以 $n = 1500$ r/min 的转速提升重物时突然把电动机的电枢电源反接,求电动机的转速(不考虑机电过渡过程).

解:(1) $n = 150$ r/min 时,

$$E_a = E_{aN} \frac{n}{n_N} = 210 \times \frac{150}{1500} = 21(V)$$

$$U = E_a + I_a R_a = 21 + 9.98 \times 1 = 31(V)$$

(2) $n = 0$ 时,$E_a = 0$,则

$$U = I_a R_a = 9.98 \times 1 = 10(V)$$

(3) $U = 0$ 时,$0 = E_a + I_a R_a$,即 $E_a = -I_a R_a = -10V$,

$$n = n_N \frac{E_a}{E_{aN}} = 1500 \times \frac{-10}{210} = -71(r/min)$$

这时为能耗制动运行,电机反转.

(4) 电源反接后,电机先反接制动运行,然后反转,最后为反向回馈制动运行.

$$E_a = -U_N - I_a R_a = -220 - 9.98 \times 1 = -229.98(V)$$

$$n = \frac{E_a}{E_{aN}} n_N = \frac{-229.98}{210} \times 1500 = -1643(r/min)$$

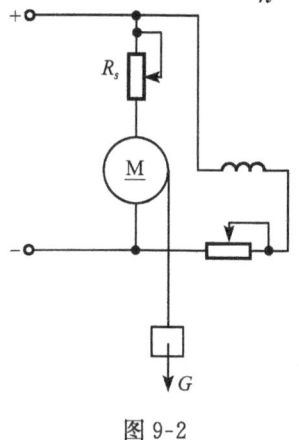

图 9-2

9-19 如图 9-2 所示,一台接到恒压电源的并励直流电动机,空载转速 $n_0 = 1500$ r/min,将重物吊起时,$n = 1450$ r/min. 在中途如果突然将并励绕组反向,设机电过渡过程很快完毕,则最后电机将以什么转速运转(忽略电枢反应及空载转矩 T_0)?

解:当并励绕组反向时,气隙磁通反向,即由原来的 Φ_N 变为 $-\Phi_N$. 由于负载为位能性恒转矩负载,因此电枢电流必然反向,即由原来的 I_a 变为 $-I_a$.

此时,电动势为

$$E'_a = U_N - (-I_a)R_a = U_N + I_a R_a$$

转速为
$$n' = \frac{E_a'}{C_e(-\Phi_N)} = \frac{U_N + I_a R_a}{C_e(-\Phi_N)}$$
$$= \frac{U_N}{C_e(-\Phi_N)} + \frac{I_a R_a}{C_e(-\Phi_N)}$$

由已知数据可求出上式等号右边的最后两项,从而求出 n'.

空载时,$T_0 = 0$,$I_{a0} = 0$,$E_{a0} = U_N$,$n_0 = 1500\text{r/min}$,则
$$\frac{E_{a0}}{C_e \Phi_N} = \frac{U_N}{C_e \Phi_N} = n_0 = 1500\text{r/min}$$

当吊起重物时,$T = T_L$,电枢电流为 I_a,电动势为 E_a,转速为 $n = 1450\text{r/min}$.

由 $U_N = E_a + I_a R_a = C_e \Phi_N n + I_a R_a$(其中 R_a 是包括串联电阻 R_s 在内的电枢回路的总电阻),可得
$$\frac{I_a R_a}{C_e \Phi_N} = \frac{U_N}{C_e \Phi_N} - n = 1500 - 1450 = 50(\text{r/min})$$

于是
$$n' = -1500 - 50 = -1550(\text{r/min})$$

9-20 一台他励直流电动机,额定电压 $U_N = 600\text{V}$,忽略各种损耗.

(1) 当电枢电压为额定值,负载转矩为额定值 $T_{2N} = 420\text{N}\cdot\text{m}$ 不变时,转速为 1600r/min,求该电动机的额定电枢电流;

(2) 保持电枢电压为额定值不变,采用弱磁调速使转速升高到 4000r/min,求电动机此时能输出的最大转矩.

解:(1) 忽略各种损耗时,$R_a = 0$,$T_0 = 0$,则
$$E_{aN} = U_N = 600\text{V}$$
$$T_N = T_{2N} = 420\text{N}\cdot\text{m}$$

直流电机的电磁功率为
$$E_{aN} I_{aN} = T_N \Omega_N$$
$$\Omega_N = \frac{2\pi n_N}{60} = \frac{2\pi}{60} \times 1600 = 167.55(\text{rad/s})$$
$$I_{aN} = \frac{T_N \Omega_N}{E_{aN}} = \frac{420 \times 167.55}{600} = 117(\text{A})$$

(2) 已知电枢电压为 U_N,转速 $n = 4000\text{r/min}$. 当电枢电流达到额定值即 $I_a = I_{aN}$ 时,电动机能输出的转矩达到最大值 $T_{2\max}$,此时,$E_a = E_{aN}$,则
$$\frac{T_{2\max}}{T_N} = \frac{\Phi I_a}{\Phi_N I_{aN}} = \frac{\Phi}{\Phi_N} = \frac{n_N}{n}$$
$$T_{2\max} = \frac{n_N}{n} T_N = \frac{1600}{4000} \times 420 = 168(\text{N}\cdot\text{m})$$

9-21 一台并励直流电机,并联于 220V 的电网上运行,已知 $a=1$,$p=2$,$z=398$,$n_N = 1500\text{r/min}$,$\Phi = 0.0103\text{Wb}$,电枢回路总电阻(包括电刷接触电阻)$R_a = 0.17\Omega$,$I_{fN} = 1.83\text{A}$,$p_m = 379\text{W}$,$p_{Fe} = 276\text{W}$,附加损耗 $p_a = 165\text{W}$,求:

(1) 此电机是发电机还是电动机?

(2) 电机的电磁转矩多大?

(3) 电机效率是多少?

解: (1) 按已知电机数据可先求出电机的感应电动势:

$$E_a = \frac{pz}{60a}\Phi n_N = \frac{2 \times 398}{60 \times 1} \times 0.0103 \times 1500 = 204.97(\text{V})$$

电机并在220V电网上,这时$U > E_a$,因此是电动机运行.

(2) 求电磁转矩T

$$U = E_a + I_a R_a$$

$$I_a = \frac{U - E_a}{R_a} = \frac{220 - 204.97}{0.17} = 88.41(\text{A})$$

$$T = \frac{pz}{2\pi a}\Phi I_a = \frac{2 \times 398}{2\pi \times 1} \times 0.0103 \times 88.41 = 115.36(\text{N} \cdot \text{m})$$

(3) 电磁功率

$$P_M = E_a I_a = 204.97 \times 88.41 = 18121(\text{W})$$

或

$$P_M = T\Omega = T\frac{2\pi n_N}{60} = 115.36 \times \frac{2\pi \times 1500}{60} = 18121(\text{W})$$

输出功率

$$P_2 = P_M - p_m - p_{\text{Fe}} - p_a$$
$$= 18121 - 379 - 276 - 165 = 17301(\text{W})$$

输入功率

$$P_1 = P_M + p_f + p_{\text{Cu}} = P_M + UI_{fN} + I_a^2 R_a$$
$$= 18121 + 220 \times 1.83 + 88.41^2 \times 0.17 = 19852(\text{W})$$

效率

$$\eta = \frac{P_2}{P_1} \times 100\% = \frac{17301}{19852} \times 100\% = 87.1\%$$

9-22 一台他励直流电动机的额定数据为$P_N = 75\text{kW}$, $U_N = 220\text{V}$, $n_N = 750\text{r/min}$, $I_N = 387\text{A}$, 电枢回路总电阻为$R_a = 0.028\Omega$. 若忽略电枢反应的影响,求机械特性的两个重要参数: 理想空载转速n_0'和固有机械特性的斜率α.

解: 理想空载时电动势E_{a0},即$I_a = 0$时的电动势:

$$E_{a0} = U_N - I_a R_a = 220 - 0 = 220(\text{V})$$

额定负载时的电动势:

$$E_{aN} = U_N - I_a R_a = 220 - 387 \times 0.028 = 209.17(\text{V})$$

由于不考虑电枢反应的去磁作用,每极气隙磁通Φ在空载时和负载时都一样,因此可得

$$\frac{E_{a0}}{E_{aN}} = \frac{n_0'}{n_N}$$

可求得理想空载转速为

$$n_0' = \frac{E_{a0}}{E_{aN}} n_N = \frac{220 \times 750}{209.17} = 788.8(\text{r/min})$$

由 $E_{aN}=C_e\Phi n_N$ 可求出

$$C_e\Phi = \frac{E_{aN}}{n_N} = \frac{290.17}{750} = 0.279$$

$$C_t\Phi = 9.55 C_e\Phi = 9.55 \times 0.279 = 2.67$$

斜率为

$$\alpha = \frac{R_a}{C_e C_t \Phi^2} = \frac{0.028}{0.279 \times 2.67} = 0.0376$$

第三篇 交流电机的绕组电动势和磁动势

第十章 交流电机的绕组和电动势

10.1 学习目标

本章介绍交流电机的基本工作原理、交流绕组的构成和连接规律，分析交流绕组中的感应电动势.

基本要求：
(1) 了解交流绕组的基本概念和构成原理.
(2) 掌握利用电动势星形相量图来构成和分析三相绕组的方法.
(3) 掌握三相单层分布绕组和三相双层叠绕组的连接规律.
(4) 理解基波绕组因数的物理意义，掌握交流绕组基波相电动势的特点及其计算.
本章的重点是电动势星形相量图和交流绕组的基波相电动势.

10.2 基本知识点

1. 交流电机的基本工作原理

(1) 三相同步电机的基本工作原理

三相同步发电机：转子励磁绕组中通以直流励磁电流，产生极性相间的励磁磁场. 原动机拖动转子以同步转速 n_1 旋转时，励磁磁场切割定子三相绕组，在其中产生对称的交流电动势. 若在定子三相绕组出线端接上对称负载，就会输出交流电能.

三相同步电动机：在定子绕组中通入对称电流，产生以同步转速 n_1 旋转的磁场. 转子励磁绕组通以直流电流产生极性恒定的磁场. 定子旋转磁场吸引转子磁极，使转子和轴上的机械负载以同步转速 n_1 与定子旋转磁场同向旋转，将交流电能转换为机械能.

同步电机无论是作为发电机还是电动机运行，其转速 n_1 与频率 f 之间都有严格的同步关系，即 $f = \dfrac{pn_1}{60}$，所以称 n_1 为同步转速.

(2) 三相异步电动机的基本工作原理

在三相异步电机定子绕组中通入对称电流，在气隙中产生以同步转速 n_1 旋转的磁场. 该磁场切割转子导体，在转子闭合绕组中产生感应电动势和电流. 转子载流导体在气隙磁场中受力而产生电磁转矩，使转子及轴上的机械负载沿旋转磁场的转向以转速 n 旋转.

异步电机的转速 n 不能等于旋转磁场的同步转速 n_1，否则旋转磁场与转子导体之间就没有相对运动，转子导体中就不能产生感应电动势和电流，也就不能产生电磁转矩.

2. 对交流绕组的基本要求

在导体数一定的条件下，能得到较大的基波电动势和基波磁动势．对于三相交流电机，要求三相绕组对称，电动势和磁动势的波形尽量接近正弦波．此外，导体应具有一定的截面积和一定的绝缘强度；运行中的散热性能要好；制造工艺要简单，便于维修．

3. 交流绕组的基本概念

（1）机械角度和电角度

机械角度：电机气隙圆周对应的空间几何角度为360°，该角度称为空间机械角度．

电角度：将电机一对极沿气隙圆周占有的空间距离定义为360°空间电角度．对于极对数为 p 的电机，空间电角度＝p×空间机械角度．

（2）极距 τ：相邻两个磁极的中心线在定子表面所跨的距离．通常用槽数表示，$\tau = \dfrac{Q}{2p}$（其中 Q 为定子槽数）；也可用空间电角度或空间电弧度表示，此时 $\tau = 180°$ 或 π．

（3）线圈节距 y_1：一个线圈的两个有效边在定子表面所跨的距离．通常用槽数表示，也可用空间电角度或空间电弧度表示．

（4）槽距角 α：相邻两槽之间相距的空间电角度，$\alpha = \dfrac{p \times 360°}{Q}$．

（5）每极每相槽数 q：每个极下每相绕组占有的槽数，$q = \dfrac{Q}{2pm}$（其中 m 为相数）．

4. 电动势星形相量图

电动势星形相量图是用来构成和分析三相绕组的一种基本工具．其绘制步骤为：

①计算每极每相槽数 q 和槽距角 α．

②根据槽距角 α 画出各槽导体（单层绕组）或线圈（双层绕组）的基波电动势相量．

③分相．通常按60°相带法分相，即把各相量等分为6份，每份占60°时间电角度，逆相量旋转方向依次标为 A、Z、B、X、C、Y．每份中的各相量所代表的导体或线圈属于同一相，所占的空间电角度也为60°，称为一个相带．每个60°相带内包含 q 个电动势相量．

注意 对于 q 为整数的交流绕组，电机有几对极，就有几个重叠的电动势星形相量图．

5. 三相对称绕组的构成

根据上述分相结果，绘制绕组展开图，把属于各相的导体或线圈按照一定的规律连接起来，构成三相对称绕组．具体步骤为：

①连接线圈：根据线圈节距 y_1，把属于同一线圈的两个线圈边通过端部连接起来．

②连接线圈组：把每对极下（单层绕组）或每个极下（双层绕组）属于同一相带的 q 个线圈顺极性串联起来形成一个线圈组．

③连接相绕组：根据并联支路数 a，将属于同一相的 p 个（单层绕组）或 $2p$（双层绕组）个线圈组按电动势相加的原则串联或者并联起来，构成一相绕组，并标记首、尾端．

6. 交流绕组的特点

（1）单层分布绕组的特点：每个槽内只有一个线圈边，线圈数等于槽数的一半；每相在每对极下有一个线圈组，共有 p 个线圈组；每个线圈组由 q 个线圈串联而成；最大并联支路数 $a_{max}=p$；每相串联匝数 $N_1=\dfrac{pqN_K}{a}$（N_K 为线圈匝数）；基波节距因数 $k_{p1}=1$. 单层集中整距绕组可视为其特例（$q=1$, $k_{dp1}=1$）.

（2）双层叠绕组的特点：每个槽内有分别位于上、下层的两个线圈边，线圈数等于槽数；每相在每极下有一个线圈组，共有 $2p$ 个线圈组；每个线圈组由 q 个线圈串联而成；最大并联支路数 $a_{max}=2p$；每相串联匝数 $N_1=\dfrac{2pqN_K}{a}$.

7. 交流绕组的电动势

交流电机的气隙磁通密度波中包含基波和一系列奇次谐波，它们分别在交流绕组产生基波和谐波电动势. 下面按 ν 次谐波统一表述，其中 $\nu=1$ 时表示基波.

（1）谐波磁场的特点：ν 次谐波磁场的极对数 $p_\nu=\nu p$；极距 $\tau_\nu=\dfrac{\tau}{\nu}$. 同步电机励磁磁动势产生的 ν 次谐波磁场，其转速与转子转速（同步转速）相同，即 $n_\nu=n_1$.

（2）电动势的频率：以转速 n_ν 相对定子绕组旋转的 ν 次谐波磁场，在定子绕组中感应电动势的频率为 $f_\nu=\dfrac{p_\nu n_\nu}{60}$. 基波电动势频率为 $f=\dfrac{pn_1}{60}$；同步电机励磁磁动势产生的 ν 次谐波磁场在定子绕组中感应电动势的频率为 $f_\nu=\nu f$.

（3）一相电动势有效值： $E_{\phi\nu}=4.44\nu f N_1 k_{dp\nu}\Phi_\nu$

式中，Φ_ν 为 ν 次谐波每极磁通量；$k_{dp\nu}$ 为 ν 次谐波绕组因数，$k_{dp\nu}=k_{d\nu}k_{p\nu}$，其中：$k_{p\nu}=\sin\nu\dfrac{y_1}{\tau}90°$，$k_{d\nu}=\dfrac{\sin\nu\dfrac{q\alpha}{2}}{q\sin\nu\dfrac{\alpha}{2}}$，分别为 ν 次谐波节距因数和分布因数.

注意 ①由于 ν 次谐波磁场的极对数是电机极对数的 ν 倍，因此定子相邻两个槽相距的空间电角度，对基波磁场来说是槽距角 α，对 ν 次谐波磁场来说则是 $\nu\alpha$.

②单层分布绕组实际使用的线圈有整距、短距（或长距）之分，但这只是由于各导体连接的先后次序不同而造成的表面现象，其实质上仍为整距绕组. 因此，单层绕组的基波节距因数 $k_{p1}=1$，无法通过短距来改善电动势和磁动势的波形.

（4）削弱谐波电动势的方法

交流绕组采用适当的短距或分布，可使谐波电动势幅值减小的程度远高于基波电动势，从而起到削弱谐波电动势，改善电动势波形的作用.

10.3 典型例题解析

例 10.1 某线圈的两个线圈边感应的基波电动势分别为 $E_1\angle 0°$ 和 $E_1\angle 140°$，求：

（1）该线圈的基波节距因数和基波电动势；

（2）该线圈的 3 次、5 次谐波节距因数.

思路与技巧 ν 次谐波节距因数 $k_{p\nu}=\sin\nu\dfrac{y_1}{\tau}90°$. 要求 $k_{p\nu}$，首先要知道线圈节距与极距之比 $\dfrac{y_1}{\tau}$. 考虑到短距线圈的两个线圈边在空间相距 $\dfrac{y_1}{\tau}180°$ 电角度，其基波电动势在时间上也相差同样的电角度，由题意可知 $\dfrac{y_1}{\tau}180°=140°$，由此可求出 $\dfrac{y_1}{\tau}$，然后可求得 $k_{p\nu}$.

解：（1）线圈的基波节距因数 $k_{p1}=\sin\dfrac{y_1}{\tau}90°=\sin\dfrac{140°}{180°}\times 90°=\sin 70°=0.9397$

线圈的基波电动势 $E_{K1}=2E_1 k_{p1}=2\times E_1\times 0.9397=1.8794E_1$

（2）该线圈的 3 次、5 次谐波节距因数分别为

$$k_{p3}=\sin 3\dfrac{y_1}{\tau}90°=\sin 3\times\dfrac{140°}{180°}\times 90°=\sin 210°=-0.5$$

$$k_{p5}=\sin 5\dfrac{y_1}{\tau}90°=\sin 5\times\dfrac{140°}{180°}\times 90°=\sin 350°=-0.1736$$

提示 本题的另一种解法是根据节距因数的物理意义来计算.

(1) 线圈的基波电动势等于其两个线圈边基波电动势的相量和. 设线圈和其两个线圈边的基波电动势分别为 $\dot{E}_{K1}$ 和 $\dot{E}_{A1}$、$\dot{E}_{X1}$，$\dot{E}_{K1}$ 的正方向与 $\dot{E}_{A1}$ 的相同（与 $\dot{E}_{X1}$ 的相反），则

$$E_{K1}=|\dot{E}_{K1}|=|\dot{E}_{A1}-\dot{E}_{X1}|=|E_1\angle 0°-E_1\angle 140°|=2E_1\sin 70°$$

假如该线圈是整距线圈，则其电动势（基波或奇数次谐波）有效值等于其两个线圈边电动势有效值的代数和，即线圈的基波电动势为 $2E_1$. 因此，该线圈的基波节距因数为

$$k_{p1}=\dfrac{E_{K1}}{2E_1}=\dfrac{2E_1\sin 70°}{2E_1}=\sin 70°=0.9397$$

(2) 线圈中产生 ν 次谐波电动势是由于旋转的气隙磁场（磁通密度）中存在 ν 次谐波. 对于 ν 次谐波磁场，两个线圈边在空间相差的电角度为基波时的 ν 倍，因此，

$$k_{p3}=\sin 3\times 70°=-0.5,\qquad k_{p5}=\sin 5\times 70°=-0.1736$$

例 10.2 一台三相同步发电机，极数 $2p=2$，额定转速 $n_N=3000\text{r/min}$，定子绕组为双层绕组，定子槽数 $Q=36$，每个线圈的匝数 $N_K=4$，并联支路数取最大值，气隙基波每极磁通量 $\Phi_1=1.56\text{Wb}$，试求：

(1) 基波电动势的频率，绕组为整距时的基波绕组因数和基波相电动势；

(2) 要同时削弱电动势中的 5、7 次谐波，绕组节距 y_1 应选多少？此时基波绕组因数和基波相电动势变为多少？

思路与技巧 要消除电动势中的 ν 次谐波，只要令 ν 次谐波节距因数 $k_{p\nu}=0$，也就是取绕组节距 $y_1=\dfrac{\nu-1}{\nu}\tau$ 即可.

解：（1）基波电动势的频率 $f=\dfrac{pn_N}{60}=\dfrac{1\times 3000}{60}=50$（Hz）

槽距角 $\alpha=\dfrac{p\times 360°}{Q}=\dfrac{1\times 360°}{36}=10°$

每极每相槽数 $q=\dfrac{Q}{2pm}=\dfrac{36}{2\times 3}=6$

整距时的基波绕组因数 $k_{dp1}=k_{d1}=\dfrac{\sin q\dfrac{\alpha}{2}}{q\sin\dfrac{\alpha}{2}}=\dfrac{\sin 6\times\dfrac{10°}{2}}{6\sin\dfrac{10°}{2}}=0.9561$

双层绕组每极下有一个线圈组，因此最大并联支路数 $a=2p$.

每相串联匝数 $N_1=\dfrac{2pqN_K}{a}=qN_K=6\times 4=24$

基波相电动势 $E_1=4.44fN_1k_{dp1}\Phi_1=4.44\times 50\times 24\times 0.9561\times 1.56=7947$（V）

（2）极距 $\tau=\dfrac{Q}{2p}=\dfrac{36}{2}=18$

要消除电动势中的 5、7 次谐波，绕组节距应分别取为 $y_1=\dfrac{4}{5}\tau$ 和 $y_1=\dfrac{6}{7}\tau$．因此，要同时削弱电动势中的 5、7 次谐波，绕组节距应取为 $y_1=\dfrac{5}{6}\tau=\dfrac{5}{6}\times 18=15$．

基波节距因数 $k_{p1}=\sin\dfrac{y_1}{\tau}90°=\sin\dfrac{5}{6}\times 90°=0.9659$

基波绕组因数 $k_{dp1}=k_{d1}k_{p1}=0.9561\times 0.9659=0.9235$

基波相电动势 $E_1=4.44fN_1k_{dp1}\Phi_1=4.44\times 50\times 24\times 0.9235\times 1.56=7676$（V）

10.4　思考题及其解答

10-1　同步电机转子表面气隙磁通密度分布的波形是怎样的？转子表面某一点的气隙磁通密度大小随时间变化吗？定子表面某一点的气隙磁通密度随时间变化吗？

答：凸极同步电机转子表面气隙磁通密度分布的波形接近于正弦波，其中含有一系列奇数次谐波；隐极同步电机转子表面气隙磁通密度分布的波形是接近正弦的阶梯状波，其中也含有一系列奇数次谐波．

转子表面某一点的气隙磁通密度大小不随时间变化（稳态时），但由于转子是旋转的，因此定子表面某一点的气隙磁通密度是随时间变化的．

10-2　一个整距线圈的两个边，在空间上相距的电角度是多少？如果电机有 p 对极，那么它们在空间上相距的机械角度是多少？

答：整距线圈两个边在空间上相距的电角度为 $180°$；电机为 p 对极时，在空间上相距的机械角度为 $\dfrac{180°}{p}$．

10-3　定子表面在空间相距 α 电角度的两根导体，它们的感应电动势大小与相位有何关系？

答：定子表面在空间相距 α 电角度的两根导体，它们的感应电动势的波形相同，其基波和各次谐波电动势的大小分别相等．基波电动势的相位差为 α 电角度，且空间上超前（沿转子转向空间位置在前）的导体，其基波电动势的相位是滞后的．

10-4　为了得到三相对称的基波感应电动势，对三相绕组安排有什么要求？

答：三相绕组的构成（包括串联匝数、节距、分布等）应相同，且三相绕组轴线在空间应分别相差 $120°$ 电角度．

10-5 绕组分布与短距为什么能改善电动势波形？若希望完全消除电动势中的第 ν 次谐波，在采用短距方法时，y 应取多少？

答：绕组分布后，一个线圈组中相邻两个线圈的基波和 ν 次谐波电动势的相位差分别是 α 和 $\nu\alpha$ 电角度（α 为槽距角），这时，对于基波和各次谐波（奇数次）而言，线圈组的电动势均为各串联线圈的电动势的相量和，因此一相绕组的基波和谐波电动势都比集中绕组时的小。但由于谐波电动势的相位差较大，因此，总的来说，一相绕组的谐波电动势所减小的幅度要大于基波电动势减小的幅度，谐波电动势相对减少，使电动势波形得到改善。

绕组短距时，一个线圈的两个线圈边中的基波和谐波（奇数次）电动势都不再相差 $180°$，因此，基波电动势和谐波电动势也都比整距时减小。合理短距时，对基波，因短距而减小的空间电角度是较小的，因此基波电动势减小得很少；但对 ν 次谐波，短距减小的则是一个较大的角度（是基波的 ν 倍），因此，总体而言，两个线圈边中谐波电动势相量和的大小就比整距时的要小得多。因为谐波电动势减小的幅度大于基波电动势减小的幅度，所以可使电动势波形得到改善。

若要完全消除第 ν 次谐波，y 应取为 $\left(1-\dfrac{1}{\nu}\right)\tau$（$\tau$ 为极距）。

10-6 三相交流电机线电压中是否有 3 次谐波？为什么？三相交流发电机的定子绕组为什么一般都用星形联结？

答：三相电动势的 3 次谐波的相位互差 $3\times120°=360°$，即是同相位的，其幅值又是相等的，因此，在三相绕组采用星形联结时，由于线电动势为相电动势之差，即线电动势中的 3 次谐波电动势互相抵消，使线电动势中不存在 3 次谐波，线电压中也没有 3 次谐波；在三相绕组采用三角形联结时，三相的 3 次谐波电动势会在三角形联结的闭合回路中产生 3 次谐波环流，但由于 3 次谐波相电动势恰好与 3 次谐波环流在 3 次谐波阻抗上产生的压降相等，因此在线电压中不会出现 3 次谐波。同样道理，无论是星形联结还是三角形联结，线电压中也都不会出现 3 的整数倍次谐波。

在采用三角形联结时，三相绕组的闭合回路中会产生 3 次谐波环流，它将引起附加损耗，使发电机的温升增加、效率降低，因此三相交流发电机的定子绕组一般采用星形联结。

10-7 采用绕组分布短距改善电动势波形时，每根导体中的感应电动势是否也相应得到改善？

答：采用绕组分布短距改善电动势波形，是通过使线圈间或线圈边间的电动势相位差发生变化而实现的，每根导体中的感应电动势波形并没有改善。

10-8 试述双层绕组的优点，为什么现代交流电机大多采用双层绕组（小型电机除外）？

答：采用双层绕组时，可以通过短距节省端部用铜量，或者减少线圈组之间的连线。更重要的是，可以同时采用分布和短距来改善绕组电动势和磁动势的波形。因此，现代交流电机大多采用双层绕组。

10-9 为什么分布因数只能小于 1，节距因数呢？节距 $y_1>\tau$ 的绕组的节距因数会不会大于 1？

答：绕组分布放置时，线圈组电动势为各串联线圈电动势的相量和，而不是集中放置时的代数和，因此，线圈组电动势总比集中时的小，所以分布因数只能小于 1。

绕组短距时，一个线圈的电动势为其两个线圈边电动势的相量和，也比整距时的小，所以节距因数也是小于 1 的。节距 $y_1>\tau$ 时，和上述短距时的情况是一样的，节距因数也不会大于 1.

10-10 三相双层绕组，同一相的各极相组间应如何联结？为什么？

答： 三相双层绕组中，每一相绕组的两个相邻极相组位于不同极性的极下，其基波电动势是反相的．为了使串联起来的各极相组的电动势不互相抵消，相邻两个极相组应反向联结，即首-首、尾-尾相联．

10-11 什么叫齿谐波电动势？绕组的分布和短距为什么不能削弱齿谐波电动势？有哪些削弱齿谐波电动势的方法？

答： 由于定子槽开口引起气隙磁导不均匀（齿下气隙较小、磁导较大；而槽口处气隙较大、磁导较小），使气隙中高次谐波磁通密度非正弦分布而在定子绕组中产生的 $k\dfrac{Q}{p}\pm 1 = 2mqk\pm 1$ 次谐波电动势，称为齿谐波电动势．

因为齿谐波的绕组因数与基波绕组因数相等，所以不能用分布和短距的办法去削弱齿谐波电动势．

削弱齿谐波电动势的方法有增大每极每相槽数 q，采用斜槽，采用磁性槽楔或半闭口槽，以及采用分数槽绕组等．

10-12 一台三相交流电机，每极每相槽数为 3，其齿谐波电动势中两个最低的次数是多少？

答： 齿谐波电动势的次数为 $\nu_t = 2mqk\pm 1$，因 $m=3$，$q=3$，故 $\nu_t = 18k\pm 1$ ($k=1$, 2, 3, …)．所以两个最低的次数为 17, 19．

10-13 什么叫分数槽绕组？分数槽绕组的分布因数如何计算？

答： 每极每相槽数 q 为分数的绕组称为分数槽绕组．

若 $q = b + \dfrac{c}{d}$ (b、c、d 均为正整数，$c<d$)，则分数槽绕组的分布因数的计算公式为

$$k_{d\nu} = \dfrac{\sin\nu q' \dfrac{\alpha'}{2}}{q' \sin\nu \dfrac{\alpha'}{2}}$$

其中 $q' = bd + c$，$\alpha' = \dfrac{60°}{q'}$．

10-14 比较交流电机的下列各量的波形是否相同：气隙磁通密度、定子上一根导体的电动势、定子上一个线圈的电动势．

答： 气隙磁通密度波形与定子上一根导体电动势的波形相同，定子上一个线圈的电动势波形则可能与之相同（线圈为整距时），也可能不同（线圈不是整距时）．

10-15 一台 $p=2$ 的交流电机定子上有 3 根导体 A、B、C，在空间互隔 30°机械角度，已知每根导体感应的基波电动势为 10V，3 次谐波电动势为 2V．现将这 3 根导体顺次串联起来（上一根导体的尾端联至下一根导体的首端），所得到的总的基波电动势和 3 次谐波电动势分别是多大？

答： 3 根导体相隔的空间电角度为 $p\times 30° = 2\times 30° = 60°$，因此其基波电动势的相位关系是依次相差 60°．由于 3 根导体顺次串联，因此所得到的总的基波电动势为 3 根导体基波电动势的相量和．不妨设导体 B、C 的基波电动势分别滞后导体 A 的基波电动势的电角度分别为 60°、120°，则由相量图可知，总的基波电动势有效值等于一根导体基波电动势有效值

的 2 倍，即 20V.

对于 3 次谐波磁场，3 根导体相隔的空间电角度为 $3\times p\times 30°=3\times 2\times 30°=180°$，因此其 3 次谐波电动势的相位关系是依次相差 $180°$. 由相量图可知，总的 3 次谐波电动势有效值等于一根导体 3 次谐波电动势有效值，即 2V.

10.5 习题及其解

10-1 已知图 10-1 所示同步电机的气隙磁通密度分布（坐标选在转子上）为

$$b_\delta = \sum_{\nu=1,3,5,\cdots} B_{\delta\nu m}\sin\nu\alpha$$

导体的有效长度为 l，切割磁通的线速度为 v. 求：

(1) 在 $t=0$ 时，处于坐标原点的导体 1 及离坐标原点为 α_1 处的导体 2，它们的感应电动势随时间变化的表达式 $e_1=f(t)$ 及 $e_2=f(t)$；

(2) 分别画出两导体中的基波电动势相量及 3 次谐波电动势相量.

解：(1) 由于 $e=b_\delta lv$，因此导体电动势 e 随时间变化的波形与气隙磁通密度 b_δ 的空间分布波形相同. 要写出导体电动势随时间变化的表达式，关键要找出其基波的初相角.

对于导体 1，由图 10-1 可知，$t=0$ 时它位于 $\alpha=0$ 处，此处 $b_\delta=0$，于是此时 $e_1=0$. 按图中规定的电动势正方向，用右手定则可知当转子再转过 $90°$ 电角度时，e_1 将达到正的最大值. 因此 e_1 的基波随时间的变化规律是 $\sin\omega t$，即用正弦函数表达时，其初相角为 $0°$，其中 ω 为角频率，$\omega=2\pi f=2\pi\dfrac{pn}{60}$（$p$ 为电机的极对数）. 于是可写出 e_1 的表达式为

$$e_1 = lv\sum_{\nu=1,3,5,\cdots} B_{\delta\nu m}\sin\nu\omega t$$

对于导体 2，由图 10-1 可知，当转子从图示位置再转过 $90°-\alpha_1$ 电角度时，e_2 达到正最大值. 也用正弦函数表示时，其基波的初相角为 $90°-(90°-\alpha_1)=\alpha_1$，所以 e_2 的表达式为

$$e_2 = lv\sum_{\nu=1,3,5,\cdots} B_{\delta\nu m}\sin\nu(\omega t+\alpha_1)$$

也可以这样分析：导体 1 沿转子转向在空间上超前导体 2 α_1 电角度，因此导体 1 的基波电动势在时间上就滞后于导体 2 基波电动势 α_1 电角度. 按这样的关系，由上面的 e_1 表达式就可写出 e_2 的表达式.

(2) 相量图如图 10-2 所示.

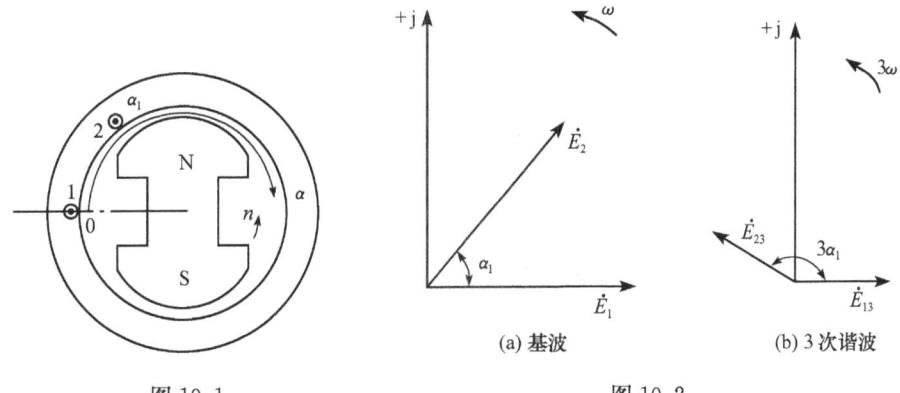

图 10-1   (a) 基波   (b) 3 次谐波

图 10-2

10-2 有一台同步发电机，定子槽数 $Q=36$，极数 $2p=4$，如图 10-3 所示. 若已知第 1 槽中导体感应电动势基波瞬时值为 $e_1=E_{1m}\sin\omega t$，分别写出第 2 槽、第 10 槽、第 19 槽和第 36 槽中导体感应电动势基波瞬时值的表达式，并画出相应的基波电动势相量.

解：空间位置不同的各导体中基波感应电动势在时间上的相位差. 等于其空间的电角度差，且沿转子转向在空间上超前的导体，其基波电动势在时间上是滞后的. 由图 10-3 可知槽距角 α 为

$$\alpha = p\frac{360°}{Q} = 2\times\frac{360°}{36} = 20°$$

由已知的 $e_1=E_{1m}\sin\omega t$，按照上述导体基波电动势的关系，可得到第 2、10、19 和 36 槽中导体基波电动势的瞬时值表达式分别为

$$e_2 = E_{1m}\sin(\omega t - 20°)$$
$$e_{10} = E_{1m}\sin(\omega t - 180°)$$
$$e_{19} = E_{1m}\sin(\omega t - 360°)$$
$$e_{36} = E_{1m}\sin(\omega t + 20°)$$

相应的基波电动势相量 $\dot E_1$、$\dot E_2$、$\dot E_{10}$、$\dot E_{19}$、$\dot E_{36}$ 如图 10-4 所示.

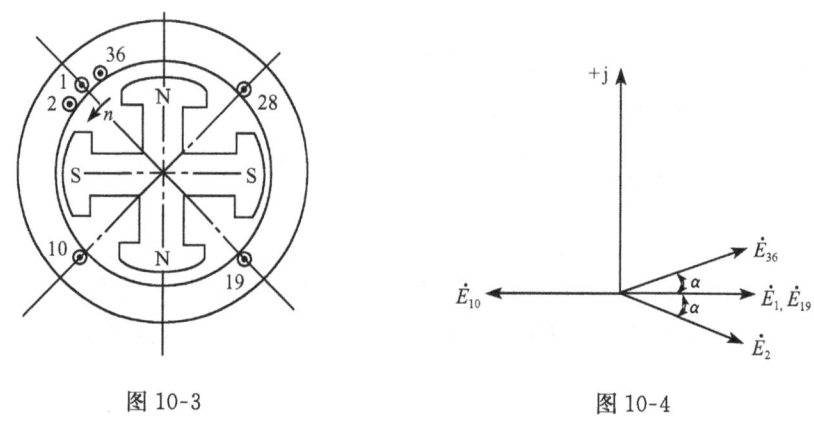

图 10-3   图 10-4

10-3 已知气隙磁通密度分布（坐标选在转子上）为

$$b_\delta = \sum_{\nu=1,3,5,\cdots} B_{\delta\nu m}\sin\nu\alpha,$$

导体的有效长度为 l，切割磁通的线速度为 v. 求：

（1）在 $t=0$ 时位于 N 极中心处的导体 I 和 S 极中心处的导体 II，它们的电动势随时间变化的表达式 $e=f(t)$；

（2）将导体 I 和 II 组成一匝线圈，在此线圈中感应的电动势为 e_T，e_I、e_{II}、e_T 的正方向如图 10-5 所示，求线圈电动势的表达式 $e_T=f(t)$；

（3）画出导体及线圈基波电动势相量图.

解：（1）
$$e_I = lv\sum_{\nu=1,3,5,\cdots} B_{\delta\nu m}\sin\nu\left(\omega t + \frac{\pi}{2}\right)$$

$$e_{II} = lv\sum_{\nu=1,3,5,\cdots} B_{\delta\nu m}\sin\nu\left(\omega t - \frac{\pi}{2}\right)$$

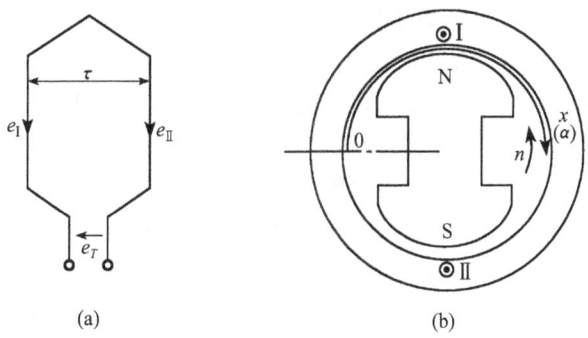

图 10-5

(2) $e_T = e_I - e_{II} = 2e_I = 2lv \sum_{\nu=1,3,5,\cdots} B_{\delta\nu m}\sin\nu\left(\omega t + \frac{\pi}{2}\right)$

(3) 导体基波电动势 $\dot{E}_I$、$\dot{E}_{II}$ 及线圈基波电动势 $\dot{E}_T$ 如图 10-6 所示.

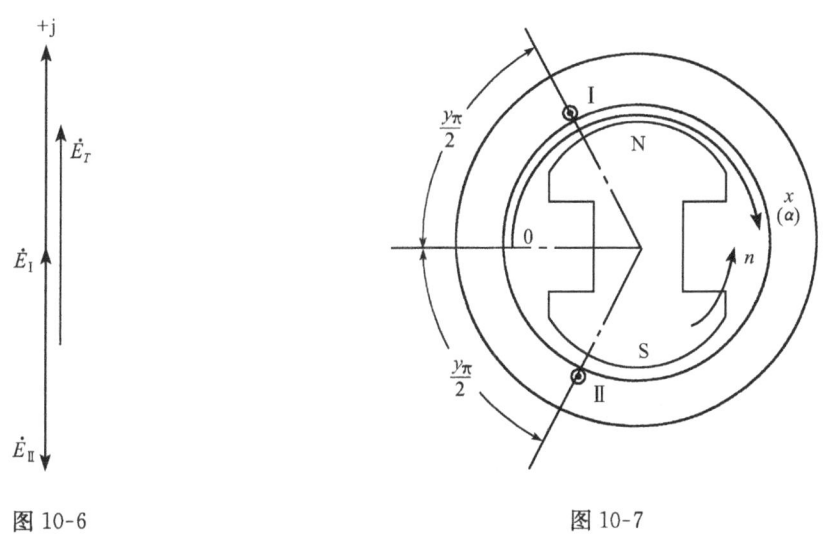

图 10-6 　　　　　　　　　图 10-7

10-4 已知条件同上题. 在图 10-7 中：

(1) $t=0$ 时，导体 I 离坐标原点为 $\frac{y\pi}{2}$ 电角度，求导体 I 中感应电动势随时间变化的表达式 $e_I = f(t)$；$t=0$ 时，导体 II 离坐标原点为 $-\frac{y\pi}{2}$ 电角度，求导体 II 中感应电动势随时间变化的表达式 $e_{II} = f(t)$；

(2) 把导体 I、II 组成一匝线圈，写出 $e_T = f(t)$；

(3) 画出导体与线匝的基波电动势相量图.

解：(1) $e_I = lv \sum_{\nu=1,3,5,\cdots} B_{\delta\nu m}\sin\nu\left(\omega t + \frac{y\pi}{2}\right)$

$e_{II} = lv \sum_{\nu=1,3,5,\cdots} B_{\delta\nu m}\sin\nu\left(\omega t - \frac{y\pi}{2}\right)$

(2) $e_T = e_I - e_{II} = 2lv \sum_{\nu=1,3,5,\cdots} B_{\delta\nu m}\sin\nu\frac{y\pi}{2}\cos\nu\omega t$

(3) 电动势相量图如图 10-8 所示.

10-5 在交流电机的定子上放了相距150°空间电角度的两根导体 A 与 X，转子绕组通入直流励磁电流产生一对极的气隙磁通密度，并规定导体电动势出纸面为正，如图 10-9 所示. 已知原动机拖动电机转子沿逆时针方向以 n_1 的转速恒速旋转时，在每根导体中感应的基波电动势有效值都是10V. 画出图 10-9 所示瞬间两根导体 A 与 X 感应基波电动势相量在复平面上的位置.

解：从图 10-9 中看出，顺着转子转动方向看，导体 A 在导体 X 的前面150°空间电角度的地方，用相量表示导体基波电动势，导体 A 的基波电动势相量应滞后于导体 X 的相量150°时间电角度. 这是因为N极先经过 X 导体处的缘故. 图 10-10 中画出了图 10-9 所示瞬间对应的导体基波电动势相量图，每根相量的长短代表10V大小的有效值.

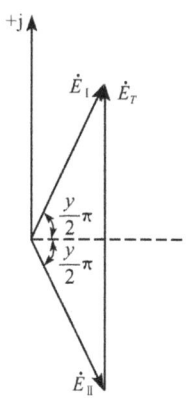

图 10-8

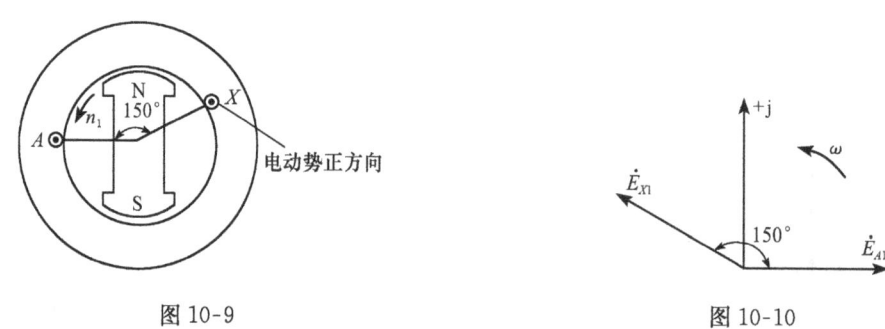

图 10-9　　　　　　　　　　　图 10-10

10-6 如果把题 10-5 中 A、X 两根导体组成线匝，求该短距线匝基波电动势有效值是多少？（已知线匝基波电动势 $\dot{E}_{T1}=\dot{E}_{A1}-\dot{E}_{X1}$）

解：用画相量图的办法求解，请读者自己去做.

下面用计算的办法求解.

图 10-9 中 A、X 两根导体在空间相距150°空间电角度，依此可计算出短距线圈的节距 y_1：

$$y_1 = y\pi = 150° \times \frac{\pi}{180°}$$

$$y = \frac{150°}{180°} = 0.833$$

基波节距因数 k_{p1} 为

$$k_{p1} = \sin y \frac{\pi}{2} = \sin(0.833 \times 90°) = 0.9658$$

由 A、X 两根导体组成的短距线匝其基波电动势有效值为

$$E_{T1} = 2 \times 10 \times 0.9658 = 19.3(\text{V})$$

10-7 题 10-5 中的 A、X 两根导体，若每根导体感应的3次、5次、7次谐波电动势有效值分别为3V、2V 和 1.5V，计算联成短距线匝时以上各次谐波电动势有效值的大小.

解：读者自己可用画相量图的办法解之.

下面用计算的办法求解.

3次、5次、7次谐波节距因数 k_{p3}、k_{p5}、k_{p7} 分别为

$$k_{p3} = \sin\nu y \frac{\pi}{2} = \sin\left(3 \times 0.833 \times \frac{\pi}{2}\right)$$
$$= -0.706 \quad （求有效值时不考虑负号）$$

$$k_{p5} = \sin\nu y \frac{\pi}{2} = \sin\left(5 \times 0.833 \times \frac{\pi}{2}\right) = 0.256$$

$$k_{p7} = \sin\nu y \frac{\pi}{2} = \sin\left(7 \times 0.833 \times \frac{\pi}{2}\right) = 0.262$$

线圈的 3 次、5 次、7 次谐波电动势有效值分别为

$$E_{T3} = 2 \times 3 k_{p3} = 2 \times 3 \times 0.706 = 4.24(\text{V})$$
$$E_{T5} = 2 \times 2 k_{p5} = 4 \times 0.256 = 1.03(\text{V})$$
$$E_{T7} = 2 \times 1.5 k_{p7} = 3 \times 0.262 = 0.79(\text{V})$$

10-8 一台交流电机，在它的定子上依次均匀放置了 4 个整距线圈，相邻两个整距线圈之间的槽距角 $\alpha = 15°$ 空间电角度. 已知每个整距线圈基波电动势有效值为 30V，现将这些整距线圈按头尾相联构成线圈组，求该线圈组的基波电动势有效值为多少？

解：用画相量图的办法求解.

图 10-11 是空间分布的 4 个整距线圈基波电动势相量图（不必画出 $+j$ 轴）. 把图中 4 个相量按相量相加的方法加起来，就是线圈组的基波电动势. 可以从相量的长短求出线圈组基波电动势的有效值.

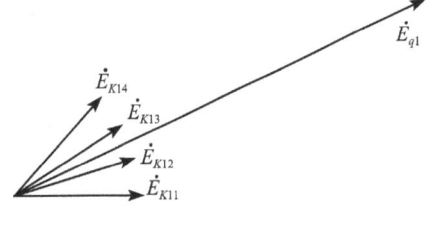

图 10-11

用计算的办法求解.

已知 4 个整距线圈在空间上分布，所以 $q = 4$. 另外 $\alpha = 15°$，于是可以算出基波分布因数，为

$$k_{d1} = \frac{\sin q \frac{\alpha}{2}}{q \sin \frac{\alpha}{2}} = \frac{\sin 4 \times \frac{15°}{2}}{4 \sin \frac{15°}{2}} = 0.96$$

如果将 4 个整距线圈都集中在一起，线圈组基波电动势有效值为 $4 \times 30 = 120\text{V}$. 现在分布开，则线圈组基波电动势有效值应为

$$4 \times 30 k_{d1} = 4 \times 30 \times 0.96 = 115.2(\text{V})$$

10-9 上题里的那台电机，已知每个整距线圈 3 次谐波电动势的有效值为 10V，5 次谐波电动势的有效值为 6V，7 次谐波电动势的有效值为 4V，求线圈组中 3 次、5 次、7 次谐波电动势的有效值各为多少？

解：**解法一** 用画相量图的办法求解.

读者自己可以画各谐波电动势的相量图，例如画 3 次谐波电动势，相量的长短代表 3 次谐波电动势的有效值（即 10V），相邻两电动势之间的相位差为 $3 \times 15° = 45°$，最后把 4 个相量加起来，就可求出线圈 3 次谐波电动势的大小.

解法二 用计算的办法求解.

3 次谐波的分布因数 k_{d3} 为

$$k_{d3} = \frac{\sin q \frac{3\alpha}{2}}{q \sin \frac{3\alpha}{2}} = \frac{\sin 4 \times \frac{3 \times 15°}{2}}{4 \sin \frac{3 \times 15°}{2}} = 0.653$$

线圈组 3 次谐波电动势有效值 E_{q3} 为
$$E_{q3} = 4 \times 10 \times k_{d3} = 4 \times 10 \times 0.653 = 26.1(\text{V})$$

5 次谐波的分布因数 k_{d5} 为
$$k_{d5} = \frac{\sin q \frac{5\alpha}{2}}{q \sin \frac{5\alpha}{2}} = \frac{\sin 4 \times \frac{5 \times 15°}{2}}{4 \sin \frac{5 \times 15°}{2}} = 0.205$$

线圈组 5 次谐波电动势有效值 E_{q5} 为
$$E_{q5} = 4 \times 6 \times k_{d5} = 4 \times 6 \times 0.205 = 4.9(\text{V})$$

7 次谐波的分布因数 k_{d7} 为
$$k_{d7} = \frac{\sin q \frac{7\alpha}{2}}{q \sin \frac{7\alpha}{2}} = \frac{\sin 4 \times \frac{7 \times 15°}{2}}{4 \sin \frac{7 \times 15°}{2}} = -0.158$$

式中负号只是在表示电动势的瞬时波形及大小时才有意义，在只计算电动势的有效值时，可不予考虑.

线圈组 7 次谐波电动势有效值 E_{q7} 为
$$E_{q7} = 4 \times 4 \times k_{d7} = 4 \times 4 \times 0.158 = 2.5(\text{V})$$

10-10 一台 4 极、50Hz 的三相交流电机，定子内径为 0.74m，铁心长度为 1.52m，定子绕组为双层绕组，线圈节距为 $\frac{5}{6}\tau$，每个线圈 2 匝. 已知气隙基波磁通密度的分布为 $b_\delta = 1.2\cos\alpha$（T）（坐标选在转子上），求每个线圈中的基波电动势.

解： 基波每极磁通量为
$$\Phi_1 = B_{\delta 1av}\tau l = \left(\frac{2}{\pi}B_{\delta 1m}\right)\frac{\pi D}{2p} \cdot l$$
$$= \frac{2}{\pi} \times 1.2 \times \frac{0.74\pi}{4} \times 1.52 = 0.6749(\text{Wb})$$

线圈的基波节距因数为
$$k_{p1} = \sin\frac{y_1}{\tau}90° = \sin\frac{\frac{5}{6}\tau}{\tau}90° = 0.9659$$

线圈的基波电动势为
$$E_{K1} = 4.44 f N_K \Phi_1 k_{p1}$$
$$= 4.44 \times 50 \times 2 \times 0.6749 \times 0.9659 = 289.4(\text{V})$$

10-11 一台 50Hz、14 极三相交流电机，定子绕组为双层绕组，每极每相槽数为 3，线圈节距为 7，每个线圈为 1 匝，并联支路数为 1. 在某一负载条件下，气隙基波每极磁通量为 0.15Wb, 求此时每相绕组的基波电动势.

解：
$$Q = 2pmq = 14 \times 3 \times 3 = 126$$
$$\tau = mq = 3 \times 3 = 9$$
$$y = \frac{y_1}{\tau} = \frac{7}{9}$$
$$\alpha = p\frac{360°}{Q} = 7 \times \frac{360°}{126} = 20° \left(\text{或 } \alpha = \frac{60°}{q} = \frac{60°}{3} = 20°\right)$$
$$k_{d1} = \frac{\sin q \frac{\alpha}{2}}{q\sin\frac{\alpha}{2}} = \frac{\sin 3 \times \frac{20°}{2}}{3 \times \sin\frac{20°}{2}} = 0.9598$$
$$k_{p1} = \sin y \cdot 90° = \sin\frac{7}{9} \times 90° = 0.9397$$
$$k_{dp1} = k_{d1}k_{p1} = 0.9598 \times 0.9397 = 0.9019$$
$$N_1 = \frac{2pqN_K}{a} = \frac{14 \times 3 \times 1}{1} = 42$$
$$E_{\phi 1} = 4.44 f N_1 \Phi_1 k_{dp1}$$
$$= 4.44 \times 50 \times 42 \times 0.15 \times 0.9019 = 1261.4(\text{V})$$

10-12 求双层三相交流绕组的基波绕组因数：

(1) 极对数 $p=3$, 定子槽数 $Q=54$, 线圈节距 $y_1=\frac{7}{9}\tau$ (τ 是极距);

(2) 极对数 $p=2$, 定子槽数 $Q=60$, 线圈跨槽 1~13.

解：(1) $k_{d1}=0.9598$, $k_{p1}=0.9397$, $k_{dp1}=0.9019$

(2)
$$\tau = \frac{Q}{2p} = \frac{60}{2 \times 2} = 15$$
$$y_1 = 12$$
$$k_{d1} = 0.9567, \quad k_{p1} = 0.9511, \quad k_{dp1} = 0.91$$

10-13 一台三相同步发电机, 极对数 $p=3$, 额定转速 $n_1=1000\text{r/min}$, 定子每相串联匝数 $N_1=125$, 基波绕组因数 $k_{dp1}=0.92$. 如果每相基波感应电动势为 $E_1=230\text{V}$, 求气隙基波每极磁通量 Φ_1 是多少？

解：
$$f = \frac{pn_1}{60} = \frac{3 \times 1000}{60} = 50(\text{Hz})$$

由 $E_1=4.44fN_1\Phi_1 k_{dp1}$ 可求出 $\Phi_1=0.9009 \times 10^{-2}\text{Wb}$.

10-14 一台星形联结、50Hz、12极的三相同步发电机, 定子槽数为180, 上面布置双层绕组, 每个槽中有16根导体, 线圈节距为12, 并联支路数为1. 试求：

(1) 基波绕组因数 k_{dp1};

(2) 要使空载基波线电动势为 13.8kV, 基波每极磁通量 Φ_1 应是多少？

解：(1) 已知 $m=3$, $Q=180$, $2p=12$, $N_K=8$, $y_1=12$, $a=1$, $f=50\text{Hz}$, 则
$$\tau = \frac{Q}{2p} = \frac{180}{12} = 15$$

$$\alpha = p\frac{360°}{Q} = 6 \times \frac{360°}{180} = 12°$$

$$q = \frac{Q}{2pm} = \frac{180}{12 \times 3} = 5$$

$$k_{d1} = \frac{\sin q\frac{\alpha}{2}}{q\sin\frac{\alpha}{2}} = \frac{\sin 5 \times \frac{12°}{2}}{5 \times \sin\frac{12°}{2}} = 0.9567$$

$$k_{p1} = \sin\frac{y_1}{\tau}90° = \sin\frac{12}{15} \times 90° = 0.9511$$

$$k_{dp1} = k_{d1}k_{p1} = 0.9567 \times 0.9511 = 0.91$$

(2) $$E_{\phi 1} = \frac{E_0}{\sqrt{3}} = \frac{13800}{\sqrt{3}} = 7967.4(\text{V})$$

因每槽中有 16 根导体，故线圈匝数 $N_K=8$. 则

$$N_1 = \frac{2pqN_K}{a} = \frac{12 \times 5 \times 8}{1} = 480$$

$$\Phi_1 = \frac{E_{\phi 1}}{4.44fN_1k_{dp1}} = \frac{7967.4}{4.44 \times 50 \times 480 \times 0.91} = 0.08216(\text{Wb})$$

10-15 一台三相异步电动机，定子采用双层分布短距绕组. 已知定子槽数 $Q=36$，极对数 $p=3$，线圈节距 $y_1=5$，每个线圈串联匝数 $N_K=20$，并联支路数 $a=1$，频率 $f=50\text{Hz}$，基波每极磁通量 $\Phi_1=0.00398\text{Wb}$. 求：

(1) 导体基波电动势有效值；
(2) 线匝基波电动势有效值；
(3) 线圈基波电动势有效值；
(4) 极相组基波电动势有效值；
(5) 相绕组基波电动势有效值.

解：(1) 导体基波电动势有效值
$$E_1 = 2.22f\Phi_1 = 2.22 \times 50 \times 0.00398 = 0.442(\text{V})$$

(2) 线匝基波电动势有效值
先计算基波节距因数
$$\tau = \frac{Q}{2p} = \frac{36}{2 \times 3} = 6$$

$$y = \frac{y_1}{\tau} = \frac{5}{6}$$

$$k_{p1} = \sin y\frac{\pi}{2} = \sin\frac{y_1}{\tau}\frac{\pi}{2} = \sin\frac{5}{6}\frac{\pi}{2} = 0.9659$$

于是短距线匝基波电动势有效值
$$E_{T1} = 4.44fk_{p1}\Phi_1 = 4.44 \times 50 \times 0.9659 \times 0.00398 = 0.853(\text{V})$$

(3) 线圈基波电动势有效值
$$E_{K1} = 4.44fN_Kk_{p1}\Phi_1 = 4.44 \times 50 \times 20 \times 0.9659 \times 0.00398 = 17.1(\text{V})$$

（4）极相组基波电动势有效值

每极每相槽数
$$q = \frac{Q}{2pm} = \frac{36}{2 \times 3 \times 3} = 2$$

槽距角 α
$$\alpha = \frac{p \times 360°}{Q} = \frac{3 \times 360°}{36} = 30°$$

基波分布因数
$$k_{d1} = \frac{\sin q \frac{\alpha}{2}}{q \sin \frac{\alpha}{2}} = \frac{\sin 2 \times \frac{30°}{2}}{2 \sin \frac{30°}{2}} = 0.9659$$

基波绕组因数
$$k_{dp1} = k_{p1} k_{d1} = 0.9659 \times 0.9659 = 0.933$$

极相组基波电动势有效值
$$E_{q1} = 4.44 f q N_K k_{dp1} \Phi_1 = 4.44 \times 50 \times 2 \times 20 \times 0.933 \times 0.00398 = 32.97(\text{V})$$

（5）相绕组电动势有效值

每相绕组串联匝数为
$$N_1 = \frac{2pqN_K}{a} = \frac{2 \times 3 \times 2 \times 20}{1} = 240$$

相绕组基波电动势有效值
$$E_{\phi1} = 4.44 f N_1 k_{dp1} \Phi_1$$
$$= 4.44 \times 50 \times 240 \times 0.933 \times 0.00398 = 197.8(\text{V})$$

或
$$E_{\phi1} = \frac{2p}{a} E_{q1} = \frac{2 \times 3}{1} \times 32.97 = 197.8(\text{V})$$

10-16 上题中的电机，它的 5 次谐波每极磁通量 $\Phi_5 = 0.00004\text{Wb}$，7 次谐波每极磁通量 $\Phi_7 = 0.00001\text{Wb}$。求相绕组中 5 次、7 次谐波电动势的有效值各为多少？

解：5 次、7 次谐波节距因数分别为
$$k_{p5} = \sin 5y \frac{\pi}{2} = \sin 5 \times \frac{5}{6} \frac{\pi}{2} = 0.2588$$

$$k_{p7} = \sin 7y \frac{\pi}{2} = \sin 7 \times \frac{5}{6} \frac{\pi}{2} = 0.2588$$

5 次、7 次谐波分布因数分别为
$$k_{d5} = \frac{\sin q \frac{5\alpha}{2}}{q \sin \frac{5\alpha}{2}} = \frac{\sin 2 \times \frac{5 \times 30°}{2}}{2 \sin \frac{5 \times 30°}{2}} = 0.2588$$

$$k_{d7} = \frac{\sin q \frac{7\alpha}{2}}{q \sin \frac{7\alpha}{2}} = \frac{\sin 2 \times \frac{7 \times 30°}{2}}{2 \sin \frac{7 \times 30°}{2}} = -0.2588$$

5次、7次谐波绕组因数分别为
$$k_{dp5} = k_{p5}k_{d5} = 0.2588 \times 0.2588 = 0.067$$
$$k_{dp7} = k_{p7}k_{d7} = 0.2588 \times (-0.2588) = -0.067 \quad (负号不考虑)$$

一相绕组5次谐波电动势有效值为
$$E_{\phi 5} = 4.44 \times 5 f N_1 k_{dp5} \Phi_5$$
$$= 4.44 \times 5 \times 50 \times 240 \times 0.067 \times 0.00004 = 0.714(V)$$

一相绕组7次谐波电动势有效值为
$$E_{\phi 7} = 4.44 \times 7 f N_1 k_{dp5} \Phi_7$$
$$= 4.44 \times 7 \times 50 \times 240 \times 0.067 \times 0.00001 = 0.25(V)$$

从以上计算结果可看出，绕组采用了短距分布后，基波电动势被削减得较少，而谐波电动势被大大削弱了．

10-17 一台三相4极交流电机，定子有36个槽，布置60°相带双层绕组，线圈节距为7. 如果每个线圈为10匝，每相绕组的所有线圈均为串联，则当三相绕组为星形联结，线电动势为380V、50Hz时，基波每极磁通量是多少？如果线电动势改为110V，要保持基波每极磁通量不变，则定子绕组应如何联结？

解： 已知 $m=3$, $p=2$, $Q=36$, $y_1=7$, $N_K=10$，则
$$\tau = \frac{Q}{2p} = \frac{36}{4} = 9$$
$$\alpha = p\frac{360°}{Q} = \frac{2 \times 360°}{36} = 20°$$
$$q = \frac{Q}{2pm} = \frac{36}{4 \times 3} = 3$$
$$k_{d1} = \frac{\sin q\frac{\alpha}{2}}{q\sin\frac{\alpha}{2}} = \frac{\sin 3 \times \frac{20°}{2}}{3 \times \sin\frac{20°}{2}} = 0.9598$$
$$k_{p1} = \sin\frac{y_1}{\tau}90° = \sin\frac{7}{9} \times 90° = 0.9397$$
$$k_{dp1} = k_{d1}k_{p1} = 0.9598 \times 0.9397 = 0.9019$$

当一相的所有线圈均串联时，$a=1$，则
$$N_1 = \frac{2pqN_K}{a} = \frac{4 \times 3 \times 10}{1} = 120$$

线电动势为380V时，相电动势为 $E_{\phi 1} = \frac{380}{\sqrt{3}} = 220(V)$，则基波每极磁通量为
$$\Phi_1 = \frac{E_{\phi 1}}{4.44 f N_1 k_{dp1}} = \frac{220}{4.44 \times 50 \times 120 \times 0.9019} = 0.00916(Wb)$$

要保持 Φ_1 不变，若绕组联结不变，则 $E_{\phi 1}$ 应不变．而在线电动势为110V时，$E_{\phi 1}$ 最大可能为110V（三角形联结时），是原来的一半，因此要使 Φ_1 不变，N_1 必须减少一半，则需 $a=2$. 所以，绕组的联结方法应为三相绕组用三角形联结，每相绕组并联支路数 $a=2$.

10-18 一台50Hz的三相同步电机，转子励磁绕组产生的基波每极磁通量为0.1Wb，气隙3次谐波磁通密度的幅值 $B_{\delta 3m}$ 为基波磁通密度幅值 $B_{\delta 1m}$ 的20%，5次谐波磁通密度幅值

$B_{\delta 5m}$为$B_{\delta 1m}$的10%，每相绕组串联导体数为320，绕组因数为$k_{dp1}=0.95$，$k_{dp3}=-0.604$，$k_{dp5}=0.163$. 求每相绕组空载电动势的基波和3、5次谐波的有效值.

解：由于每相绕组总的串联导体数为320，因此$N_1=\dfrac{320}{2}=160$.

因$B_{\delta 3m}=0.2B_{\delta 1m}$，$B_{\delta 5m}=0.1B_{\delta 1m}$，所以

$$\Phi_3 = \frac{1}{3} \cdot \frac{B_{\delta 3m}}{B_{\delta 1m}}\Phi_1 = \frac{1}{3} \times 0.2 \times 0.1 = 0.00667(\text{Wb})$$

$$\Phi_5 = \frac{1}{5} \cdot \frac{B_{\delta 5m}}{B_{\delta 1m}}\Phi_1 = \frac{1}{5} \times 0.1 \times 0.1 = 0.002(\text{Wb})$$

则

$$\begin{aligned} E_{\phi 1} &= 4.44 f N_1 \Phi_1 k_{dp1} \\ &= 4.44 \times 50 \times 160 \times 0.1 \times 0.95 = 3374.4(\text{V}) \\ E_{\phi 3} &= 3 \times 4.44 f N_1 \Phi_3 k_{dp3} \\ &= 3 \times 4.44 \times 50 \times 160 \times 0.00667 \times 0.604 = 429.3(\text{V}) \\ E_{\phi 5} &= 5 \times 4.44 f N_1 \Phi_5 k_{dp5} \\ &= 5 \times 4.44 \times 50 \times 160 \times 0.002 \times 0.163 = 57.9(\text{V}) \end{aligned}$$

10-19 有一台三相同步发电机，$2p=2$，3000r/min，电枢槽数$Q=60$，绕组为双层绕组，每相串联匝数$N_1=20$，气隙基波每极磁通量$\Phi_1=1.505$Wb，试求：

(1) 基波电动势的频率、整距时基波的绕组因数和相电动势；

(2) 整距时5次谐波的绕组因数；

(3) 如要消除5次谐波，绕组节距应选多少？此时基波电动势变为多少？

解：(1) 基波电动势的频率为

$$f = \frac{pn}{60} = \frac{1 \times 3000}{60} = 50(\text{Hz})$$

可求出：$k_{dp1}=k_{d1}=0.9554$，$E_{\phi 1}=6384.2$V.

(2) $k_{dp5}=k_{d5}=0.1932$

(3) 应取$y_1=24$，此时$E_{\phi 1}=6072$V.

10-20 一台三相同步发电机，额定频率$f_N=50$Hz，额定转速$n_N=1000$r/min. 定子绕组为双层短距绕组，$q=2$，每相串联匝数$N_1=72$，绕组节距$y_1=\dfrac{5}{6}\tau$，并联支路数$a=1$，试求：

(1) 极对数p；

(2) 定子槽数Q；

(3) 画出电动势星形相量图；

(4) 画出绕组展开图（只画一相，其他两相只画引出线）；

(5) 绕组因数k_{dp1}、k_{dp3}、k_{dp5}、k_{dp7}.

解：(1) $\quad p=\dfrac{60f_N}{n_N}=\dfrac{60 \times 50}{1000}=3$

(2) $\quad Q=2pmq=2 \times 3 \times 3 \times 2=36$

(3) $\quad \alpha=p\dfrac{360°}{Q}=3 \times \dfrac{360°}{36}=30°$

画出电动势星形相量图,如图 10-12(a)所示.

(4)
$$\tau = \frac{Q}{2p} = \frac{36}{2 \times 3} = 6$$

$$y_1 = \frac{5}{6}\tau = \frac{5}{6} \times 6 = 5$$

画出一相绕组展开图,如图 10-12(b)所示.

(5) $k_{d1}=0.9659,$ $k_{p1}=0.9659,$ $k_{dp1}=0.933$
$k_{d3}=0.707,$ $k_{p3}=-0.707,$ $k_{dp3}=-0.5$
$k_{d5}=0.2588,$ $k_{p5}=0.2588,$ $k_{dp5}=0.067$
$k_{d7}=-0.2588,$ $k_{p7}=0.2588,$ $k_{dp7}=-0.067$

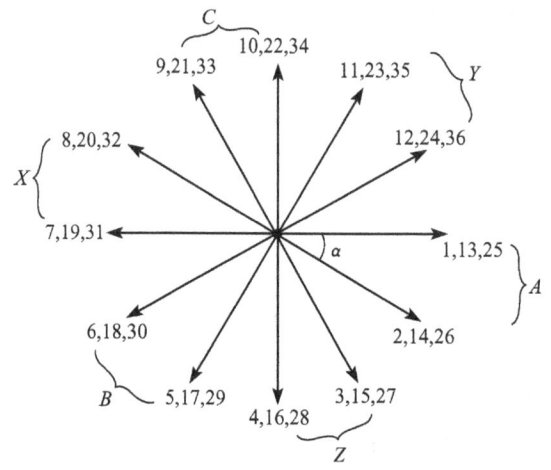

(a) 电动势星形相量图

(b) 绕组展开图

图 10-12

10-21 已知相数 $m=3$,极对数 $p=2$,每极每相槽数 $q=1$,线圈节距为整距.

(1) 画出并联支路 $a=1,2$ 和 4 三种情况的双层绕组;

(2) 若每槽有两根导体,每根导体产生 1V 的基波电动势(有效值),以上的绕组每相各能产生多大的基波电动势?

(3) 5 次谐波磁通密度在每根导体上感应 0.2V(有效值)电动势,以上绕组每相各能产生多大的 5 次谐波电动势?

解:(1) 以双层叠绕组为例.

$$Q = 2pmq = 2 \times 2 \times 3 \times 1 = 12$$
$$\tau = mq = 3 \times 1 = 3$$
$$y_1 = \tau = 3$$

$$\alpha = p\frac{360°}{Q} = 2 \times \frac{360°}{12} = 60°$$

$a=1$，2，4 三种情况的双层绕组展开图（一相）分别如图 10-13（a），（b），（c）所示．

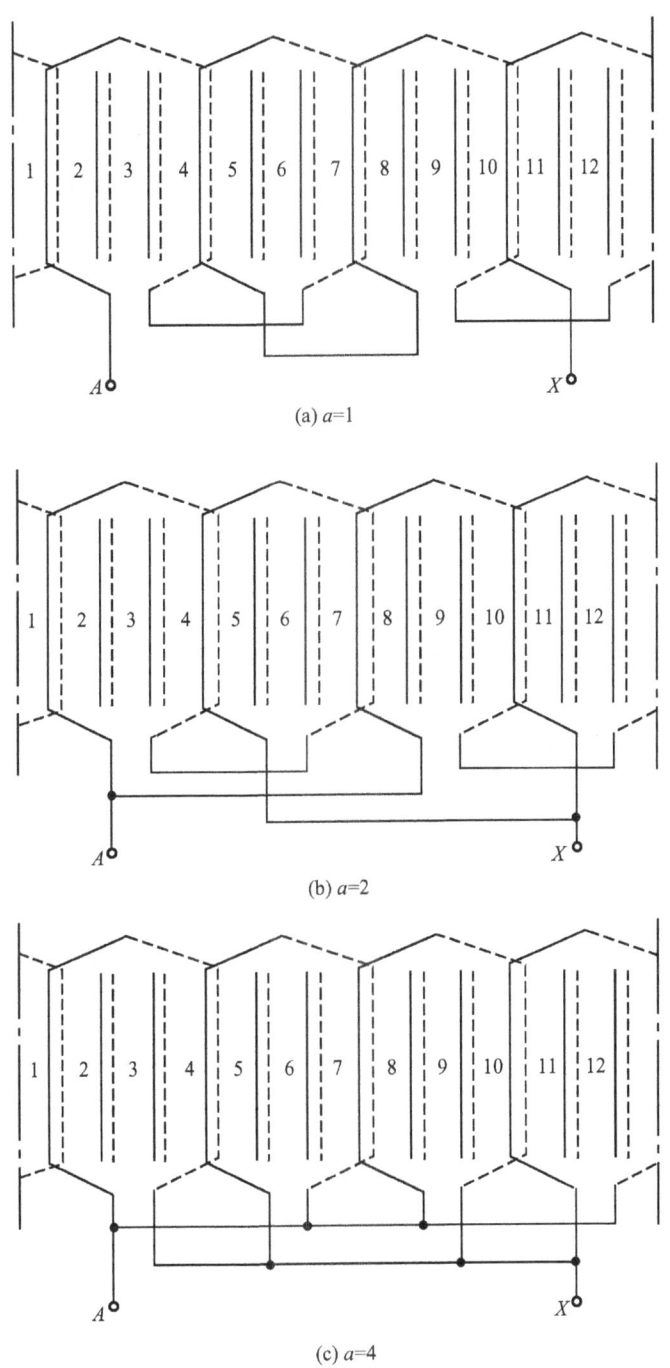

图 10-13

(2) 整距绕组的 $k_{p1}=1$，因 $q=1$，即为集中绕组，所以 $k_{d1}=1$，则 $k_{dp1}=1$．已知每根导体基波电动势 $E_1=1\text{V}$，线圈匝数 $N_K=1$，则每相基波电动势为

$$E_{\phi 1} = \frac{2pqN_K}{a} \cdot (2E_1) \cdot k_{dp1} = \frac{4}{a} pqN_K E_1 k_{dp1}$$

$$= \frac{4}{a} \times 2 \times 1 \times 1 \times 1 \times 1 = \frac{8}{a}(\text{V})$$

当 $a=1$ 时，$E_{\phi 1}=8\text{V}$；
当 $a=2$ 时，$E_{\phi 1}=4\text{V}$；
当 $a=4$ 时，$E_{\phi 1}=2\text{V}$.

(3) 因是整距集中绕组，则 $k_{dp5}=1$.
已知每根导体中 5 次谐波电动势 $E_{15}=0.2\text{V}$，则每相 5 次谐波电动势为

$$E_{\phi 5} = \frac{2pqN_K}{a}(2E_{15})k_{dp5} = \frac{4}{a} pqN_K E_{15} k_{dp5}$$

$$= \frac{4}{a} \times 2 \times 1 \times 1 \times 0.2 \times 1 = \frac{1.6}{a}(\text{V})$$

当 $a=1$ 时，$E_{\phi 5}=1.6\text{V}$；
当 $a=2$ 时，$E_{\phi 5}=0.8\text{V}$；
当 $a=4$ 时，$E_{\phi 5}=0.4\text{V}$.

10-22 已知相数 $m=3$，极对数 $p=2$，每极每相槽数 $q=\frac{3}{4}$，并联支路数 $a=1$ 和线圈节距 $y_1=2$.

(1) 联出双层绕组；
(2) 若每槽有两根导体，每根导体上产生 1V 的基波电动势（有效值），求每相的基波电动势为多少？
(3) 5 次谐波磁通密度在每根导体上产生的电动势为 0.2V（有效值），求每相 5 次谐波电动势为多少？

解：(1) $$Q = 2pmq = 2 \times 2 \times 3 \times \frac{3}{4} = 9$$

$$\alpha = p\frac{360°}{Q} = 2 \times \frac{360°}{9} = 80°$$

作出电动势星形相量图，如图 10-14（a）所示. 各相的槽数分配如下表：

相带	A	Z	B	X	C	Y	A	Z	B	X	C	Y
槽数	1	1	1	0	1	1	1	0	1	1	1	0

各相绕组联结方式与绕组展开图（叠绕组）分别如图 10-14（b）、(c) 所示.

(2) $$q' = dq = 4 \times \frac{3}{4} = 3, \quad \alpha' = \frac{60°}{q'} = \frac{60°}{3} = 20°$$

$$k_{d1} = \frac{\sin q'\frac{\alpha'}{2}}{q'\sin\frac{\alpha'}{2}} = \frac{\sin 3 \times \frac{20°}{2}}{3\sin\frac{20°}{2}} = 0.9598$$

而

$$\tau = \frac{Q}{2p} = \frac{9}{2 \times 2} = \frac{9}{4}, \quad y_1 = 2$$

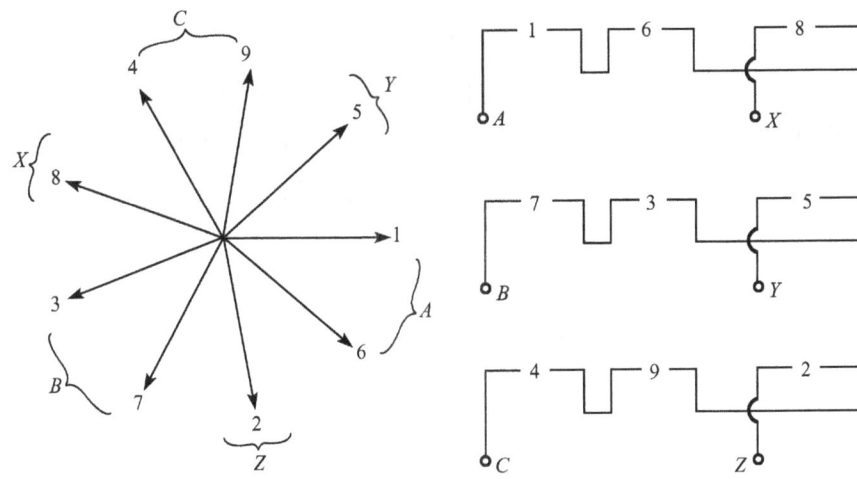

(a) 电动势星形相量图 (b) 绕组联结方式

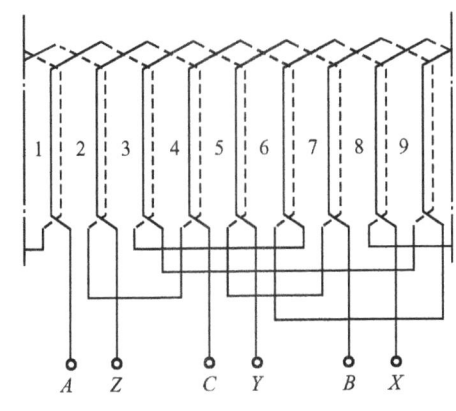

(c) 绕组展开图

图 10-14

则

$$k_{p1} = \sin\frac{y_1}{\tau}90° = \sin\frac{2}{\frac{9}{4}} \times 90° = \sin 80° = 0.9848$$

$$k_{dp1} = k_{d1}k_{p1} = 0.9598 \times 0.9848 = 0.9452$$

已知一根导体的基波电动势 $E_\mathrm{I}=1\mathrm{V}$，则一相绕组的基波电动势为

$$E_{\phi 1} = \frac{2pqN_K}{a}(2E_\mathrm{I})k_{dp1} = \frac{4}{a}pqN_K E_\mathrm{I} k_{dp1}$$

$$= \frac{4}{1} \times 2 \times \frac{3}{4} \times 1 \times 1 \times 0.9452 = 5.67(\mathrm{V})$$

(3) $$k_{d5} = \frac{\sin 5\frac{q'\alpha'}{2}}{q'\sin 5\frac{\alpha'}{2}} = \frac{\sin 5 \times \frac{3 \times 20°}{2}}{3\sin 5 \times \frac{20°}{2}} = 0.2176$$

$$k_{p5} = \sin 5 \frac{y_1}{\tau} 90° = \sin 5 \times \frac{8}{9} \times 90° = 0.6428$$

$$k_{dp5} = k_{d5} k_{p5} = 0.2176 \times 0.6428 = 0.1399$$

已知一根导体的 5 次谐波电动势 $E_{I5} = 0.2\text{V}$，则一相绕组的 5 次谐波电动势为

$$E_{\phi 5} = \frac{2pqN_K}{a}(2E_{I5})k_{dp5} = \frac{4}{a}pqN_K E_{I5} k_{dp5}$$

$$= \frac{4}{1} \times 2 \times \frac{3}{4} \times 1 \times 0.2 \times 0.1399 = 0.168(\text{V})$$

10-23 已知相数 $m=3$，定子槽数 $Q=18$，极对数 $p=2$，并联支路 $a=1$，线圈节距 $y_1 = \frac{8}{9}\tau$，频率 $f=50\text{Hz}$.

（1）联出双层绕组；
（2）计算绕组因数 k_{dp1}、k_{dp5}；
（3）此绕组最多能联成的并联支路数是多少？

解：（1）

$$q = \frac{Q}{2pm} = \frac{18}{2 \times 2 \times 3} = \frac{3}{2}$$

$$\alpha = p\frac{360°}{Q} = 2 \times \frac{360°}{18} = 40°$$

$$\tau = \frac{Q}{2p} = \frac{18}{2 \times 2} = \frac{9}{2}$$

$$y_1 = \frac{8}{9}\tau = \frac{8}{9} \times \frac{9}{2} = 4$$

各相槽数分配如下表：

相带	A	Z	B	X	C	Y	A	Z	B	X	C	Y
槽数	2	1	2	1	2	1	2	1	2	1	2	1

绕组展开图略.

（2）

$$q' = dq = 2 \times \frac{3}{2} = 3$$

$$\alpha' = \frac{60°}{q'} = \frac{60°}{3} = 20°$$

$$k_{d1} = \frac{\sin q' \frac{\alpha'}{2}}{q' \sin \frac{\alpha'}{2}} = \frac{\sin 3 \times \frac{20°}{2}}{3\sin \frac{20°}{2}} = 0.9598$$

$$k_{p1} = \sin \frac{y_1}{\tau} 90° = \sin \frac{8}{9} \times 90° = 0.9848$$

$$k_{dp1} = k_{d1} k_{p1} = 0.9598 \times 0.9848 = 0.9452$$

$$k_{dp5} = 0.1399 (\text{参见上题之（3）的解})$$

（3）最多能联成的并联支路数为

$$a = \frac{2p}{d} = \frac{2 \times 2}{2} = 2$$

第十一章 交流电枢绕组的磁动势

11.1 学习目标

本章分析交流绕组的磁动势,包括单相绕组产生的磁动势和三相对称绕组通以三相对称电流产生的合成磁动势.

基本要求:
(1) 掌握单相交流绕组磁动势的性质和特点.
(2) 掌握基波脉振磁动势与旋转磁动势之间的关系.
(3) 掌握三相交流绕组合成基波磁动势的性质和特点.

本章的重点是单相绕组的基波脉振磁动势和三相绕组的基波合成磁动势.

11.2 基本知识点

1. 空间坐标系与基本假定

为了分析交流绕组的磁动势,建立如下的空间坐标系,并做出基本假定.

(1) 空间坐标系

①在定子内表面建立直角坐标系;②横轴表示沿气隙圆周的空间位置,用空间电角度 α 表示,通常以逆时针方向为正;③纵轴表示磁动势的大小,其正方向取为出定子、进转子的方向;④ 坐标原点($\alpha=0$)选取在一相绕组(通常为 A 相)或一个线圈的轴线处.

(2) 基本假定

忽略铁心的磁阻,即认为整个磁回路的磁动势全部作用在两个气隙上. 因此,气隙磁动势等于整个磁回路磁动势的一半.

2. 一相单层集中整距绕组的磁动势

在一相集中整距绕组中通以余弦交变电流 $i_K=\sqrt{2}I_K\cos\omega t$,产生的气隙磁动势为脉振磁动势,具有以下特点:

①该磁动势沿气隙圆周以绕组轴线为对称轴作矩形分布;其幅值为 $f_K=\frac{1}{2}N_K i_K$(N_K 为线圈的匝数),随时间以电流的角频率 ω 脉振.

②该矩形波磁动势可以分解为基波和一系列奇次谐波磁动势,它们在空间都以绕组轴线为对称轴作余弦分布;ν 次谐波磁动势的极对数 $p_\nu=\nu p$($\nu=3,5,7,\cdots$),极距 $\tau_\nu=\frac{\tau}{\nu}$;它们的幅值都随时间按电流 i_K 的变化规律而变化.

③ν 次谐波磁动势的最大振幅为 $F_{K\nu}=\frac{1}{\nu}F_{K1}=\frac{1}{\nu}0.9N_K I_K$.

④基波磁动势和各谐波磁动势的振幅位置均在绕组轴线处.

3. 一相交流绕组的基波磁动势

（1）表达式

设一相绕组通以余弦交变电流 $i=\sqrt{2}I\cos\omega t$，且把空间坐标原点取在该相绕组轴线上，则该相绕组产生的基波磁动势的表达式为 $f_{\phi1}(t,\alpha)=F_{\phi1}\cos\omega t\cos\alpha$.

对某个瞬间来说，该磁动势在空间沿气隙圆周按余弦分布（$\cos\omega t=0$ 时 $f_{\phi1}=0$）；对于气隙中某一点来说，该处磁动势的大小随时间按角频率 ω 脉振（$\cos\alpha=0$ 处 $f_{\phi1}=0$）.

（2）特点

①性质：脉振磁动势.

②空间分布：沿气隙圆周以该相绕组轴线为对称轴呈余弦分布，极对数等于电机极对数 p.

③脉振频率：磁动势幅值随时间以电流的角频率 ω 脉振.

④最大振幅：$F_{\phi1}=0.9\dfrac{N_1k_{dp1}}{p}I$（$I$ 为相电流有效值）.

⑤振幅位置：在该相绕组的轴线处.

4. 脉振磁动势分解为两个旋转磁动势

利用三角函数公式对一相绕组的基波脉振磁动势进行分解，可得

$$f_{\phi1}(t,\alpha)=F_{\phi1}\cos\omega t\cos\alpha=\frac{1}{2}F_{\phi1}\cos(\alpha-\omega t)+\frac{1}{2}F_{\phi1}\cos(\alpha+\omega t)$$

①一个脉振磁动势可以分解为两个转速相同（电角速度等于 ω）、转向相反的旋转磁动势，二者的波长与原脉振磁动势相同，幅值为原脉振磁动势最大振幅的一半.

②当相电流为正的最大值时，脉振磁动势的振幅也为最大值，此时两个旋转磁动势的正幅值恰好转到该相绕组的轴线处.

5. 三相绕组的合成基波磁动势

三相对称绕组流过频率为 f 的三相对称电流，产生合成基波磁动势，其表达式为 $f_1(t,\alpha)=F_1\cos(\alpha-\omega t)$. 该磁动势的特点如下：

①性质：圆形旋转磁动势.

②空间分布：沿气隙圆周按余弦分布，极对数和一相基波脉振磁动势的相同.

③转速：$n_1=\dfrac{60f}{p}$（单位 r/min）（相应的电角速度为 $\omega=2\pi f$，单位 rad/s）.

④幅值：为一相基波脉振磁动势最大振幅的 $\dfrac{3}{2}$ 倍，即 $F_1=\dfrac{3}{2}F_{\phi1}=1.35\dfrac{N_1k_{dp1}}{p}I$.

⑤幅值位置：当某相电流达到正的最大值时，三相合成基波磁动势的正幅值正好位于该相绕组的轴线处.

⑥转向：从电流超前相的绕组轴线转向电流滞后相的绕组轴线.

注意 m 相对称绕组流过 m 相对称电流所产生的合成基波磁动势均为圆形旋转磁动势，其幅值为 $F_1=\dfrac{m}{2}F_{\phi1}=\dfrac{m}{2}0.9\dfrac{N_1k_{dp1}}{p}I$.

6. 三相绕组的合成谐波磁动势

三相对称绕组流过三相对称电流产生的合成磁动势，除含有基波磁动势外，还有 $\nu=6k\pm1$ 次谐波磁动势（$k=1, 2, 3, \cdots$），但不含 3 的整数倍次谐波磁动势。三相合成 $6k+1$、$6k-1$ 次谐波磁动势的表达式分别为 $f_\nu(t, \alpha)=F_\nu\cos(\nu\alpha-\omega t)$ 和 $f_\nu(t, \alpha)=F_\nu\cos(\nu\alpha+\omega t)$。

三相合成 ν 次谐波磁动势具有以下特点：
① 性质：在空间按余弦分布、幅值恒定的圆形旋转磁动势。
② 极对数：为三相合成基波磁动势极对数的 ν 倍。
③ 幅值：为一相 ν 次谐波脉振磁动势最大振幅的 $\dfrac{3}{2}$ 倍，即 $F_\nu=\dfrac{3}{2}F_{\phi\nu}=1.35\dfrac{N_1 k_{dp\nu}}{\nu p}I$。
④ 转速：为三相合成基波磁动势转速的 $\dfrac{1}{\nu}$ 倍。
⑤ 转向：当 $\nu=6k+1$、$6k-1$ 时，转向分别与三相合成基波磁动势的转向相同、相反。

交流绕组采用短距或分布将使基波和各次谐波磁动势的幅值都减小，但采用适当的短距或分布，可使谐波磁动势幅值减小的程度远高于基波磁动势，所以能起到削弱谐波磁动势，从而改善磁动势波形的作用。

11.3 典型例题解析

例 11.1 一台三相同步电机，额定频率 $f_N=50\text{Hz}$，额定转速 $n_N=375\text{r/min}$，定子绕组为双层绕组，定子槽数 $Q=144$，并联支路数 $a=2$，每个定子槽内有 10 根导体，线圈节距 $y_1=8$。当三相定子绕组流过 40Hz、63A 的三相对称电流时，三相合成基波磁动势的幅值和转速为多少？

思路与技巧 要求三相合成基波磁动势的幅值 F_1，在已知相电流 I 时，需先求出电机的极对数 p、基波绕组因数 k_{dp1} 和每相串联匝数 N_1。其转速由电流频率和极对数决定。

解：电机的极对数 $\quad p=\dfrac{60f_N}{n_N}=\dfrac{60\times 50}{375}=8$

极距 $\quad \tau=\dfrac{Q}{2p}=\dfrac{144}{2\times 8}=9$

槽距角 $\quad \alpha=\dfrac{p\times 360°}{Q}=\dfrac{8\times 360°}{144}=20°$

每极每相槽数 $\quad q=\dfrac{Q}{2pm}=\dfrac{144}{2\times 8\times 3}=3$

基波分布因数 $\quad k_{d1}=\dfrac{\sin q\dfrac{\alpha}{2}}{q\sin\dfrac{\alpha}{2}}=\dfrac{\sin 3\times\dfrac{20°}{2}}{3\sin\dfrac{20°}{2}}=0.9598$

基波节距因数 $\quad k_{p1}=\sin\dfrac{y_1}{\tau}90°=\sin\dfrac{8}{9}\times 90°=0.9848$

基波绕组因数 $\quad k_{dp1}=k_{d1}k_{p1}=0.9598\times 0.9848=0.9452$

每相串联匝数 $N_1=\dfrac{2pqN_K}{a}=\dfrac{2\times8\times3\times10/2}{2}=120$

三相合成基波磁动势的幅值 $F_1=1.35\dfrac{N_1k_{dp1}}{p}I=1.35\times\dfrac{120\times0.9452}{8}\times63=1206$（A）

电流频率 $f=40\text{Hz}$ 时，该磁动势的转速 $n=\dfrac{60f}{p}=\dfrac{60\times40}{8}=300$（r/min）

注意 题目中的"导体"，应理解为每匝线圈（线匝）的一个线圈边．当布置双层绕组时，每个槽中的导体数是上、下层两个线圈边的导体数之和，等于两个线圈的匝数之和．由于双层绕组各线圈的匝数是相同的，因此，每个线圈的匝数等于每个槽中导体数的一半．

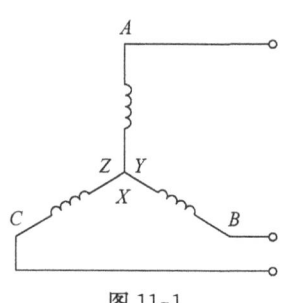

图 11-1

例 11.2 一台三相 2 极交流电机，三相对称绕组的空间位置如图 11-1 所示，每相串联匝数 $N_1=180$，基波绕组因数 $k_{dp1}=0.9235$，5 次谐波绕组因数 $k_{dp5}=0.05104$．现在三相绕组中通以三相对称电流 $i_A=12\cos\omega t$（A），$i_B=12\cos(\omega t-120°)$（A）和 $i_C=12\cos(\omega t+120°)$（A）．试求：

（1）三相合成基波磁动势的幅值和解析表达式，并说明其转向；

（2）三相合成 5 次谐波磁动势的幅值和解析表达式，并说明其转向；

（3）当 $i_A=12$A 和 $i_B=6$A 时三相合成基波磁动势的位置．

思路与技巧 在三相对称绕组中通以三相对称电流时，各相绕组产生的基波、谐波磁动势均为脉振磁动势．各相基波、谐波脉振磁动势都可分解为两个大小相等、转速相同、转向相反的圆形旋转磁动势．把三相共计 6 个旋转磁动势相加，即可得到三相合成基波、谐波磁动势的解析表达式．

要确定三相合成基波磁动势幅值的位置，需要掌握其特点：当某相电流达到正的最大值时，三相合成基波磁动势的正波幅恰好转到该相绕组的轴线处．

解：（1）将坐标原点取在 A 相绕组轴线 $+A$ 处，并以逆时针方向作为空间电角度 α 的正方向，则按照图示的三相绕组位置，可写出它们产生的基波脉振磁动势分别为

$$f_{A1}(t,\alpha)=F_{\phi1}\cos\omega t\cos\alpha=\dfrac{1}{2}F_{\phi1}\cos(\alpha-\omega t)+\dfrac{1}{2}F_{\phi1}\cos(\alpha+\omega t)$$

$$f_{B1}(t,\alpha)=F_{\phi1}\cos(\omega t-120°)\cos(\alpha+120°)=\dfrac{1}{2}F_{\phi1}\cos(\alpha-\omega t+240°)+\dfrac{1}{2}F_{\phi1}\cos(\alpha+\omega t)$$

$$f_{C1}(t,\alpha)=F_{\phi1}\cos(\omega t+120°)\cos(\alpha-120°)=\dfrac{1}{2}F_{\phi1}\cos(\alpha-\omega t-240°)+\dfrac{1}{2}F_{\phi1}\cos(\alpha+\omega t)$$

式中，$F_{\phi1}$ 为一相绕组基波脉振磁动势的最大振幅，

$$F_{\phi1}=0.9\dfrac{N_1k_{dp1}}{p}I=0.9\times\dfrac{180\times0.9235}{1}\times\dfrac{12}{\sqrt{2}}=1269\text{（A）}$$

三相合成基波磁动势的解析表达式为

$$f_1(t,\alpha)=f_{A1}(t,\alpha)+f_{B1}(t,\alpha)+f_{C1}(t,\alpha)=\dfrac{3}{2}F_{\phi1}\cos(\alpha+\omega t)$$

$$=\dfrac{3}{2}\times1269\cos(\alpha+\omega t)=1904\cos(\alpha+\omega t)\text{（A）}$$

可见，这是一个反转，即向 $-\alpha$ 方向旋转（顺时针旋转）的圆形磁动势．

（2）5次谐波脉振磁动势分别为

$$f_{A5}(t,\alpha)=F_{\phi 5}\cos\omega t\cos 5\alpha=\frac{1}{2}F_{\phi 5}\cos(5\alpha-\omega t)+\frac{1}{2}F_{\phi 5}\cos(5\alpha+\omega t)$$

$$f_{B5}(t,\alpha)=F_{\phi 5}\cos(\omega t-120°)\cos 5(\alpha+120°)=\frac{1}{2}F_{\phi 5}\cos(5\alpha-\omega t)+\frac{1}{2}F_{\phi 5}\cos(5\alpha+\omega t+120°)$$

$$f_{C5}(t,\alpha)=F_{\phi 5}\cos(\omega t+120°)\cos 5(\alpha-120°)=\frac{1}{2}F_{\phi 5}\cos(5\alpha-\omega t)+\frac{1}{2}F_{\phi 5}\cos(5\alpha+\omega t-120°)$$

式中，$F_{\phi 5}$为一相绕组5次谐波脉振磁动势的最大振幅，

$$F_{\phi 5}=\frac{1}{5}\times 0.9\frac{N_1 k_{dp5}}{p}I=\frac{1}{5}\times 0.9\times\frac{180\times 0.05104}{1}\times\frac{12}{\sqrt{2}}=14.03(\text{A})$$

三相合成5次谐波磁动势的解析表达式为

$$f_5(t,\alpha)=f_{A5}(t,\alpha)+f_{B5}(t,\alpha)+f_{C5}(t,\alpha)=\frac{3}{2}F_{\phi 5}\cos(5\alpha-\omega t)$$

$$=\frac{3}{2}\times 14.03\cos(5\alpha-\omega t)=21.05\cos(5\alpha-\omega t)(\text{A})$$

可见，这是一个正转，即向$+\alpha$方向旋转的圆形磁动势（与基波合成磁动势的转向相反）.

（3）当$i_A=12\text{A}$时，由$i_A=12\cos\omega t(\text{A})$可知此时$A$相电流达到正的最大值，所以三相合成基波磁动势的正幅值恰好转到A相绕组的轴线处，即$\alpha=0°$处.

当$i_B=6\text{A}$时，由$i_B=12\cos(\omega t-120°)(\text{A})$，可知此时$\cos(\omega t-120°)=0.5$，则$\omega t-120°=360°k\pm 60°$，即$\omega t=360°k+180°$或$\omega t=360°k+60°$；由于$f_1(t,\alpha)$是一个反转的磁动势，所以其正幅值位于$\alpha=-\omega t=-180°$或$-60°$处.

注意 ①采用解析法来分析合成磁动势问题时，首先，应根据各绕组（线圈）的电流表达式和在所建立的空间坐标系中各绕组（线圈）轴线的空间位置关系（超前或滞后），正确地写出各绕组（线圈）脉振磁动势的表达式（应理解式中各符号以及正、负号所代表的物理意义），这是最关键的一步；然后，利用积化和差公式将每个脉振磁动势分解为两个旋转磁动势分量；最后，将各旋转磁动势分量相加，得到合成磁动势的表达式.

②三相合成基波磁动势$f_1(t,\alpha)$的转向取决于三相电流的相位关系（相序）和三相绕组轴线的空间位置关系，但不论这些关系如何，其转向都是从电流超前相的轴线转向电流滞后相的轴线. 本题中，三相电流为正序，因此$f_1(t,\alpha)$的转向是从A相轴线到B相轴线，再到C相轴线，即与所规定的$+\alpha$方向相反（这是因为三相绕组的空间位置与通常的相反）. 相应地，在$f_1(t,\alpha)$的解析表达式中，余弦函数里的α与ωt之间为"+"号.

11.4 思考题及其解答

11-1 单相整距线圈流过正弦电流产生的磁动势有什么特点？请分别从空间分布和时间上的变化特点予以说明.

答：单相整距线圈流过正弦电流产生的磁动势是一个在空间呈矩形波分布的脉振磁动势，它既是时间函数，又是空间函数，即：矩形波的振幅随时间以正弦电流的频率按正弦规律变化，而在任一时刻该矩形波本身又是在空间分布的，是空间位置的函数.

11-2 一个脉振的基波磁动势可以分解为两个磁动势行波，试说明这两个行波在幅值、

转速和相互位置关系上的特点.

答：两个行波的幅值相等，转速大小相同但转向相反. 当一相绕组电流达到正的最大值时，两个行波的正幅值位置均与该相绕组的轴线重合.

11-3 单相整距绕组中流过的正弦电流频率发生变化，而幅值不变，这对气隙空间上的脉振磁动势波有无影响？

答：脉振磁动势波脉振的频率会随电流频率的变化而变化. 因电流幅值不变，故脉振磁动势波的最大振幅不变.

11-4 三相对称绕组通入三相对称的正弦电流产生的合成基波旋转磁动势有什么特点？请分别就它的幅值、转向、转速、瞬时位置几方面予以说明.

答：三相对称绕组通入三相对称的正弦电流所产生的合成基波旋转磁动势是圆形旋转磁动势，其幅值为 $F_1=1.35\dfrac{N_1k_{dp1}}{p}I_1$（$I_1$ 为相电流有效值，N_1k_{dp1} 为一相绕组的有效串联匝数，p 为极对数）；转向取决于三相电流的相序，即从电流超前相绕组的轴线转向电流滞后相绕组的轴线；转速 n 与电流频率 f 有严格的对应关系，即 $n=\dfrac{60f}{p}$；其瞬时位置是：当一相电流达到正的最大值时，合成基波旋转磁动势的正幅值（即空间矢量 F_1 的空间位置）与该相绕组轴线重合.

11-5 一台三相电机，本来设计的额定频率为 50Hz，今通以三相对称而频率为 100Hz 的交流电流，问这台电机的合成基波磁动势的极对数和转速有什么变化？

答：合成基波磁动势的极对数不变. 如果电流的幅值和相序不变，那么合成基波磁动势的幅值与转向都不变，但转速变为原来的 2 倍.

11-6 交流电机绕组的磁动势相加时为什么可以用空间矢量来运算？有什么条件？

答：空间矢量用来表示在空间按正弦规律分布的物理量，如基波磁动势、基波磁通密度. 在空间矢量图中，一个磁动势空间矢量表示该磁动势在空间是正弦分布的，矢量的长度表示磁动势的幅值，矢量的位置表示磁动势正幅值相对于空间坐标原点的位置. 因此，如果两个磁动势都在空间正弦分布，且二者的极对数相同或者说二者的波长相等，那么就可以将两个正弦波叠加起来而得到一个新的正弦波. 相应地，可以将二者表示为磁动势矢量，画在同一个空间矢量图中. 当采用相同的比例作图时，可以直接用矢量的加、减运算求出它们的和与差.

11-7 比较单相交流绕组和三相交流绕组所产生的基波磁动势的性质有何主要区别（幅值大小、幅值位置、极对数、转速、转向）.

答：二者的主要区别如下表所示：

基波磁动势	表达式	每极幅值大小	正幅值位置	极对数	转速	转向
单相绕组的基波磁动势	以 A 相为例 $F_{m1}\cos\omega t\cos\alpha$	$F_{m1}=\dfrac{4}{\pi}\dfrac{\sqrt{2}}{2}\dfrac{N_1k_{dp1}}{p}I_1$	$\alpha=0$（位于相轴）	p	为脉振磁动势，所分解出的两个行波的电角速度为 ω	无
三相绕组的基波磁动势	$\dfrac{3}{2}F_{m1}\cos(\alpha-\omega t)$	$\dfrac{3}{2}F_{m1}$	$\alpha=\omega t$（在空间旋转）	p	电角速度为 ω 转速 $n=\dfrac{60\omega}{2\pi p}$	取决于电流的相序，从电流超前相的相轴转向电流滞后相的相轴

11-8 从推导过程的物理意义说明三相合成磁动势幅值公式

$$F_\nu = \left(\frac{1}{\nu}\right)\left(\frac{3}{2}\right)\left(\frac{4}{\pi}\right)\left(\frac{N_1}{2p}\right)(\sqrt{2}I)(k_{dp\nu})$$

括号中每项代表的意义.

答：$\dfrac{1}{\nu}$ 为集中整距绕组的 ν 次谐波磁动势与其基波磁动势的幅值之比；

$\dfrac{3}{2}$ 为三相绕组合成磁动势与一相磁动势的幅值之比；

$\dfrac{4}{\pi}$ 为矩形磁动势波中的基波磁动势与矩形波的幅值之比；

$\dfrac{N_1}{2p}$ 为每相绕组在每极下的总串联匝数；

$k_{dp\nu}$ 为 ν 次谐波绕组因数，即绕组分布和短距后所产生的 ν 次谐波磁动势幅值较集中整距时所打的折扣；

$\sqrt{2}I$ 为相电流幅值.

11-9 一台三相电机，若把绕组三个出头中任何两个线头换接一下（相序反了），问旋转磁场方向将如何改变？

答：由于三相绕组产生的合成旋转磁动势的转向取决于电流的相序，因此相序反了后，旋转磁场转向也相反.

11-10 一台同步电机，转子不动. 在励磁绕组中通以单相交流电流，并将定子三相绕组端点短接起来，则定子三相感应电流产生的合成基波磁动势是旋转的还是脉振的？

答：励磁绕组通以单相交流电流，产生脉振磁场，该磁场在定子三相绕组中产生与脉振磁场同频率的感应电动势. 三相绕组短路时，产生同频率的感应电流. 由于转子不动，因此三相电流都以同样的规律随转子脉振磁场的交变而变化，即三相电流的相位相同. 三相绕组流过同相位的三相电流时，只能产生脉振磁场. 要产生旋转磁场，三相电流必须不同相才行.

11-11 一台三相电机，定子绕组是星形联结，接到三相对称电源上工作. 由于某种原因使 C 相断线，问这时电机的定子三相合成基波磁动势的性质.

答：C 相断线后，$i_C = 0$，A、B 两相电流就大小相等、方向相反. 设 $i_A = -i_B = \sqrt{2}I\sin\omega t$，以 A 相绕组轴线位置为空间坐标原点即 $\alpha=0$ 位置，则 A、B 两相电流产生的基波脉振磁动势可分别表示为

$$f_{A1} = F_{m1}\sin\omega t\cos\alpha, \quad f_{B1} = -F_{m1}\sin\omega t\cos(\alpha-120°)$$

合成基波磁动势为

$$f_1 = f_{A1} + f_{B1} = F_{m1}\sin\omega t[\cos\alpha - \cos(\alpha-120°)]$$
$$= \sqrt{3}F_{m1}\sin\omega t\cos(\alpha+30°)$$

可见，三相合成基波磁动势为脉振磁动势.

换个角度看，C 相断线后，相当于 A、B 相绕组串联起来接到单相交流电源上，因此产生的合成基波磁动势必然是脉振磁动势.

11-12 三相对称绕组中通以三相对称的正弦电流，是否就不会产生谐波磁动势了呢？

答：一相绕组通以正弦电流时，产生在空间分布的矩形脉振磁动势波，其中含有一系列

奇数次谐波磁动势. 因此,三相对称绕组通以对称的正弦电流时,仍然要产生谐波磁动势.

11-13 一个线圈通入直流电流时产生矩形波脉振磁动势,而通入正弦交流电流时产生正弦波脉振磁动势. 这种说法是否正确?

答:脉振磁动势的振幅是随时间交变的,这种变化是由于产生该磁动势的线圈电流随时间交变而引起的. 因此,直流电流产生的矩形波磁动势是不脉振的. 另一方面,线圈电流是直流还是交流,并不影响磁动势在某一时刻沿空间分布的波形. 正弦交流电流产生的是脉振磁动势,它在空间分布仍是矩形波. 所以,题目中的说法是错误的.

11-14 绕组的分布和短距对削弱谐波电动势的作用与削弱谐波磁动势的作用有何不同? 试分别说明.

答:对磁动势来说,绕组的分布和短距都可看作是将一组集中的整距线圈变为分布的线圈组,各线圈的轴线的空间位置不同,从而使其谐波磁动势在空间有较大的相位差,因此就会将谐波磁动势部分抵消或使某次谐波磁动势全部抵消,起到了削弱谐波磁动势的作用. 与此同时,由于绕组的分布与短距都可看作使整距线圈的轴线的空间位置不同,因此使各线圈的谐波感应电动势在时间上有较大的相位差,从而达到削弱谐波电动势的目的. 所以,绕组的分布和短距对削弱谐波磁动势的作用与削弱谐波电动势的作用在本质上是相同的. 正因为如此,二者才具有相同的分布因数和节距因数.

11-15 一台 50Hz 的同步电机,以同步转速旋转,电枢绕组产生的 5、7 次谐波磁动势在定、转子绕组中感应的电动势的频率分别是多少?

答:首先需明确两点:第一,同步电机三相电枢绕组产生的 ν 次谐波合成磁动势($\nu = 6k \pm 1$, $k = 1, 2, 3, \cdots$)为旋转磁动势,其极对数 p_ν 为基波磁动势的 ν 倍,即 $p_\nu = \nu p$;谐波磁动势以转速 $n_\nu = \pm \dfrac{n_1}{\nu}$ 相对定子旋转,其中,n_1 为正转的基波旋转磁动势相对定子的转速(转速的单位为 r/min);$\nu = 6k+1$ 和 $6k-1$ 时,n_ν 分别取正、负号,表示为正、反转. 第二,一个旋转磁动势在一个绕组中感应的电动势的频率,取决于该磁动势的极对数和它相对该绕组的转速大小.

(1)在定子绕组中感应电动势的频率

如上所述,电枢绕组产生的 ν 次谐波磁动势的极对数为 p_ν,相对定子绕组的转速为 n_ν,因此,在定子绕组中感应的电动势的频率为 $f_\nu = \dfrac{p_\nu |n_\nu|}{60} = \dfrac{\nu p \cdot \dfrac{n_1}{\nu}}{60} = \dfrac{p n_1}{60} = f$,即 ν 次(5、7 次等)谐波磁动势在定子绕组中感应的电动势的频率都等于基波频率 f. 对于额定频率(即基波频率)为 50Hz 的同步电机,所求的频率就是 50Hz.

(2)在转子绕组中感应电动势的频率

电枢绕组产生的 ν 次谐波磁动势相对定子的转速为 n_ν,而转子以同步转速 n_1 相对定子正转,因此,ν 次谐波磁动势相对转子的转速,在 $\nu = 6k+1$ 时,为 $n_{\nu r} = \dfrac{n_1}{\nu} - n_1 = -\dfrac{\nu - 1}{\nu} n_1$;在 $\nu = 6k-1$ 时,为 $n_{\nu r} = -\dfrac{n_1}{\nu} - n_1 = -\dfrac{\nu + 1}{\nu} n_1$. 所以,$\nu$ 次谐波磁动势在转子绕组中感应的电动势的频率,当 $\nu = 6k+1$ 时,为 $f_\nu = \dfrac{p_\nu |n_{\nu r}|}{60} = \dfrac{\nu p \cdot \dfrac{\nu - 1}{\nu} n_1}{60} = (\nu - 1) \dfrac{p n_1}{60} = 6kf$;当 $\nu =$

$6k-1$ 时，为 $f_\nu=\dfrac{p_\nu|n_{\nu r}|}{60}=\dfrac{\nu p \cdot \dfrac{\nu+1}{\nu}n_1}{60}=(\nu+1)\dfrac{pn_1}{60}=6kf$. 即电枢绕组产生的 $\nu=6k\pm1$ 次谐波磁动势在转子绕组中感应的电动势的频率是基波频率 f 的 $6k$ 倍. 所以，电枢绕组产生的 5、7 次 ($k=1$) 谐波磁动势在转子绕组中感应的电动势的频率都是 $6kf=6\times1\times50=300\,\text{Hz}$.

11-16 交流电机定子一相绕组通以 ν 次谐波电流 $i_\nu=I_{m\nu}\sin\nu\omega t$ 时所产生的基波磁动势的性质如何？如果在三相对称绕组中通以三相 ν 次谐波电流 $i_{A\nu}=I_{m\nu}\sin\nu\omega t$，$i_{B\nu}=I_{m\nu}\sin\nu(\omega t-120°)$，$i_{C\nu}=I_{m\nu}\sin\nu(\omega t+120°)$，则产生的合成基波磁动势的性质又如何？

答：单相绕组通以 ν 次谐波电流时，所产生的磁动势仍是在空间按矩形波分布的脉振磁动势，其中的基波磁动势（波长为 2τ）也是脉振磁动势，脉振频率为 $f_\nu=\dfrac{\nu\omega}{2\pi}$.

三相对称绕组中通以题中所述的三相 ν 次谐波电流时，既产生合成基波磁动势，也产生合成谐波磁动势. 其中的合成基波磁动势，当 $\nu=3k$ 时（$k=1,2,3,\cdots$）为 0；当 $\nu=3k+1$ 和 $\nu=3k-1$ 时，都是圆形旋转磁动势，前者为顺相序 A—B—C 正转，后者为逆相序反转，转速都为 $n_\nu=\dfrac{60\nu\omega}{2\pi p}$.

11.5 习题及其解

11-1 在交流电机定子圆周上放置了两个整距线圈 AX 和 BY，它们均为 N_K 匝，如图 11-2（a）所示，图 11-2（b）是它的展开图. 图中坐标原点仍放在 AX 线圈轴线 $+A$ 处，BX 线圈的轴线 $+B$ 在坐标轴上的位置是 α_0. 今在两个线圈中分别通入交流电流

$$i_A=\sqrt{2}I\cos(\omega t+\alpha_A)$$
$$i_B=\sqrt{2}I\cos(\omega t+\alpha_B)$$

试分别写出两个线圈电流产生的基波脉振磁动势的解析式.

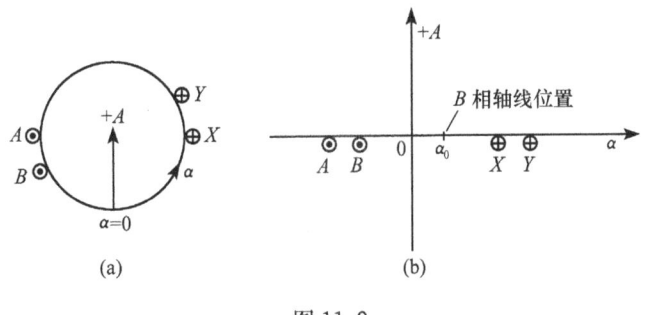

图 11-2

解：AX 线圈轴线位于坐标原点，根据通入电流 i_A 的表达式，可写出其产生的每极基波磁动势 f_{AK1} 的解析式

$$f_{AK1}=F_{K1}\cos(\omega t+\alpha_A)\cos\alpha$$

其中

$$F_{K1} = 0.9 N_K I$$

由于 BX 线圈轴线位于坐标轴上 α_0 处，因此，它通入交流电流后，产生的基波脉振磁动势的正幅值位置就在 α_0 处．在它的基波磁动势表达式中，表示空间余弦分布的项就应写成 $\cos(\alpha-\alpha_0)$，因为当 $\alpha=\alpha_0$ 时，$\cos(\alpha-\alpha_0)=1$，说明 $\alpha=\alpha_0$ 处就是正幅值所在的位置．所以 BX 线圈产生的每极基波磁动势解析式为

$$f_{BK1} = F_{K1}\cos(\omega t + \alpha_B)\cos(\alpha - \alpha_0)$$

11-2 已知 3 个整距线圈匝数彼此相等为 N_K，在电机定子上彼此相距 120°空间电角度，坐标原点放在 AX 线圈的轴线处，如图 11-3 所示．3 个线圈里流过的电流分别为

$$i_A = \sqrt{2} I \cos\omega t$$
$$i_B = \sqrt{2} I \cos(\omega t + 120°)$$
$$i_C = \sqrt{2} I \cos(\omega t + 240°)$$

求 3 个整距线圈产生的合成基波磁动势的幅值大小、转速、转向．

解：解法一（解析法）　这是三相线圈空间位置对称，但通入负序电流的情况．AX 线圈产生的每极基波磁动势为

$$f_{AK1} = F_{K1}\cos\omega t \cos\alpha = \frac{1}{2}F_{K1}\cos(\alpha - \omega t) + \frac{1}{2}F_{K1}\cos(\alpha + \omega t)$$

BX 线圈轴线在空间超前 AX 轴线 120°电角度，B 相电流在时间上超前 A 相电流 120°电角度，所以 B 相基波磁动势为

$$f_{BK1} = F_{K1}\cos(\omega t + 120°)\cos(\alpha - 120°)$$
$$= \frac{1}{2}F_{K1}\cos(\alpha - \omega t - 240°) + \frac{1}{2}F_{K1}\cos(\alpha + \omega t)$$

CZ 线圈轴线在空间超前 AX 轴线 240°电角度，C 相电流在时间上超前 A 相电流 240°电角度，所以 C 相基波磁动势为

$$f_{CK1} = F_{K1}\cos(\omega t + 240°)\cos(\alpha - 240°)$$
$$= \frac{1}{2}F_{K1}\cos(\alpha - \omega t - 120°) + \frac{1}{2}F_{K1}\cos(\alpha + \omega t)$$

三相合成基波磁动势为

$$f_1 = f_{AK1} + f_{BK1} + f_{CK1} = \frac{3}{2}F_{K1}\cos(\alpha + \omega t)$$

所以，三相合成基波磁动势的幅值大小为 $\frac{3}{2}F_{K1} = \frac{3}{2} \times 0.9 N_K I = 1.35 N_K I$；转向为 α 的反方向，即图 11-3 中的顺时针方向，按照 A，C，B 线圈的顺序转动；旋转电角速度为 $-\omega$．

解法二（矢量图法）　用 6 个旋转矢量表示 3 个线圈产生的磁动势，如图 11-4 所示．图中作出空间坐标 $+A$，$+B$，$+C$，它们彼此相隔 120°空间电角度．选择 $\omega t = 0°$ 瞬间来画矢量，AX 线圈中电流为正最大值，它产生的两个旋转矢量 F'_{A1}，F''_{A1} 都在 A 相轴线位置．BX 线圈电流超前 AX 电流 120°电角度，它在画图瞬间之前 120°时间电角度时已达到正最大值，那时 F'_{B1}，F''_{B1} 都在 $+B$ 轴位置，现在已转过了 120°空间电角度，到达图 11-4 所示的位置．同理 CX 线圈产生的 F'_{C1} 和 F''_{C1} 在画图瞬间之前 240°时间电角度时应在 $+C$ 轴位置上，现在已转过 $+C$ 轴 240°空间电角度，到达图 11-4 所示位置上了．在图 11-4 中可以看到，3 个正

转的矢量 $\dot{F}'_{A1}$，$\dot{F}'_{B1}$，$\dot{F}'_{C1}$ 大小相等，互差 120°空间电角度，合成起来等于零. 3 个反转矢量 $\dot{F}''_{A1}$，$\dot{F}''_{B1}$，$\dot{F}''_{C1}$ 重合在一起，合成为 $\dot{F}_1$ 矢量，它的大小为 $\frac{3}{2}F_{K1}=1.35N_KI$，向着 α 的反方向旋转，电角速度为 $-\omega$.

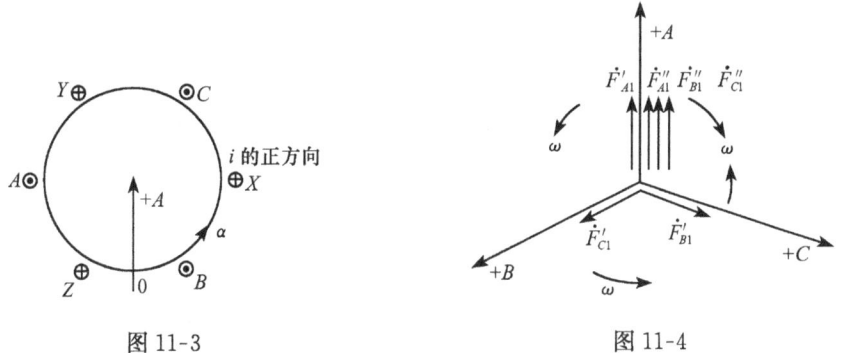

图 11-3　　　　　　　　　　　　　图 11-4

11-3　把三个整距线圈 A-X，B-Y 和 C-Z 叠在一起，如图 11-5 所示. 分别在 A-X 线圈里通入电流为 $i_A=\sqrt{2}I\sin\omega t$，在 B-Y 线圈里通入电流为 $i_B=\sqrt{2}I\sin(\omega t-120°)$ 和在 C-Z 线圈里通入电流为 $i_C=\sqrt{2}I\sin(\omega t-240°)$. 求三相合成的基波和 3 次谐波磁动势.

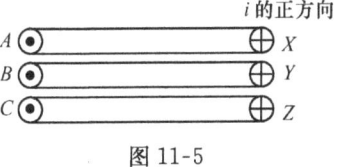

图 11-5

解：以 A-X 线圈的轴线 +A 为空间坐标系的原点，则 A-X、B-Y 与 C-Z 三个线圈产生的每极基波磁动势分别为

$$f_{AK1}=\frac{4}{\pi}\frac{1}{2}i_A N_K\cos\alpha=\frac{4}{\pi}\frac{1}{2}\sqrt{2}IN_K\sin\omega t\cos\alpha=F_{K1}\sin\omega t\cos\alpha$$

$$f_{BK1}=F_{K1}\sin(\omega t-120°)\cos\alpha$$

$$f_{CK1}=F_{K1}\sin(\omega t+120°)\cos\alpha$$

式中，$F_{K1}=\frac{4}{\pi}\frac{\sqrt{2}}{2}IN_K$，$N_K$ 为每个线圈的匝数. 则合成基波磁动势为

$$f_{K1}=f_{AK1}+f_{BK1}+f_{CK1}=0$$

三个线圈产生的每极 3 次谐波磁动势分别为

$$f_{AK3}=-F_{K3}\sin\omega t\cos3\alpha$$

$$f_{BK3}=-F_{K3}\sin(\omega t-120°)\cos3\alpha$$

$$f_{CK3}=-F_{K3}\sin(\omega t+120°)\cos3\alpha$$

式中，$F_{K3}=\frac{1}{3}F_{K1}$.

三相合成 3 次谐波磁动势为

$$f_{K3}=f_{AK3}+f_{BK3}+f_{CK3}=0$$

11-4　在图 11-6 所示的三相对称绕组里，通以电流为 $i_A=i_B=i_C=\sqrt{2}I\sin\omega t$ 时，求三相合成的基波和 3 次谐波磁动势.

解：以 A 相绕组轴线 +A 为空间坐标 α=0 位置，则 A、B、C 三相绕组产生的每极基波磁动势分别为

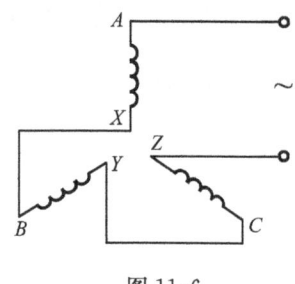

图 11-6

$$f_{A1} = F_{m1}\sin\omega t\cos\alpha$$
$$f_{B1} = F_{m1}\sin\omega t\cos(\alpha - 120°)$$
$$f_{C1} = F_{m1}\sin\omega t\cos(\alpha - 240°)$$

式中，$F_{m1} = \frac{4}{\pi}\frac{\sqrt{2}}{2}\frac{IN_1}{p}k_{dp1}$，$N_1$ 为每相串联匝数，k_{dp1} 为基波绕组因数. 则三相合成基波磁动势为

$$f_1 = f_{A1} + f_{B1} + f_{C1} = 0$$

各相绕组产生的每极 3 次谐波磁动势为

$$f_{A3} = -F_{m3}\sin\omega t\cos 3\alpha$$
$$f_{B3} = -F_{m3}\sin\omega t\cos 3(\alpha - 120°)$$
$$f_{C3} = -F_{m3}\sin\omega t\cos 3(\alpha - 240°)$$

式中，$F_{m3} = \frac{1}{3}\frac{4}{\pi}\frac{\sqrt{2}}{2}\frac{IN_1}{p}k_{dp3}$，$k_{dp3}$ 为 3 次谐波绕组因数. 则三相合成 3 次谐波磁动势为

$$f_3 = f_{A3} + f_{B3} + f_{C3} = -3F_{m3}\sin\omega t\cos 3\alpha$$

11-5 一台三相 4 极同步电机，定子绕组是双层短距分布绕组，每极每相槽数 $q=3$，线圈节距 $y_1 = \frac{7}{9}\tau$，每相串联匝数 $N_1 = 96$，并联支路数 $a=2$. 通入频率 $f_1 = 50\text{Hz}$ 的三相对称电流，电流有效值为 15A，求：

(1) 三相合成基波磁动势的幅值和转速；
(2) 三相合成 5 次和 7 次谐波磁动势的幅值和转速.

解：(1) 已知 $q=3$，$y_1 = \frac{7}{9}\tau$，$p=2$，则

$$Q = 2mpq = 2 \times 3 \times 2 \times 3 = 36$$

$$\alpha = \frac{p \cdot 360°}{Q} = \frac{2 \times 360°}{36} = 20°$$

$$k_{d1} = \frac{\sin q\frac{\alpha}{2}}{q\sin\frac{\alpha}{2}} = \frac{\sin 3 \times \frac{20°}{2}}{3\sin\frac{20°}{2}} = 0.9598$$

$$k_{p1} = \sin\frac{y_1}{\tau}90° = \sin\frac{7}{9} \times 90° = 0.9397$$

$$k_{dp1} = k_{d1}k_{p1} = 0.9598 \times 0.9397 = 0.9019$$

则每极三相合成基波磁动势的幅值为

$$F_1 = 1.35\frac{N_1 k_{dp1}}{p}I_1 = 1.35 \times \frac{96 \times 0.9019}{2} \times 15 = 876.6(\text{A})$$

其转速为

$$n_1 = \frac{60f_1}{p} = \frac{60 \times 50}{2} = 1500(\text{r/min})$$

(2)
$$k_{d5} = \frac{\sin q \dfrac{5\alpha}{2}}{q\sin\dfrac{5\alpha}{2}} = \frac{\sin 3 \times \dfrac{5\times 20°}{2}}{3\times \sin\dfrac{5\times 20°}{2}} = \frac{\sin 150°}{3\sin 50°} = 0.2176$$

$$k_{p5} = \sin\frac{5y_1}{\tau}90° = \sin 5\times\frac{7}{9}\times 90° = \sin 350° = -0.1736$$

$$k_{dp5} = k_{d5}k_{p5} = 0.2176\times(-0.1736) = -0.0378$$

$$k_{d7} = \frac{\sin q\dfrac{7\alpha}{2}}{q\sin\dfrac{7\alpha}{2}} = \frac{\sin 3\times\dfrac{7\times 20°}{2}}{3\times\sin\dfrac{7\times 20°}{2}} = -0.1774$$

$$k_{p7} = \sin\frac{7y_1}{\tau}90° = \sin 7\times\frac{7}{9}\times 90° = 0.766$$

$$k_{dp7} = k_{d7}k_{p7} = (-0.1774)\times 0.766 = -0.1359$$

每极三相合成 5 次谐波磁动势的幅值为

$$F_5 = \frac{1}{5}\cdot 1.35\frac{N_1 k_{dp5}}{p}I_1 = \frac{1}{5}\times 1.35\times\frac{96\times 0.0378}{2}\times 15 = 7.35(\text{A})$$

其转速为

$$n_5 = -\frac{1}{5}n_1 = -\frac{1}{5}\times 1500 = -300(\text{r/min})$$

每极三相合成 7 次谐波磁动势的幅值为

$$F_7 = \frac{1}{7}\cdot 1.35\frac{N_1 k_{dp7}}{p}I_1 = \frac{1}{7}\times 1.35\times\frac{96\times 0.1359}{2}\times 15 = 18.87(\text{A})$$

其转速为

$$n_7 = \frac{1}{7}n_1 = \frac{1}{7}\times 1500 = 214.3(\text{r/min})$$

11-6 一台三相 4 极交流电机，定子绕组为双层绕组，每极有 12 个槽，每个线圈 2 匝，线圈节距 $y_1=10$，绕组并联支路数 $a=2$. 当三相绕组通入 60Hz、30A 的对称正弦电流时，求三相合成基波及 5 次、7 次谐波磁动势的幅值与转速.

解： 已知 $m=3$, $p=2$, $\tau=12$, $y_1=10$, $N_K=2$, 则

$$y = \frac{y_1}{\tau} = \frac{10}{12} = \frac{5}{6}$$

$$q = \frac{\tau}{m} = \frac{12}{3} = 4$$

$$\alpha = \frac{180°}{12} = 15°$$

可求得

$$k_{d1} = 0.9577, \quad k_{p1} = 0.9659, \quad k_{dp1} = 0.925$$
$$k_{d5} = 0.2053, \quad k_{p5} = 0.2588, \quad k_{dp5} = 0.0531$$
$$k_{d7} = -0.1576, \quad k_{p7} = 0.2588, \quad k_{dp7} = -0.0408$$

又

$$N_1 = \frac{2pqN_K}{a} = \frac{2 \times 2 \times 4 \times 2}{2} = 16$$

则

$$F_1 = 1.35 \frac{I_1 N_1}{p} k_{dp1} = 1.35 \times \frac{30 \times 16}{2} \times 0.925 = 299.7(\text{A})$$

$$F_5 = \frac{1}{5} \cdot 1.35 \frac{I_1 N_1}{p} k_{dp5} = \frac{1}{5} \times 1.35 \times \frac{30 \times 16}{2} \times 0.0531 = 3.44(\text{A})$$

$$F_7 = \frac{1}{7} \cdot 1.35 \frac{I_1 N_1}{p} k_{dp7} = \frac{1}{7} \times 1.35 \times \frac{30 \times 16}{2} \times 0.0408 = 1.89(\text{A})$$

$$n_1 = \frac{60 f_1}{p} = \frac{60 \times 60}{2} = 1800(\text{r/min})$$

$$n_5 = -\frac{1}{5} n_1 = -\frac{1}{5} \times 1800 = -360(\text{r/min})$$

$$n_7 = \frac{1}{7} n_1 = \frac{1}{7} \times 1800 = 257.1(\text{r/min})$$

11-7 用三个等效线圈 A-X，B-Y 和 C-Z 代表的三相绕组，如图 11-3 所示. 现通以电流为 $i_A = 10\sin\omega t$ (A)，$i_B = 10\sin(\omega t - 120°)$ (A) 和 $i_C = 10\sin(\omega t - 240°)$ (A).

(1) 当 $\omega t = 120°$ 时，求出三相合成基波磁动势幅值的位置；

(2) 当 $\omega t = 150°$ 时，求出三相合成基波磁动势幅值的位置.

解：解法一（解析法） 以 A 相绕组轴线 $+A$ 为空间坐标 $\alpha = 0$ 位置，则三相绕组产生的每极基波磁动势分别为

$$f_{A1} = F_{m1} \sin\omega t \cos\alpha = \frac{F_{m1}}{2}[\sin(\omega t - \alpha) + \sin(\omega t + \alpha)]$$

$$f_{B1} = F_{m1} \sin(\omega t - 120°) \cos(\alpha - 120°)$$
$$= \frac{F_{m1}}{2}[\sin(\omega t - \alpha) + \sin(\omega t + \alpha - 240°)]$$

$$f_{C1} = F_{m1} \sin(\omega t - 240°) \cos(\alpha - 240°)$$
$$= \frac{F_{m1}}{2}[\sin(\omega t - \alpha) + \sin(\omega t + \alpha - 120°)]$$

式中

$$F_{m1} = 0.9 \frac{I_1 N_1}{p} k_{dp1} \text{ (A)}$$

三相合成基波磁动势为

$$f_1 = f_{A1} + f_{B1} + f_{C1} = \frac{3}{2} F_{m1} \sin(\omega t - \alpha)$$

可见，f_1 的正幅值位于 $\omega t - \alpha = 90°$，即 $\alpha = \omega t - 90°$ 处.

(1) $\omega t = 120°$ 时，f_1 的正幅值在 $\alpha = 120° - 90° = 30°$ 处；

(2) $\omega t = 150°$ 时，f_1 的正幅值在 $\alpha = 150° - 90° = 60°$ 处.

解法二（矢量图法）

(1) $\omega t = 120°$ 时. 由于 $\omega t = 90°$ 时 A 相电流 i_A 为正的最大值，此时 i_A 产生的基波脉振

磁动势所分解出的正、反转旋转磁动势 F'_{A1}，F''_{A1} 都与 +A 轴重合．因此，在 $\omega t=120°$ 时，F'_{A1}，F''_{A1} 应分别顺其转向各自离开 +A 轴 30°．同理，可确定 i_B，i_C 产生的基波脉振磁动势所分解出的旋转磁动势 F'_{B1}，F''_{B1} 和 F'_{C1}，F''_{C1} 在此时的位置，如图 11-7（a）所示．可求出三相合成基波磁动势矢量 $\dot F_1$，它位于 $\alpha=30°$ 处，即 f_1 正幅值此时在 $\alpha=30°$ 处．

（2）$\omega t=150°$ 时，与（1）类似，可作出此时的空间矢量图，如图 11-7（b）所示．可见，$\dot F_1$ 在 $\alpha=60°$ 处．

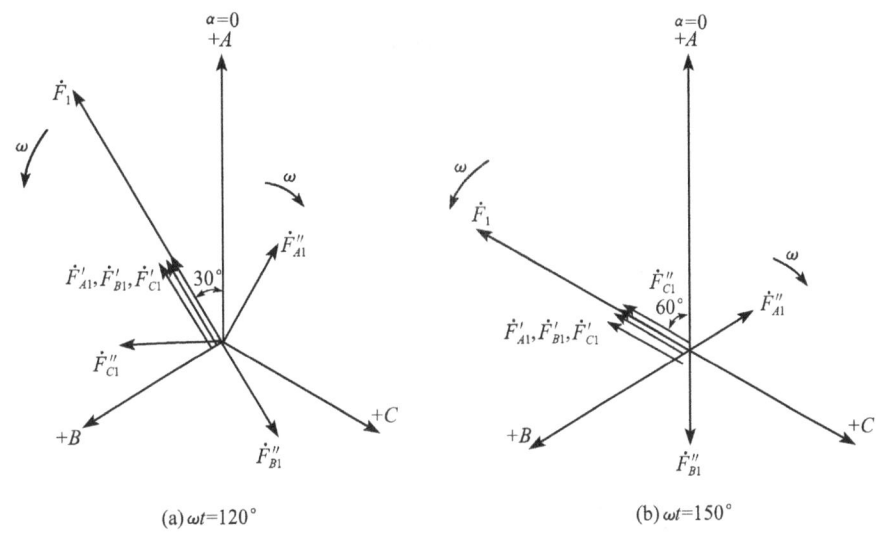

(a) $\omega t=120°$　　　　　　(b) $\omega t=150°$

图 11-7

三相对称绕组通以三相对称电流所产生的三相合成基波旋转磁动势的幅值位置是：当某相电流达到正的最大值时，三相合成基波旋转磁动势的正幅值正好位于该相绕组的轴线上．另外，电流的角频率与合成基波磁动势旋转的电角速度是相等的，即合成基波磁动势转过的空间电角度等于电流在时间上变化的电角度．根据这些结论，也可以判断出在任意时刻 f_1 正幅值的位置．在 $\omega t=120°$ 时，i_A 已从正最大值（$\omega t=90°$）变化了 30°，因此此时 f_1 的正幅值也应从 +A 轴即 $\alpha=0$ 处沿其转向（+α 的方向）转过 30°，即 $\dot F_1$ 位于 $\alpha=30°$ 处．同理，$\omega t=150°$ 时，$\dot F_1$ 应位于 $\alpha=60°$ 处．这与前面两种方法的分析结果是一致的．

11-8 空间位置互差 90° 电角度的两相绕组，它们的匝数彼此相等，如图 11-8 所示．

（1）若通以电流 $i_A=i_B=\sqrt{2}I\sin\omega t$，求两相合成的基波磁动势和 3 次谐波磁动势；

（2）若通以电流 $i_A=\sqrt{2}I\sin\omega t$ 和 $i_B=\sqrt{2}I\sin\left(\omega t-\dfrac{\pi}{2}\right)$，求两相合成的基波磁动势和 3 次谐波磁动势．

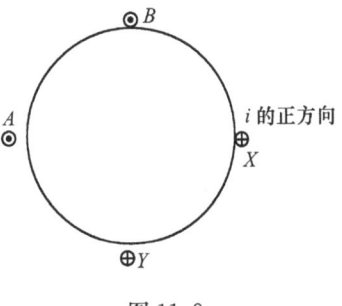

图 11-8

解：以 A 相绕组轴线 +A 为空间坐标的原点，逆时针方向为 α 正方向，从图 11-8 可以看出，B 相绕组轴线在 $\alpha=-90°$ 处．

（1）当 $i_A=i_B=\sqrt{2}I\sin\omega t$ 时，

A、B 两相绕组产生的每极基波脉振磁动势分别为

$$f_{A1} = F_{m1}\sin\omega t\cos\alpha$$
$$f_{B1} = F_{m1}\sin\omega t\cos(\alpha+90°)$$

产生的每极3次谐波脉振磁动势分别为
$$f_{A3} = -F_{m3}\sin\omega t\cos3\alpha$$
$$f_{B3} = -F_{m3}\sin\omega t\cos3(\alpha+90°)$$

上面式中，$F_{m1}=\dfrac{4}{\pi}\dfrac{\sqrt{2}}{2}\dfrac{IN_1}{p}k_{dp1}$，$F_{m3}=\dfrac{1}{3}\dfrac{4}{\pi}\dfrac{\sqrt{2}}{2}\dfrac{IN_1}{p}k_{dp3}$. 则两相合成的基波磁动势为
$$f_1 = f_{A1} + f_{B1} = F_{m1}\sin\omega t[\cos\alpha+\cos(\alpha+90°)]$$
$$= \sqrt{2}F_{m1}\sin\omega t\cos(\alpha+45°)$$

两相合成的3次谐波磁动势为
$$f_3 = -F_{m3}\sin\omega t[\cos3\alpha+\cos3(\alpha+90°)]$$
$$= \sqrt{2}F_{m3}\sin\omega t\cos(3\alpha+135°)$$

可见，f_1 与 f_3 均为脉振磁动势.

（2）当 $i_A=\sqrt{2}I\sin\omega t$，$i_B=\sqrt{2}I\sin(\omega t-90°)$ 时，
$$f_{A1} = F_{m1}\sin\omega t\cos\alpha = \dfrac{F_{m1}}{2}[\sin(\omega t+\alpha)+\sin(\omega t-\alpha)]$$
$$f_{B1} = F_{m1}\sin(\omega t-90°)\cos(\alpha+90°)$$
$$= \dfrac{F_{m1}}{2}[\sin(\omega t+\alpha)+\sin(\omega t-\alpha-180°)]$$
$$f_{A3} = -F_{m3}\sin\omega t\cos3\alpha$$
$$= -\dfrac{F_{m3}}{2}[\sin(\omega t+3\alpha)+\sin(\omega t-3\alpha)]$$
$$f_{B3} = -F_{m3}\sin(\omega t-90°)\cos3(\alpha+90°)$$
$$= -\dfrac{F_{m3}}{2}[\sin(\omega t+3\alpha+180°)+\sin(\omega t-3\alpha)]$$

则
$$f_1 = f_{A1} + f_{B1} = F_{m1}\sin(\omega t+\alpha)$$
$$f_3 = f_{A3} + f_{B3} = -F_{m3}\sin(\omega t-3\alpha)$$

可见，f_1 是一个反转（顺时针旋转）的圆形旋转磁动势，而 f_3 是一个正转的圆形旋转磁动势.

11-9 两个绕组在空间相距120°电角度，它们的有效匝数相等，如图11-9所示. 已知 A-X 绕组里流过的电流为 $i_A=\sqrt{2}I\sin\omega t$，问 B-Y 绕组流过的电流 i_B 是多少才能产生如图所示的圆形旋转磁动势？

解：解法一（矢量图法） 设 A-X 绕组轴线 +A 为空间坐标 $\alpha=0$ 位置，且以逆时针方向为 α 正方向. 由图11-9可知 B-Y 绕组轴线在 $\alpha=-120°$ 处.

设 $i_B=\sqrt{2}I_B\sin(\omega t-\varphi)$，则可在磁动势矢量图中分别作出 i_A，i_B 产生的基波脉振磁动势所分解出的旋转磁动势矢量 F'_{A1}，F''_{A1} 和 F'_{B1}，F''_{B1}. 画出 $\omega t=90°$ 即 i_A 达到正最大值时的矢量图，如图11-10所示. 可见，要得到图11-9所要求的顺时针转向的合成基波磁动势，必须使逆时针转向的合成基波磁动势为0，即 $F'_{A1}+F'_{B1}=0$ 或 $F'_{B1}=-F'_{A1}$. 显然，F'_{B1} 此时应

在 $\alpha=180°$ 处. 因此应有 $\varphi=60°$,且 $F'_{A1}=F'_{B1}$. 因

$$F'_{A1}=\frac{1}{2}F_{m1A}=\frac{1}{2}\frac{4}{\pi}\frac{\sqrt{2}}{2}\frac{N_A I}{p}k_{dp1}$$

$$F'_{B1}=\frac{1}{2}F_{m1B}=\frac{1}{2}\frac{4}{\pi}\frac{\sqrt{2}}{2}\frac{N_B I_B}{p}k_{dp1}$$

且 $N_A k_{dp1}=N_B k_{dp1}$,则得 $I_B=I$. 所以

$$i_B=\sqrt{2}I\sin(\omega t-60°)$$

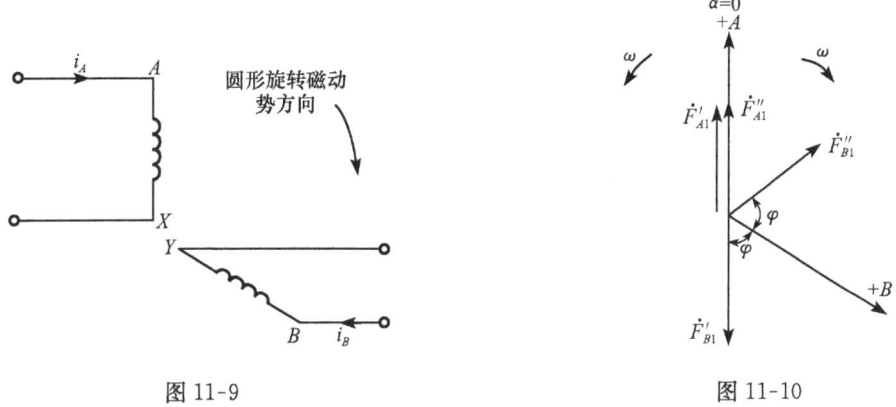

图 11-9　　　　　　　　　　　　图 11-10

解法二（解析法）　仍采用解法一中的设定条件,且仍设 $i_B=\sqrt{2}I_B\sin(\omega t-\varphi)$,则 A-X、B-Y 绕组产生的基波磁动势分别为

$$f_{A1}=F_{m1A}\sin\omega t\cos\alpha$$
$$=\frac{F_{m1A}}{2}[\sin(\omega t+\alpha)+\sin(\omega t-\alpha)]$$
$$f_{B1}=F_{m1B}\sin(\omega t-\varphi)\cos(\alpha+120°)$$
$$=\frac{F_{m1B}}{2}[\sin(\omega t+\alpha-\varphi+120°)+\sin(\omega t-\alpha-\varphi-120°)]$$

要得到顺时针旋转即反转的圆形旋转磁动势,必须有

$$\frac{F_{m1A}}{2}\sin(\omega t-\alpha)=-\frac{F_{m1B}}{2}\sin(\omega t-\alpha-\varphi-120°)$$

即需要

$$F_{m1A}=F_{m1B} \tag{11-1}$$
$$\omega t-\alpha-180°=\omega t-\alpha-\varphi-120° \tag{11-2}$$

由式（11-1）,且 $N_A k_{dp1}=N_B k_{dp1}$,可得

$$I_B=I$$

由式（11-2）,可得

$$\varphi=60°$$

于是

$$i_B=\sqrt{2}I\sin(\omega t-60°)$$

11-10　一台交流电机定子铁心上有 A、B 两相绕组,其轴线在空间相距 60° 电角度,

两相绕组的有效匝数比为 2∶1. 若在 A 相绕组中通入电流 $i_A=\sqrt{2}I\sin\omega t$ （A），要产生基波圆形旋转磁动势，求在 B 相绕组中应通入电流的表达式.

解：两相绕组在空间布置有两种情况，即 A 相超前于 B 相，或者 B 相超前于 A 相；旋转磁动势的转向也有逆时针和顺时针两种情况.

设 A 相绕组轴线+A 为空间坐标 $\alpha=0$ 位置，并以逆时针方向为 α 的正方向.

设 B 相电流为 $i_B=\sqrt{2}I_B\sin(\omega t+\varphi)$ （A），则两相绕组产生的基波脉振磁动势分别为

$$f_{A1}=0.9\frac{I_A N_A}{p}\sin\omega t\cos\alpha=0.9\frac{IN_A}{2p}[\sin(\omega t+\alpha)+\sin(\omega t-\alpha)]$$

$$f_{B1}=0.9\frac{I_B N_B}{p}\sin(\omega t+\varphi)\cos(\alpha\mp 60°)$$

$$=0.9\frac{I_B N_B}{2p}[\sin(\omega t+\alpha+\varphi\mp 60°)+\sin(\omega t-\alpha+\varphi\pm 60°)]$$

式中，N_A、N_B 分别为 A、B 相绕组的有效匝数；当 A 相绕组在空间上超前于 B 相绕组时，$\cos(\alpha\mp 60°)$ 中取"+"号，反之，取"−"号.

（1）若产生逆时针转向（正转）的圆形旋转磁动势，须有

$$0.9\frac{IN_A}{p}\sin(\omega t+\alpha)+0.9\frac{I_B N_B}{p}\sin(\omega t+\alpha+\varphi\mp 60°)=0$$

则应有

$$IN_A=I_B N_B$$

由于

$$N_A=2N_B$$

因此

$$I_B=2I$$

还应有

$$\omega t+\alpha+180°=\omega t+\alpha+\varphi\mp 60°$$

即

$$\varphi=120°\quad（A 相相轴+A 超前于 B 相相轴+B 时）$$

或

$$\varphi=-120°\quad（+B 超前+A 时）$$

于是

$$i_B=2\sqrt{2}I\sin(\omega t+120°)\text{A}\quad（+A 超前+B 时）$$

或

$$i_B=2\sqrt{2}I\sin(\omega t-120°)\text{A}\quad（+B 超前+A 时）.$$

（2）若产生顺时针转向（反转）的圆形旋转磁动势，须有

$$0.9\frac{IN_A}{p}\sin(\omega t-\alpha)+0.9\frac{I_B N_B}{p}\sin(\omega t-\alpha+\varphi\pm 60°)=0$$

与（1）同理可得

$$I_B=2I$$

$$\varphi=-120°\quad（+A 超前+B 时）$$

或

$$\varphi = 120° \quad (+B\text{ 超前}+A\text{ 时})$$

于是
$$i_B = 2\sqrt{2}I\sin(\omega t - 120°)\text{A} \quad (+A\text{ 超前}+B\text{ 时})$$

或
$$i_B = 2\sqrt{2}I\sin(\omega t + 120°)\text{A} \quad (+B\text{ 超前}+A\text{ 时})$$

归纳上面（1）与（2）的结果，可得
$$i_B = 2\sqrt{2}I\sin(\omega t + 120°)\text{A}$$

或者
$$i_B = 2\sqrt{2}I\sin(\omega t - 120°)\text{A}$$

第四篇　同步电机

第十二章　同步电机的基本类型与结构

12.1　学习目标

本章介绍学习同步电机需要了解的入门知识．
基本要求：
(1) 了解同步电机的基本类型．
(2) 了解隐极、凸极同步电机的结构特点．
(3) 掌握三相同步电机额定值的含义及其关系．

12.2　基本知识点

1. 三相同步电机的用途

(1) 主要用作发电机．现代社会中使用的交流电能，几乎都是由同步发电机产生的．
(2) 用作电动机，不需要调速的大功率生产机械常用同步电动机来驱动．
(3) 用作同步补偿机，专门向电网发出感性或容性的无功功率．

2. 同步电机的基本类型

同步电机有多种分类方法．电机学中最常用的分类方法是：
(1) 按转子结构特点分为：隐极同步电机、凸极同步电机．
(2) 发电机按原动机的类型分为：汽轮发电机、水轮发电机、其他原动机驱动的发电机．

汽轮发电机由于转速较高，转子一般采用隐极式结构．水轮发电机由于转速较低，极数较多，转子一般采用凸极式结构．

3. 三相同步电机的基本结构

三相同步电机主要由定子和转子两大部分组成，定、转子之间是气隙．
(1) 定子

通常在定子上布置由硅钢片叠成的定子铁心，铁心上嵌放三相对称定子绕组（也称电枢绕组）．此外，定子还包括机座和端盖等部件．
(2) 转子

①隐极式转子：没有明显凸出的磁极，气隙均匀．隐极式转子主要由转子铁心、励磁绕组、集电环及护环等组成．汽轮发电机的转子铁心是细长的圆柱体，一般用机械强度高和导

磁性能好的合金钢与转轴锻成一个整体．转子铁心槽中放有分布的同心式励磁绕组．

②凸极式转子：有明显凸出的磁极，气隙不均匀．凸极式转子由磁极、磁轭、励磁绕组、集电环、转轴和阻尼绕组等组成．水轮发电机的转子铁心通常呈扁平状．磁极一般用 1～1.5mm 厚的钢板叠压而成，磁极间通过磁轭连接，极身上套有集中式的励磁绕组．

4. 三相同步电机的主要额定值

（1）额定功率 P_N（kW）或额定容量 S_N（kVA）：额定功率 P_N 指同步电机额定运行时的输出功率．对于发电机，是指出线端输出的电功率；对于电动机，是指转轴上输出的机械功率．额定容量 S_N 指额定运行时定子（电枢）出线端的视在功率，一般用于发电机．

（2）额定电压 U_N（V）：指电机额定运行时定子三相绕组的线电压．

（3）额定电流 I_N（A）：指电机额定运行时流过定子绕组的线电流．

（4）额定功率因数 $\cos\varphi_N$：指电机额定运行时，定子绕组侧的功率因数．

其他额定值还有额定频率 f_N、额定转速 n_N、额定效率 η_N 和额定励磁电流 i_{fN} 等．

额定功率与额定电压、额定电流之间的关系：

三相同步发电机：$P_N = \sqrt{3} U_N I_N \cos\varphi_N = S_N \cos\varphi_N$；

三相同步电动机：$P_N = \sqrt{3} U_N I_N \cos\varphi_N \eta_N = S_N \cos\varphi_N \eta_N$．

12.3 典型例题解析

例 12.1 一台水轮发电机，额定转速 $n_N = 360$ r/min，极数 $2p = 20$，求其额定频率 f_N．

解：
$$f_N = \frac{p n_N}{60} = \frac{\frac{20}{2} \times 360}{60} = 60 \text{（Hz）}$$

例 12.2 一台汽轮发电机，额定功率 $P_N = 15$ MW，额定电压 $U_N = 10.5$ kV（Y 联结），额定功率因数 $\cos\varphi_N = 0.85$（滞后）．试求发电机的额定电流 I_N、额定容量 S_N 和额定运行时发出的无功功率 Q_N．

解： 发电机的额定电流 $\quad I_N = \dfrac{P_N}{\sqrt{3} U_N \cos\varphi_N} = \dfrac{15 \times 10^3}{\sqrt{3} \times 10.5 \times 0.85} = 970.3$（A）

额定容量 $\quad S_N = \dfrac{P_N}{\cos\varphi_N} = \dfrac{15000}{0.85} = 17647$（kVA）

额定运行时发出的无功功率 $\quad Q_N = \sqrt{S_N^2 - P_N^2} = \sqrt{17647^2 - 15000^2} = 9296$（kvar）

或 $\quad Q_N = S_N \sin\varphi_N = S_N \sqrt{1 - \cos^2\varphi_N} = 17647 \times \sqrt{1 - 0.85^2} = 9296$（kvar）

12.4 思考题及其解答

12-1 汽轮发电机和水轮发电机主要结构特点是什么？为什么有这样的特点？

答： 汽轮发电机为卧式结构，其转速较高，一般是一对极，转速为 3000r/min．考虑到转子受离心力的作用并为了很好地固定励磁绕组，将转子做成细而长的圆柱形，且为隐极式结构．转子铁心一般由高机械强度和磁导率较高的合金钢锻成且与转轴做成一个整体．转子铁心上开槽，槽中嵌放同心式的励磁绕组.

水轮发电机的转速较低，要求极对数较多. 因此电机直径很大，呈扁平形，且多为立式结构. 为了使转子结构和加工工艺简单，转子一般做成凸极结构. 励磁绕组是集中绕组，套在由薄钢板叠成的磁极上. 磁极的极靴上一般装有阻尼绕组.

12-2 什么叫同步电机？其频率、极对数和同步转速之间有什么关系？一台 $f=50\mathrm{Hz}$、$n=3000\mathrm{r/min}$ 的汽轮发电机的极数是多少？一台 $f=50\mathrm{Hz}$，$2p=100$ 的水轮发电机的转速是多少？

答： 同步电机是其频率与电机转速之比为恒定值的交流电机，其频率 f、极对数 p 和同步转速 n_1 间的关系为 $f=\dfrac{pn_1}{60}$，式中 n_1 的单位是 r/min，f 的单位是 Hz.

$f=50\mathrm{Hz}$，$n=3000\mathrm{r/min}$ 时，$2p=2$.

$f=50\mathrm{Hz}$，$2p=100$ 时，$n=60\mathrm{r/min}$.

12.5 习题及其解

12-1 一台同步电动机，额定频率为 $f_N=50\mathrm{Hz}$、极对数 $p=4$，求额定转速为多少？

解：
$$n_N=\frac{60f_N}{p}=\frac{60\times 50}{4}=750(\mathrm{r/min})$$

12-2 一台水轮发电机，额定转速 $n_N=500\mathrm{r/min}$，额定频率 $f_N=50\mathrm{Hz}$，试确定其极对数 p.

解：
$$p=\frac{60f_N}{n_N}=\frac{60\times 50}{500}=6$$

12-3 一台三相同步发电机的数据如下：额定容量 $S_N=20\mathrm{kVA}$，额定功率因数 $\cos\varphi_N=0.8$（滞后），额定电压 $U_N=400\mathrm{V}$. 试求该发电机的额定电流 I_N 及额定运行时发出的有功功率 P_N 和无功功率 Q_N.

解：
$$I_N=\frac{S_N}{\sqrt{3}U_N}=\frac{20\times 10^3}{\sqrt{3}\times 400}=28.87(\mathrm{A})$$
$$P_N=S_N\cos\varphi_N=20\times 0.8=16(\mathrm{kW})$$
$$Q_N=S_N\sin\varphi_N=20\times 0.6=12(\mathrm{kvar})$$

第十三章 同步电机的基本电磁关系

13.1 学习目标

本章介绍三相同步发电机对称负载运行时的电枢反应和对称稳态运行时的基本电磁关系，是同步发电机的重点内容之一．

基本要求：
(1) 了解三相同步发电机空载运行和负载运行时的电磁关系．
(2) 掌握三相同步发电机电枢反应的概念和电枢反应性质的确定方法．
(3) 了解三相同步发电机各种电抗的物理意义．
(4) 熟练掌握三相隐极同步发电机的电动势方程式、电动势相量图和等效电路．
(5) 熟练掌握三相凸极同步发电机的电动势方程式和电动势相量图．

本章重点为三相同步发电机的电枢反应、隐极和凸极同步发电机的电动势方程式与电动势相量图．

13.2 基本知识点

1. 同步发电机空载运行时的电磁关系

(1) 空载运行时的电磁关系

同步发电机空载运行时，原动机拖动其转子以同步转速旋转，励磁绕组中通以直流励磁电流 i_f，产生励磁磁动势 F_f，建立气隙磁场，即产生基波励磁磁通密度 B_0；B_0 在定子绕组中感应三相对称电动势，称为空载电动势（或励磁电动势），用 E_0 表示．

上述电磁关系可表示为：$i_f \to F_f \to B_0 \to E_0$．（$F_{f1}$ 为基波励磁磁动势）．

注意 同步电机的主磁通是穿过气隙，与定、转子绕组同时交链的基波磁通．换言之，主磁通是与以同步转速旋转的气隙基波磁场相对应的磁通，即气隙基波磁通．

(2) 空载特性（详见本书 14.2 节）

2. 同步发电机对称负载时的电枢反应

(1) 基波电枢磁动势 F_a（也称电枢反应磁动势）

①定义：定子三相对称绕组流过三相对称电流 I 所产生的基波旋转磁动势．
②F_a 和 F_{f1} 的比较：二者均为圆形旋转磁动势，其极对数、转速、转向都相同，在空间相对静止．二者的合成磁动势——气隙基波合成磁动势 F_δ 建立负载运行时的气隙磁场．

(2) 电枢反应的定义与性质

F_a 使气隙磁场的大小或空间相对位置与空载时不同．F_a 对 F_{f1} 的影响称为电枢反应．

电枢反应的性质取决于与 F_a 和 F_{f1} 在空间的相对位置，可由电流 I 滞后空载电动势 E_0（均为相值）的相位角——内功率因数角 ψ 决定．ψ 与负载的性质、大小及电机参数有关．

下表为 ψ 为不同值时的电枢反应.

ψ	$\dot{F}_a$ 的位置	电枢反应的性质
$\psi=0$	q 轴，$\dot{F}_a=\dot{F}_{aq}$	交轴电枢反应
$\psi=90°$	d 轴，$\dot{F}_a=\dot{F}_{ad}$	直轴去磁电枢反应
$\psi=-90°$		直轴增磁电枢反应
$0<\psi<90°$	d 轴和 q 轴，$\dot{F}_a=\dot{F}_{ad}+\dot{F}_{aq}$ ($F_{ad}=F_a\sin\psi$, $F_{aq}=F_a\cos\psi$)	交轴兼直轴去磁电枢反应

3. 隐极同步发电机的电磁关系

（1）考虑磁路饱和时：$\dot{F}_{f1}$ 与 $\dot{F}_a$ 的合成磁动势 $\dot{F}_\delta$ 产生以同步转速旋转的气隙磁通密度 $\dot{B}_\delta$，$\dot{B}_\delta$ 在定子每相绕组中感应气隙电动势 $\dot{E}_\delta$；$\dot{E}_\delta$ 作用在定子一相回路中，与定子端电压 $\dot{U}$ 和定子漏阻抗压降 $\dot{I}Z_s$ 相平衡（$Z_s=R+jX_s$）. 该电磁关系可总结如图 13-1（a）所示.

（2）不考虑磁路饱和时：主磁路为线性，可应用叠加原理. 认为 $\dot{F}_{f1}$ 和 $\dot{F}_a$ 分别产生 $\dot{B}_0$ 和电枢反应磁通密度 $\dot{B}_a$，在一相绕组中分别感应空载电动势 $\dot{E}_0$ 和电枢反应电动势 $\dot{E}_a$；$\dot{E}_0$ 和 $\dot{E}_a$ 叠加起来即为 $\dot{E}_\delta$；$\dot{E}_\delta$ 与 $\dot{U}$ 及 $\dot{I}Z_s$ 相平衡. 该电磁关系可总结如图 13-1（b）所示.

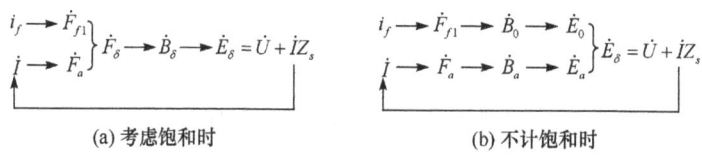

(a) 考虑饱和时　　　　　　　　　(b) 不计饱和时

图 13-1　三相隐极同步发电机的电磁关系

4. 隐极同步发电机的电压方程式、电动势方程式和电动势相量图

（1）负载运行时定子一相绕组的电压方程式

按发电机惯例，可写出定子一相绕组的电压方程式为 $\dot{E}_\delta=\dot{U}+\dot{I}R+j\dot{I}X_s=\dot{U}+\dot{I}Z_s$.

注意　该式是基于隐极同步发电机的基本电磁关系而写出的，无论磁路饱和与否都适用. 它也适用于凸极同步发电机（参见下面关于凸极同步发电机电磁关系的内容）.

（2）电动势方程式和电动势相量图

不考虑磁路饱和时，电磁关系可用电动势方程式和电动势相量图来表示，它们是分析同步发电机对称稳态运行的主要工具. 隐极同步发电机的电动势方程式为

$$\dot{E}_0=\dot{U}+\dot{I}(R+jX_c)$$

相应的电动势相量图如教材图 13-19（a）所示. 其中，X_c 为定子一相绕组的同步电抗.

5. 凸极同步发电机的电磁关系与电动势方程式

（1）双反应理论：在气隙不均匀的情况下，不考虑磁路饱和，可应用叠加原理，把 $\dot{F}_a$ 分解为直、交轴分量 $\dot{F}_{ad}$ 和 $\dot{F}_{aq}$，分别考虑二者的作用，再把其作用结果叠加起来.

（2）基于双反应理论的电磁关系（不考虑磁路饱和）

将电枢电流 $\dot{I}$ 分解为直、交轴分量 $\dot{I}_d$ 和 $\dot{I}_q$，即 $\dot{I}=\dot{I}_d+\dot{I}_q$（$I_d=I\sin\psi$，$I_q=I\cos\psi$）；三相 $\dot{I}_d$、$\dot{I}_q$ 分别产生 $\dot{F}_{ad}$、$\dot{F}_{aq}$；$\dot{F}_{ad}$、$\dot{F}_{aq}$ 分别作用在直、交轴磁路上，产生直、交轴电枢反应

磁通密度 B_{ad}、B_{aq}，在定子一相绕组中分别感应直、交轴电枢反应电动势 $\dot{E}_{ad}$、$\dot{E}_{aq}$；$\dot{E}_{ad}$、$\dot{E}_{aq}$ 与 $\dot{E}_0$ 叠加起来，即为 $\dot{E}_\delta$；$\dot{E}_\delta$ 与 $\dot{U}$ 及 $\dot{I}Z_s$ 相平衡. 该电磁关系可总结如下：

$$\left.\begin{array}{l} i_f \longrightarrow F_{f1} \longrightarrow B_0 \longrightarrow \dot{E}_0 \\ \dot{I}\begin{cases} \dot{I}_d \longrightarrow F_{ad} \longrightarrow B_{ad} \longrightarrow \dot{E}_{ad} \\ \dot{I}_q \longrightarrow F_{aq} \longrightarrow B_{aq} \longrightarrow \dot{E}_{aq} \end{cases}\end{array}\right\} \dot{E}_\delta = \dot{U} + \dot{I}Z_s$$

（3）凸极同步发电机的电动势方程式和电动势相量图

不考虑磁路饱和时，凸极同步发电机的电动势方程式为

$$\dot{E}_0 = \dot{U} + \dot{I}R + j\dot{I}_d X_d + j\dot{I}_q X_q$$

式中，X_d、X_q 分别为定子一相绕组的直、交轴同步电抗.

相应的电动势相量图如图 13-2 所示.

画电动势相量图时，须把 $\dot{I}$ 分解为 $\dot{I}_d$、$\dot{I}_q$，为此需先确定内功率因数角 ψ. 通过引入与 $\dot{E}_0$ 同相的虚拟电动势 $\dot{E}_q = \dot{U} + \dot{I}R + j\dot{I}X_q$，可求得 ψ 角；于是 $\dot{E}_0 = \dot{E}_q + j\dot{I}_d(X_d - X_q)$.

也可根据电动势相量图反映的几何关系求出 ψ 角：$\psi = \arctan\dfrac{U\sin\varphi + IX_q}{U\cos\varphi + IR}$.

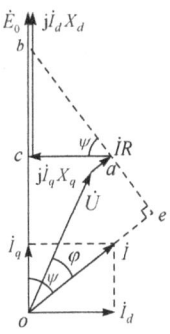

图 13-2 凸极同步发电机的电动势相量图和 ψ 角求法

6. 三相同步电机的电抗参数

（1）电枢（定子）漏电抗

电枢漏电抗 X_s 与电枢漏磁通（包括槽、端部和谐波漏磁通）相对应. 三相电枢电流产生的电枢漏磁通在一相绕组中感应的漏电动势 $\dot{E}_s$ 可用 X_s 上的电压降表示，即 $\dot{E}_s = -j\dot{I}X_s$.

（2）电枢反应电抗

三相隐极同步电机的电枢反应电动势 $\dot{E}_a$ 可用电枢相电流 $\dot{I}$ 在电枢反应电抗 X_a 上的压降表示，即 $\dot{E}_a = -j\dot{I}X_a$. X_a 与电枢反应磁通相对应. 三相凸极同步电机由于气隙不均匀，需要引入两个电枢反应电抗：直轴、交轴电枢反应电抗 X_{ad} 和 X_{aq}.

（3）同步电抗

三相隐极同步电机的同步电抗 $X_c = X_a + X_s$，与电枢总磁通相对应. 三相凸极同步电机则有两个同步电抗：直轴同步电抗 $X_d = X_{ad} + X_s$，交轴同步电抗 $X_q = X_{aq} + X_s$.

总之，上述各电抗都是等效电抗，在物理意义上都表示三相对称电枢电流联合产生的相应磁通（漏磁通、电枢反应磁通或总磁通）在一相电枢绕组中感应电动势的能力，因此其值都等于相电动势与对应的相电流的比值.

注意 ①漏电抗和电枢反应电抗均与其对应的磁通所经磁路的磁阻成反比. 漏磁路主要由非铁磁性材料组成，磁阻大且可视为常数，因此 X_s 较小且为常数. 主磁路的磁阻较小，因此电枢反应电抗较大. 由于凸极同步电机直轴磁路气隙较交轴磁路的小，磁阻也小，因此 $X_{ad} > X_{aq}$；相应地，$X_d > X_q$.

②电枢反应电抗（X_a 或 X_{ad}、X_{aq}）的值与主磁路饱和程度有关. 当不计主磁路饱和时，主磁路的磁阻是常数，电枢反应电抗和相应的同步电抗都为常数（不饱和值）.

③隐极同步电机气隙均匀，其电枢反应电抗和同步电抗均可视为凸极同步电机的特例.

7. 时空相-矢量图

为便于定性分析三相同步电机内部电磁量之间的关系，常把时间相量图和空间矢量图画在一个图中，构成时空相－矢量图．当使空间矢量参考轴＋A与时间相量参考轴＋j重合时，在图中可让时间相量与对应的空间矢量间产生"相位"关系，其中主要的有：①电动势相量$\dot{E}_0$滞后产生它的磁动势矢量F_{f1} 90°电角度；②磁动势矢量F_a与产生它的电流相量$\dot{I}$同相位．

注意 时空相-矢量图只是为了便于分析时间相量、空间矢量的作用关系而人为画出的，由于时间相量与空间矢量的物理意义不同，因此时间相量与空间矢量之间的相位关系并无实际物理意义，它们的实际意义必须在各自的时间相量图或空间矢量图中进行分析．

13.3 典型例题解析

例 13.1 一台同步发电机，定子绕组分布及绕组中电动势和电流的正方向如图 13-3 所示．设定子电流$\dot{I}$滞后电动势$\dot{E}_0$ 30°电角度．

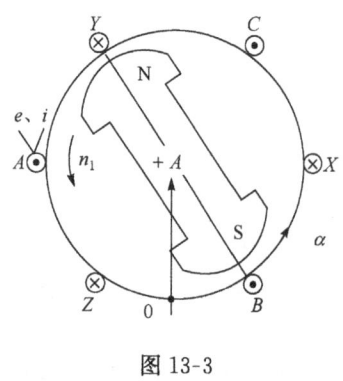

图 13-3

（1）根据图中所示的转子位置，在时空相-矢量图中画出相量$\dot{E}_0$、$\dot{I}$和矢量F_{f1}、F_a；

（2）若$F_a=0.5F_{f1}$，画出气隙基波合成磁动势矢量F_δ；

（3）说明电枢反应的性质．

思路与技巧 绘制时空相-矢量图时，应将空间矢量图参考轴＋A与时间相量图参考轴＋j画在一起．矢量的位置在其正幅值所处，由于规定磁动势正方向是磁力线出定子、进转子的方向，因此基波励磁磁动势矢量F_{f1}始终位于转子S极中心线处．所以，在已知转子位置时，可首先根据转子S极中心线的空间位置画出矢量F_{f1}．由于空载电动势相量$\dot{E}_0$滞后矢量F_{f1} 90°电角度，因此接着可画出相量$\dot{E}_0$．根据题意，电枢电流相量$\dot{I}$滞后$\dot{E}_0$ 30°，据此可画出相量$\dot{I}$．考虑到基波电枢磁动势矢量F_a与相量$\dot{I}$同相，其大小为$F_a=0.5F_{f1}$，由此可画出矢量F_a．然后根据磁动势平衡方程式$F_\delta=F_{f1}+F_a$，可画出气隙基波合成磁动势矢量F_δ．最后根据F_a和F_{f1}在空间的相对位置，或者内功率因数角ψ（$\dot{I}$滞后$\dot{E}_0$的角度），可判断出电枢反应的性质．

解：（1）根据图示转子位置，S极中心线在$\alpha=30°$处，所以此时F_{f1}位于$\alpha=30°$处．在时空相-矢量图中，先画出F_{f1}，然后依次画出相量$\dot{E}_0$、$\dot{I}$和矢量F_a，如图 13-4 所示．

（2）根据$F_\delta=F_{f1}+F_a$，画出矢量F_δ．

（3）由于F_a滞后F_{f1} 120°（$\psi=30°$），所以电枢反应为直轴去磁兼交轴电枢反应．

点评 通过绘制时空相-矢量图来分析三相同步电机各时间相量或空间矢量之间的相位关系以及时间相量与空间矢量的作用关系，是十分直观简便的，一定要掌握这一分析工具．

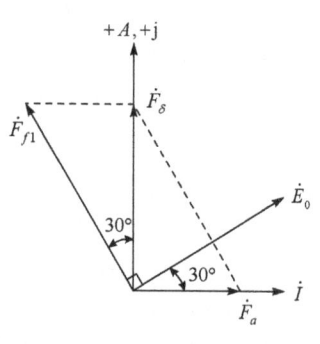

图 13-4

例 13.2 一台三相汽轮发电机,额定功率 $P_N=1500\text{kW}$,额定电压 $U_N=6.3\text{kV}$,定子绕组 Y 联结,额定功率因数 $\cos\varphi_N=0.8$(滞后),作单机运行. 已知其同步电抗标幺值 $\underline{X}_c=1$,电枢电阻忽略不计,每相空载电动势为 4500V. 试确定该发电机接下列三相对称负载时的电枢电流值和电枢反应性质:

(1) 每相为 25Ω 的纯电阻性负载;
(2) 每相为 $25+\text{j}25$(Ω)的电阻电感性负载;
(3) 每相为 $25-\text{j}25$(Ω)的电阻电容性负载.

思路与技巧 同步发电机电枢反应的性质可根据空载电动势 $\dot{E}_0$ 与电枢电流 $\dot{I}$ 的夹角,即内功率因数角 ψ 来确定. 三相隐极同步发电机接三相对称负载时,忽略电枢电阻,$\dot{E}_0=\dot{U}+\text{j}\dot{I}X_c$,$\dot{U}=\dot{I}Z_L=\dot{I}(R_L+\text{j}X_L)$,因此有 $\dot{E}_0=\dot{I}(R_L+\text{j}X_L)+\text{j}\dot{I}X_c$. 所以,可利用相量法先求出 $\dot{I}$,即同时得到 I 和 ψ 的值,然后根据 ψ 的范围可确定电枢反应的性质.

解: 额定相电流 $I_{N\phi}=I_N=\dfrac{P_N}{\sqrt{3}U_N\cos\varphi_N}=\dfrac{1500}{\sqrt{3}\times 6.3\times 0.8}=171.83$(A)

阻抗基值 $z_N=\dfrac{U_{N\phi}}{I_{N\phi}}=\dfrac{U_N}{\sqrt{3}I_N}=\dfrac{6.3\times 10^3}{\sqrt{3}\times 171.83}=21.168$($\Omega$)

同步电抗 $X_c=\underline{X}_c z_N=1.0\times 21.168=21.168$($\Omega$)

取 $\dot{E}_0$ 为参考相量,设 $\dot{E}_0=4500\angle 0°\text{V}$.

(1) 当 $Z_L=R_L=25\Omega$ 时,

$$\dot{I}=\dfrac{\dot{E}_0}{R_L+\text{j}X_c}=\dfrac{4500\angle 0°}{25+\text{j}21.168}=137.4\angle -40.26°\text{(A)}$$

即 $I=137.4\text{A}$,$\psi=40.26°$,所以电枢反应为直轴去磁兼交轴电枢反应.

(2) 当 $Z_L=R_L+\text{j}X_L=25+\text{j}25$($\Omega$)时,

$$\dot{I}=\dfrac{\dot{E}_0}{R_L+\text{j}X_L+\text{j}X_c}=\dfrac{4500\angle 0°}{25+\text{j}25+\text{j}21.168}=85.71\angle -61.56°\text{(A)}$$

即 $I=85.71\text{A}$,$\psi=61.56°$,所以电枢反应为直轴去磁兼交轴电枢反应.

(3) 当 $Z_L=R_L+\text{j}X_L=25-\text{j}25$($\Omega$)时,

$$\dot{I}=\dfrac{\dot{E}_0}{R_L+\text{j}X_L+\text{j}X_c}=\dfrac{4500\angle 0°}{25-\text{j}25+\text{j}21.168}=177.9\angle 8.71°\text{(A)}$$

即 $I=177.9\text{A}$,$\psi=-8.71°$,所以电枢反应为直轴增磁兼交轴电枢反应.

注意 内功率因数角 ψ 与电机本身的参数和负载的性质、大小有关. 由于负载的性质和大小不同,ψ 角有所不同,所以电枢反应的性质也会不同.

例 13.3 一台三相凸极同步发电机,额定电压 $U_N=10.5\text{kV}$,额定电流 $I_N=480\text{A}$,定子绕组 Y 联结,$\cos\varphi_N=0.85$(滞后). 已知该发电机在额定状态下运行,每相空载电动势 $E_0=12.3\text{kV}$,内功率因数角 $\psi=52.4°$,忽略定子电阻,求每相同步电抗 X_d 和 X_q.

思路与技巧 根据凸极同步发电机电动势相量图所示的几何关系,有 $E_0=U\cos\theta+I_d X_d$,$U\sin\theta=I_q X_q$. 利用这两个式子便可求得 X_d 和 X_q.

解: 额定相电压 $U_{N\phi}=\dfrac{U_N}{\sqrt{3}}=\dfrac{10.5\times 10^3}{\sqrt{3}}=6062.2$(V)

额定相电流 $I_{N\phi}=I_N=480\text{A}$

电枢电流的直轴分量 $I_d=I_{N\phi}\sin\psi=480\sin 52.4°=380.3$(A)

电枢电流的交轴分量　　$I_q = I_{N\phi}\cos\psi = 480\cos52.4° = 292.9$（A）

功率因数角　　$\varphi = \arccos 0.85 = 31.79°$

$\dot E_0$ 与 $\dot U$ 的夹角　　$\theta = \psi - \varphi = 52.4° - 31.79° = 20.61°$

直轴同步电抗　　$X_d = \dfrac{E_0 - U\cos\theta}{I_d} = \dfrac{12.3\times10^3 - 6062.2\times\cos20.61°}{380.3} = 17.42$（Ω）

交轴同步电抗　　$X_q = \dfrac{U\sin\theta}{I_q} = \dfrac{6062.2\times\sin20.61°}{292.9} = 7.286$（Ω）

13.4　思考题及其解答

13-1　交流电机中，把时间相量图和空间矢量图重合在一起有何方便之处？时空相-矢量图中各时间相量与空间矢量分别代表什么意义？两者有何本质不同？

答： 把时间相量图和空间矢量图重合在一起成为时空相-矢量图后，为分析各时间相量或空间矢量间的相位关系以及时间相量与空间矢量的作用关系提供了方便：已知空间矢量时，可以迅速确定相关的时间相量；反之，已知时间相量时可以很快确定有关的空间矢量．这样就能比较容易地确定相量或矢量间的相位关系．

在时空相-矢量图中，时间相量表示一相绕组（通常取为 A 相）的随时间变化的正弦量（电压、电流、电动势、磁通、磁链等）的有效值大小，以及在画图时刻的时间相位，当一个时间相量与时轴+j重合时，即表示它在此时达到了正的最大值．空间矢量表示在空间按正弦分布的基波磁动势或基波磁通密度的正幅值的大小及其在画图时刻所在的空间位置．当时间相量均为 A 相的量时，空间参考轴即相轴应取为 A 相绕组的轴线+A．当一个空间矢量与+A轴重合时，表示在画图时刻其正幅值在 A 相绕组轴线处．

13-2　在画交流电机的时空相-矢量图时，有哪些惯例和规律必须遵循？

答： 应遵循的惯例有：

（1）各时间相量均取 A 相的量；

（2）空间坐标系的原点设在 A 相绕组轴线+A处，磁动势及磁通密度的正方向为从定子到转子的方向，气隙旋转磁场的转向为空间角度的正方向；

（3）绕组电动势与电流的正方向与+A轴符合右手螺旋关系；

（4）时间参考轴+j与相轴+A重合；

（5）A，B，C三相绕组在空间的位置为沿空间角度的正方向依次超前120°电角度，三相绕组通以正序（A—B—C）电流．

在上述惯例下，产生如下的规律：

（1）气隙均匀或基波磁动势位于直、交轴，且不计磁滞涡流效应时，基波磁动势矢量及其产生的基波磁通密度矢量重合，且都超前于它所产生的电动势相量90°电角度，如同步电机中，F_{f1} 与 B_0 均超前于 $\dot E_0$ 90°电角度；

（2）三相对称绕组通以三相对称电流所产生的合成基波磁动势矢量与电流相量重合，如同步电机中，F_a 与 $\dot I$ 重合；

（3）磁链（或磁通）相量与产生它的基波磁通密度矢量重合．

13-3　什么叫电枢反应？电枢反应的性质由什么决定？

答： 电枢绕组电流所产生的基波磁动势对基波励磁磁动势或者说对气隙磁通的影响称为

电枢反应.同步电机电枢反应的性质是由电枢反应磁动势F_a与基波励磁磁动势F_{f1}的夹角$90°+\psi$,或者说空载电动势$\dot E_0$与电枢电流$\dot I$的夹角即内功率因数角ψ所决定的.当$\dot E_0$与$\dot I$同相即$\psi=0$时,电枢反应为交轴电枢反应;当$\dot E_0$超前$\dot I$ 90°即$\psi=90°$,$\dot E_0$滞后$\dot I$ 90°即$\psi=-90°$时,电枢反应分别为直轴去磁、增磁电枢反应.一般情况下,即$0<\psi<90°$时,电枢反应兼有直轴去磁和交磁作用.

13-4 对称负载时,电枢绕组基波磁动势和谐波磁动势与转子之间有无相对运动?一般所说的电枢反应磁动势F_a是指什么磁动势?谐波磁动势在哪儿考虑?为什么励磁绕组的谐波磁动势可以在定子绕组中产生谐波电动势,而电枢绕组的谐波磁动势在定子绕组中产生基波电动势?

答:对称负载时,电枢绕组基波磁动势的转速为同步转速,因此与转子之间没有相对运动;电枢绕组谐波磁动势的转速为同步转速的$1/\nu$(ν为谐波次数),因此与转子间有相对运动.

一般所说的电枢反应磁动势F_a是指电枢三相绕组电流产生的合成基波磁动势.三相电流产生的谐波磁动势在电枢绕组中产生基波频率的感应电动势,因此通常把谐波磁动势产生的谐波磁通归入电枢绕组漏磁通中,称为谐波漏磁通或差漏磁通.

励磁绕组产生的谐波磁动势和电枢绕组产生的谐波磁动势的极对数均为νp,但前者的转速为同步转速n_1,而后者的转速为n_1/ν.因此,前者在电枢绕组中产生感应电动势的频率为$\nu p n_1/60=\nu f$,是谐波电动势;而后者在电枢绕组中产生感应电动势的频率为$(\nu p n_1/\nu)/60=f$,为基波电动势.

13-5 对凸极电机求出总的合成磁动势F_δ有无实用意义?应用双反应理论有什么条件?

答:当合成磁动势F_δ的位置既不在直轴,也不在交轴时,由于凸极电机气隙不均匀,因此由F_δ产生的气隙磁通密度波形就会发生畸变而不再是正弦波,气隙磁通密度中的基波B_δ的幅值和相位就与F_δ的幅值及空间位置有关.而F_δ的幅值与空间位置又是随负载变化的,这样,就难以找到B_δ与F_δ间的确定关系式.所以,对凸极电机来说,求出合成磁动势F_δ是没有实用意义的.

双反应理论可以用来解决由电枢反应磁动势求电枢反应磁通密度时所遇到的气隙各处磁导不相同的困难,它是基于叠加原理的,需要假定电机磁路是线性的.

13-6 时空相-矢量图中F_{f1}、F_a、F_δ、$\dot E_0$、$\dot E_a$、$\dot E_q$各代表什么物理量?电抗X_s、X_a、X_{ad}、X_{aq}、X_d、X_q、X_c各对应哪些磁通?因数k_f在什么情况下使用?数值约多大?

答:在时空相-矢量图中,空间矢量F_{f1}代表转子励磁磁动势的基波;F_a代表三相电枢电流产生的基波磁动势即电枢反应磁动势;F_δ代表气隙合成基波磁动势,即F_{f1}与F_a的矢量之和.时间相量$\dot E_0$、$\dot E_a$分别代表由F_{f1}和F_a产生的基波气隙磁通密度在一相绕组中所感应的电动势;$\dot E_q$则是凸极同步电机中令$X_d=X_q$时的一个等效电动势,它与$\dot E_0$同相位,大小与$\dot E_0$接近,与$\dot E_0$相差$I_d(X_d-X_q)$,可用$\dot E_q$代替$\dot E_0$得到凸极电机的近似等效电路.

电抗X_s、X_a分别对应于三相对称电枢电流产生的漏磁通和气隙磁通;X_{ad}、X_{aq}分别对应于三相对称电枢电流产生的直轴、交轴电枢反应磁通(气隙磁通);X_d、X_q分别对应于三相对称电枢电流产生的直轴、交轴电枢总磁通(包括电枢反应磁通和漏磁通);X_c对应于三相对称电枢电流产生的电枢总磁通(包括电枢反应磁通和漏磁通),用于隐极同步电机.这些电抗都综合反映了三相绕组合成磁动势所产生的磁通对一相的影响.

按照产生相同的基波磁通密度的原则，将实际非正弦分布的励磁磁动势等效折合成一个正弦分布的基波励磁磁动势时，使用因数 k_f. 它的大小为该等效基波励磁磁动势与实际励磁磁动势的幅值之比.

在隐极电机中，k_f 的值同转子实际总槽数与转子槽分度数之比有关，一般为 0.97～1.035；在凸极电机中，$k_f=4/\pi$.

13-7 为什么同步发电机的空载特性曲线与发电机的磁化特性曲线有相似的形状？

答： 由于励磁磁动势 F_f 与励磁电流 i_f 成正比，空载电动势 E_0 与每极主磁通 Φ 成正比，因此空载特性曲线 $E_0=f(i_f)$ 与磁化特性曲线 $\Phi=f(F_f)$ 有相似的形状.

13-8 同步电机电枢绕组产生的谐波磁动势与励磁绕组产生的谐波磁动势，二者的极距、转向、转速有什么异同？它们在电枢绕组中感应电动势的频率、相序有什么异同？

答： 如下表所示.

	极距	转向	转速	感应电动势的频率	感应电动势的相序
电枢绕组的谐波磁动势	$\dfrac{\tau}{\nu}$	3 的倍数次谐波磁动势为 0；其他的谐波磁动势的转向与电流相序有关. 正序电流时：$\nu=6k-1$，反转；$\nu=6k+1$，正转. ($k=1, 2, 3, \cdots$)	$\dfrac{n_1}{\nu}$	f	正序（与基波磁动势产生的感应电动势的相序相同）
励磁绕组的谐波磁动势	$\dfrac{\tau}{\nu}$	与转子转向相同	n_1	νf	$\nu=3k$ 时，同相位；($k=1, 3, 5, \cdots$) $\nu=6k-1$ 时，负序；$\nu=6k+1$ 时，正序. ($k=1, 2, 3, \cdots$)

13-9 在隐极同步发电机时空相-矢量图中，把 $+A$ 轴与 $+j$ 轴重合，则基波励磁磁动势 $\dot{F}_{f1}$ 与 A、B、C 相电动势 $\dot{E}_{0A}$、$\dot{E}_{0B}$、$\dot{E}_{0C}$ 的相位差分别是多大？电枢反应磁动势 $\dot{F}_a$ 与三相电流 $\dot{I}_A$、$\dot{I}_B$、$\dot{I}_C$ 的相位差又分别是多少？在画时空相-矢量图时，如果把 $+B$ 轴与 $+j$ 轴重合，则 $\dot{E}_{0A}$ 与 $\dot{F}_{f1}$ 的相位关系将是怎样的？

答： 当 $+A$ 轴与 $+j$ 轴重合时，$\dot{F}_{f1}$ 分别超前 $\dot{E}_{0A}$、$\dot{E}_{0B}$、$\dot{E}_{0C}$ 为 $90°$、$210°$ 和 $330°$；$\dot{F}_a$ 与 $\dot{I}_A$ 同相，$\dot{F}_a$ 分别超前 $\dot{I}_B$、$\dot{I}_C$ 为 $120°$ 和 $240°$.

如果把 $+B$ 轴与 $+j$ 轴重合，则时空相-矢量图中的时间相量应取 B 相的量，即 $\dot{F}_{f1}$ 超前 $\dot{E}_{0B}$ $90°$，因此 $\dot{E}_{0A}$ 超前 $\dot{F}_{f1}$ $30°$.

13-10 在隐极同步发电机时空相-矢量图中，空间矢量 $\dot{F}_{f1}$、$\dot{F}_a$、$\dot{F}_\delta$ 分别与哪个时间相量相对应？在磁路为线性时，若 $\dot{F}_{f1}=-2\dot{F}_a$，则 E_0、E_a 与 E_δ 间有何数量关系？

答： $\dot{F}_{f1}$、$\dot{F}_a$、$\dot{F}_\delta$ 分别与时间相量 $\dot{E}_0$、$\dot{E}_a$、$\dot{E}_\delta$ 相对应.

在磁路线性时，由 $\dot{F}_{f1}=-2\dot{F}_a$ 可知，$\dot{F}_a$ 与 $\dot{F}_{f1}$ 反相，且 $F_a=\dfrac{1}{2}F_{f1}$，根据矢量图，可知 $\dot{F}_\delta=\dot{F}_{f1}+\dot{F}_a=-\dot{F}_a$，即有 $F_{f1}=2F_a=2F_\delta$，因此可得 $E_0=2E_a=2E_\delta$.

13.5 习题及其解

13-1 已知 $t=0$ 时，同步电机转子位置如图 13-5 所示.
(1) 画出 $\dot{F}_{f1}$ 及 $\dot{B}_0$ 空间矢量图；
(2) 画出 A 相空载电动势 $\dot{E}_0$ 的时间相量图；
(3) 将时间相量图和空间矢量图重合，画出 $\dot{E}_0$ 和 $\dot{F}_{f1}$.

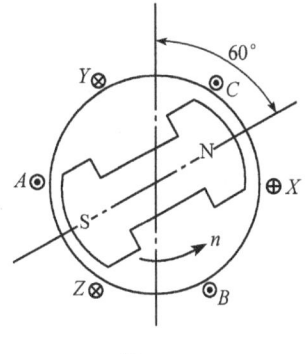

图 13-5

解：(1) 在空间矢量图上，F_{f1} 位于基波励磁磁动势正幅值处. 按照磁动势正方向规定（从定子到转子为磁动势的正方向），F_{f1} 应在转子 S 极中心线位置. 以 $+A$ 轴为 $\alpha=0$ 位置，逆时针方向为 α 正方向，则在图 13-5 所示时刻，S 极中心线在 $\alpha=-60°$ 处，即 F_{f1} 在 $\alpha=-60°$ 位置. 由此可画出 $\dot{F}_{f1}$ 与 $\dot{B}_0$ 的空间矢量图，如图 13-6（a）所示.

(2) 当 B_0 正幅值（或转子 S 极中心线）到达线圈边 X 位置时，即转子从图 13-1 所示位置再转过 150° 电角度时，A 相电动势 $\dot{E}_0$ 将达到正的最大值. 因此，在时间相量图上，$\dot{E}_0$ 应距离 $+j$ 轴 150°，如图 13-6（b）所示.

(3) 将 $+A$ 与 $+j$ 轴重合，得到图 13-6（c）所示的时空相-矢量图.

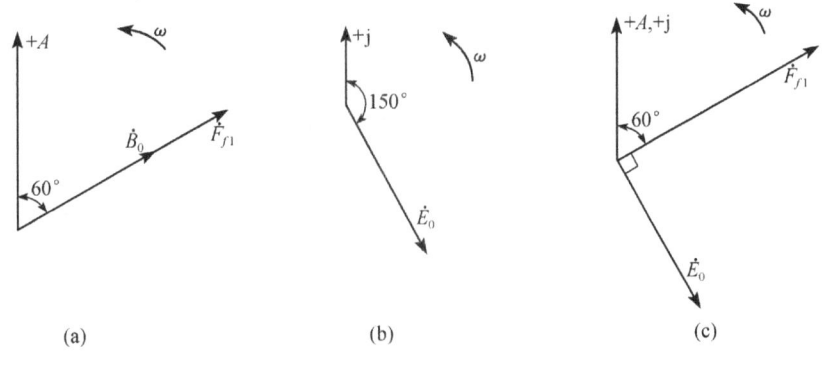

图 13-6

13-2 已知 $t=0$ 时，同步电机转子 S 极中心线超前 A 相轴线 75°. 直接用时空相-矢量图画出 A 相空载电动势 $\dot{E}_0$ 及 $\dot{F}_{f1}$.

解：对隐极同步电机，不计磁滞与涡流效应时，$\dot{F}_{f1}$ 与 $\dot{B}_0$ 同相位，在时空相-矢量图上，二者都超前 $\dot{E}_0$ 90°. 依题意可作出时空相-矢量图如图 13-7 所示.

13-3 已知同步电机三相绕组对称，$p=1$，A 相电动势表达式为 $e_{0A}=E_{1m}\sin(\omega t-90°)$，写出 B、C 相电动势 e_{0B}、e_{0C} 的表达式 $e_{0B}=f(t)$，$e_{0C}=f(t)$，在时间相量图中画出 $\dot{E}_{0A}$、$\dot{E}_{0B}$、$\dot{E}_{0C}$. 在图 13-8 中画出 $t=0$ 时转子的位置，并画出 $\dot{F}_{f1}$ 的空间矢量图.

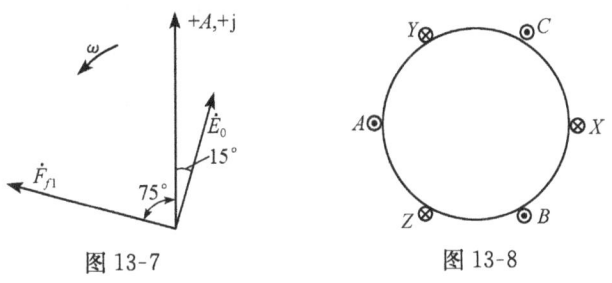

图 13-7 图 13-8

解：由于三相对称，$e_{0A} = E_{1m}\sin(\omega t - 90°)$，所以 B、C 相电动势应分别滞后于 A 相电动势 $120°$ 和 $240°$，即

$$e_{0B} = E_{1m}\sin(\omega t - 210°)$$
$$e_{0C} = E_{1m}\sin(\omega t - 330°)$$

$t = 0$ 时，e_{0A} 为负的最大值，因此 $\dot{E}_{0A}$ 此时应在与 $+j$ 轴成 $180°$ 的位置。画出 $t=0$ 时的时间相量图，如图 13-9（a）所示。在空间矢量图中，此时 $\dot{F}_{f1}$ 应在 $\alpha = -90°$ 的位置，如图 13-9（b）所示。此时，转子 S 极中心线处于线圈边 A 的位置，画出转子位置如图 13-9（c）所示。

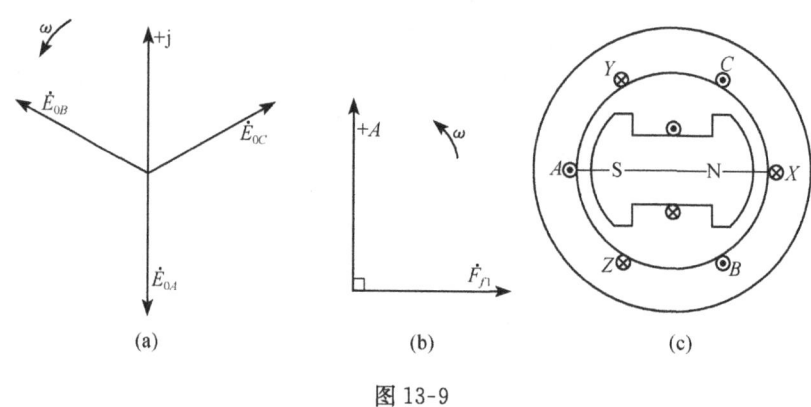

图 13-9

13-4 已知同步发电机定子三相绕组中的感应电动势为
$$e_A = E_{0m}\cos(\omega t - 30°)$$
$$e_B = E_{0m}\cos(\omega t - 150°)$$
$$e_C = E_{0m}\cos(\omega t - 270°)$$
试作出时空相-矢量图，并画出 $\omega t = 0$ 时同步电机转子的位置。

解：根据电动势表达式可以作出时空相-矢量图如 13-10（a）所示。作图步骤如下：先画出 A 相感应电动势相量 $\dot{E}_0$，时间初相角为 $\varphi_0 = -30°$，$E_0 = E_{0m}/\sqrt{2}$；根据空间矢量 $\dot{F}_{f1}$（或 $\dot{B}_0$）超前 $\dot{E}_0$ $90°$ 电角度，可以作出空间矢量 $\dot{F}_{f1}$（或 $\dot{B}_0$），它的空间初相角 $\alpha_0 = 60°$。然后可进一步画出该瞬间（$\omega t = 0$）同步电机转子的位置，转子 S 极中心线的空间位置离开坐标原点 $60°$，如图 13-10（b）所示。

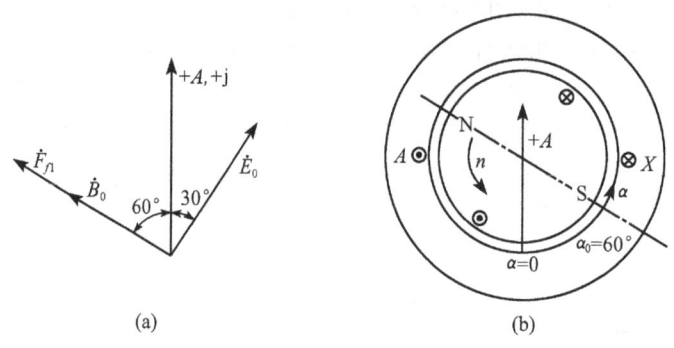

图 13-10

13-5 三相同步发电机转子磁极在 $t=0$ 时的位置如图 13-11 所示. 假定 $\psi=60°$，求：

(1) 在时间相量图上画出 $\dot{E}_A$、$\dot{E}_B$、$\dot{E}_C$、$\dot{I}_A$、$\dot{I}_B$、$\dot{I}_C$ 的相量；

(2) 在时空相-矢量图上作出 $\dot{F}_{f1}$ 及 $\dot{F}_a$ 矢量，说明电枢反应磁动势的作用.

解：(1) 根据图示瞬间转子的位置，C 相等效绕组的 C，Z 两边正处在磁极中心线上，这时 C 相的感应电动势为负的最大值（按照图中电动势的正方向）. 据此可确定 $\dot{E}_A$、$\dot{E}_B$、$\dot{E}_C$ 相量的位置，如图 13-12（a）所示. 再由 $\psi=60°$ 可以作出 $\dot{I}_A$、$\dot{I}_B$、$\dot{I}_C$ 相量.

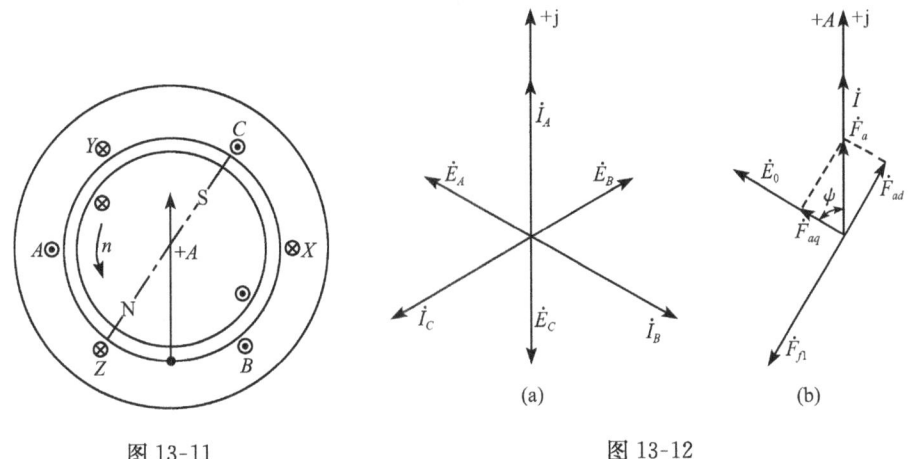

图 13-11　　　　　　图 13-12

(2) 以 A 相绕组轴线为空间坐标轴 $+A$，根据图 13-11 所示转子位置，可知 $\dot{F}_{f1}$ 离坐标原点初相角是 150° 电角度，在图 13-12（b）的时空相-矢量图上画出来，$\dot{E}_0$（指 A 相）滞后 $\dot{F}_{f1}$ 90° 电角度，$\dot{I}$ 滞后 $\dot{E}_0$ 60° 电角度，$\dot{F}_a$ 与 $\dot{I}$ 重合，可知 $\dot{F}_a$ 滞后 $\dot{F}_{f1}$ 150° 电角度，正好处在 $+A$ 轴位置. 这和时间相量图上 $\dot{I}_A$ 正处在最大值位置是一致的. $\dot{F}_a$ 可分为直轴分量 $\dot{F}_{ad}$ 和交轴分量 $\dot{F}_{aq}$，直轴分量 $\dot{F}_{ad}$ 起去磁作用，交轴分量 $\dot{F}_{aq}$ 使合成磁动势 $\dot{F}_\delta$ 与 $\dot{F}_{f1}$ 分离，产生角 θ'.

13-6 一台同步电机绕组分布及绕组中电动势、电流的正方向如图 13-13 所示. 试求：

(1) 当图 13-13（b）中 $\alpha=120°$ 时，画出 A 相绕组空载电动势 $\dot{E}_0$ 的时间相量图；

(2) 若定子绕组电流滞后空载电动势 $\dot{E}_0$ 60° 电角度，画出定子绕组产生的合成基波磁动势 $\dot{F}_a$ 的位置；

(3) 如果 $F_a=\dfrac{1}{3}F_{f1}$，画出磁动势 $\dot{F}_\delta$ 的位置.

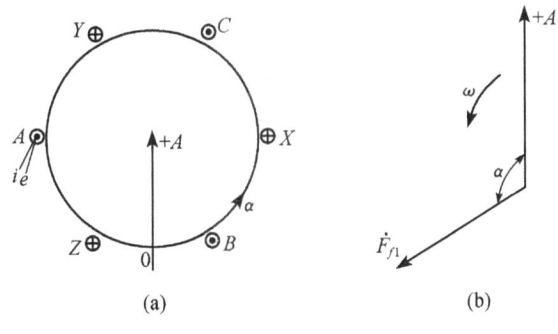

图 13-13

解：（1）$\dot{E}_0$ 如图 13-14（b）所示.

（2）$\dot{F}_a$ 及（3）$\dot{F}_\delta$ 如图 13-14（a）所示.

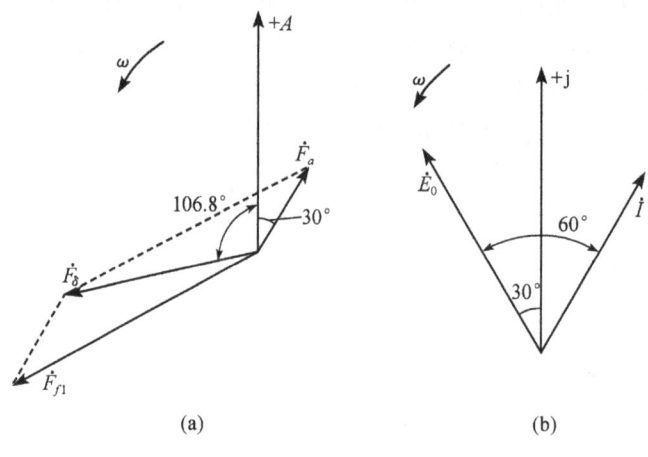

图 13-14

13-7 一台 4 极同步发电机，电枢绕组的 e, i 正方向如图 13-15 所示，转子逆时针转动，转速为 1500r/min，已知电枢电流滞后于空载电动势 30°电角度，转子瞬时位置如图示. 求：

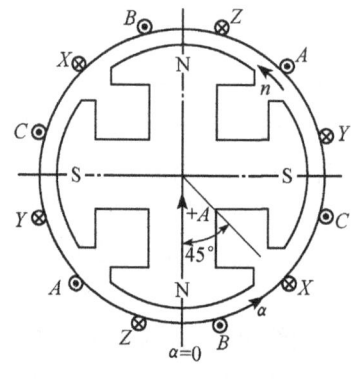

图 13-15

（1）在空间矢量图上画出 $\dot{F}_{f1}$，标出转向及电角速度 ω 的大小；

（2）作出电枢绕组三相空载电动势和电流的时间相量图，标出时间角频率 ω 的大小；

（3）在空间矢量图上画出电枢反应磁动势 $\dot{F}_a$，标出转向及电角速度 ω 的大小，并说明 F_{ad} 的性质.

解：（1）空间矢量图如图 13-16（a）所示.

（2）时间相量图如图 13-16（b）所示.

（3）$\dot{F}_a$ 如图 13-16（a）所示，F_{ad} 性质为去磁.

13-8 一台旋转电枢的同步电机，电动势、电流正方向如图 13-17 所示.

（1）当转子转到图 13-17 所示的瞬间，画出励磁磁动势 F_{f1} 在电枢绕组里产生的电动势 $\dot{E}_{0A}, \dot{E}_{0B}$ 和 $\dot{E}_{0C}$ 的时间相量图；

（2）已知电枢电流 $\dot{I}_A, \dot{I}_B$ 和 $\dot{I}_C$ 分别滞后电动势 $\dot{E}_{0A}, \dot{E}_{0B}$ 和 $\dot{E}_{0C}$ 60°电角度，画出电枢反应磁动势 $\dot{F}_a$；

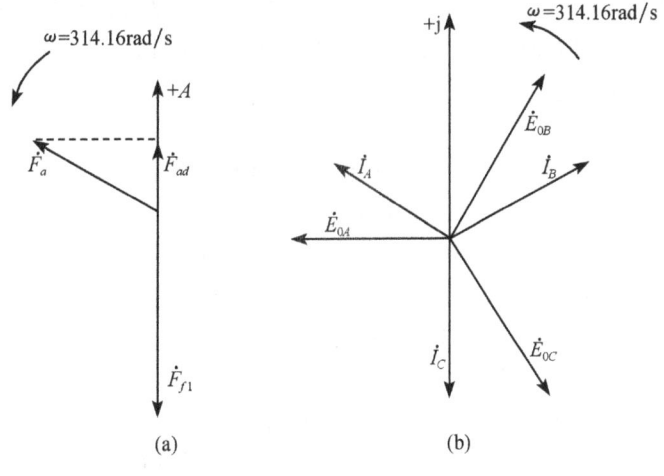

图 13-16

(3) 求出磁动势 $\dot{F}_a$ 相对于定子的转速是多少？

解：解法一 把空间坐标放在电枢（转子）上，仍然取 A 相绕组轴线 $+A$ 作为 $\alpha=0$ 位置，以逆时针方向为 α 正方向.

(1) 由图 13-17 中各量的正方向，可知在图示时刻 $e_{0A}=0$. 电枢再转过 $\omega t=90°$ 时，e_{0A} 将为负的最大值. 因此在图示时刻 $\dot{E}_{0A}$ 应超前于 $+j$ 轴 $90°$ 电角度. 据此可在时空相-矢量图中作出 $\dot{E}_{0A}$. 从图 13-17 所示的三相绕组布置及电枢转向可知，$\dot{E}_{0B}$ 和 $\dot{E}_{0C}$ 分别滞后于 $\dot{E}_{0A}$ $120°$ 和 $240°$，作出 $\dot{E}_{0B}$、$\dot{E}_{0C}$，如图 13-18 所示.

(2) 因相电流滞后于相电动势 $60°$ 电角度，于是可作出 $\dot{I}_A$、$\dot{I}_B$、$\dot{I}_C$，如图 13-18 所示. 当 A 相电流 i_A 达到正的最大值时，三相合成基波磁动势即电枢反应磁动势 $\dot{F}_a$ 在时空相-矢量图上应与 $+A$ 轴重合，即在时空相-矢量图上 $\dot{F}_a$ 与 $\dot{I}_A$ 重合. 作出 $\dot{F}_a$，如图 13-18 所示.

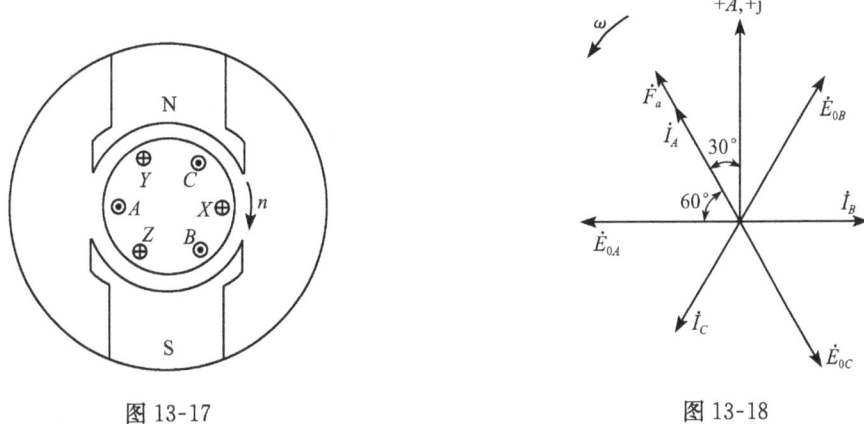

图 13-17　　　　　　　　　图 13-18

(3) 电枢绕组中感应电动势的频率 f 取决于转速 n，而电枢电流产生的旋转磁动势 $\dot{F}_a$ 相对于电枢的转速 n' 取决于 f，因此有

$$n' = \frac{60f}{p} = \frac{60}{p} \cdot \frac{pn}{60} = n$$

即 $\dot{F}_a$ 相对于电枢以转速 n 旋转，转向取决于三相电流或电动势的相序. 由图 13-18 中已画出的时间相量，可知转向为逆时针. 因此，在时空相-矢量图上，$\dot{F}_a$ 相对于 $+A$ 轴以电角速度 $\omega\left(\omega=p\dfrac{2\pi n}{60}=2\pi f\right)$ 向逆时针方向旋转，如图 13-18 所示. 由于电枢即 $+A$ 轴又是以转速 n 顺时针旋转的，因此 $\dot{F}_a$ 相对于定子的转速为 0，即在空间是静止的.

解法二 可用相对运动的概念进行分析. 假设电枢是静止的，则磁极（定子）就应以转速 n 向逆时针方向旋转. 这样，在图 13-18 所示时刻仍可作出如图13-18 所示的时空相-矢量图，可知 $\dot{F}_a$ 相对电枢即 $+A$ 轴向逆时针方向旋转. 但实际上 $+A$ 轴及电枢又是以转速 n 向顺时针方向旋转的，因此 $\dot{F}_a$ 相对定子的转速为 0.

13-9 有一台同步电机，定子绕组里电动势和电流的正方向分别标在图 13-19（a）、(b) 里，假设定子电流超前电动势 $\dot{E}_0$ 90°电角度. 根据图 13-19（a）和 (b) 所示的转子位置，找出电枢反应磁动势 $\dot{F}_a$ 的位置，并说明它是去磁还是增磁性质的.

解：通过画时空相-矢量图来分析.

图 13-19（a）、(b) 两种情况的时空相-矢量图分别如图 13-20（a）、(b) 所示. 可见，在图 13-19（a）、(b) 两种情况下，电枢反应磁动势 $\dot{F}_a$ 分别为增磁、去磁性质的.

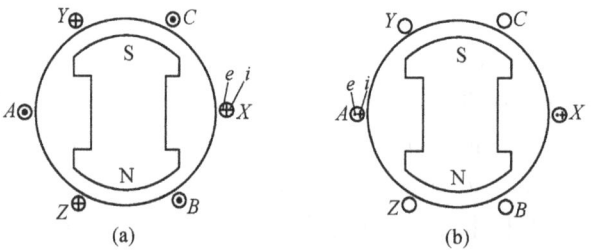

图 13-19

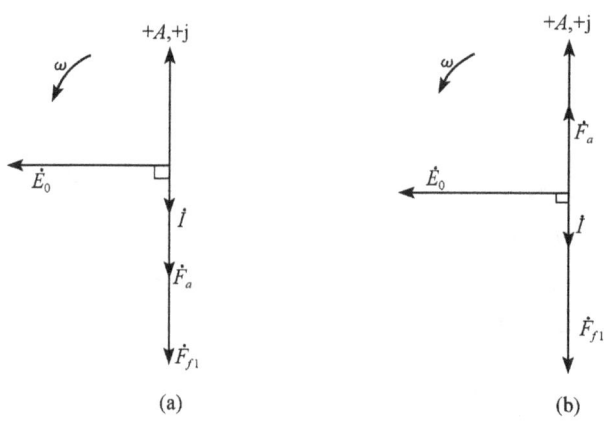

图 13-20

这里需要注意图 13-19（a）、(b) 两种情况的不同. 在图 13-19（a）中，e、i 正方向相同，都与 $+A$ 轴符合右手关系. 按照磁动势正方向及画时空相-矢量图的规定，可得到 $\dot{F}_a$ 与 $\dot{I}$ 重合的规律，可将之简称为正的 $\dot{I}$ 产生正的 $\dot{F}_a$. 而在图 13-19（b）中，i 的正方向规定得与 e 的相反. 不再与 $+A$ 轴成右手关系. 当 i 达到正的最大值，即 $\dot{I}$ 与 $+j$ 轴重合时，按磁动势的正方向规定，可知此时的电枢反应磁动势 $\dot{F}_a$ 的正幅值在 $\alpha=180°$ 处（设

+A轴处为α＝0)．这样，在时空相-矢量图中，F_a就不再与$\dot{I}$重合，而是相差180°，可将这种情况简称为正的$\dot{I}$产生负的F_a．

13-10 画出隐极同步发电机带电感负载和电容负载两种情况下的时空相-矢量图，忽略电枢绕组电阻，在图上表示出时间相量$\dot{U}$、$\dot{I}$、$j\dot{I}X_s$、$\dot{E}_\delta$及空间矢量F_{f1}、F_a、F_δ．比较两种情况下励磁磁动势F_{f1}和合成磁动势F_δ的大小，说明电枢反应磁动势F_a各起什么作用．

解：带电感负载、电容负载时的时空相-矢量图分别如图13-21（a）、（b）所示．可以看出，在电感负载下，$F_\delta < F_{f1}$，电枢反应磁动势F_a起直轴去磁作用；而在电容负载下，$F_\delta > F_{f1}$，F_a起直轴增磁作用．

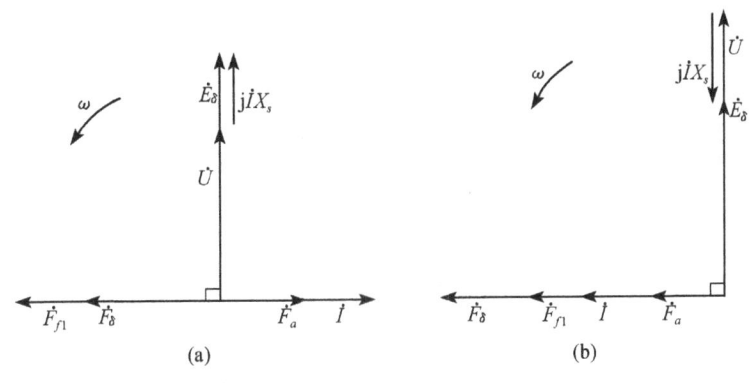

图 13-21

13-11 已知一台隐极同步发电机的端电压$U=1$，电流$I=1$，同步电抗$X_c=1$和功率因数$\cos\varphi=1$（忽略定子电阻）．用画时空相-矢量图的办法找出在图13-22所示的瞬间同步电机转子的位置（用发电机惯例）．

解：因$\cos\varphi=1$，故$\underline{I}$与$\underline{U}$同相位．
$$\underline{U}=1, \quad \underline{I}X_c=1\times 1=1$$

画出时空相-矢量图，如图13-23（a）所示．设电机极对数$p=1$，则由图中F_{f1}的位置，可画出此刻转子的位置，如图13-23（b）所示．

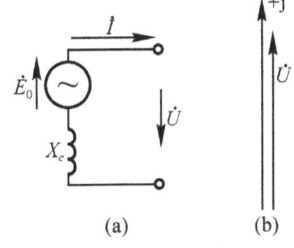

图 13-22

13-12 一台三相星形联结的隐极同步发电机，每相漏电抗为2Ω，每相电阻为0.1Ω．当负载为500kVA，$\cos\varphi=0.8$（滞后）时，机端电压为2300V．求气隙磁场在一相绕组中产生的电动势．

解：所求感应电动势即为E_δ．
已知$X_s=2\Omega$，$R=0.1\Omega$，
$$U=\frac{U_L}{\sqrt{3}}=\frac{2300}{\sqrt{3}}=1327.9(\text{V})$$
$$I=\frac{S}{\sqrt{3}U_L}=\frac{500\times 10^3}{\sqrt{3}\times 2300}=125.5(\text{A})$$
$$\varphi=\arccos 0.8=36.87°$$

设$\dot{U}=U\angle 0°=1327.9\angle 0°\text{V}$，则
$$\dot{I}=I\angle -\varphi=125.5\angle -36.87°(\text{A})$$

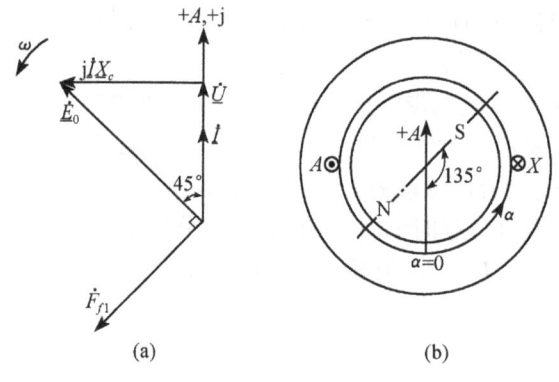

图 13-23

所以
$$\dot{E}_\delta = \dot{U} + \dot{I}R + j\dot{I}X_s$$
$$= 1327.9 + 0.1 \times 125.5 \angle -36.87° + j2 \times 125.5 \angle -36.87°$$
$$= 1501 \angle 7.4°(V)$$

即
$$E_\delta = 1501V$$

13-13 一台三相隐极同步发电机，定子绕组 Y 联结，额定电压 $U_N=6300V$，额定功率 $P_N=400kW$，额定功率因数 $\cos\varphi_N=0.8$（滞后），定子绕组每相漏电抗 $X_s=8.1\Omega$，电枢反应电抗 $X_a=71.3\Omega$，忽略定子电阻，空载特性数据如下：

E_0/V	0	1930	3640	4480	4730
F_f/A	0	3250	6770	12200	16600

用电动势相量图求额定负载下空载电动势 E_0 及 ψ 角的大小，并用空载特性气隙线求励磁磁动势 F_f 为多大？

解： 额定相电压
$$U_{N\phi} = \frac{6300}{\sqrt{3}} = 3637(V)$$

额定相电流
$$I_N = \frac{P_N}{\sqrt{3}U_N\cos\varphi_N} = \frac{400 \times 10^3}{\sqrt{3} \times 6300 \times 0.8} = 45.8(A)$$

电流滞后电压的相位
$$\varphi = 36.87°$$

电机的同步电抗
$$X_c = X_a + X_s = 71.3 + 8.1 = 79.4(\Omega)$$

同步电抗压降
$$IX_c = 45.8 \times 79.4 = 3637(V)$$

作电动势相量图如图 13-24（a），图中 $\dot{E}_0 = \dot{U} + j\dot{I}X_c$，可得到 $E_0=6540V$，$\psi=63.2°$。根据给定数据作出空载特性及其气隙线，如图 13-24（b）所示。在气隙线上，由 $E_0=6540V$ 可找到励磁磁动势 $F_f=10650A$。

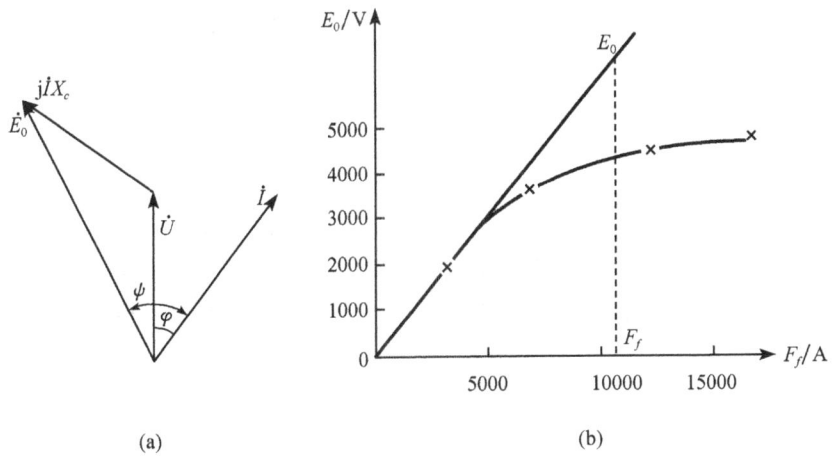

图 13-24

13-14 一台三相星形联结的隐极同步发电机,空载时使端电压为 220V 所需的励磁电流为 3A. 当发电机接上每相 5Ω 的星形联结电阻负载时,要使端电压仍为 220V,所需的励磁电流为 3.8A. 不计电枢电阻,试求该发电机的同步电抗(不饱和值)是多大?

解: 空载时,励磁电流 $i'_f=3$A,每相励磁电动势为

$$E'_0 = \frac{220}{\sqrt{3}} = 127(\text{V})$$

$i_f=3.8$A 时,每相励磁电动势为

$$E_0 = \frac{i_f}{i'_f}E'_0 = \frac{3.8}{3} \times 127 = 160.87(\text{V})$$

接上 $R_L=5$Ω 对称电阻负载时,每相电流为

$$I = \frac{U}{R_L} = \frac{220/\sqrt{3}}{5} = \frac{127}{5} = 25.4(\text{A})$$

由于 $\cos\varphi = 1$,$\dot{I}$ 与 $\dot{U}$ 同相位,因此在时间相量图中,$j\dot{I}X_c$ 与 $\dot{U}$ 垂直,故有 $E_0^2=U^2+(IX_c)^2$. 所以

$$X_c = \frac{1}{I}\sqrt{E_0^2-U^2} = \frac{1}{25.4}\sqrt{160.87^2-127^2} = 3.887(\Omega)$$

13-15 一台三相星形联结的隐极同步发电机,额定电流 $I_N=60$A,同步电抗 $X_c=1$Ω,电枢电阻忽略不计. 调节励磁电流使空载端电压为 480V. 保持此励磁电流不变,当发电机输出功率因数为 0.8(超前)的额定电流时,发电机的端电压为多大?此时电枢反应磁动势起何作用?

解:
$$E_0 = \frac{480}{\sqrt{3}} = 277.13(\text{V})$$

$$IX_c = I_N X_c = 60 \times 1 = 60(\text{V})$$

$\cos\varphi=0.8$ 超前时,$\varphi=-\arccos 0.8=-36.87°$,$\sin\varphi=-0.6$. 设 $\dot{E}_0$ 超前 $\dot{U}$ 的角度为 θ,在隐极同步发电机的时间相量图中,总有

$$E_0\sin\theta = IX_c\cos\varphi, \quad E_0\cos\theta = U + IX_c\sin\varphi$$

所以
$$\theta = \arcsin\frac{IX_c\cos\varphi}{E_0} = \arcsin\frac{60\times 0.8}{277.13} = 9.97°$$
$$U = E_0\cos\theta - IX_c\sin\varphi$$
$$= 277.13\cos 9.97° - 60\times(-0.6) = 308.94(V)$$

端电压即线电压为
$$U_L = \sqrt{3}U = \sqrt{3}\times 308.94 = 535.1(V)$$

判断电枢反应的性质要看 $\dot{E}_0$ 与 $\dot{I}$ 的相位关系. 由于 $\dot{E}_0$ 超前 $\dot{U}$ 的角度 $\theta=9.97°$, $\dot{I}$ 超前 $\dot{U}$ 的角度为 $36.87°$, 因而 $\dot{I}$ 超前于 $\dot{E}_0$ $36.87°-9.97°=26.9°$. 所以电枢反应磁动势兼有直轴增磁和交磁的作用.

13-16 一台隐极同步发电机带三相对称负载, $\cos\varphi=1$, 此时端电压 $U=U_N$, 电枢电流 $I=I_N$, 若知该电机的 $\underline{X}_s=0.15$, $\underline{X}_a=0.85$, 忽略定子电阻, 用时间相量图求出空载电动势 $\underline{E}_0$、ψ 及 θ' 角各为多大?

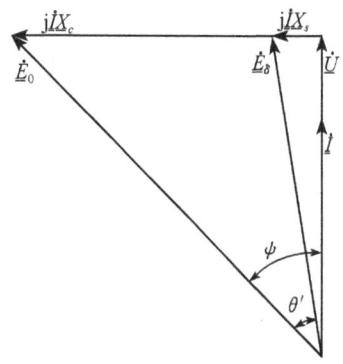

图 13-25

解: 已知 $U=U_N$, $I=I_N$, $\cos\varphi=1$, 则 $\underline{U}=1$, $\underline{I}=1$, $\varphi=0$. 于是
$$\underline{IX}_s = 1\times 0.15 = 0.15, \quad \underline{IX}_a = 1\times 0.85 = 0.85$$
$$\underline{IX}_c = \underline{IX}_s + \underline{IX}_a = 0.15 + 0.85 = 1$$

画出时间相量图, 如图 13-25 所示. 根据以上数据可得: $\underline{E}_0=\sqrt{2}$, $\psi=45°$. $\dot{E}_\delta$ 与 $\dot{U}$ 的夹角为
$$\arctan\frac{\underline{IX}_s}{\underline{U}} = \arctan\frac{0.15}{1} = 8.53°$$

所以
$$\theta' = \psi - 8.53° = 45° - 8.53 = 36.47°$$

13-17 已知一台隐极同步电机的端电压 $\underline{U}=1$, $\underline{I}=1$, 同步电抗 $\underline{X}_c=1$ 和功率因数 $\cos\varphi=0.866$ ($\dot{I}$ 超前 $\dot{U}$). 利用时空相-矢量图, 找出当转子转到如图 13-26 所示位置时, 电枢反应磁动势 $\dot{F}_a$ 的位置.

解: 因 $\cos\varphi=0.866$ 超前, 故 $\varphi=-30°$, $\underline{IX}_c=1$. 画出时空相-矢量图, 如图 13-27 所示. 可见, 当转子转到图 13-26 所示位置时, $\dot{F}_a$ 与 $+A$ 轴重合, 即在 $\alpha=0$ 处.

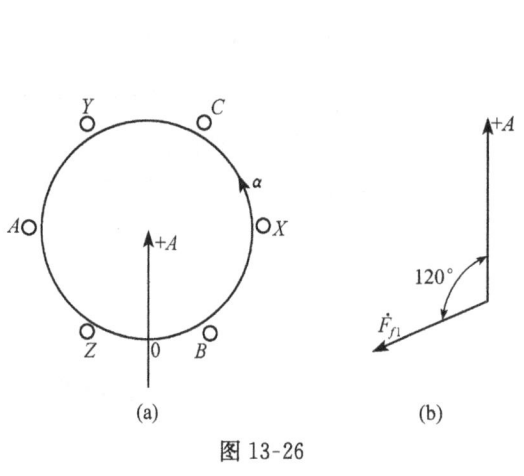

图 13-26

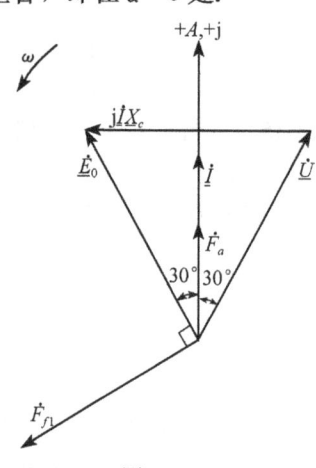

图 13-27

13-18 一台三相星形联结、1500kW 的水轮发电机，额定电压 6300V，额定功率因数 $\cos\varphi_N=0.8$（滞后）．已知它的参数 $X_d=21.3\Omega$，$X_q=13.7\Omega$，忽略电枢电阻．试求：

(1) X_d 和 X_q 的标幺值；

(2) 画出电动势相量图；

(3) 计算额定负载时的电动势 E_0．

解：(1) 先求阻抗基值 z_N．星形联结时

$$z_N = \frac{U_{N\phi}}{I_{N\phi}} = \frac{U_N/\sqrt{3}}{I_N} = \frac{U_N^2}{S_N}$$

由已知 $P_N=1500\text{kW}$，$U_N=6300\text{V}$，$\cos\varphi_N=0.8$ 滞后，得

$$S_N = \frac{P_N}{\cos\varphi_N} = \frac{1500}{0.8} = 1875(\text{kVA})$$

所以

$$z_N = \frac{6300^2}{1875 \times 10^3} = 21.168(\Omega)$$

故

$$\underline{X}_d = \frac{X_d}{z_N} = \frac{21.3}{21.168} = 1.006$$

$$\underline{X}_q = \frac{X_q}{z_N} = \frac{13.7}{21.168} = 0.647$$

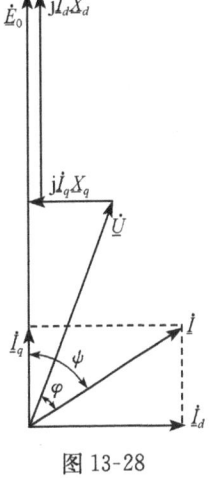

图 13-28

(2) 额定负载时的电动势相量图如图 13-28 所示．其中

$$\psi = \arctan\frac{I\underline{X}_q + \underline{U}\sin\varphi_N}{\underline{U}\cos\varphi_N}$$

$$= \arctan\frac{1\times 0.647 + 1\times 0.6}{1\times 0.8} = 57.32°$$

(3) $\quad \varphi_N = \arccos 0.8 = 36.87°$

$\underline{I}_d = \underline{I}\sin\psi = 1\times\sin 57.32° = 0.8417$

$\underline{E}_0 = \underline{I}_d\underline{X}_d + \underline{U}\cos(\psi - \varphi_N)$

$\quad = 0.8417\times 1.006 + 1\times\cos(57.32° - 36.87°)$

$\quad = 1.7838$

所以相电动势为

$$E_0 = \underline{E}_0 \frac{U_N}{\sqrt{3}} = 1.7838\times\frac{6300}{\sqrt{3}} = 6488.2(\text{V})$$

13-19 一台三相凸极同步发电机，已知 $\underline{U}=1$，$\underline{I}=1$，$\underline{X}_d=1$，$\underline{X}_q=0.577$，$\cos\varphi=1$，忽略定子绕组电阻．

(1) 画出电动势相量图；

(2) 用电动势相量图求 θ 角．

解：(1) 电动势相量图如图 13-29 所示，其中

$$\varphi = 0$$

$$\psi = \arctan\frac{I\underline{X}_q + \underline{U}\sin\varphi}{\underline{U}\cos\varphi} = \arctan\frac{1\times 0.577 + 0}{1\times 1} = 30°$$

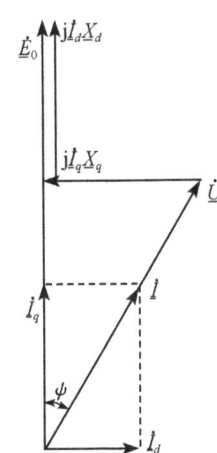

图 13-29

(2) $\theta = \psi - \varphi = 30° - 0° = 30°$.

13-20 一台三相水轮发电机数据如下：额定容量 $S_N = 8750\text{kVA}$，额定电压 $U_N = 11\text{kV}$（星形联结），每相同步电抗 $X_d = 17\Omega$，$X_q = 9\Omega$，忽略电阻．当该发电机带上 $\cos\varphi = 0.8$（滞后）的额定负载时，

(1) 求各同步电抗的标幺值；

(2) 用电动势相量图求该发电机在额定负载运行时的 θ 角及空载电动势 E_0．

解：解题过程参见题 13-18 的解，结果为

(1) $\underline{X}_d = 1.229$，$\underline{X}_q = 0.651$．

(2) $\theta = 20.53°$，$\underline{E}_0 = 1.9713$，相电动势 $E_0 = 12519\text{V}$．

13-21 已知一台凸极同步电机 $\underline{U} = 1$，$\underline{I} = 1$，$\underline{X}_d = 1$，$\underline{X}_q = 0.6$，$R = 0$，$\cos\varphi = \frac{\sqrt{3}}{2}$（$\dot{I}$ 超前 $\dot{U}$）．当 $t = 0$ 时，A 相电流达到正的最大值．利用电动势相量图求出 A 相空载电动势 $\underline{E}_0$，并标出 d 轴和 q 轴的位置．

解：$\varphi = -30°$，$\sin\varphi = -0.5$

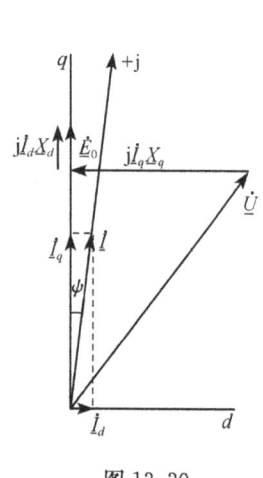

图 13-30

$$\psi = \arctan\frac{\underline{I}\,\underline{X}_q + \underline{U}\sin\varphi}{\underline{I}R + \underline{U}\cos\varphi}$$

$$= \arctan\frac{1 \times 0.6 + 1 \times (-0.5)}{1 \times 0 + 1 \times \frac{\sqrt{3}}{2}} = 6.59°$$

需要注意的是，$\dot{I}$ 滞后于 $\dot{U}$ 时的 φ 值为正，$\sin\varphi > 0$．当 $\dot{I}$ 超前于 $\dot{U}$ 时，$\varphi < 0$，$\sin\varphi < 0$．若用上式求出的 $\psi < 0$，则说明 $\dot{I}$ 超前于 $\dot{E}_0$．

画出 $t = 0$ 时刻的电动势相量图，如图 13-30 所示．可求出

$$\underline{I}_d = \underline{I}\sin\psi = 1 \times \sin6.59° = 0.1148$$

$$\underline{E}_0 = \underline{I}_d\underline{X}_d + \underline{U}\cos(\psi - \varphi)$$

$$= 0.1148 \times 1 + 1 \times \cos[6.59° - (-30°)]$$

$$= 0.9177$$

13-22 已知一台 4 极隐极同步电机，端电压 $\underline{U} = 1$，电流 $\underline{I} = 1$，同步电抗 $\underline{X}_c = 1.2$，功率因数 $\cos\varphi = \frac{\sqrt{3}}{2}$（$\dot{I}$ 滞后 $\dot{U}$），忽略定子电阻，励磁磁动势幅值为 F_{f1}，电枢反应磁动势的幅值 $F_a = \frac{1}{2}F_{f1}$．试用时空相-矢量图求出合成磁动势 F_δ 与 F_{f1} 之间的夹角 θ' 和空载电动势 $\underline{E}_0$．

解：$\varphi = \arccos\frac{\sqrt{3}}{2} = 30°$，$\underline{I}\,\underline{X}_c = 1 \times 1.2 = 1.2$

可先作出各时间相量．根据 F_{f1} 超前 $\dot{E}_0$ 90°，F_a 与 $\dot{I}$ 重合，且 $F_a = \frac{1}{2}F_{f1}$，可作出各磁动势矢量．所作的时空相-矢量图如图 13-31 所示．由图可得

$$\psi = \theta + \varphi = \arctan\frac{\underline{I}\,\underline{X}_c + \underline{U}\sin\varphi}{\underline{U}\cos\varphi}$$

$$= \arctan \frac{1 \times 1.2 + 1 \times 0.5}{1 \times \frac{\sqrt{3}}{2}} = 63°$$

所以

$$\theta = \psi - \varphi = 63° - 30° = 33°$$

$$E_0 = \frac{U\cos\varphi}{\cos\psi} = \frac{1 \times \frac{\sqrt{3}}{2}}{\cos 63°} = 1.908$$

从矢量图可以看出，F_{f1} 与 F_a 的夹角为 $90° + \theta + \varphi = 90° + 63° = 153°$。对于 F_{f1} 与 F_δ 构成的三角形（二者的夹角为 θ'），有

$$\frac{F_{f1}}{\sin(153° - \theta')} = \frac{F_a}{\sin\theta'}$$

由于 $F_a = \frac{1}{2}F_{f1}$，因此有

$$\sin(153° - \theta') = 2\sin\theta'$$

即

$$\sin 153° \cos\theta' - \cos 153° \sin\theta' = 2\sin\theta'$$

则

$$\tan\theta' = \frac{\sin 153°}{2 + \cos 153°} = 0.40938$$

所以

$$\theta' = \arctan 0.40938 = 22.26°$$

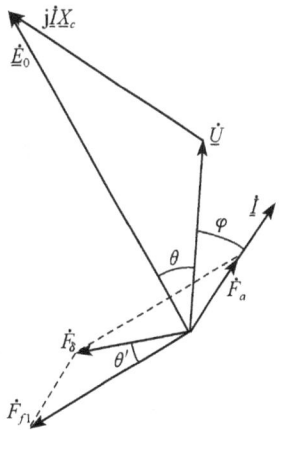

图 13-31

第十四章 同步发电机的运行特性

14.1 学习目标

本章分析同步发电机的稳态运行特性和利用特性曲线测定同步电机主要参数的方法.
基本要求：
(1) 掌握三相同步发电机的空载特性、短路特性、外特性和调整特性.
(2) 掌握利用空载特性和短路特性测量同步电抗的方法.
(3) 掌握利用空载特性和零功率因数负载特性测量定子漏电抗的方法.

14.2 基本知识点

1. 空载特性

(1) 空载特性的定义：指同步发电机转速为同步转速（$n=n_1$）时，空载电动势 E_0（等于此时的电枢端电压 U）随励磁电流 i_f 变化的关系 $E_0=f(i_f)$，如图 14-1 所示.

注意 空载特性的横坐标是实际的励磁电流，或实际的每极磁动势幅值 F_f，而不是基波励磁磁动势幅值 F_{f1}.

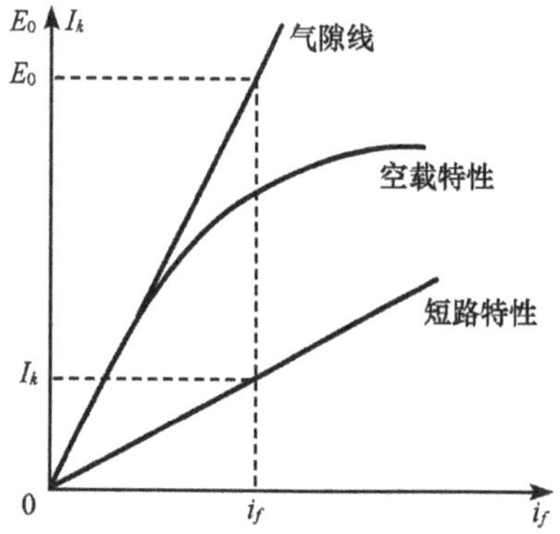

图 14-1 空载特性、短路特性和同步电抗的测定

(2) 空载特性的特点：是一条饱和曲线；实质上就是电机的磁化特性.

2. 短路特性

(1) 短路特性的定义：指同步发电机转速为同步转速（$n=n_1$），定子三相出线端短路，即 $U=0$ 时，定子短路电流 I_k 随励磁电流 i_f 变化的关系 $I_k=f(i_f)$，如图 14-1 所示.

(2) 短路特性的特点：是一条过原点的直线. 原因：稳态短路时，电枢反应为直轴去磁性质（不计电枢绕组电阻时），气隙合成磁动势 F_δ 较小，电机磁路不饱和.

(3) 短路比 K_c：同步发电机空载电动势等于额定电压 U_N 时的励磁电流为 i_{f0}，与该励磁电流对应的三相稳态短路电流为 I_{kN}，则 $K_c=\dfrac{I_{kN}}{I_N}$. 短路比也可表示为 $K_c=k_\mu\dfrac{1}{X_d}$（k_μ 为饱和因数）. 它对同步发电机的成本和运行性能影响很大，是一个重要技术数据.

3. 同步电抗的测定

如图 14-1 所示，利用空载特性气隙线和短路特性，可求得直轴同步电抗 X_d（或同步电

抗 X_c) 的不饱和值为 $X_{d(不饱和)} = \dfrac{E_0}{I_k}$.

4. 零功率因数负载特性及普梯尔电抗的测定

(1) 零功率因数负载特性的定义：指同步发电机转速为同步转速（$n=n_1$），带纯电感负载（$\cos\varphi=0$）且负载电流 I 为常数时，定子端电压 U 随励磁电流 i_f 变化的关系 $U=f(i_f)$.

(2) 零功率因数负载特性的特点：形状与空载特性相似，两者之间相差一个直角 $\triangle kmn$，$\triangle kmn$ 的垂直边 km 代表定子漏电抗压降，水平边 mn 代表与电枢反应等效的励磁磁动势.

(3) 普梯尔电抗的测定：如图 14-2 所示，利用零功率因数负载特性和空载特性，通过作图法找到直角 $\triangle kmn$，即可求出定子漏电抗 X_s，即

$$X_s = \dfrac{\overline{km}\text{代表的电动势数值}}{I}$$

由于转子磁极饱和的影响，利用实测的零功率因数负载特性求得的漏电抗比 X_s 略大一些，称其为普梯尔电抗，用 X_p 表示.

注意 上述参数 X_d 和 X_s 测定公式中的各物理量均应采用相值.

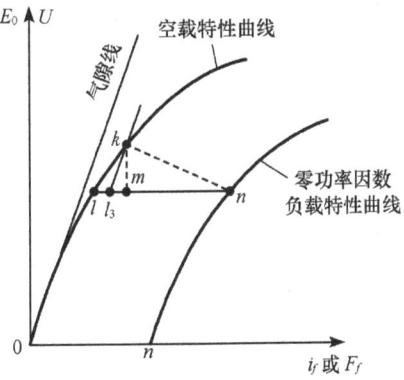

图 14-2　定子漏电抗的测定

5. 外特性、调整特性和电压调整率

(1) 外特性：指同步发电机转速为同步转速（$n=n_1$），励磁电流 i_f 和负载功率因数 $\cos\varphi$ 均为常数时，定子端电压 U 随负载电流 I 变化的关系 $U=f(I)$.

(2) 调整特性：指发电机转速为同步转速（$n=n_1$），负载功率因数 $\cos\varphi$ 不变时，为维持定子端电压 U 不变，励磁电流 i_f 随电枢电流 I 变化的关系 $i_f=f(I)$.

(3) 电压调整率 ΔU：$\Delta U = \dfrac{E_0 - U_N}{U_N} \times 100\%$. ΔU 是发电机的一个重要性能指标，可用外特性求得.

注意 ①空载特性、短路特性和零功率因数负载特性是同步发电机的基本特性. 利用它们可以了解电机的设计制造情况，求取同步电机的同步电抗及漏电抗.

②外特性和调整特性是同步发电机的主要运行特性，反映了发电机稳态运行时的性能. 当负载性质不同时，这两个特性曲线的形状也不同.

*6. 转差法和取出转子法求参数

(1) 转差法测同步电抗：做转差法试验，可同时测得凸极同步电机直、交轴同步电抗 X_d、X_q 的不饱和值，即 $X_d = U_{\max}/I_{\min}$，$X_q = U_{\min}/I_{\max}$. 试验时，励磁绕组开路，将转子拖动到接近同步转速，定子外加额定频率的对称低电压.

(2) 取出转子法测漏电抗：将转子取出，定子外加额定频率的对称低电压，测量相电压、相电流和输入功率，求得的电抗为定子漏电抗 X_s 和没有转子时的电枢反应电抗 X_t 之和，从中扣除 X_t，即得到 X_s.

14.3 典型例题解析

例 14.1 一台三相汽轮发电机，$S_N=30\text{kVA}$，$U_N=400\text{V}$，定子绕组 Y 联结，$\cos\varphi_N=0.8$（滞后）．当该发电机以同步转速运行，空载电压等于额定电压时，测得励磁电流为 8A．其空载试验和短路试验数据如下：

空载特性

$\underline{E}_0$	0.61	0.70	1.00	1.09	1.21	1.32	1.39	1.43
$\underline{i}_f$	0.50	4.8	1.00	1.20	1.50	2.00	2.50	3.00

短路特性

$\underline{I}_k$	0	0.67	0.80
$\underline{i}_f$	0	1.00	1.20

电枢电阻忽略不计，试求：(1) 同步电抗 X_c（不饱和值）；(2) 额定励磁电流 i_{fN}．

思路与技巧 要求额定励磁电流 i_{fN}，应先根据空载特性气隙线和短路特性求出同步电抗 X_c 的不饱和值，再求出额定运行时的空载电动势 E_0；根据 E_0 查气隙线，可得 i_{fN}．

解：额定相电压 $U_{N\phi}=\dfrac{U_N}{\sqrt{3}}=\dfrac{400}{\sqrt{3}}=230.94$（V）

额定相电流 $I_{N\phi}=I_N=\dfrac{S_N}{\sqrt{3}U_N}=\dfrac{30\times10^3}{\sqrt{3}\times400}=43.3$（A）

阻抗基值 $z_N=\dfrac{U_{N\phi}}{I_{N\phi}}=\dfrac{230.94}{43.3}=5.333$（Ω）

(1) 作空载特性气隙线，从气隙线上查得当 $\underline{i}_f=1$ 时，$\underline{E}_0=1.22$；再从短路特性上查得当 $\underline{i}_f=1$ 时，$\underline{I}_k=0.67$．则可得同步电抗 X_c（不饱和值）的标幺值为

$$\underline{X}_c=\dfrac{\underline{E}_0}{\underline{I}_k}=\dfrac{1.22}{0.67}=1.821$$

其实际值为 $X_c=\underline{X}_c z_N=1.821\times5.333=9.711$（Ω）

(2) 额定运行时，功率因数角为 $\varphi=\arccos 0.8=36.87°$，$\sin\varphi=0.6$．

每相空载电动势

$$\underline{E}_0=\sqrt{(\underline{U}\sin\varphi+\underline{I}\,\underline{X}_c)^2+(\underline{U}\cos\varphi)^2}=\sqrt{(1\times0.6+1\times1.821)^2+(1\times0.8)^2}=2.55$$

查空载特性气隙线，可得当 $\underline{E}_0=2.55$ 时，励磁电流标幺值为 $\underline{i}_{fN}=\dfrac{0.50}{0.61}\times2.55=2.09$，所以额定励磁电流为 $i_{fN}=\underline{i}_{fN}i_{f0}=2.09\times8=16.72$（A）．

注意 励磁电流 i_f 的基值是同步发电机以同步转速空载运行，电枢端电压等于额定电压时所加的励磁电流 i_{f0}，而不是额定励磁电流 i_{fN}（参见教材 13-1 节"6. 空载特性"部分）．本题已知 $i_{f0}=8\text{A}$．

14.4 思考题及其解答

14-1 什么叫短路比？它与哪些量有关？

答：同步发电机在额定转速下运行时，产生空载额定电压与产生额定稳态短路电流所需的励磁电流之比，称为短路比，它等于在产生空载额定电压的励磁电流下三相稳态短路电流的标幺值.

短路比与同步发电机直轴同步电抗 X_d（不饱和值）成反比，与发电机饱和程度（饱和因数）成正比.

14-2 在稳态短路时，同步发电机的短路电流为什么不是很大？而在直流电机与变压器中情况却不一样，为什么？

答：同步发电机稳态短路时，短路电流主要由直轴同步电抗 X_d 限制. 由于 X_d 值一般较大，即起去磁作用的电枢反应磁动势较大，使气隙合成磁动势较小，气隙电动势很小，所以短路电流不是很大.

在直流电机中，如果电枢回路不串入电阻，则短路电流仅由数值很小的电枢回路总电阻 R_a 限制. 在变压器中，短路电流由数值很小的短路阻抗 Z_k 限制. 因此，在直流电机和变压器中，额定电压下的短路电流很大.

14-3 测定同步发电机短路特性时，如果把电机的转速由额定转速 n_N 降低到 $\frac{1}{2}n_N$，对测量结果有没有影响？

答：同步发电机稳态短路时，不计电枢绕组电阻，则 $\dot{E}_0 = j\dot{I}_k X_d$，即 $E_0 = I_k X_d$. 当转速降低至 $\frac{1}{2}n_N$ 时，由于 $E_0 \propto f \propto n$ 及 $X_d \propto f \propto n$，因此在同样的励磁电流下，E_0 减小一半，X_d 也减小一半，使短路电流 I_k 大小不变. 转速减半时，电枢电阻 R 的影响相对额定转速时的要大一些，会使测得的 I_k 值与额定转速下的略有不同，但在 $X_d \gg R$ 时，这种差别是非常小的.

14-4 加在同步发电机定子上的三相对称电压大小不变，在下述两种情况下，哪一种情况下的定子电流比较大？

（1）取出转子；（2）转子以同步转速旋转，但不加励磁电流.

答：取出转子后，电机气隙增大很多，定子三相电流产生的气隙磁通遇到的磁导变得很小，即电枢反应电抗值很小，因此，定子电流要比转子在同步转速下旋转时的大很多.

14-5 利用转差法求同步电机的参数 X_d 和 X_q 时，如果把转子励磁绕组短路起来，问这时求得的参数还是 X_d 和 X_q 吗？如果把转子牵入同步，这时求得的数据又代表什么参数？

答：将励磁绕组短路做转差法试验时，励磁绕组中会产生感应电流而产生磁场，这时测得的定子电流就不再仅仅是产生电枢反应磁场的电流，其中还包括了受转子磁场影响而产生的电流. 因此，由电压除以电流求出的参数就不是 X_d 和 X_q.

如果把转子牵入同步，这时就是凸极同步电机转子不加励磁稳态运行的情况. 如果使转子直轴与电枢磁场轴线重合，电枢电流就是直轴电流，测出的参数就是 X_d. 同理，如果使转子交轴与电枢磁场轴线重合，则测出的参数是 X_q.

14-6 有两台隐极同步电机，气隙分别为 δ_1 和 δ_2，其他诸如绕组、磁路结构等都完一样. 已知 $\delta_1 = 2\delta_2$，现分别在两台电机上进行短路试验，问加同样大小的励磁电流，哪台电机的短路电流比较大？

答：短路试验时，气隙磁通密度很小，磁路是线性的. 不计定、转子铁心的磁阻，则电枢反应电抗 X_a 与气隙大小成反比；在同样的励磁电流 i_f 下，空载电动势 E_0 也与气隙大小成反比（因为气隙增大一倍，气隙磁导就减小一半，气隙磁通密度就减小一半）. 忽略电枢绕组电阻 R，则短路电流 $I_k = \dfrac{E_0}{X_c} = \dfrac{E_0}{X_a + X_s}$. 如果不计漏电抗 X_s，则气隙增大一倍时，E_0 和 X_a 都减小一半，因此 I_k 不变. 计及漏电抗 X_s 时，由于气隙增大后，谐波漏磁通也减少，使与之相应的差漏电抗减小，于是漏电抗 X_s 也有所减小，但减小的幅度不到一半，因而同步电抗 X_c 减小的幅度就略小于一半，所以气隙大的同步电机的短路电流 I_k 要略小一些. 如果不考虑这部分漏电抗的变化，认为 X_s 不变，则气隙大的同步电机的短路电流 I_k 也比气隙小的要稍微小一些.

14-7 比较一台凸极同步发电机下列参数的大小：X_d、X_q、X_{ad}、X_{aq}、X_s、X_p. 凸极同步发电机稳态短路电流的大小主要取决于其中哪个参数？

答：一般有 $X_d > X_{ad} > X_q > X_{aq} > X_p > X_s$.

凸极同步发电机稳态短路电流的大小主要取决于 X_d.

14-8 以纯电感为负载，在额定转速下做零功率因数负载试验，测得 $U = U_N$，$I = I_N$ 时的励磁电流为 i_f. 若保持励磁电流 i_f 和转速 n 不变，那么在去掉负载以后，空载电动势是等于 U_N、大于 U_N、还是小于 U_N？

答：在额定电压、额定电流与额定转速下做零功率因数负载试验时，由于以纯电感为负载，因此电枢反应是纯直轴去磁的，要使 $U = U_N$，发电机的励磁电流应比产生空载额定电压时的大很多. 因此，当保持 i_f 与 n 不变而将负载去掉后，空载电动势（线值）必然大于 U_N.

14.5 习题及其解

14-1 一台隐极同步发电机的同步电抗为 $\underline{X}_c = 1.8$，额定功率因数 $\cos\varphi_N = 0.87$（滞后）. 当励磁电流 $\underline{i}_f = 1$ 时，其空载电动势为 $\underline{E}_0 = 1$. 不计电枢电阻与漏电抗，设磁路线性.

(1) 求额定运行时的 θ 角；

(2) 如果将电机气隙加大一倍，则同步电抗标幺值为多大？产生空载额定电压和三相稳态短路额定电流所需的励磁电流标幺值各为多大？

解：(1) 因 $\cos\varphi_N = 0.87$ 滞后，则 $\sin\varphi_N = 0.493$.

$$\tan\theta = \frac{I \underline{X}_c \cos\varphi_N}{U + I \underline{X}_c \sin\varphi_N} = \frac{1 \times 1.8 \times 0.87}{1 + 1 \times 1.8 \times 0.493} = 0.8297$$

则 $\theta = 39.68°$.

(2) 磁路线性时，将气隙加大一倍，则气隙磁导减小一半. 因此，同步电抗减小一半（不计漏电抗和铁心磁阻），即 $\underline{X}_c = 0.9$；在同样励磁电流下，气隙励磁磁通密度也减小一半，因而空载电动势 E_0 也减小一半. 已知原来 $\underline{i}_f = 1$ 时 $\underline{E}_0 = 1$，则在气隙加大一倍后，产生空载额定电压 $\underline{U}_N = 1$ 所需的励磁电流为

$$i_{f0} = \frac{U_N}{\frac{1}{2}E_0}i_f = \frac{1}{\frac{1}{2}\times 1}\times 1 = 2$$

产生额定短路电流时，$E'_0 = I_N X_c = 1\times 0.9 = 0.9$. 所需的励磁电流为

$$i_{fk} = \frac{E'_0}{\frac{1}{2}E_0}i_f = \frac{0.9}{\frac{1}{2}\times 1}\times 1 = 1.8$$

14-2 一台凸极同步发电机额定容量 $S_N = 62500\text{kVA}$，定子绕组星形联结，额定频率为 50Hz，额定功率因数为 $\cos\varphi_N = 0.8$（滞后）. 直轴同步电抗 $X_d = 0.8$，交轴同步电抗 $X_q = 0.6$，$R = 0$. 试求额定负载下发电机的电压调整率.

解：
$$\psi = \arctan\frac{IX_q + U\sin\varphi_N}{IR + U\cos\varphi_N} = \arctan\frac{1\times 0.6 + 1\times 0.6}{0 + 1\times 0.8} = 56.31°$$

$\varphi_N = \arccos 0.8 = 36.87°$

$\theta = \psi - \varphi_N = 56.31° - 36.87° = 19.44°$

$I_d = I\sin\psi = 1\times \sin 56.31° = 0.832$

$E_0 = I_d X_d + U\sin\theta = 0.832\times 0.8 + 1\times \sin 19.44° = 1.6086$

则电压调整率为

$$\Delta U = \frac{E_0 - U_N}{U_N}\times 100\% = \frac{1.6086 - 1}{1}\times 100\% = 60.86\%$$

可见，用电动势相量图求出的 ΔU 的误差较大（凸极发电机的 ΔU 一般为 18%～30%）.

14-3 一台水轮发电机数据如下：额定容量 $S_N = 8750\text{kVA}$，额定电压 $U_N = 11000\text{V}$（星形联结），额定功率因数 $\cos\varphi_N = 0.8$（滞后）. 空载特性如下（E_0 为线电动势）：

i_f/A	0	90	186	211	284	346	456
E_0/V	0	5000	10000	11000	13000	14000	15000

额定电流时零功率因数负载特性试验数据如下（U 为线电压）：

i_f/A	345	358	381	410	445	486
U/V	9370	9800	10310	10900	11400	11960

三相短路特性数据如下：

i_f/A	0	34.7	74.0	113.0	152.0	191.0
I_k/A	0	115	230	345	460	575

求：

（1）普梯尔电抗 X_p 及直轴同步电抗 X_d 的不饱和值；

（2）短路比 K_c.

解： 作出空载特性（纵坐标为线电动势）、额定电流时的零功率因数负载特性（纵坐标为线电压）与三相短路特性曲线，如图 14-3 所示.

额定电流为

$$I_N = \frac{S_N}{\sqrt{3}U_N} = \frac{8750 \times 10^3}{\sqrt{3} \times 11000} = 459.26(\text{A})$$

（1）从三相短路特性曲线上由 I_N 查得 $i_{fk}=150\text{A}$。在零功率因数特性曲线上，从 $U=U_N$ 点即点 n 作横坐标轴的平行线段，长度等于 i_{fk}，得到点 l，即 $\overline{ln}=i_{fk}$。作空载特性的气隙线，过点 l 作气隙线的平行线，交空载特性曲线于 k 点。再过点 k 作 ln 的垂线交之于 m 点，则 km 的长度即为 $\sqrt{3}I_N X_p$。从图 14-3 查得 $\overline{km}=2500\text{V}$，于是

$$X_p = \frac{\overline{km}}{\sqrt{3}I_N} = \frac{2500}{\sqrt{3} \times 459.26} = 3.143(\Omega)$$

从气隙线上取 $E_0=10000\text{V}$ 点，从短路特性曲线上查得相应 i_f 下的短路电流为 $I_k=545\text{A}$，于是可求得 X_d 的不饱和值为

$$X_d = \frac{E_0/\sqrt{3}}{I_k} = \frac{10000/\sqrt{3}}{545} = 10.59(\Omega)$$

阻抗的基值为

$$z_N = \frac{U_N}{\sqrt{3}I_N} = \frac{11000}{\sqrt{3} \times 459.26} = 13.828(\Omega)$$

于是

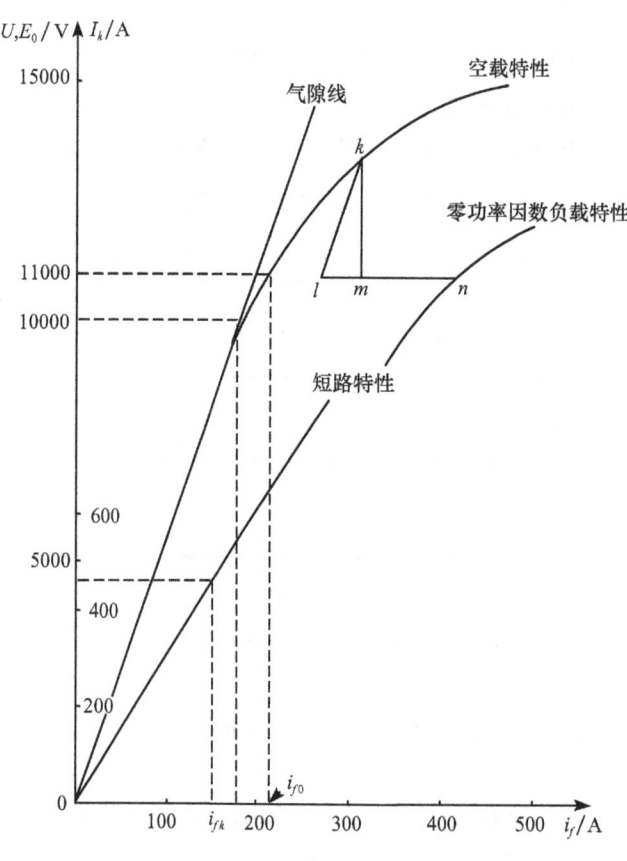

图 14-3

$$\underline{X}_p = \frac{X_p}{z_N} = \frac{3.143}{13.828} = 0.227$$

$$\underline{X}_d = \frac{X_d}{z_N} = \frac{10.59}{13.828} = 0.766$$

（2）从短路特性曲线上，查得在产生额定空载电动势的励磁电流 $i_{f0} = 211A$ 下的短路电流为 $I_{kN} = 640A$．于是得短路比为

$$K_c = \frac{I_{kN}}{I_N} = \frac{640}{459.26} = 1.394$$

或者，从短路特性曲线上查得产生额定短路电流的励磁电流 $i_{fk} = 150A$，则得短路比[①]为

$$K_c = \frac{i_{f0}}{i_{fk}} = \frac{211}{150} = 1.407$$

14-4 一台三相星形联结的汽轮发电机，已知其额定容量 $S_N = 25000 \text{kVA}$，额定电压 $U_N = 10.5 \text{kV}$，频率 $f = 50 \text{Hz}$，忽略定子电阻．空载试验数据及短路试验数据如下：

空载特性					
线电压/kV	6.2	10.5	12.3	13.46	14.1
励磁电流/A	77.5	155	232	310	388

短路特性		
电枢电流/A	860	1720
励磁电流/A	140	280

求同步电抗 X_c（不饱和值）．

解：作出空载特性（纵坐标为线电动势）与短路特性曲线如图 14-4 所示．
作出气隙线．
星形联结时，阻抗基值为

$$z_N = \frac{U_N^2}{S_N} = \frac{(10.5 \times 10^3)^2}{25000 \times 10^3} = 4.41 (\Omega)$$

在 $i_f = 100A$ 时，从气隙线上查得线电动势 $E_0 = 8050V$，从短路特性曲线上查得短路电流 $I_k = 610A$，于是同步电抗不饱和值为

$$X_c = \frac{E_0}{\sqrt{3} I_k} = \frac{8050}{\sqrt{3} \times 610} = 7.619 (\Omega)$$

其标幺值为

$$\underline{X}_c = \frac{X_c}{z_N} = \frac{7.619}{4.41} = 1.7277$$

14-5 一台汽轮发电机，额定功率 $P_N = 12000 \text{kW}$，额定电压 $U_N = 6300V$，星形联结，额定功率因数 $\cos\varphi_N = 0.8$（滞后）．空载试验数据及短路试验数据如下：

---

① 由于作图误差，读者计算结果与上述结果可能会有点差别．上述结果仅供参考，下同．

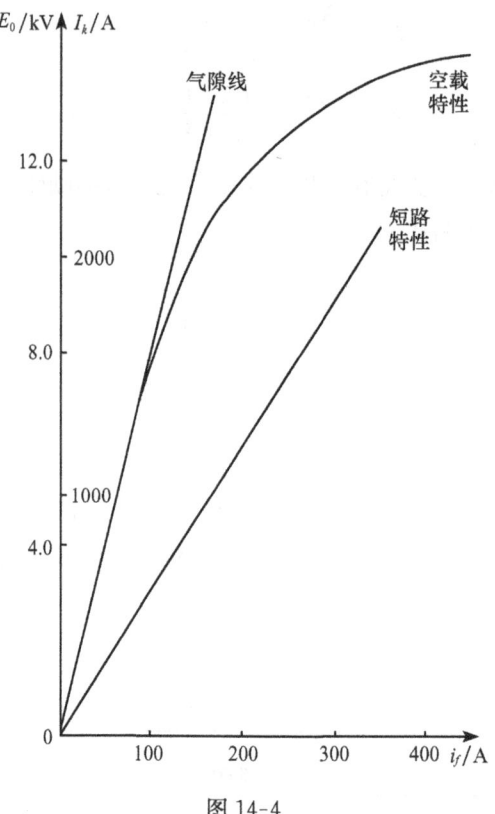

图 14-4

空载特性

线电压/V	0	4500	5500	6000	6300	6500	7000	7500	8000
励磁电流/A	0	60	80	92	102	111	130	190	286

短路特性

电枢电流/A	0	I_N
励磁电流/A	0	158

不计电枢电阻,求:

(1) 同步电抗 X_c 的不饱和值;

(2) 额定负载运行时的励磁电流;

(3) 电压调整率 ΔU.

解: 额定电流为

$$I_N = \frac{P_N}{\sqrt{3}U_N\cos\varphi_N} = \frac{12000 \times 10^3}{\sqrt{3} \times 6300 \times 0.8} = 1374.64(\text{A})$$

(1) 作出短路特性曲线、空载特性曲线及其气隙线,如图 14-5 所示(纵坐标电压值为线值). 当 $i_f=158$A 时,从短路特性得短路电流为 $I_k=I_N=1374.64$A. 从图 14-5 可见,气隙线过 $i'_f=120$A、$E'_0=9000$V 点. 因此在 $i_f=158$A 时的空载电动势为

$$E_0 = \frac{i_f}{i'_f}E'_0 = \frac{158}{120} \times 9000 = 11850(\text{V})$$

· 182 ·

则
$$X_c = \frac{E_0}{\sqrt{3}I_k} = \frac{11850}{\sqrt{3} \times 1374.64} = 4.98(\Omega)$$

(2) 额定运行时，
$$\varphi_N = \arccos 0.8 = 36.87°$$
相电压为
$$U = \frac{U_N}{\sqrt{3}} = \frac{6300}{\sqrt{3}} = 3637.3(V)$$
则
$$\begin{aligned}E_0^2 &= (U\cos\varphi_N)^2 + (I_N X_c + U\sin\varphi_N)^2 \\ &= (3637.3 \times 0.8)^2 + (1374.64 \times 4.98 \\ &\quad + 3637.3 \times 0.6)^2 \\ &= 89973527.32\end{aligned}$$

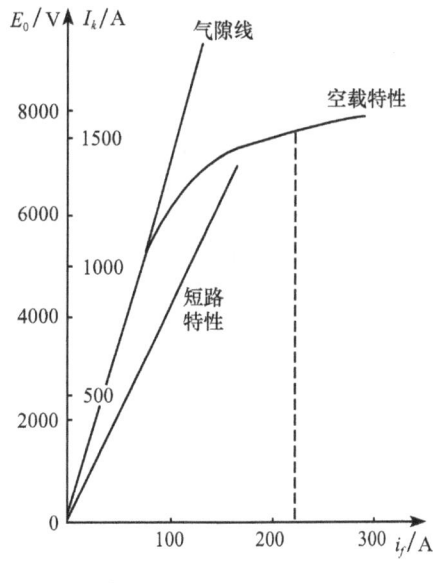

图 14-5

于是，$E_0 = 9485.44$ V.
线电动势为
$$E_{0L} = \sqrt{3}E_0 = \sqrt{3} \times 9485.44 = 16429.26(V)$$
从气隙线上由 E_{0L} 查得所求的励磁电流为
$$i_f = \frac{E_{0L}}{E_0'}i_f' = \frac{16429.26}{9000} \times 120 = 219(A)$$

(3) 由 $i_f = 219$ A 在空载特性曲线上查得线电动势 $E_0 = 7670$ V，则
$$\Delta U = \frac{E_0 - U_N}{U_N} \times 100\% = \frac{7670 - 6300}{6300} \times 100\% = 21.7\%$$

或者，由 $i_f = 219$ A 在空载特性上两点（190A，7500V）与（286A，8000V）间作线性插值，得此励磁电流下的空载线电动势为
$$E_0 = 7500 + \frac{8000 - 7500}{286 - 190} \times (219 - 190) = 7651(V)$$
则
$$\Delta U = \frac{E_0 - U_N}{U_N} \times 100\% = \frac{7651 - 6300}{6300} \times 100\% = 21.4\%$$

14-6 一台星形联结的同步发电机，额定容量 $S_N = 50$ kVA，额定电压 $U_N = 440$ V，频率 $f = 50$ Hz. 该发电机以同步转速被驱动. 测得当定子绕组开路端电压为 440V 时（线电压），励磁电流为 7A；作短路试验，当定子电流为额定时，励磁电流为 5.5A. 设磁路线性. 求每相同步电抗的实际值和标幺值.

解：阻抗基值为
$$z_N = \frac{U_N^2}{S_N} = \frac{440^2}{50 \times 10^3} = 3.872(\Omega)$$

因磁路线性，所以 $i_f = 5.5$ A 时的空载电动势的标幺值为

$$E_0 = \frac{5.5}{7} U_N = \frac{5.5}{7} \times 1 = 0.7857$$

在 $i_f = 5.5$A 时短路电流的标幺值 $\underline{I_k} = \underline{I_N} = 1$，因此 $\underline{X_c} = 0.7857$. 同步电抗的实际值为

$$X_c = \underline{X_c} z_N = 0.7857 \times 3.872 = 3.042(\Omega)$$

14-7 一台汽轮发电机额定数据如下：额定功率 $P_N = 25000$kW，额定电压 $U_N = 6300$V（Y 联结），额定功率因数 $\cos\varphi_N = 0.8$（滞后）. 以标幺值表示的特性数据如下：

空载特性

$\underline{E_0}$	0	0.60	1.00	1.16	1.25	1.32	1.37
i_f	0	0.50	1.00	1.50	2.00	2.50	3.00

短路特性

$\underline{I_k}$	0	0.32	0.63	1.00	1.63
i_f	0	0.52	1.03	1.63	2.66

零功率因数负载特性（负载电流 $I = I_N$）

$\underline{U}$	0.60	0.80	1.00	1.10
i_f	2.14	2.40	2.88	3.35

求：

(1) 定子漏电抗 X_p 及直轴同步电抗 $\underline{X_d}$ 的不饱和值，并求其实际值；

(2) 短路比 K_c 为多大？

解：(1) 作这台电机的空载特性曲线、短路特性曲线和零功率因数负载特性曲线如图 14-6 所示. 由零功率因数负载特性上额定电压 $\underline{U} = 1$ 的点 n，作出直角三角形 kmn，得到 $\overline{km}$ 长度为 0.135，所以普梯尔电抗为 $\underline{X_p} = \dfrac{I_N X_p}{I_N} = \dfrac{0.135}{1} = 0.135$.

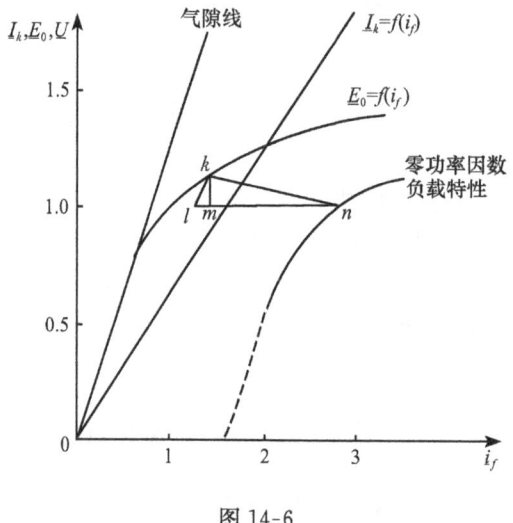

图 14-6

由空载特性气隙线和短路特性，得到励磁电流 $i_f=1$ 时的 $E_0=1.22$，$I_k=0.61$，所以直轴同步电抗不饱和值为 $X_d=\dfrac{E_0}{I_k}=\dfrac{1.22}{0.61}=2.$

因为阻抗基值为 $\dfrac{U_N}{\sqrt{3}I_N}=\dfrac{U_N^2}{S_N}=\dfrac{6300^2\times 0.8}{25000\times 10^3}=1.27(\Omega)$，所以它们的实际值分别为

$$X_p=0.135\times 1.27=0.171(\Omega)$$
$$X_d=2\times 1.27=2.54(\Omega)$$

(2) 由图 14-6 可知，励磁电流 $i_f=1$ 时的短路电流 $I_{kN}=0.61$，所以
$$K_c=I_{kN}=0.61$$

第十五章 同步发电机的并联运行

15.1 学习目标

本章介绍同步发电机与无限大电网并联运行时的基本理论,也是同步电机的重点内容.
基本要求:
(1) 掌握同步发电机并联合闸的条件和方法.
(2) 掌握同步发电机的转矩和功率平衡关系.
(3) 掌握同步发电机的功角特性和静态稳定的概念.
(4) 掌握同步发电机与无限大电网并联运行时有功功率和无功功率的调节方法.
(5) 理解 V 形曲线的物理意义.

15.2 基本知识点

1. 同步发电机并联合闸的条件和方法

(1) 并联合闸条件:发电机电压的①频率、②幅值、③相序、④相位与电网电压的相同. 其中条件③必须绝对满足,否则将产生很大的冲击电流;其他三个条件可略有出入.

(2) 并联合闸方法
①准确同步法:将同步发电机调整到符合并联合闸条件后才进行并网操作的方法. 适用于电网正常运行时同步发电机的并联合闸. 合闸时无冲击电流,但操作较复杂.

最基本的准确同步法是暗灯法和灯光旋转法,它们利用三组相灯,根据其明暗变化情况判断并联合闸条件是否满足,在条件不满足时需进行相应的调节.
②自同步法(详见教材 15-2 节末段)

2. 同步发电机的转矩和功率平衡关系

(1) 转矩平衡方程式:$T_1 = T + T_0$.
即:原动机拖动转矩 T_1 与制动性的电磁转矩 T 及空载转矩 T_0 相平衡.
(2) 功率平衡方程式:$P_M = P_1 - (p_m + p_{Fe}) = P_1 - p_0$, $P_2 = P_M - p_{Cu}$
其中,P_1、P_2、P_M 分别为发电机的输入功率(机械功率)、输出功率(电功率)和电磁功率;p_m、p_{Fe} 分别为发电机的机械损耗和铁损耗;$p_{Cu} = mI^2R$,为定子铜损耗.
(3) 电磁功率:$P_M = T\Omega = mE_0 I\cos\psi$
电磁功率是表征机电能量转换的功率. 上式表明,同步发电机通过电磁感应作用,把制动性电磁转矩所吸收的机械功率 $T\Omega$ 转换成了定子绕组中的电功率 $mE_0 I\cos\psi$.

3. 同步发电机的功角特性

(1) 定义:同步发电机的电磁功率 P_M 与功率角 θ 之间的关系 $P_M = f(\theta)$ 称为功角特性.

(2) 功角特性公式

$$P_M = m\frac{E_0 U}{X_d}\sin\theta + mU^2\frac{X_d - X_q}{2X_d X_q}\sin 2\theta$$

凸极同步发电机：电磁功率 P_M 由两项构成：第一项是励磁电流在气隙磁场中产生电磁力所引起的，称为励磁电磁功率；第二项与励磁电流（或 E_0）无关，与相电压 U 及直、交轴磁路磁阻的差异（$X_d \neq X_q$）有关，称为凸极电磁功率.

隐极同步电机：直、交轴磁路磁阻相等，因此凸极电磁功率等于零，只有励磁电磁功率. 其功角特性可视为凸极发电机功角特性在 $X_d = X_q = X_c$ 时的特例.

励磁电流 i_f 不同时，产生的空载电动势 E_0 也不同，因此可得到不同的功角特性.

隐极、凸极同步发电机的最大电磁功率分别出现在 $\theta = 90°$ 和 $\theta < 90°$ 时.

功角特性是同步发电机的基本特性之一. 通过它可以分析同步发电机与电网并联运行时的有功功率调节问题，还可以用它来分析并联运行时的静态稳定问题.

(3) 功率角 θ 的双重物理意义

①时间相位角：θ 为一相空载电动势 $\dot{E}_0$ 和相电压 $\dot{U}$ 的夹角，θ 在 $\dot{E}_0$ 超前 $\dot{U}$ 时为正.

②空间相位角：假定 $\dot{U}$ 是由等效合成磁动势 $\dot{F}_\delta'$ 产生的，则 θ 可视为产生 $\dot{E}_0$ 的基波励磁磁动势 $\dot{F}_{f1}$ 和 $\dot{F}_\delta'$ 之间的夹角，即转子磁极轴线与等效合成磁极轴线之间的空间相位角.

4. 同步发电机与电网并联运行时的静态稳定

(1) 静态稳定的定义：同步发电机和电网并联运行，在电网或原动机发生微小干扰且干扰消失后，发电机若能恢复到原来的稳定运行状态，则其运行是静态稳定的.

(2) 静态稳定条件：由功角特性求得电磁转矩，即 $T = \dfrac{P_M}{\Omega}$；若 $\dfrac{dT}{d\theta} > 0$，则发电机运行是静态稳定的，否则是静态不稳定的.

(3) 过载能力：最大电磁转矩 T_{max}（或最大电磁功率 P_{Mmax}）与额定电磁转矩 T_N（或额定电磁功率 P_{MN}）之比，用 k_m 表示，即 $k_m = \dfrac{T_{max}}{T_N} = \dfrac{P_{Mmax}}{P_{MN}}$. 隐极同步发电机，$k_m = \dfrac{1}{\sin\theta_N}$.

为了保证同步发电机有一定的静态稳定能力，隐极、凸极发电机的额定运行点通常分别设计在 $\theta = 30°\sim 40°$ 和 $\theta = 20°\sim 30°$ 的范围内.

5. 同步发电机与无限大电网并联运行时功率的调节

(1) 有功功率的调节：调节原动机的机械功率（或拖动转矩），将改变功率角 θ，从而改变发电机的电磁功率 P_M 和发出的有功功率 P_2.

(2) 无功功率的调节：调节励磁电流 i_f，可改变其无功功率 Q_2，但有功功率 P_2 不变.

在不同励磁状态下同步发电机发出无功功率的情况：①正常励磁：发电机的无功功率为零；②过励磁：发电机发出滞后的无功功率；③欠励磁：发电机发出超前的无功功率.

(3) V 形曲线：并联于无限大电网运行的同步发电机，保持有功功率不变时，电枢电流 I 随励磁电流 i_f 变化的曲线 $I = f(i_f)$ 形似字母 V，称为 V 形曲线.

V 形曲线为一簇曲线，每条 V 形曲线均对应于某一恒定的有功功率 P_2. 每条 V 形曲线都有一个最低点，对应于 $\cos\varphi = 1$（正常励磁）的情况. 将各 V 形曲线的最低点连接起来可得到 $\cos\varphi = 1$ 线，其左边、右边分别为欠励、超前功率因数区和过励、滞后功率因数区.

注意 ①并联于无限大电网运行的同步发电机,在调节其有功功率 P_2 时,功率角 θ 发生改变,若励磁电流保持不变,则发电机发出的无功功率将发生变化.

②$\cos\varphi=1$ 线是一条略微向右倾斜的曲线,表明同步发电机在只发出有功功率时,随着电枢电流和输出功率的增大,必须相应地增大励磁电流,以补偿增强的电枢反应去磁作用和定子漏阻抗压降的影响,从而满足端电压不变这一限定条件的要求.

15.3 典型例题解析

例 15.1 一台 24MVA、10.5kV、星形联结的三相水轮发电机,并联于无限大电网运行,其额定功率因数 $\cos\varphi_N=0.866$(滞后),每相同步电抗 $X_d=4.6\Omega$,$X_q=3\Omega$,电枢电阻忽略不计. 求:

(1) 该发电机额定运行时的空载电动势 E_0、功率角 θ_N(不计磁路饱和);

(2) 最大电磁功率 $P_{M\max}$、过载能力 k_m;

(3) 当发出有功功率为 16MW、$\cos\varphi=0.866$(滞后)时的电枢电流 I、空载电动势 E_0、功率角 θ.

思路与技巧 首先求出该水轮发电机额定运行时的空载电动势 E_0,然后可求得其功角特性 $P_M=f(\theta)$. 令 $\mathrm{d}P_M/\mathrm{d}\theta=0$,可求出产生最大电磁功率 $P_{M\max}$ 的功率角 θ_m,将该 θ_m 代入 $P_M=f(\theta)$,即可求得最大电磁功率 $P_{M\max}$.

解:(1) 利用电动势相量图的几何关系求解.

额定相电压 $U_{N\phi}=\dfrac{U_N}{\sqrt{3}}=\dfrac{10.5\times 10^3}{\sqrt{3}}=6062.2$ (V)

额定相电流 $I_{N\phi}=I_N=\dfrac{S_N}{\sqrt{3}U_N}=\dfrac{24\times 10^3}{\sqrt{3}\times 10.5}=1319.7$ (A)

功率因数角 $\varphi=\arccos 0.866=30°$

内功率因数角 $\psi=\arctan\dfrac{U\sin\varphi+IX_q}{U\cos\varphi}=\arctan\dfrac{6062.2\sin 30°+1319.7\times 3}{6062.2\times 0.866}=53.09°$

功率角 $\theta_N=\psi-\varphi=53.09°-30°=23.09°$

直轴电枢电流 $I_d=I\sin\psi=1319.7\sin 53.09°=1055.2$ (A)

每相空载电动势 $E_0=U\cos\theta+I_dX_d=6062.2\cos 23.09°+1055.2\times 4.6=10430$ (V)

(2) 电磁功率

$$P_M=3\dfrac{E_0U}{X_d}\sin\theta+3U^2\dfrac{X_d-X_q}{2X_dX_q}\sin 2\theta$$

$$=3\times\dfrac{10430\times 6062.2}{4.6}\sin\theta+3\times 6062.2^2\times\dfrac{4.6-3}{2\times 4.6\times 3}\sin 2\theta$$

$$=41236139\sin\theta+6391351\sin 2\theta$$

令 $\dfrac{\mathrm{d}P_M}{\mathrm{d}\theta}=41236139\cos\theta+12782702\cos 2\theta=0$,解得 $\cos\theta=0.2661$ 或 $\cos\theta=-1.8791$(舍去),则 $\theta=74.57°$. 则最大电磁功率为

$P_{M\max}=41236139\sin 74.57°+6391351\sin(2\times 74.57°)=43028226(W)=43028$(kW)

过载能力　　$k_m = \dfrac{P_{Mmax}}{P_{MN}} = \dfrac{P_{Mmax}}{S_N \cos\varphi_N} = \dfrac{43028}{24000 \times 0.866} = 2.07$

(3) 当发出的有功功率为 16MW、$\cos\varphi = 0.866$（滞后）时，

电枢电流　　$I = \dfrac{P_2}{\sqrt{3} U_N \cos\varphi} = \dfrac{16 \times 10^3}{\sqrt{3} \times 10.5 \times 0.866} = 1015.9$ （A）

功率因数角　　$\varphi = \arccos 0.866 = 30°$

内功率因数角　　$\psi = \arctan \dfrac{U \sin\varphi + I X_q}{U \cos\varphi} = \arctan \dfrac{6062.2 \sin 30° + 1015.9 \times 3}{6062.2 \times 0.866} = 49.18°$

功率角　　$\theta = \psi - \varphi = 49.18° - 30° = 19.18°$

直轴电枢电流　　$I_d = I \sin\psi = 1015.9 \sin 49.18° = 768.8$ （A）

每相空载电动势　　$E_0 = U \cos\theta + I_d X_d = 6062.2 \cos 19.18° + 768.8 \times 4.6 = 9262$ （V）

例 15.2　一台三相汽轮发电机，额定功率因数 $\cos\varphi_N = 0.8$（滞后），同步电抗 $X_c = 1.2$，并联在无限大电网上运行，电枢绕组电阻忽略不计，试求：

(1) 当发电机供给电网 80% 的额定电流，$\cos\varphi = 0.8$（滞后）时，发电机发出的有功功率、无功功率、空载电动势 E_0 和功率角 θ 为多大？

(2) 保持第 (1) 种情况下的励磁电流不变，调节原动机机械功率，使发电机发出的有功功率与额定时相同，则功率角 θ 和无功功率如何变化？

(3) 保持第 (2) 种情况下的有功功率不变，调节励磁电流使发电机无功功率等于额定时的 80%，此时空载电动势 E_0 和功率角 θ 为多大？

解：(1) 当发电机供给电网 80% 的额定电流，$\cos\varphi = 0.8$（滞后）时，

功率因数角　　$\varphi = \arccos 0.8 = 36.87°$

发电机发出的有功功率　　$P_2 = U I \cos\varphi = 1 \times 0.8 \times 0.8 = 0.64$

发电机发出的无功功率　　$Q = U I \sin\varphi = 1 \times 0.8 \sin 36.87° = 0.48$（感性）

设 $\dot{U} = U\angle 0° = 1\angle 0°$，则 $\dot{I} = I\angle -\varphi = 0.8\angle -36.87°$。

空载电动势　　$\dot{E}_0 = \dot{U} + j \dot{I} X_c = 1\angle 0° + j0.8\angle -36.87° \times 1.2 = 1.753\angle 25.98°$

所以 $E_0 = 1.753$，功率角 $\theta = 25.98°$。

(2) 维持第 (1) 种情况下的励磁电流不变，则空载电动势不变，即 $\dot{E}_0' = \dot{E}_0 = 1.753$。发电机发出的有功功率与额定时的相等，不计电枢绕组电阻，则

$$P_M' = P_2' = P_N = U_N I_N \cos\varphi_N = 1 \times 1 \times 0.8 = 0.8$$

根据功角特性，有 $\sin\theta' = \dfrac{P_M' X_c}{E_0' U} = \dfrac{0.8 \times 1.2}{1.753 \times 1} = 0.5476$，即功率角 $\theta' = 33.2°$。因此，空载电动势 $\dot{E}_0' = 1.753\angle 33.2°$。与 (1) 相比，功率角增大了。

电枢电流　　$\dot{I}' = \dfrac{\dot{E}_0' - \dot{U}}{j X_c} = \dfrac{1.753\angle 33.2° - 1\angle 0°}{j1.2} = 0.8895\angle -25.94°$

发电机发出的无功功率　　$Q' = U I' \sin\varphi' = 1 \times 0.8895 \sin 25.94° = 0.3891$（感性）

$Q' < Q$，说明发电机发出的无功功率减小了。

(3) 发电机发出的无功功率为额定时的 80%，即

$$Q'' = 0.8 Q_N = 0.8 U_N I_N \sin\varphi_N = 0.8 \times 1 \times 1 \times \sin 36.87° = 0.48$$（感性）

有功功率与额定时相同，即 $P_2'' = P_N = \cos\varphi_N = 0.8$。

电枢电流　　$\dot{I}'' = P_2'' - j Q'' = 0.8 - j0.48 = 0.933\angle -30.96°$

空载电动势 $\underline{E}_0''=\dot{U}+j\dot{I}''X_c=1\angle 0°+j0.933\angle -30.96°\times 1.2=1.845\angle 31.35°$

所以 $\underline{E}_0''=1.845$，功率角 $\theta=31.35°$.

注意 并联在无限大电网上运行的汽轮发电机，当励磁电流不变，调节原动机机械功率使发电机有功功率增加时，功率角 θ 将增大，发电机发出的滞后无功功率将减小（过励时）. 如果发电机的有功功率不变，改变励磁电流，则空载电动势 E_0、功率角 θ 和发电机发出的无功功率都将改变. 发电机在过励工况下，励磁电流越大，发出的滞后无功功率就越大.

15.4 思考题及其解答

15-1 同步发电机与电网并联运行的条件是什么？当四个并联条件中的某一个不符合时，会产生什么后果？应采取什么措施使之满足并联条件？

答：并联运行的四个条件是发电机和电网的频率、电压幅值、电压相序及电压的初相角分别相同. 并联条件中的某一个不符合时，并网时可能产生很大的电流冲击.

发电机和电网的频率不等时，应调节原动机的转速；电压大小不等时，应调节发电机的励磁电流；相序不一致时，应将发电机接至并联开关的任意两根线对调；初相角不同时，应调节原动机的转速.

15-2 什么是无限大电网？它对并联于其上的同步发电机有什么约束？

答：如果电网的容量比并联在它上面的一台同步发电机的容量大很多，则在对一台发电机进行调节时，电网的状况几乎不受影响. 对这台发电机来说，这样的电网就可视为无限大电网. 无限大电网对并联于其上的发电机的约束是：电压 $U=$ 常数，频率 $f=$ 常数.

15-3 并联于无限大电网运行的隐极同步发电机，当调节发电机有功功率输出而保持无功功率输出不变时，功率角 θ 及励磁电流 i_f 是否变化？$\dot{I}$ 与 $\dot{E}_0$ 的变化轨迹是什么（忽略电枢电阻）？

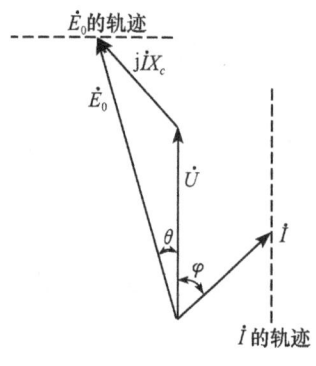

图 15-1

答：调节有功功率 P 时，功率角 θ 要随之变化，无功功率 Q 也随之变化. 要保持无功功率 Q 不变，就必须同时调节励磁电流 i_f.

不计电枢电阻，要使无功功率 Q 不变，则应 $I\sin\varphi=$ 常数，因此电枢电流 $\dot{I}$ 的轨迹是一条平行于 $\dot{U}$ 的直线. $IX_c\sin\varphi$ 也为常数，因此 $\dot{E}_0$ 的轨迹是一条与 $\dot{U}$ 垂直的直线，与 $j\dot{I}X_c$ 的轨迹相同. $\dot{I}$ 与 $\dot{E}_0$ 的变化轨迹如图 15-1 所示.

15-4 并联于无限大电网运行的隐极同步发电机，原来发出一定的有功功率和感性无功功率. 若保持有功功率输出不变，仅调节励磁电流 i_f 使之减小，问 $\dot{E}_0$ 与 $\dot{I}$ 各按什么轨迹变化？θ 角如何变化？要维持稳定运行，i_f 能否无限减小（忽略电枢电阻）？

答：不计电枢电阻，当保持有功功率 P 不变时，$\dfrac{E_0 U}{X_c}\sin\theta=$ 常数，即 $E_0\sin\theta=$ 常数，因此 i_f 变化时，$\dot{E}_0$ 变化的轨迹是一条平行于 $\dot{U}$ 的直线；另一方面，$UI\cos\varphi=$ 常数，即 $I\cos\varphi=$ 常数，则 $\dot{I}$ 的变化轨迹是一条垂直于 $\dot{U}$ 的直线.

随着 i_f 的减小，功率因数角 φ 减小. 当 $\varphi=0$ 时，无功功率 $Q=0$. 进一步减小 i_f，$\dot{I}$ 就超前于 $\dot{U}$，发电机向电网发出容性无功功率. 随着 i_f 的减小，功率角 θ 增大. 当 i_f 减小使 θ

增大到 90°电角度时（对隐极发电机），发电机已达到静态稳定极限．这是 i_f 可能减小到的最低限值，超过它，发电机就不能稳定运行．

15-5 一台与无限大电网并联运行的隐极同步发电机，稳定运行在 $\theta=30°$，若因故励磁电流变为零，这台发电机是否还能稳定运行？

答： i_f 变为零，则电磁功率 $P_M=0$，无法与原动机的输入功率相平衡，因此发电机不能稳定运行．

15-6 同步发电机最大电磁转矩与什么电抗有关？

答： 与同步电抗 X_c（或 X_d 与 X_q）有关．

15-7 与电网并联运行的同步发电机过励运行时发出什么性质的无功功率？欠励运行时发出什么性质的无功功率？

答： 过励、欠励时分别发出感性、容性无功功率．

15-8 一台并联于无限大电网运行的同步发电机，其电流滞后于电压．若逐渐减小其励磁电流，试问电枢电流如何变化？

答： 并联运行时，若电枢电流滞后于电压，则发电机发出感性无功功率．减小励磁电流 i_f 时，发电机发出的有功功率不变（不计电枢电阻）．因此，电枢电流 $\dot{I}$ 变化的轨迹是垂直于 $\dot{U}$ 的直线．随着 i_f 的减小，$\dot{I}$ 由滞后于 $\dot{U}$ 变为与 $\dot{U}$ 同相；若进一步减小 i_f，$\dot{I}$ 将超前于 $\dot{U}$．$\dot{I}$ 的有效值，在 $\dot{I}$ 滞后于 $\dot{U}$ 时随 i_f 减小而变小；在 $\dot{I}$ 超前于 $\dot{U}$ 时，则随 i_f 的减小而增大．

15-9 并联在电网运行的同步发电机，当保持励磁电流 i_f 不变时，调节发电机输出的有功功率，输出的无功功率变不变？此时 $\dot{E}_0$ 及 $\dot{I}$ 变化的规律是什么？

答： i_f 不变时，E_0 不变．调节有功功率时，功率角 θ 就要改变．由于 $\dot{E}_0$ 的轨迹是一个圆弧，$\dot{U}$ 不变，因而 $\mathrm{j}\dot{I}X_c$ 的轨迹也是一个圆弧，则 $\dot{I}$ 的轨迹也是一个圆弧．相应的电动势相量图（以隐极发电机为例）如图 15-2 所示．电流 $\dot{I}$ 的轨迹可由

$$\dot{I} = \frac{\dot{E}_0 - \dot{U}}{\mathrm{j}X_c} = \mathrm{j}\frac{\dot{U}}{X_c} - \mathrm{j}\frac{\dot{E}_0}{X_c}$$

求出．从图 15-2 可以看出，随着有功功率的变化，θ 角要变化，随之 φ 角变化，I 变化，$I\cos\varphi$ 变化，$I\sin\varphi$ 也变化．也就是说，无功功率的大小会变化，性质也可能改变．

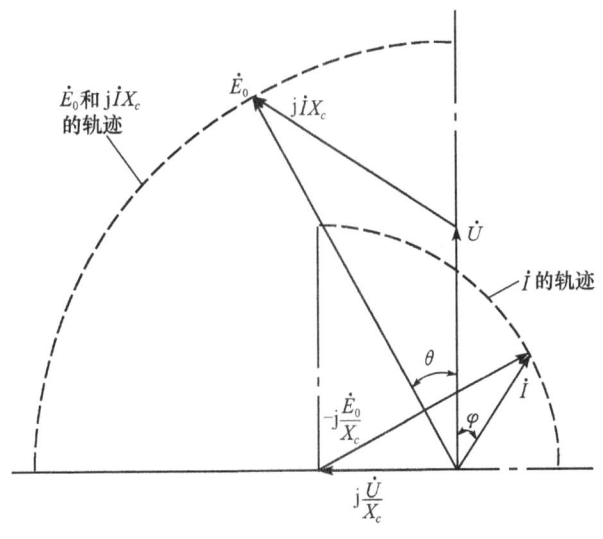

图 15-2

15-10 同步发电机并联合闸时，如果

（1）发电机电压 U_g 大于或小于电网电压 U_s，

（2）发电机频率 f_g 大于或小于电网频率 f_s，

其他条件均符合，那么合闸后分别会发生下列哪种情况？

A. 发电机输出滞后无功电流；　　　B. 发电机输入滞后无功电流；
C. 发电机输出有功电流；　　　　　D. 发电机输入有功电流.

答：（1）$U_g > U_s$ 时，发电机输出滞后无功电流；

$U_g < U_s$ 时，发电机输出超前无功电流，即输入滞后无功电流.

（2）$f_g > f_s$ 时，发电机输出有功电流；

$f_g < f_s$ 时，发电机输入有功电流.

15-11 一台与电网并联运行的同步发电机，仅输出有功功率，无功功率为零，这时发电机电枢反应的性质是什么？

答：此时 $\sin\varphi = 0$，即 $\varphi = 0$，$\dot{I}$ 与 $\dot{U}$ 同相. 画出电动势相量图可知，此时电枢反应性质为直轴去磁和交磁作用.

15.5　习题及其解

15-1 一台三相隐极同步电机，转子不加励磁以同步转速旋转，当把定子绕组接到三相对称的电源 U 上，绕组中流过的电流为 I，忽略电枢电阻. 试画出此电机的电动势相量图. 说明此时电机是否输出有功功率？输出什么性质的无功功率？

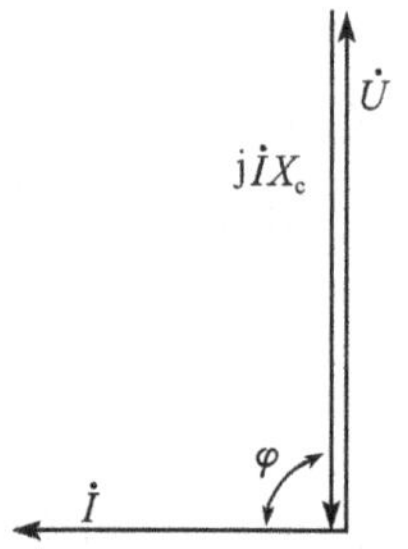

解：转子不加励磁以同步转速旋转时，$E_0 = 0$. 按发电机惯例，不计电枢电阻时，有

$$0 = \dot{U} + j\dot{I}X_c$$

即

$$\dot{U} = -j\dot{I}X_c$$

图 15-3

画出电动势相量图，如图 15-3 所示. 可见，$\dot{I}$ 超前于 $\dot{U}$ 90°，即 $\varphi = -90°$. 因此发电机输出的有功功率为零，输出的无功功率是容性的.

15-2 一台 11kV、50Hz、4 极、星形联结的隐极同步发电机，同步电抗 $X_c = 12\Omega$，不计电枢绕组电阻. 该发电机并联于额定电压的电网运行，输出有功功率 3MW，功率因数为 0.8（滞后）.

（1）求每相空载电动势 E_0 和功率角 θ；

（2）如果励磁电流保持不变，求发电机不失去同步时所能产生的最大电磁转矩.

解：（1）解法一　已知输出有功功率 $P_2 = 3\text{MW}$，$\cos\varphi = 0.8$ 滞后，则 $\varphi = 36.87°$，相电流为

$$I = \frac{P_2}{\sqrt{3}U_N\cos\varphi} = \frac{3 \times 10^6}{\sqrt{3} \times 11 \times 10^3 \times 0.8} = 196.82(\text{A})$$

相电压为

$$U = \frac{U_N}{\sqrt{3}} = \frac{11 \times 10^3}{\sqrt{3}} = 6350.85(\text{V})$$

则
$$\tan\psi = \frac{IX_c + U\sin\varphi}{U\cos\varphi} = \frac{196.82 \times 12 + 6350.85 \times 0.6}{6350.85 \times 0.8} = 1.2149$$

则
$$\psi = 50.54°$$
$$\theta = \psi - \varphi = 50.54° - 36.87° = 13.67°$$
$$E_0 = \frac{U\cos\varphi}{\cos\psi} = \frac{6350.85 \times 0.8}{\cos 50.54°} = 7994.3(\text{V})$$

解法二 设 $\dot{U} = 6350.85\angle 0°\text{V}$，则 $\dot{I} = 196.82\angle -36.87°\text{A}$，
$$\dot{E_0} = \dot{U} + \text{j}\dot{I}X_c = 6350.85 + \text{j}196.82\angle -36.87° \times 12$$
$$= 7994.4\angle 13.67°\text{V}$$

即 $E_0 = 7994.4\text{V}$，$\theta = 13.67°$。

(2) $\theta = 90°$ 时有最大电磁转矩为
$$T_{\max} = \frac{1}{\Omega} \cdot \frac{3E_0 U}{X_c} = \frac{p}{2\pi f} \cdot \frac{3E_0 U}{X_c}$$
$$= \frac{2}{2\pi \times 50} \times \frac{3 \times 7994.4 \times 6350.85}{12} = 80804.7(\text{N} \cdot \text{m})$$

15-3 一台汽轮发电机并联于无限大电网，额定负载时功率角 $\theta = 20°$。现因故障，电网电压降为 $60\%U_N$，问为使 θ 角不超过 $25°$，应加大励磁使 E_0 上升为原来的多少倍？

解： 利用功角特性表达式可求出 E_0 应上升为原来的 1.35 倍。

15-4 一台三相汽轮发电机，电枢绕组星形联结，额定容量为 $S_N = 15000\text{kVA}$，额定电压为 $U_N = 6300\text{V}$。忽略电枢绕组电阻，当发电机运行在 $\underline{U}=1$、$\underline{I}=1$、$\underline{X_c}=1$、负载功率因数角 $\varphi = 30°$（滞后）时，求 θ、P_M、k_m 为多大？

解： 参照题 15-2 的解法，可求出 $\theta = 30°$。用 $P_M = P_2 = S_N\cos\varphi$，或求得 E_0 后用功角特性表达式，可求出 $P_M = 12990\text{kW}$，$k_m = \frac{1}{\sin\theta} = 2$。

15-5 一台汽轮发电机数据如下：额定容量 $S_N = 31250\text{kVA}$，额定电压 $U_N = 10500\text{V}$（星形联结），额定功率因数 $\cos\varphi_N = 0.8$（滞后），定子每相同步电抗 $X_c = 7.0\Omega$（不饱和值），此发电机并联于无限大电网运行，求发电机额定负载时的功率角 θ_N、电磁功率 P_M、过载能力 k_m 为多大？

解： 参照题 15-4 的解法，可求得：
$$\theta_N = 35.93°, \quad P_M = 25000\text{kW}, \quad k_m = 1.7$$

15-6 上题这台发电机如有功输出减小一半，励磁电流不变，求 θ、P_M 及功率因数角 φ，问输出无功功率怎样变化？

解： 励磁电流不变，则 E_0 不变，由上题数据可求出相电压与空载电动势为
$$U = \frac{U_N}{\sqrt{3}} = \frac{10500}{\sqrt{3}} = 6062.2(\text{V})$$
$$E_0 = \frac{P_{MN}X_c}{3U\sin\theta_N} = \frac{25000 \times 10^3 \times 7}{3 \times 6062.2\sin 35.93°} = 16398.8(\text{V})$$

由于有功功率输出减少一半，因此
$$P_M = \frac{1}{2}P_{MN} = \frac{1}{2} \times 25000 = 12500(\text{kW})$$

因 E_0 不变，则 $\sin\theta$ 须减少一半，即
$$\sin\theta = \frac{1}{2}\sin\theta_N = \frac{1}{2} \times \sin35.93° = 0.29339$$

即有功功率输出减小一半后，
$$\theta = 17.06°$$
$$\begin{aligned}IX_c &= \sqrt{E_0^2 + U^2 - 2E_0U\cos\theta}\\ &= \sqrt{16398.8^2 + 6062.2^2 - 2\times16398.8\times6062.2\cos17.06°}\\ &= 10751.4(\text{V})\end{aligned}$$

则
$$I = \frac{IX_c}{X_c} = \frac{10751.4}{7} = 1535.9(\text{A})$$
$$\cos\varphi = \frac{P_2}{3UI} = \frac{P_M}{3UI} = \frac{12500\times10^3}{3\times6062.2\times1535.9} = 0.4475$$

所以
$$\varphi = 63.42°$$

上题中额定运行时的无功功率为
$$Q_N = S_N\sin\varphi_N = 31250\times0.6 = 18750(\text{kvar})$$

本题中的无功功率为
$$Q = 3UI\sin\varphi = 3\times6062.2\times1535.9\times\sin63.42° = 24980.6(\text{kvar})$$

可见，无功功率比额定运行时增大了
$$Q - Q_N = 24980.6 - 18750 = 6230.6(\text{kvar})$$

15-7 仍是题 15-5 的发电机，如果仅调节励磁电流，把它加大 10%，求 θ、P_M 及功率因数角 φ，问输出的有功功率及无功功率怎样变化？

解：调节励磁电流时，电磁功率不变．不计电枢电阻，则输出的有功功率不变，即 $P_M = P_2 = 25000$ kW．

励磁电流增大 10% 后，E_0 便增大 10%，即
$$E_0 = 1.1E_{0N} = 1.1\times16398.8 = 18038.7(\text{V})$$

因 P_M 不变，则 $E_0\sin\theta=$ 常数，即
$$E_{0N}\sin\theta_N = E_0\sin\theta$$

则有
$$\sin\theta = \frac{E_{0N}}{E_0}\sin\theta_N = \frac{E_{0N}}{1.1E_{0N}}\sin35.93° = 0.53345$$

所以
$$\theta = 32.24°$$

因
$$\begin{aligned}IX_c &= \sqrt{E_0^2 + U^2 - 2E_0U\cos\theta}\\ &= \sqrt{18038.7^2 + 6062.2^2 - 2\times18038.7\times6062.2\cos32.24°}\\ &= 13310(\text{V})\end{aligned}$$

故
$$I = \frac{IX_c}{X_c} = \frac{13310}{7} = 1901.4(\text{A})$$
$$\cos\varphi = \frac{P_2}{3UI} = \frac{25000 \times 10^3}{3 \times 6062.2 \times 1901.4} = 0.723$$

则
$$\varphi = 43.7°$$
$$Q = 3UI\sin\varphi = 3 \times 6062.2 \times 1901.4 \times \sin 43.7° = 23890.7(\text{kvar})$$

因此输出的无功功率增大了
$$Q - Q_N = 23890.7 - 18750 = 5140.7(\text{kvar})$$

15-8 一台隐极汽轮发电机并联于无限大电网，额定数据如下：额定容量 $S_N = 7500\text{kVA}$，额定电压 $U_N = 3150\text{V}$（星形联结），额定功率因数 $\cos\varphi_N = 0.8$（滞后），同步电抗 $X_c = 1.5\Omega$，忽略定子电阻．求：

(1) 当发电机带额定负载时，发电机输出的有功功率 P_2、功率角 θ 及过载能力 k_m；

(2) 若保持励磁电流不变，当发电机输出的有功功率减小一半时，发电机功率角 θ 与功率因数角 φ．

解： 解法请参见题 15-5 与题 15-6，结果为：

(1) $P_2 = 6000\text{kW}$，$\theta = 28.36°$，$k_m = 2.1$．

(2) $\theta = 13.74°$，$\varphi = 62.05°$．

15-9 一台 6000kVA、2400V、50Hz、星形联结的三相 8 极凸极同步发电机，并联额定运行时的功率因数为 0.9（滞后）．电机参数为 $X_d = 1\Omega$、$X_q = 0.667\Omega$．不计磁路饱和及电枢绕组电阻．

(1) 求额定运行时的每相空载电动势 E_0、基波励磁磁动势与电枢反应磁动势的夹角；

(2) 分别通过电机参数与功率角、电压与电流，求额定运行时的电磁转矩，并对结果作比较．

解： (1) 额定运行时，相电压为
$$U = \frac{U_N}{\sqrt{3}} = \frac{2400}{\sqrt{3}} = 1385.64(\text{V})$$

相电流为
$$I = \frac{S_N}{\sqrt{3}U_N} = \frac{6000 \times 10^3}{\sqrt{3} \times 2400} = 1443.38(\text{A})$$

因 $\cos\varphi = 0.9$ 滞后，则 $\varphi = 25.84°$，$\sin\varphi = 0.4359$．
$$\tan\psi = \frac{IX_q + U\sin\varphi}{U\cos\varphi} = \frac{1443.38 \times 0.667 + 1385.64 \times 0.4359}{1385.64 \times 0.9}$$
$$= 1.2563$$

则
$$\psi = 51.48°$$
$$\theta = \psi - \varphi = 51.48° - 25.84° = 25.64°$$

基波励磁磁动势 F_{f1} 与电枢反应磁动势 F_a 的夹角为 $90° + \psi = 90° + 51.48° = 141.48°$．

$$I_d = I\sin\psi = 1443.38\sin51.48° = 1129.29(A)$$
$$E_0 = U\cos\theta + I_d X_d = 1385.64\cos25.64° + 1129.29 \times 1 = 2378.5(V)$$

(2) $$\Omega = \frac{2\pi f}{p} = \frac{2\pi \times 50}{4} = 78.54(\text{rad/s})$$

$$T = \frac{3U}{\Omega}\left[\frac{E_0}{X_d}\sin\theta + \frac{U(X_d - X_q)}{2X_d X_q}\sin2\theta\right]$$
$$= \frac{3 \times 1385.64}{78.54}\left[\frac{2378.5}{1} \times \sin25.64° + \frac{1385.64 \times (1 - 0.667)}{2 \times 1 \times 0.667} \times \sin(2 \times 25.64°)\right]$$
$$= 68757(\text{N} \cdot \text{m})$$

或

$$P_M = P_2 = S_N \cos\varphi = 6000 \times 0.9 = 5400(\text{kW})$$
$$T = \frac{P_M}{\Omega} = \frac{5400 \times 10^3}{78.54} = 68755(\text{N} \cdot \text{m})$$

可见，两种方法计算出的结果是一致的，但后者要简单得多.

15-10 一台与无限大电网并联的三相6极同步发电机，定子绕组星形联结，额定容量 $S_N = 100\text{kVA}$，额定电压 $U_N = 2300\text{V}$，频率为60Hz. 定子绕组每相同步电抗 $X_c = 64.4\Omega$，忽略电枢绕组电阻. 已知空载时，励磁电流为23A，此时发电机的输入功率为3.75kW. 设磁路线性. 求：

（1）当发电机发出额定电流、功率因数 $\cos\varphi = 0.9$（滞后）时，所需励磁电流为多少？发电机的输入功率是多少？

（2）当发电机输出每相电流为15A，且励磁电流为20A时，发电机的电磁转矩 T 和过载能力 k_m 是多少？

解：(1) 空载时，发电机的输入功率等于空载损耗 p_0，即 $p_0 = 3.75\text{kW}$，励磁电流为 $i_{f0} = 23\text{A}$，

$$E_0 = U = \frac{U_N}{\sqrt{3}} = \frac{2300}{\sqrt{3}} = 1327.9(\text{V})$$

额定电枢电流为

$$I_N = \frac{S_N}{\sqrt{3}U_N} = \frac{100 \times 10^3}{\sqrt{3} \times 2300} = 25.1(\text{A})$$

$$\varphi = \arccos 0.9 = 25.84°, \quad \sin\varphi = 0.4359$$

空载相电动势为

$$E_0' = \sqrt{U^2 + (I_N X_c)^2 - 2UI_N X_c \cos(90° + \varphi)}$$
$$= \sqrt{1327.9^2 + (25.1 \times 64.4)^2 + 2 \times 1327.9 \times 25.1 \times 64.4\sin25.84°}$$
$$= 2499.46(\text{V})$$

由于磁路线性，因此所需的励磁电流为

$$i_f = \frac{E_0' i_{f0}}{E_0} = \frac{2499.46}{1327.9} \times 23 = 43.3(\text{A})$$

不计电枢电阻时，输入功率为
$$P_1 = P_M + p_0 = P_2 + p_0 = S_N\cos\varphi + p_0$$
$$= 100 \times 0.9 + 3.75 = 93.75(\text{kW})$$

(2) $i'_f = 20\text{A}$ 时，空载电动势变为
$$E''_0 = \frac{i'_f}{i_{f0}}E_0 = \frac{20}{23} \times 1327.9 = 1154.7(\text{V})$$

输出每相电流为 $I = 15\text{A}$ 时，$IX_c = 15 \times 64.4 = 966\text{V}$，则
$$\cos\theta = \frac{(E''_0)^2 + U^2 - (IX_c)^2}{2E''_0 U} = \frac{1154.7^2 + 1327.9^2 - 966^2}{2 \times 1154.7 \times 1327.9}$$
$$= 0.70549$$

于是
$$\theta = 45.13°, \quad \sin\theta = 0.7087$$
$$k_m = \frac{1}{\sin\theta} = \frac{1}{0.7087} = 1.41$$
$$\Omega = \frac{2\pi f}{p} = \frac{2\pi \times 50}{3} = 125.66(\text{rad/s})$$
$$T = \frac{3}{\Omega}\frac{E_0 U}{X_c}\sin\theta = \frac{3}{125.66} \times \frac{1154.7 \times 1327.9}{64.4} \times 0.7087$$
$$= 402.84(\text{N} \cdot \text{m})$$

15-11 两台相同的隐极同步发电机并联运行. 定子均为星形联结，同步电抗均为 $X_c = 1$，忽略定子电阻 R. 两机共同供电给一个功率因数为 $\cos\varphi = 0.8$（滞后）的负载. 运行时要求系统维持额定电压 $U = 1$，额定频率 $f = 50\text{Hz}$，负载电流 $I = 1$（负载与电机的额定电流相同），并要求其中第一台电机担负负载所需的有功功率，第二台担负其无功功率. 设磁路线性. 求：

(1) 每台电机的功率角 θ 及空载电动势 E_0；

(2) 两台电机励磁电流之比.

解：(1) $\varphi = \arccos 0.8 = 36.87°$.

设 $\underline{U} = U\angle 0° = 1\angle 0°$，则负载电流 $\underline{I} = I\angle -\varphi = 1\angle -36.87°$. 因发电机Ⅰ，Ⅱ分别负担有功、无功负载，则发电机Ⅰ，Ⅱ的电枢电流分别为
$$\underline{I}_\text{I} = \underline{I}\cos\varphi = 1 \times 0.8 = 0.8$$
$$\underline{I}_\text{II} = \underline{I}\sin\varphi = 1 \times 0.6 = 0.6$$

分别作出发电机Ⅰ，Ⅱ的电动势相量图，如图15-4（a），（b）所示，则可得发电机Ⅰ的空载电动势和功率角分别为
$$\underline{E}_{0\text{I}} = \sqrt{\underline{U}^2 + (\underline{I}_\text{I} X_c)^2} = \sqrt{1^2 + (0.8 \times 1)^2} = 1.28$$
$$\theta_\text{I} = \arctan = \frac{\underline{I}_\text{I} X_c}{\underline{U}} = \arctan\frac{0.8 \times 1}{1} = 38.66°$$

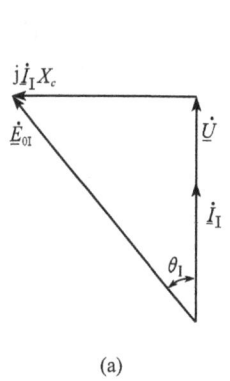
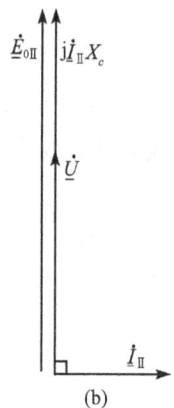

图 15-4

发电机 Ⅱ 的空载电动势和功率角分别为
$$\underline{E}_{0\text{Ⅱ}} = \underline{U} + \underline{I}_{\text{Ⅱ}}\underline{X}_c = 1 + 0.6 \times 1 = 1.6$$
$$\theta_{\text{Ⅱ}} = 0$$

(2) 因磁路线性，所以发电机Ⅰ，Ⅱ的励磁电流之比就等于它们的空载电动势之比，即
$$\frac{i_{f\text{Ⅰ}}}{i_{f\text{Ⅱ}}} = \frac{\underline{E}_{0\text{Ⅰ}}}{\underline{E}_{0\text{Ⅱ}}} = \frac{\underline{E}_{0\text{Ⅰ}}}{\underline{E}_{0\text{Ⅱ}}} = \frac{1.28}{1.6} = 0.8$$

15-12 一台隐极同步发电机并网运行，已知 $\underline{U}=1$，$\underline{I}=1$，$\underline{X}_c=1$，负载运行时 $\cos\varphi = \frac{\sqrt{3}}{2}$（滞后），忽略定子绕组电阻. 现调节原动机使有功输出增加一倍，同时调节励磁电流使其增加 20%，试求：

(1) 画出调节后的电动势相量图；
(2) 说明无功功率输出是增加了还是减少了？

解：(1) 原来有功功率和电磁功率为
$$\underline{P}_2 = \underline{P}_M = \underline{U}\underline{I}\cos\varphi = 1 \times 1 \times \frac{\sqrt{3}}{2} = 0.866$$

$$\varphi = \arccos\frac{\sqrt{3}}{2} = 30°$$

而 $\underline{I}\,\underline{X}_c = 1 \times 1 = 1$，$\underline{U}=1$，画出此时的电动势相量图，如图 15-5 中虚线所示. 可以看出：
$$\theta = 30°，\quad \underline{E}_0 = 2\underline{U}\cos\theta = \sqrt{3}$$

现在有功功率增加一倍、励磁电流增加 20%，则有功功率和电磁功率变为
$$\underline{P}'_2 = \underline{P}'_M = 2\underline{P}_2 = \frac{\sqrt{3}}{2} \times 2 = \sqrt{3} = 1.732$$

空载电动势变为
$$\underline{E}'_0 = 1.2\underline{E}_0 = 1.2 \times \sqrt{3} = 2.078$$

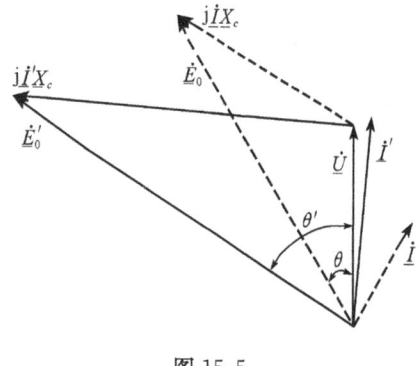

图 15-5

且应有
$$2\frac{E_0 U}{X_c}\sin\theta = \frac{E_0' U}{X_c}\sin\theta'$$

所以
$$\sin\theta' = \frac{2E_0}{E_0'}\sin\theta = \frac{2E_0}{1.2E_0}\sin 30° = 0.8333$$

即
$$\theta' = 56.44°$$

作出此时的电动势相量图,如图 15-5 中实线所示. 可求出有功增加后的电枢电流 I'.

$$I'X_c = \sqrt{(E_0')^2 + U^2 - 2E_0' U\cos\theta'}$$
$$= \sqrt{2.078^2 + 1^2 - 2\times 2.078\times 1\times \cos 56.44°} = 1.738$$

则
$$I' = \frac{I'X_c}{X_c} = \frac{1.738}{1} = 1.738$$

由 $2UI\cos\varphi = UI'\cos\varphi'$ 可求得
$$\cos\varphi' = \frac{2I}{I'}\cos\varphi = \frac{2\times 1}{1.738}\times \frac{\sqrt{3}}{2} = 0.9966$$

则
$$\varphi' = 4.74°$$

(2) 无功功率的变化可由 $I'\sin\varphi'$ 与 $I\sin\varphi$ 相比较而得知:
$$I'\sin\varphi' = 1.738\sin 4.74° = 0.1436$$
$$I\sin\varphi = 1\times \sin 30° = 0.5$$

因此,无功功率减少了.

15-13 一台三相汽轮发电机的空载试验和短路试验都在一半同步转速下进行. 已知空载试验的数据 $i_f = 1.0$, $E_0 = 0.5$; 短路试验数据 $i_f = 1.0$, $I_k = 1.0$. 忽略定子电阻,设磁路线性. 当发电机与无限大电网并联运行时,求:

(1) 同步电抗的标幺值 X_c;

(2) 同步转速下 $I = 1.0$, $\cos\varphi = \frac{\sqrt{3}}{2}$(滞后)时的 θ 角;

(3) 过载能力 k_m.

解:(1) 将一半同步转速下的空载、短路试验数据换算为同步转速下的数据,有

空载特性: $i_f = 1$, $E_0 = 1$
短路特性: $i_f = 1$, $I_k = 1$

因此
$$X_c = \frac{E_0}{I_k} = \frac{1}{1} = 1$$

(2)
$$\tan\theta = \frac{IX_c\cos\varphi}{U + IX_c\sin\varphi} = \frac{1\times 1\times \frac{\sqrt{3}}{2}}{1 + 1\times 1\times 0.5} = \frac{\sqrt{3}}{3}$$

则
$$\theta = 30°$$

(3)
$$k_m = \frac{1}{\sin\theta} = \frac{1}{\sin 30°} = 2$$

15-14 有两台额定功率各为 10000kW，$p=1$ 的汽轮发电机并联运行，已知它们原动机的调速特性分别如图 15-6 中曲线 Ⅰ，Ⅱ 所示．忽略两台发电机的空载损耗和电枢绕组电阻，求：

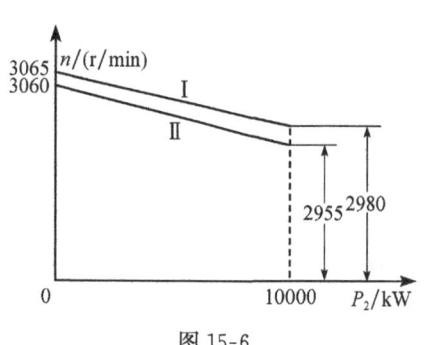

图 15-6

(1) 当总负载为 15000kW 时，每台电机各担负多少功率？电网的频率是多少？

(2) 如果调整第 Ⅰ 台发电机的调速器，使它的调速特性可以上下移动（但斜率不变），直至两台电机都输出 7500kW，这时电网的频率是多少？

解：(1) 两台原动机的调速特性可表达为

$$n_Ⅰ = 3065 + \frac{2980-3065}{10000} P_{2Ⅰ} = 3065 - 0.0085 P_{2Ⅰ}$$

$$n_Ⅱ = 3060 + \frac{2955-3060}{10000} P_{2Ⅱ} = 3060 - 0.0105 P_{2Ⅱ}$$

式中，$n_Ⅰ$，$n_Ⅱ$ 分别为发电机 Ⅰ，Ⅱ 的转速，单位为 r/min；$P_{2Ⅰ}$，$P_{2Ⅱ}$ 分别为原动机 Ⅰ，Ⅱ 的输出功率，单位为 kW，不计电枢电阻及空载损耗时，就分别是发电机 Ⅰ，Ⅱ 输出的有功功率．

当总负载为 15000kW 时，即

$$P_{2Ⅰ} + P_{2Ⅱ} = 15000 \tag{15-1}$$

此时，$n_Ⅰ = n_Ⅱ$，因而由上面的调速特性表达式可得

$$3065 - 0.0085 P_{2Ⅰ} = 3060 - 0.0105 P_{2Ⅱ} \tag{15-2}$$

联立求解式 (15-1)，式 (15-2)，可得有功功率和转速为

$$P_{2Ⅰ} = 8552.63\text{kW}, \quad P_{2Ⅱ} = 6447.37\text{kW}$$

$$n_Ⅰ = n_Ⅱ = 2992.3\text{r/min}$$

则电网频率为

$$f = \frac{p n_Ⅰ}{60} = \frac{1 \times 2992.3}{60} = 49.87(\text{Hz})$$

(2) 两台发电机都输出 7500kW 时，$P_{2Ⅰ} = P_{2Ⅱ} = 7500$kW．则

$$n_Ⅱ = 3060 - 0.0105 P_{2Ⅱ} = 3060 - 0.0105 \times 7500 = 2981.25(\text{r/min})$$

则电网频率为

$$f = \frac{p n_Ⅱ}{60} = \frac{1 \times 2981.25}{60} = 49.69(\text{Hz})$$

15-15 一个三相对称负载与电网以及一台同步发电机并联，如图 15-7 所示，已知电网线电压为 220V，线路电流 I_c 为 50A，功率因数 $\cos\varphi_c = 0.8$（滞后）；发电机输出电流 I 为 40A，功率因数为 0.6（滞后）．求：

(1) 负载的功率因数为多少？

(2) 调节同步发电机的励磁电流，使发电机的功率因数等于负载的功率因数，此时发电机输出的电流 I 为多少？又此时从电网吸收的电流 I_c 为多少？

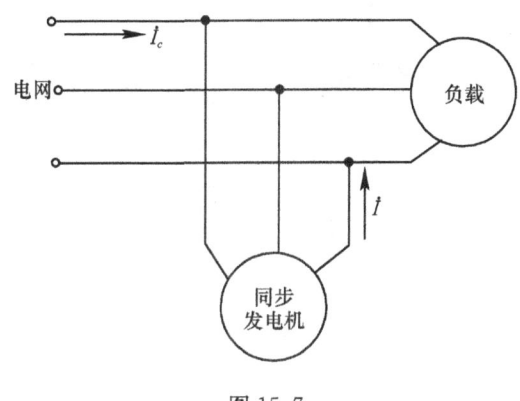

图 15-7

解：(1) 设电网相电压 $\dot{U}=U\angle 0°$ V，由于线路的功率因数 $\cos\varphi_c=0.8$ 滞后，则 $\varphi_c=36.87°$，于是 $\dot{I}_c=50\angle-36.87°$ A. 已知发电机功率因数 $\cos\varphi=0.6$ 滞后，则 $\varphi=53.13°$，$\dot{I}=40\angle-53.13°$ A.

设负载电流 $\dot{I}_L$ 正方向为从线路向负载，则
$$\dot{I}_L=\dot{I}_c+\dot{I}=50\angle-36.87°+40\angle-53.13°$$
$$=89.11\angle-44.09°(A)$$

因此负载的功率因数为
$$\cos\varphi_L=\cos 44.09°=0.72$$

(2) 调节励磁电流，使发电机功率因数等于 $\cos\varphi_L$ 时，有功功率不变，即 $I\cos\varphi=$ 常数. 设电枢电流变为 I'，则有
$$I\cos\varphi=I'\cos\varphi_L$$

则
$$I'=\frac{\cos\varphi}{\cos\varphi_L}I=\frac{0.6}{0.72}\times 40=33.33(A)$$

此时电网电流为
$$I_c=I_L-I'=89.11-33.33=55.78(A)$$

15-16 凸极同步发电机与电网并联，如将发电机励磁电流减为零，发电机还有没有电磁功率？画出此时的电动势相量图.

解：励磁电流减为零时，$E_0=0$. 不计电枢绕组电阻，发电机的电压方程式为
$$\dot{U}+\mathrm{j}\dot{I}_dX_d+\mathrm{j}\dot{I}_qX_q=0$$

画出电动势相量图，如图 15-8 所示. 存在功率角 θ，可输出凸极电磁功率 $P_M=mU^2\dfrac{X_d-X_q}{2X_dX_q}\sin 2\theta$.

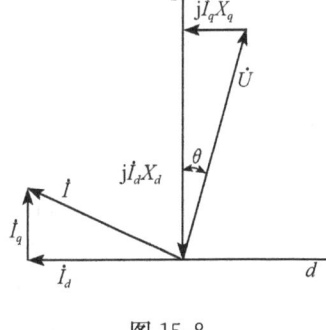

图 15-8

15-17 由两台同轴的同步电机组成变频机组，定子绕组分别接到 50Hz 与 60Hz 的两个电网上（都是无限大电网），这两台电机定、转子相对位置如图 15-9 所示，问：

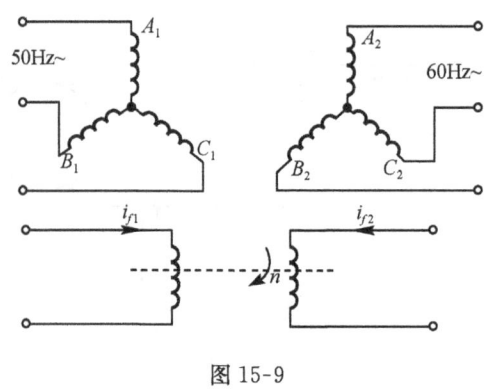

图 15-9

(1) 此机组可能运行的转速是多少？两台电机的极数各为多少？

(2) 今欲由 50Hz 电网向 60Hz 电网输出有功功率，仅调节两台电机的励磁电流行吗（设一台电机的定子是可移动的）？

解：（1）两台同步电机同轴联接，转速相同，但频率不同，因此它们的极数必须不同．由

$$n_1 = \frac{60f_1}{p_1} = n_2 = \frac{60f_2}{p_2}$$

得

$$\frac{p_1}{p_2} = \frac{f_1}{f_2} = \frac{50}{60} = \frac{5}{6}$$

由此可得两台电机可能的极对数为

$$p_1 = 5k, \quad p_2 = 6k \quad (k=1,2,3,\cdots)$$

最少的极对数为 $p_1=5$，$p_2=6$（$k=1$）．可能运行的转速为

$$n = \frac{60f_1}{p_1} = \frac{60 \times 50}{5k} = \frac{600}{k}(\text{r/min})$$

当 $p_1=5$，$p_2=6$（即 $k=1$）时，$n=600\text{r/min}$．

(2) 若不考虑电机的损耗，则两台电机既没有原动机，也没有负载，功率角为 0，所以既不能发出有功功率，也不能吸收有功功率．因此，仅靠调节两台电机的励磁电流，是不能由 50Hz 电网向 60Hz 电网输出有功功率的．

要从 50Hz 电网向 60Hz 电网输出有功功率，则 60Hz 电机应作为发电机运行，而 50Hz 电机应运行在电动机状态，作为 60Hz 电机的原动机．50Hz 电机要输出机械功率，必须产生功率角 θ 才行．如果 50Hz 电机的定子是可移动的，则可借助外力使它的定子顺其转子转向移开一个角度 θ，使转子磁场轴线滞后于定子合成磁场轴线，该电机就运行于电动机状态．维持这种状态，50Hz 电机就能拖动 60Hz 电机向电网送出有功功率．

15-18 一台隐极汽轮发电机，并联于无限大电网，额定运行时功率角 $\theta=30°$，今因故障电网电压降为 $0.8U_N$，假定电网频率仍不变．求：

(1) 发电机能否继续稳定运行，这时功率角 θ 为多大？

(2) 若采用加大励磁的方法，使 E_0 增大到原来的 1.6 倍，这时功率角 θ 为多大？

解：（1）由于原动机的输入功率不变，电磁功率不变．电压降为 $0.8U_N$ 后，设功率角变为 θ_1，则

$$P_M = m\frac{E_0 \cdot U_N}{X_c}\sin\theta = m\frac{E_0 \times 0.8U_N}{X_c}\sin\theta_1$$

得

$$\sin\theta_1 = \frac{1}{0.8}\sin\theta = \frac{1}{0.8}\sin30° = 0.625$$

$$\theta_1 = 38.68°$$

(2) 若使 E_0 增大到原来的 1.6 倍，电磁功率仍不变，电压降为 $0.8U_N$，设功率角变为 θ_2，则

$$P_M = m\frac{E_0 \cdot U_N}{X_c}\sin\theta = m\frac{1.6E_0 \times 0.8U_N}{X_c}\sin\theta_2$$

得

$$\sin\theta_2 = \frac{1}{1.28}\sin\theta = \frac{1}{1.28}\sin30° = 0.391$$

$$\theta_2 = 23°$$

15-19 一台汽轮发电机数据为：额定功率 $P_N=25000$kW，额定电压 $U_N=10.5$kV，额定功率因数 $\cos\varphi_N=0.8$（滞后），三相绕组 Y 联结，忽略定子绕组电阻。此发电机并联于无限大电网，当运行在 $\underline{U}=1$，$\underline{I}=1$，$\underline{X}_c=2.13$，$\cos\varphi_N$ 时，求电机的相电流 I、功率角 θ、空载相电动势 E_0、电磁功率 P_M 及过载能力 k_m 为多大？

解： 每相电压

$$U = \frac{U_N}{\sqrt{3}} = \frac{10.5 \times 10^3}{\sqrt{3}} = 6062.2(\text{V})$$

每相电流

$$I = \frac{P_N}{\sqrt{3}U_N\cos\varphi_N} = \frac{25000}{\sqrt{3} \times 10.5 \times 0.8} = 1718.4(\text{A})$$

功率因数角

$$\varphi_N = \arccos0.8 = 36.87°$$

由电动势相量图可得

$$\tan(\theta+\varphi_N) = \frac{\underline{I}\,\underline{X}_c + \underline{U}\sin\varphi_N}{\underline{U}\cos\varphi_N} = \frac{1\times2.13 + 1\times0.6}{1\times0.8} = 3.4125$$

$$\psi = \theta + \varphi_N = 73.67°$$

$$\theta = 73.67° - 36.87° = 36.8°$$

空载相电动势

$$E_0 = \frac{U\cos\varphi_N}{\cos\psi} = \frac{6062.2 \times 0.8}{\cos73.67°} = 17249(\text{V})$$

电磁功率为

$$P_M = P_N = 25000\text{kW}$$

过载能力

$$k_m = \frac{1}{\sin\theta} = \frac{1}{\sin36.8°} = 1.669$$

15-20 上题这台发电机如有功功率输出减少一半，励磁电流不变，求 θ、P_M 及功率因

数角 φ，问输出无功功率怎样变化？

解： 输出有功功率减小一半，则 $P_M = \frac{1}{2}P_N = 12500\text{kW}$. 在电磁功率公式 $P_M = m\frac{E_0 U}{X_c}\sin\theta$ 中，U、X_c 及 E_0 均不变，只可能功率角改变，设功率角由上题的 θ 变为 θ_1，则

$$\sin\theta_1 = \frac{1}{2}\sin\theta = \frac{1}{2}\sin 36.8° = 0.2995$$

$$\theta_1 = 17.43°$$

从上题可以求出 $\underline{E_0}$：

$$\underline{E_0} = \frac{\underline{U}\cos\varphi_N}{\cos\psi} = \frac{1\times 0.8}{\cos 73.67°} = 2.845$$

由余弦定理求出 $\underline{I}$：

$$\underline{I}\,\underline{X_c} = \sqrt{\underline{E_0^2} + \underline{U}^2 - 2\underline{E_0}\underline{U}\cos\theta_1}$$
$$= \sqrt{2.845^2 + 1^2 - 2\times 2.845\times 1\times \cos 17.43°} = 1.914$$

$$\underline{I} = \frac{\underline{I}\,\underline{X_c}}{\underline{X_c}} = \frac{1.914}{2.13} = 0.8988$$

这时的功率因数变为

$$\cos\varphi = \frac{P_M}{\underline{U}\,\underline{I}} = \frac{\frac{1}{2}\underline{P_N}}{\underline{U}\,\underline{I}} = \frac{\frac{1}{2}\times 1\times 0.8}{1\times 0.8988} = 0.445$$

$$\varphi = \arccos 0.445 = 63.57°$$

无功功率为

$$\underline{Q} = \underline{U}\,\underline{I}\sin\varphi = 1\times 0.8998\times \sin 63.57° = 0.8049$$

上题的无功功率为

$$\underline{Q} = \underline{S_N}\sin\varphi_N = 1\times 0.6 = 0.6$$

所以输出的无功功率增加了.

第十六章 同步电动机

16.1 学习目标

本章介绍三相同步电动机对称稳态运行时的基本电磁关系和启动方法.

基本要求：
(1) 了解同步电机运行的可逆原理.
(2) 掌握三相同步电动机的电动势方程式和电动势相量图.
(3) 了解三相同步电动机的启动方法.

16.2 基本知识点

1. 同步电机运行的可逆原理

同步电机的运行状态是可逆的. 并联到无限大电网运行的同步电机，当用原动机拖动其转子旋转时，它就能将机械能转换为电能，即运行于发电机状态. 当在该同步电机转轴上加上机械负载时，它就能将电能转换为机械能，即运行于电动机状态.

同步电机运行状态的判断：当 $\dot{E}_0$ 超前、滞后 $\dot{U}$ 时，分别为发电机、电动机状态.

2. 同步电动机对称稳态运行时的基本方程式

(1) 电动势方程式

采用电动机惯例（电流流入绕组的方向作为电枢电流的正方向），电动势方程式为

隐极电动机： $\dot{U} = \dot{E}_0 + \dot{I}(R + jX_c)$

凸极电动机： $\dot{U} = \dot{E}_0 + \dot{I}R + j\dot{I}_d X_d + j\dot{I}_q X_q$

注意 采用电动机惯例时，在时—空相矢量图中，矢量 $\bar{F}_a$ 和相量 $\dot{I}$ 的方向相反.

(2) 转矩平衡方程式：$T = T_2 + T_0$

即拖动性质的电磁转矩 T 与制动性质的负载转矩 T_2 及空载转矩 T_0 相平衡.

(3) 功率平衡方程式：$P_M = P_1 - p_{Cu}$， $P_2 = P_M - p_0$

其中，P_1、P_2、P_M 分别为输入功率（定子从电源输入的电功率）、输出功率（转轴输出的机械功率）和电磁功率，p_0、p_{Cu} 分别为空载损耗和定子铜损耗.

3. 同步电动机的功角特性和无功功率的调节

(1) 功角特性

规定功率角 θ 在 $\dot{U}$ 超前 $\dot{E}_0$ 时为正，则凸极同步电动机的功角特性公式为

$$P_M = m\frac{E_0 U}{X_d}\sin\theta + mU^2 \frac{X_d - X_q}{2X_d X_q}\sin 2\theta$$

隐极同步电动机的功角特性公式可看作是上式在 $X_d = X_q = X_c$ 时的特例.

(2) 无功功率的调节

同步电动机的定子电压和输出功率不变时，调节励磁电流即可改变电动机从电网吸收的无功功率：①正常励磁时，无功功率为零；②过励时，从电网吸收超前的无功功率（即向电网发出滞后的无功功率）；③欠励时，从电网吸收滞后的无功功率. 此时，电枢电流 I 和励磁电流 i_f 之间的关系曲线 $I=f(i_f)$ 仍为一簇 V 形曲线.

4. 同步电动机的启动

(1) 三相同步电动机的主要缺点：不能自启动，必须借助其他启动方法.

原因：当定子接至额定频率的三相对称交流电源时，以同步转速旋转的定子磁场和静止的转子磁场之间存在相对运动，转子上的平均电磁转矩为零.

(2) 常用启动方法：①辅助动力机启动；②异步启动；③变频启动.

(3) 异步启动：在转子极靴上加装启动绕组（又称阻尼绕组）；定子通电时，产生异步转矩，使转子转动并加速至接近同步转速，此时再通入励磁电流，即可将转子牵入同步.

注意 同步电动机采用异步启动时，励磁绕组既不能开路（以免产生过大的感应电动势而击穿绝缘），也不能直接短路（以免产生大电流，对启动不利），需要在励磁回路中串入一个适当的附加电阻再闭合（其阻值约为励磁绕组电阻的 10 倍）.

16.3 典型例题解析

例 16.1 一台三相隐极同步电动机，额定电压 $U_N=380$V （Y 联结），定子每相电阻 $R=0.3\Omega$，同步电抗 $X_c=1.4\Omega$. 额定运行时功率角 $\theta_N=25°$，每相空载电动势 $E_0=300$V. 求：

(1) 该电动机的电枢电流 I、功率因数角 φ 及内功率因数角 ψ；

(2) 该电动机的励磁状态.

思路与技巧 先利用电动势方程式 $\dot{U}=\dot{E}_0+\dot{I}R+j\dot{I}X_c$ 求出额定相电流 $\dot{I}$，即可得到电枢电流 I 和 φ 角；然后根据 ψ 与功率角 θ、φ 的关系求出 ψ；最后，根据功率因数 $\cos\varphi$，可判断出该隐极同步电动机的励磁状态.

解：(1) 利用隐极同步电动机的电动势方程式，采用相量法求解.

额定相电压 $\quad U_{N\phi}=\dfrac{U_N}{\sqrt{3}}=\dfrac{380}{\sqrt{3}}=220$ （V）

设 $\dot{U}=220\angle 0°$V，已知 $\theta_N=25°$，$E_0=300$V，则 $\dot{E}_0=300\angle -25°$V.

相电流 $\quad \dot{I}=\dfrac{\dot{U}-\dot{E}_0}{R+jX_c}=\dfrac{220\angle 0°-300\angle -25°}{0.3+j1.4}=95.68\angle 34.35°$ （A）

即电枢电流 $I=95.68$A，功率因数角 $\varphi=-34.35°$（$\dot{I}$ 超前 $\dot{U}$）.

内功率因数角的大小 $\quad |\psi|=|\varphi|+\theta=34.35°+25°=59.35°$（$\dot{I}$ 超前 $\dot{E}_0$）

(2) 由于功率因数 $\cos\varphi$ 超前，所以该同步电动机的励磁状态为过励.

点评 同步电动机的显著优点是可以通过改变励磁电流来调节其功率因数. 在励磁状态为正常励磁时，电动机只从电网吸收有功功率；在励磁状态为过励、欠励时，电动机分别从电网吸收超前、滞后的无功功率，功率因数分别是超前和滞后的.

注意 同步电动机一相空载电动势 $\dot{E}_0$ 滞后相电压 $\dot{U}$，因此规定 $\dot{E}_0$ 滞后 $\dot{U}$ 时的功率角 θ

为正. 当相电流 $\dot{I}$ 超前 $\dot{U}$ 时，功率因数角 $\varphi<0$，无功功率 $Q=mUI\sin\varphi<0$. 按电动机惯例，这表示电动机从电网吸收超前无功功率，即发出滞后无功功率；此时励磁状态为过励.

例 16.2 一台 Y 联结的三相隐极同步电动机，并联于无限大电网上运行. 其额定电压 $U_N=3000\text{V}$，同步电抗 $X_c=15\Omega$，忽略定子电阻. 当电动机的输入功率 $P_1=100\text{kW}$，功率因数 $\cos\varphi=0.9$（滞后）时，试求：

(1) 每相空载电动势 E_0、功率角 θ 及内功率因数角 ψ；
(2) 电动机从电网吸收的无功功率 Q；
(3) 电动机的最大电磁功率 $P_{M\max}$.

解：(1) 利用电动势方程式，采用相量法求解.

额定相电压 $U_{N\phi}=\dfrac{U_N}{\sqrt{3}}=\dfrac{3000}{\sqrt{3}}=1732$（V）

电枢电流 $I=\dfrac{P_1}{\sqrt{3}U_N\cos\varphi}=\dfrac{100\times 10^3}{\sqrt{3}\times 3000\times 0.9}=21.38$（A）

由于该电动机 $\cos\varphi=0.9$（滞后），所以功率因数角 $\varphi=\arccos 0.9=25.84°$（$\dot{I}$ 滞后 $\dot{U}$）. 设 $\dot{U}=1732\angle 0°\text{V}$，则电枢电流 $\dot{I}=21.38\angle -25.84°\text{A}$.

按电动机惯例，一相空载电动势为
$$\dot{E}_0=\dot{U}-\text{j}\dot{I}X_c=1732\angle 0°-\text{j}21.38\angle -25.84°\times 15=1618\angle -10.27°\text{（V）}$$

即每相空载电动势 $E_0=1618\text{V}$，功率角 $\theta=10.27°$（$\dot{E}_0$ 滞后 $\dot{U}$）.

因 $\dot{I}$ 滞后 $\dot{U}$ 25.84°，$\dot{E}_0$ 滞后 $\dot{U}$ 10.27°，故内功率因数角为
$$\psi=\varphi-\theta=25.84°-10.27°=15.57°\text{（}\dot{I}\text{ 滞后 }\dot{E}_0\text{）}$$

(2) 电动机从电网吸收的滞后无功功率为
$$Q=3UI\sin\varphi=3\times 1732\times 21.38\sin 25.84°=48420\text{（var）}=48.42\text{（kvar）}$$

(3) 最大电磁功率 $P_{M\max}=3\dfrac{E_0 U}{X_c}=3\times\dfrac{1618\times 1732}{15}=560475$（W）$=560.5$（kW）

提示 本题 (1) 还有一种解法，即利用电动势相量图的几何关系求解.

额定相电压 $U_{N\phi}=\dfrac{U_N}{\sqrt{3}}=\dfrac{3000}{\sqrt{3}}=1732$（V）

电枢电流 $I=\dfrac{P_1}{\sqrt{3}U_N\cos\varphi}=\dfrac{100\times 10^3}{\sqrt{3}\times 3000\times 0.9}=21.38$（A）

功率因数角 $\varphi=\arccos 0.9=25.84°$（$\dot{I}$ 滞后 $\dot{U}$）

按电动机惯例画出相量图，如图 16-1 所示（由于 $IX_c<U\sin\varphi$，因此可知 $\dot{I}$ 滞后 $\dot{E}_0$）. 内功率因数角为

$$\psi=\arctan\dfrac{U\sin\varphi-IX_c}{U\cos\varphi}=\arctan\dfrac{1732\sin 25.84°-21.38\times 15}{1732\times 0.9}$$
$$=15.57°\text{（}\dot{I}\text{ 滞后 }\dot{E}_0\text{）}$$

功率角 $\theta=\varphi-\psi=25.84°-15.57°=10.27°$（$\dot{E}_0$ 滞后 $\dot{U}$）

$E_0=\sqrt{(U\sin\varphi-IX_c)^2+(U\cos\varphi)^2}$
$=\sqrt{(1732\sin 25.84°-21.38\times 15)^2+(1732\times 0.9)^2}$
$=1618$（V）

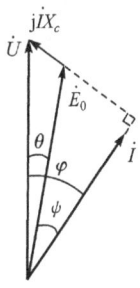

图 16-1 电动机相量图

16.4 思考题及其解答

16-1 直流电机中，$E_a \gtrless U$ 是判断电机作为发电机还是电动机运行状态的根据之一，在同步电机中这个结论还正确吗？为什么？决定同步电机运行于发电机还是电动机状态的条件是什么？

答：在同步电机中该结论不正确．在直流电机中，直流电动势 E_a 和直流电压 U 哪个大，决定了直流电枢电流的流动方向，从而决定了直流电机的运行状态．而在同步电机中，电动势和电压均为交流量，E_a 和 U 哪个大并不能决定有功功率的流向．决定同步电机运行于发电机还是电动机状态的条件是转子励磁磁动势 F_{f1} 超前还是滞后于气隙磁通密度 B_δ．超前时，是发电机状态；滞后时，是电动机状态．用时间相量表示时，$\dot{E}_0$ 超前于 $\dot{U}$ 时为发电机状态，$\dot{E}_0$ 滞后于 $\dot{U}$ 时为电动机状态．

16-2 为什么当 $\cos\varphi$ 滞后时，电枢反应在发电机的运行里显示出去磁作用；而在电动机中有增磁作用？

答：因为在发电机和电动机中，电流 $\dot{I}$ 的正方向规定得正好相反，如图 16-2（a）、(b) 所示．在发电机中，正的 $\dot{I}$ 产生正的电枢反应磁动势 $\dot{F}_a$；而在电动机中，正的 $\dot{I}$ 产生负的电枢反应磁动势 $\dot{F}_a$（参见第十三章习题 13-9 的解答）．因此，当 $\cos\varphi$ 为滞后即 $\dot{I}$ 滞后于 $\dot{U}$ 时，在发电机中 $\dot{F}_a$ 有去磁作用，在电动机中 $\dot{F}_a$ 则会有增磁作用，相应的时空相-矢量图分别如图 16-2（c）、(d) 所示．

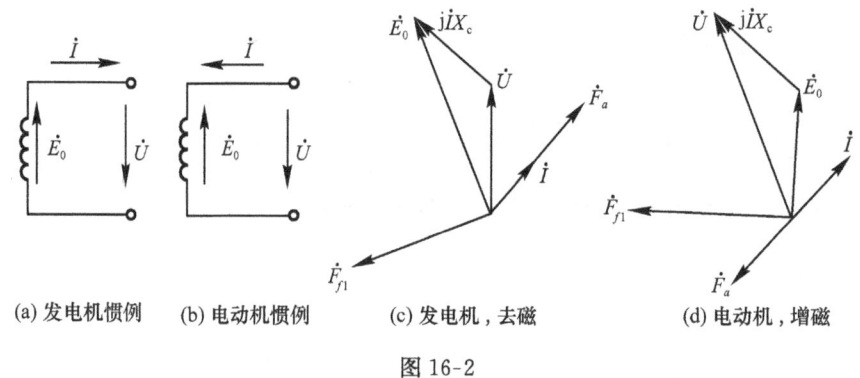

(a) 发电机惯例　(b) 电动机惯例　(c) 发电机，去磁　(d) 电动机，增磁

图 16-2

16-3 同步电动机欠励运行时，从电网吸收什么性质的无功功率？过励时，从电网吸收什么性质的无功功率？

答：同步电动机欠励、过励运行时，分别从电网吸收感性和容性无功功率．

16-4 试画出同步电动机与并励直流电动机的机械特性 $n\text{-}T$，并比较两者有何区别，为什么？

答：同步电动机与并励直流电动机的机械特性分别如图 16-3（a）、(b) 所示．同步电动机在稳态运行时，不论负载多大，都始终以同步转速运行．并励直流电动机的转速则随负载的增加而有所降低．

16-5 同步电动机带额定负载时 $\cos\varphi=1$，若保持励磁电流 i_f 不变，而负载降为零时，功率因数是否会改变？

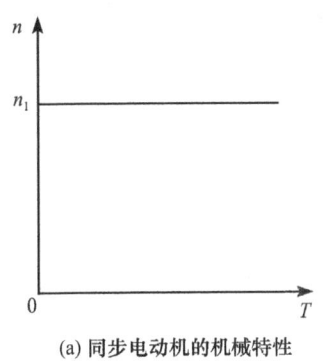
(a) 同步电动机的机械特性

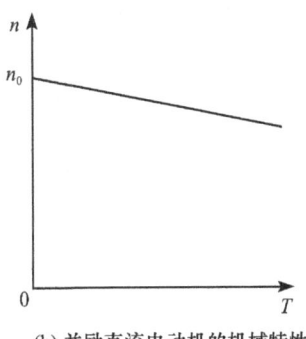
(b) 并励直流电动机的机械特性

图 16-3

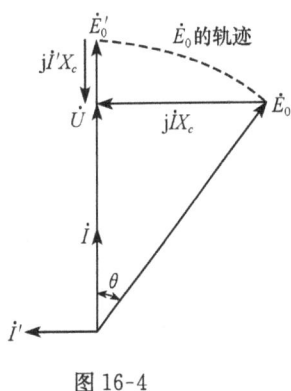
图 16-4

答：可通过隐极电动机的电动势相量图进行分析. 如图 16-4 所示，i_f 不变时，$\dot{E}_0$ 的轨迹是一个圆弧. 额定运行时，$\cos\varphi=1$，$\dot{I}$ 与 $\dot{U}$ 同相，这时 $\dot{E}_0$ 滞后 $\dot{U}$ 一个功率角 θ. 当负载降为零时，不计空载转矩 T_0，则 $\theta=0$，$\dot{E}_0$ 变为与 $\dot{U}$ 同相的 $\dot{E}'_0$，相应地，$\dot{I}$ 就要变为超前于 $\dot{U}$ 90°的 $\dot{I}'$，此时功率因数变为 $\cos\varphi'=0$，同步电动机从电网吸收容性无功功率.

16-6 为什么反应式同步电动机必须做成凸极式的才行？它建立磁场所需的励磁电流由谁供给？它是否还具有改善电网功率因数的优点？能否单独作发电机供给电阻或电感负载？为什么？

答：反应式同步电动机运行时需要有凸极电磁转矩 $T=\dfrac{mU^2}{\Omega}\cdot\dfrac{X_d-X_q}{2X_dX_q}\sin2\theta$，这要求 $X_d\neq X_q$，因此必须做成凸极式的. 反应式同步电动机建立磁场所需的励磁电流由电网供给，即它必须从电网吸收感性无功功率. 由于励磁无法调节，因此其功率因数始终为滞后的，不具有改善电网功率因数的优点. 因为不能自己励磁，所以它不能单独发电供给电阻或电感负载.

16-7 运行在大电网上的凸极同步电动机，在失去励磁后能否继续作为同步电动机带轻的负载 $\left(\text{如}\dfrac{1}{8}P_N\right)$ 长期运行？

答：由于凸极电动机有凸极电磁功率，所以在失去励磁后，它一般可继续作为同步电动机带较轻的负载长期运行.

16-8 同步电动机如已知其空载及短路特性，在由无限大电网供电情况下如可能去掉全部负载，试说明如何测定零功率因数负载特性，以求普梯尔电抗，并用必要的相量图说明之.

答：并联于 $U=U_N$ 的无限大电网上的同步电动机，负载全部去掉后，功率角 $\theta=0$（不计空载转矩），$\dot{E}_0$ 与 $\dot{U}$ 同相，$\cos\varphi=0$. 这时，只要调节励磁电流 i_f 使 $E_0>U$，就可使其向电网发出感性无功功率，时空相-矢量图如图 16-5（a）所示. 此时，电动机处于过励状态，电枢反应为纯直轴去磁的，气隙电动势 $E_\delta=U+IX_p$，如图 16-5（b）所示. 调节 i_f 使 $I=I_N$，就可以像同步发电机时一样，测出零功率因数负载特性在 $U=U_N$，$I=I_N$ 时的一点.

用同步发电机求普梯尔电抗 X_p 的同样方法,即可求出同步电动机的 X_p 值.

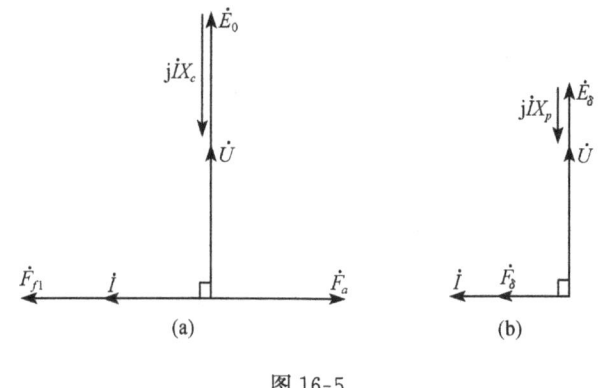

图 16-5

16-9 一台同步电动机,按电动机惯例,定子电流滞后电压. 今不断增加其励磁电流,则此电动机的功率因数将怎样变化?

答: 随着励磁电流的增加,功率因数(滞后)先增大,增大到 1 后再变为超前并减小.

16-10 并联于电网上运行的同步电机,从发电机状态变为电动机状态时,其功率角 θ、电磁转矩 T、电枢电流 I 及功率因数 $\cos\varphi$ 各会发生怎样的变化?

答: 功率角 θ 和电磁转矩 T 先都逐渐减小,减为零后,再随负载增加而反向逐渐增大.

随着 θ 减小,电枢电流 I 和功率因数 $\cos\varphi$ 的值也减小. 当 θ 减至零时,I 的值达到最小值,$\cos\varphi=0$,即 $\varphi=90°$. 之后,随着 θ 反向增大,I 和 $\cos\varphi$ 的大小又都增大,但 $\cos\varphi$ 符号与原来发电机时的相反,即仍采用发电机惯例时,有 $\varphi>90°$,而向电网发出的无功功率的性质(感性或容性)未变(励磁电流不变时).

16.5 习题及其解

16-1 分别按电动机惯例与发电机惯例画出同步电机在下列运行工况下的电动势相量图.

(1) 发出有功功率,发出电感性无功功率;
(2) 发出有功功率,发出电容性无功功率;
(3) 吸收有功功率,发出电感性无功功率;
(4) 吸收有功功率,发出电容性无功功率.

解: 以隐极同步电机为例进行分析.

按发电机惯例,有 $\dot{E}_0=\dot{U}+\mathrm{j}\dot{I}X_c$;按电动机惯例,则有 $\dot{U}=\dot{E}_0+\mathrm{j}\dot{I}X_c$. 在画电动势相量图时,关键在于确定 θ 与 φ 角是正还是负. 将发电机和电动机惯例中有功功率 P、无功功率 Q,以及 θ、φ 角的正、负关系归纳如表 16-1 所示. 由于 $P=mUI\cos\varphi$,所以 $|\varphi|$ 是否大于 $90°$取决于 P 是正还是负:$P>0$ 时,$|\varphi|<90°$;$P<0$ 时,$90°<|\varphi|<180°$.

表 16-1

正、负关系 \ 运行工况 \ 惯例	发出有功功率		吸收有功功率		发出感性无功功率（吸收容性无功功率）	发出容性无功功率（吸收感性无功功率）
发电机惯例	$\dot{E}_0$超前$\dot{U}$	$P>0$ $\theta>0$	$\dot{E}_0$滞后$\dot{U}$	$P<0$ $\theta<0$	$Q>0$, $\varphi>0$ $\dot{I}$滞后$\dot{U}$	$Q<0$, $\varphi<0$ $\dot{I}$超前$\dot{U}$
电动机惯例		$P<0$ $\theta<0$		$P>0$ $\theta>0$	$Q<0$, $\varphi<0$ $\dot{I}$超前$\dot{U}$	$Q>0$, $\varphi>0$ $\dot{I}$滞后$\dot{U}$

根据以上关系，不难画出题中各种运行工况下的电动势相量图．

(1) 发出有功功率，发出电感性无功功率时，按发电机惯例，有 $P>0$，$\theta>0$（$\dot{E}_0$超前于$\dot{U}$）及 $Q>0$，$\varphi>0$（$\dot{I}$滞后于$\dot{U}$），且 $0<|\varphi|<90°$．画出电动势相量图，如图 16-6（a）所示．

按电动机惯例，有 $P<0$，$\theta<0$（$\dot{E}_0$超前于$\dot{U}$）及 $Q<0$，$\varphi<0$（$\dot{I}$超前于$\dot{U}$），且 $90°<|\varphi|<180°$．画出电动势相量图，如图 16-6（b）所示．

同理，可作出 (2)～(4) 各运行工况下的电动势相量图．

(2) 发出有功功率，发出电容性无功功率时，发电机、电动机惯例下的电动势相量图分别如图 16-6（c）、(d) 所示．

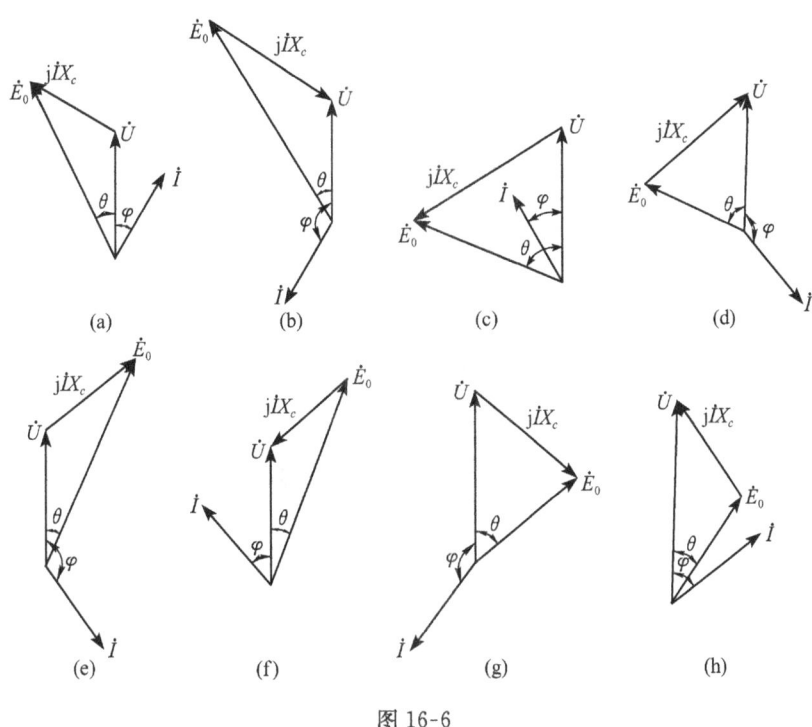

图 16-6

(3) 吸收有功功率，发出电感性无功功率时，发电机、电动机惯例下的电动势相量图分别如图 16-6（e）、(f) 所示．

(4) 吸收有功功率，发出电容性无功功率时，发电机、电动机惯例下的电动势相量图分别如图 16-6（g）、(h) 所示．

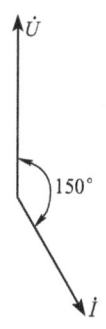

图 16-7

16-2 已知一台同步电机的电压、电流相量图,如图 16-7 所示.

(1) 如该相量图是按发电机惯例画出,判断该电机是运行在发电机状态还是电动机状态,是运行在过励还是欠励工况?

(2) 如该相量图是按电动机惯例画出,重新回答(1)中的问题.

解:(1) 因 $UI\cos\varphi < 0$,所以运行在电动机状态. 因 $UI\sin\varphi > 0$,故发出感性无功功率,运行于过励工况.

(2) 因 $UI\cos\varphi < 0$,所以运行在发电机状态. 因 $UI\sin\varphi > 0$,故吸收感性无功功率,运行于欠励工况.

16-3 一台同步电动机供给一个负载,在额定频率及电压下,其功率角 $\theta = 30°$. 现因电网发生故障,它的端电压及频率都下降了 10%,求:

(1) 若此负载为功率不变型,θ 角为多大?

(2) 若此负载为转矩不变型,θ 角为多大?

解: 故障时,端电压及频率都下降了 10%,因此,U、f 及转速 n、X_c、E_0 都下降 10%. 设功率角变为 θ'.

(1) 负载为功率不变型时,有

$$P_M = m\frac{E_0 U}{X_c}\sin\theta = 常数$$

即

$$\frac{E_0 U}{X_c}\sin\theta = \frac{E_0' U'}{X_c'}\sin\theta'$$

其中,$E_0' = 0.9E_0$,$U' = 0.9U$,$X_c' = 0.9X_c$. 则

$$\sin\theta' = \frac{E_0 U X_c'}{E_0' U' X_c}\sin\theta = \frac{E_0 \cdot 0.9X_c}{0.9E_0 \cdot 0.9U \cdot X_c}\sin30° = 0.55556$$

于是

$$\theta' = 33.75°$$

(2) 负载为转矩不变型时,有

$$T = \frac{m}{\Omega}\frac{E_0 U}{X_c}\sin\theta = 常数$$

即

$$\frac{1}{\Omega}\frac{E_0 U}{X_c}\sin\theta = \frac{1}{\Omega'}\frac{E_0' U'}{X_c'}\sin\theta'$$

其中,$\Omega' = 0.9\Omega$. 显然有 $\theta' = \theta = 30°$.

16-4 一台三相同步电动机的数据如下:额定功率 $P_N = 2000\text{kW}$,额定电压 $U_N = 3000\text{V}$(星形联结),额定功率因数 $\cos\varphi_N = 0.9$(超前),额定效率 $\eta_N = 80\%$,同步电抗为 $X_c = 1.5\Omega$,忽略定子电阻. 当电压、电流为额定值,$\cos\varphi = 1.0$ 时,励磁电流为 5A. 如电压不变,电流变为 $0.9I_N$,$\cos\varphi = 0.8$(超前),求此时的励磁电流(设空载特性为一直线).

解: 相电压为

$$U = \frac{U_N}{\sqrt{3}} = \frac{3000}{\sqrt{3}} = 1732 \text{ (V)}$$

额定电流为
$$I_N = \frac{P_N}{\sqrt{3}U_N\cos\varphi_N\eta_N} = \frac{2000\times 10^3}{\sqrt{3}\times 3000\times 0.9\times 0.8} = 534.6 \text{ (A)}$$

当电流 $I = I_N$，$\cos\varphi = 1$ 时，由相量图可得
$$E_0 = \sqrt{U^2 + (IX_c)^2} = \sqrt{1732^2 + (534.6\times 1.5)^2} = 1909 \text{ (V)}$$

电流 $I' = 0.9I_N$，$\cos\varphi = 0.8$（超前）时，$\varphi = -36.87°$，由相量图可得
$$E_0' = \sqrt{U^2 + (I'X_c)^2 - 2U(I'X_c)\cos(90°+|\varphi|)}$$
$$= \sqrt{1732^2 + (0.9\times 534.6\times 1.5)^2 - 2\times 1732\times (0.9\times 534.6\times 1.5)\cos(90°+36.87°)}$$
$$= 2241 \text{ (V)}$$

或者先求出此时的内功率因数角 ψ 和功率角 θ，则由相量图可得
$$E_0' = U\cos\theta + I'X_c\sin|\psi| \quad \text{或} \quad E_0' = \frac{U + I'X_c\sin|\varphi|}{\cos\theta}$$

由于空载特性为直线，即 E_0 与 i_f 成正比，因此励磁电流为
$$i_f' = \frac{E_0'}{E_0}i_f = \frac{2241}{1909}\times 5 = 5.87 \text{ (A)}$$

本题还可以用电动势方程式 $\dot{E}_0 = \dot{U} - j\dot{I}X_c$ 求解，读者可自己尝试。

16-5 一台三相同步电动机，$U_N = 440$V（星形联结），$I_N = 26.3$A. 求：

(1) 当忽略 R，设 $X_d = X_q = 6.06\Omega$，电磁功率为恒定的 15kW 时，对应于相电动势 $E_0 = 220$、250、300、400V 时的功率角 θ；

(2) 设 $X_d = 6.06\Omega$，$X_q = 3.43\Omega$，求（1）中 θ 对应的 P_M；

(3) 用（1）、（2）两种条件求 $E_0 = 194$V 及 $E_0 = 400$V 时静稳定极限对应的 θ 与 $P_{M\max}$.

解： (1) 当 $R = 0$，$X_d = X_q = X_c = 6.06\Omega$ 时，
$$P_M = 3\frac{E_0U}{X_c}\sin\theta = 15\text{(kW)}$$

则
$$\sin\theta = \frac{P_MX_c}{3E_0U} = \frac{P_MX_c}{\sqrt{3}E_0U_N} = \frac{15000\times 6.06}{\sqrt{3}\times 440E_0} = \frac{119.2753}{E_0}$$

于是得如下结果：

E_0/V	200	250	300	400
$\sin\theta$	0.5422	0.4771	0.3976	0.2982
θ/(°)	32.83	28.50	23.43	17.35

(2) $R = 0$，$X_d = 6.06\Omega$，$X_q = 3.43\Omega$ 时，
$$P_M = 3\frac{E_0U}{X_d}\sin\theta + 3U^2\frac{X_d - X_q}{2X_dX_q}\sin 2\theta$$
$$= 3\frac{E_0U}{X_c}\sin\theta + U_N^2\frac{X_d - X_q}{2X_dX_q}\sin 2\theta$$
$$= 15000 + 440^2\times \frac{6.06 - 3.43}{2\times 6.06\times 3.43}\sin 2\theta$$
$$= 15000 + 12248\sin 2\theta$$

于是有如下结果：

$\theta/(°)$	32.83	28.50	23.43	17.35
P_M/W	26159	25272	23937	21973

(3) 在 (1) 的条件下：当 $\theta=90°$ 时，有

$$P_{M\max} = 3\frac{E_0 U}{X_c} = \frac{\sqrt{3}E_0 U_N}{X_c} = \frac{\sqrt{3}\times 400 E_0}{6.06} = 125.76 E_0$$

因此，$E_0 = 194$V 时，$P_{M\max} = 24397$W；

$E_0 = 400$V 时，$P_{M\max} = 50304$W.

在 (2) 的条件下：首先确定产生 $P_{M\max}$ 的 θ 角.

$$P_M = 3\frac{E_0 U}{X_d}\sin\theta + 3U^2\frac{X_d - X_q}{2X_d X_q}\sin 2\theta$$

$$= \frac{\sqrt{3}E_0 U_N}{X_d}\sin\theta + U_N^2\frac{X_d - X_q}{2X_d X_q}\sin 2\theta$$

令

$$\frac{dP_M}{d\theta} = \frac{\sqrt{3}E_0 U_N}{X_d}\cos\theta + \frac{U_N^2(X_d - X_q)}{X_d X_q}\cos 2\theta = 0$$

整理可得

$$2\cos^2\theta + \frac{E_0}{194.78}\cos\theta - 1 = 0 \tag{16-1}$$

而

$$P_M = \frac{\sqrt{3}\times 440 E_0}{6.06}\sin\theta + 440^2\times\frac{6.06 - 3.43}{2\times 6.06\times 3.43}\sin 2\theta$$

$$= 125.76 E_0 \sin\theta + 12247.98\sin 2\theta \tag{16-2}$$

当 E_0 已知时，由式 (16-1) 可求出产生 $P_{M\max}$ 的 θ 角，代入式 (16-2) 中，即可得到 $P_{M\max}$. 结果如下：

E_0/V	194	400
$\theta/(°)$	60	68.9
$P_{M\max}/W$	31736	55159

16-6 一台 2kV、星形联结的三相隐极同步电动机，同步阻抗为 $0.2+j10\Omega$. 当电动机从额定电压的电网吸收 80kW 的功率时，求功率因数为下列两种情况时的空载电动势 E_0 和功率角 θ：(1) $\cos\varphi=0.8$（滞后）；(2) $\cos\varphi=0.8$（超前）.

解：相电压

$$U = \frac{U_N}{\sqrt{3}} = \frac{2000}{\sqrt{3}} = 1154.7(V)$$

相电流为

$$I = \frac{P_1}{\sqrt{3}U_N\cos\varphi} = \frac{80\times 10^3}{\sqrt{3}\times 2000\times 0.8} = 28.87(A)$$

$$|\varphi| = \arccos 0.8 = 36.87°$$

设 $\dot{U}=U\angle 0°=1154.7\angle 0°$ (V).

(1) $\cos\varphi=0.8$ 滞后时，$\dot{I}=28.87\angle -36.87°$(A)

按电动机惯例，有

$$\dot{E}_0 = \dot{U}-(\dot{I}R+j\dot{I}X_c) = \dot{U}-\dot{I}(R+jX_c)$$
$$= 1154.7 - 28.87\angle -36.87° \times (0.2+j10)$$
$$= 1003\angle -13.1°(V)$$

即 $E_0=1003$V，$\theta=13.1°$（$\dot{E}_0$ 滞后于 $\dot{U}$）.

(2) $\cos\varphi=0.8$ 超前时，$\dot{I}=28.87\angle 36.87°$A.

仍按电动机惯例，有

$$\dot{E}_0 = \dot{U}-\dot{I}(R+jX_c)$$
$$= 1154.7 - 28.87\angle 36.87° \times (0.2+j10)$$
$$= 1344\angle -10°(V)$$

即 $E_0=1344$V，$\theta=10°$（$\dot{E}_0$ 滞后于 $\dot{U}$）.

16-7 一台 6kV、星形联结的三相隐极同步电动机，同步电抗 $X_c=16\Omega$. 保持产生空载端电压为 5kV 时的励磁电流不变，试画出电动机的负载从 0 增大到 800kW 时电枢电流相量 $\dot{I}$ 的轨迹，并求其间功率因数的最大值（忽略空载损耗和电枢绕组电阻）.

解：空载时，不计空载损耗，则功率角 $\theta=0$，按电动机惯例画出电动势相量图（各量为 $\dot{U}, \dot{I}, \dot{E}_0, j\dot{I}X_c$），如图 16-8 中所示. 此时 $\dot{I}$ 滞后 $\dot{U}$ 90°，电枢电流的大小为

$$I = \frac{U-E_0}{X_c} = \frac{U_N-E_{0L}}{\sqrt{3}X_c}$$
$$= \frac{6000-5000}{\sqrt{3}\times 16} = 36(A)$$

当负载为 $P_2=800$kW 时，不计空载损耗，则 $P_M=P_2=800$kW. 由功角特性可得此时的功率角 θ，即

$$\sin\theta = \frac{P_M X_c}{3E_0 U} = \frac{P_M X_c}{E_{0L}U_N}$$
$$= \frac{800\times 10^3 \times 16}{5000\times 6000} = 0.42667$$

则 $\theta=25.26°$.

定性地画出此时的电动势相量图，如图 16-8 所示（各量为 $\dot{U}, \dot{I}', \dot{E}_0', j\dot{I}'X_c$）. 可见，此时电枢电流 $\dot{I}'$ 滞后于 $\dot{U}$. 由余弦定理有

$$(I'X_c)^2 = E_0^2 + U^2 - 2E_0 U\cos\theta$$
$$= \left(\frac{5000}{\sqrt{3}}\right)^2 + \left(\frac{6000}{\sqrt{3}}\right)^2 - 2\left(\frac{5000}{\sqrt{3}}\right)\left(\frac{6000}{\sqrt{3}}\right)\cos 25.26°$$
$$= 2245154.26$$

则

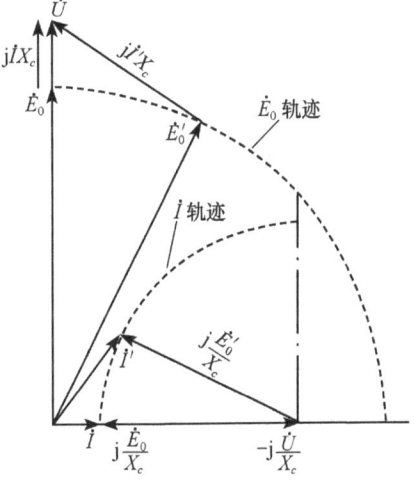

图 16-8

$$I' = \frac{I'X_c}{X_c} = \frac{\sqrt{2245154.26}}{16} = \frac{1498.38}{16} = 93.65(A)$$

由 $\dfrac{E_0}{\sin(90°-\varphi)} = \dfrac{I'X_c}{\sin\theta}$，可得

$$\cos\varphi = \frac{E_0\sin\theta}{I'X_c} = \frac{\dfrac{5000}{\sqrt{3}}\sin 25.26°}{93.65 \times 16} = 0.8221$$

$$\varphi = 34.7°$$

由电动势方程式可得

$$\dot{I} = \frac{\dot{U} - \dot{E}_0}{jX_c} = -j\frac{\dot{U}}{X_c} + j\frac{\dot{E}_0}{X_c}$$

可见，一个位置和大小都不变且滞后于 $\dot{U}$ 90°的相量 $-j\dfrac{\dot{U}}{X_c}$，一个大小不变（i_f 不变时）、位置随 $\dot{E}_0$（即随 θ 角）而变且超前于 $\dot{E}_0$ 90°的相量 $j\dfrac{\dot{E}_0}{X_c}$，这两个相量之和为 $\dot{I}$，因此 $\dot{I}$ 的轨迹是一个圆弧，其圆心在 $\dfrac{U}{X_c}$ 处，半径为 $\dfrac{E_0}{X_c}$，如图 16-8 所示. 由于 θ 最大值为 90°，因此 $\dot{E}_0$ 的轨迹最大只有 $\dfrac{1}{4}$ 圆周. 根据 U 和 E_0 的值及 θ 角，可确定出 $\dot{I}$ 的轨迹的范围.

从图 16-8 可见，在负载从 0 增至 800kW 的过程中，功率角 θ 随负载的增加而从 0 增大至 25.26°，$\dot{E}_0$ 沿一圆弧移动，相应地 I 的值变大，同时 $\dot{I}$ 与 $\dot{U}$ 的夹角 φ 从空载时的 90°（$\cos\varphi=0$）逐渐减小，因此功率因数 $\cos\varphi$ 提高. 从相量图可以看出，如果相量 jIX_c 与 $\dot{E}_0$ 轨迹的圆弧相切，即 $\dot{I}$ 与 $j\dfrac{\dot{E}_0}{X_c}$ 垂直，或者说 $\dot{E}_0$ 与 $\dot{I}$ 同相位时，φ 角最小，$\cos\varphi$ 达到最大值，此时

$$(\cos\varphi)_{\max} = \frac{E_0}{U} = \frac{5000/\sqrt{3}}{6000/\sqrt{3}} = 0.8333$$

从上面的计算结果可知，当负载增大到 800kW 时，$\cos\varphi$ 尚未达到可能的最大值 $(\cos\varphi)_{\max}$. 因此，在负载从 0 增至 800kW 的过程中，最大功率因数为上面求出的 0.8221.

16-8 某工厂使用多台异步电动机，总的输出功率为 3000kW，平均效率为 80%，功率因数为 0.75（滞后），该厂电源电压为 6000V. 由于生产需要增加一台同步电动机，当这台同步电动机的功率因数为 0.8（超前）时，已将全厂的功率因数调整到 1，求此电动机现在承担多少视在功率和有功功率？

解：异步电动机总的输入功率为

$$P_{1A} = \frac{P_{2A}}{\eta_A} = \frac{3000}{0.8} = 3750(\text{kW})$$

异步电动机的总容量为

$$S_A = \frac{P_{1A}}{\cos\varphi_A} = \frac{3750}{0.75} = 5000(\text{kVA})$$

异步电动机吸收的总无功功率为

$$Q_A = S_A \sin\varphi_A = 5000 \times 0.6614 = 3307.2 \text{(kvar)}$$

当全厂功率因数调为 1 时，异步电动机吸收的总无功功率就完全由同步电动机提供，因此同步电动机发出的感性无功功率为

$$Q_S = Q_A = 3307.2 \text{kvar}$$

已知同步电动机的功率因数为 $\cos\varphi_S = 0.8$ 超前，则同步电动机的视在功率为

$$S_S = \frac{Q_S}{\sin\varphi_S} = \frac{3307.2}{0.6} = 5512 \text{(kVA)}$$

同步电动机承担的有功功率为

$$P_S = S_S \cos\varphi_S = 5512 \times 0.8 = 4409.6 \text{(kW)}$$

16-9 一台同步电动机在额定电压下运行，从电网吸收功率因数为 0.8（超前）的额定电流，该机同步电抗的标幺值 $\underline{X}_d = 0.8$，$\underline{X}_q = 0.5$. 求空载电动势标幺值 $\underline{E}_0$ 和功率角 θ，并说明这台电动机运行在过励工况还是欠励工况.

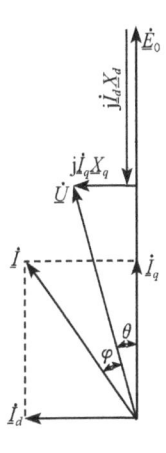

图 16-9

解：解法一 由于从电网吸收功率因数为 $\cos\varphi = 0.8$ 超前的额定电流，因此按电动机惯例，可画出电动势相量图如图 16-9 所示. 在下面的计算中，ψ，φ 都用绝对值，则

$$\varphi = \arccos 0.8 = 36.87°$$

$$\tan\psi = \tan(\theta + \varphi) = \frac{U\sin\varphi + I\underline{X}_q}{U\cos\varphi}$$

$$= \frac{1 \times 0.6 + 1 \times 0.5}{1 \times 0.8} = 1.375$$

则

$$\psi = 53.97°$$
$$\theta = \psi - \varphi = 53.97° - 36.87° = 17.1°$$
$$\underline{I}_d = I\sin\psi = 1 \times \sin 53.97° = 0.8087$$
$$\underline{E}_0 = U\cos\theta + \underline{I}_d\underline{X}_d = 1 \times \cos 17.1° + 0.8087 \times 0.8 = 1.6$$

电动机运行于过励工况.

解法二 设 $\dot{U} = U\angle 0° = 1\angle 0°$，因 $\cos\varphi = 0.8$ 超前，$|\varphi| = \arccos 0.8 = 36.87°$，则按电动机惯例，$\dot{I}$ 超前于 $\dot{U}$，有 $\dot{I} = I\angle 36.87° = 1\angle 36.87°$. 于是

$$\underline{\dot{E}}_q = \dot{U} - j\dot{I}\underline{X}_q = 1 - j1\angle 36.87° \times 0.5 = 1.36\angle -17.1°$$

$\dot{E}_q$ 滞后于 $\dot{U}$ 的角度即功率角 $\theta = 17.1°$.

$$\psi = \theta + \varphi = 17.1° + 36.87° = 53.97° \ (\psi \text{ 和 } \varphi \text{ 用绝对值})$$
$$\underline{I}_d = I\sin\psi = 1 \times \sin 53.97° = 0.8087$$
$$\underline{E}_0 = \underline{E}_q + \underline{I}_d(\underline{X}_d - \underline{X}_q) = 1.36 + 0.8087 \times (0.8 - 0.5) = 1.6$$

电动机运行在过励工况.

16-10 设有一台凸极同步电动机，其参数 $\underline{X}_d = 1.0$，$\underline{X}_q = 0.6$，忽略电枢电阻及饱和现象. 若在额定电压下具有额定负载电流，功率因数 $\cos\varphi = 1.0$. 求空载电动势标幺值 $\underline{E}_0$ 和功率角 θ.

解：解法一 通过画电动势相量图，利用几何关系进行求解.

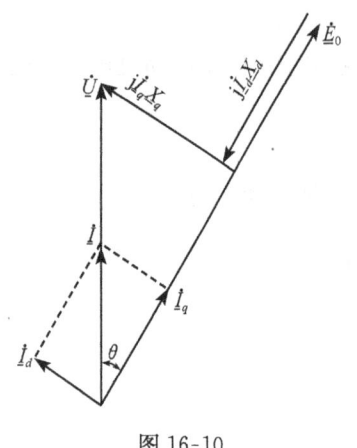

图 16-10

按电动机惯例，可画出如图 16-10 所示的电动势相量图. 从相量图中可得

$$\tan|\psi| = \tan\theta = \frac{IX_q}{U} = \frac{1\times 0.6}{1} = 0.6$$

则

$$|\psi| = \theta = 30.96°$$
$$I_d = I\sin|\psi| = 1\times\sin30.96° = 0.5144$$
$$E_0 = U\cos\theta + I_d X_d$$
$$= 1\times\cos30.96° + 0.5144\times 1$$
$$= 1.372$$

解法二 用电动势方程式求解.

设 $\underline{U} = U\angle 0° = 1\angle 0°$，则 $\underline{I} = I\angle 0° = 1\angle 0°$，按电动机惯例，有

$$\underline{E}_q = \underline{U} - j\underline{I}X_q = 1 - j1\times 0.6$$
$$= 1.166\angle -30.96°$$

即

$$\theta = 30.96°, \quad |\psi| = \theta = 30.96°$$
$$I_d = I\sin|\psi| = 1\times\sin30.96° = 0.5144$$
$$E_0 = E_q + (X_d - X_q)I_d = 1.166 + (1-0.6)\times 0.5144 = 1.372$$

16-11 已知一台隐极同步电动机，端电压 $\underline{U}=1$，电流 $\underline{I}=0.8$，同步电抗 $X_c=1.2$，功率因数 $\cos\varphi=0.8$（超前），定子电阻 $R=0$. 求：

(1) 画出电动势相量图；

(2) 空载电动势 E_0 及功率角 θ.

解：(1) 按电动机惯例画出电动势相量图如图 16-11 所示.

(2) $\tan\theta = \dfrac{IX_c\cos\varphi}{U + IX_c\sin|\varphi|} = \dfrac{0.8\times 1.2\times 0.8}{1+0.8\times 1.2\times 0.6} = 0.4873$

则

$$\theta = 25.98°$$
$$E_0 = \frac{IX_c\cos\varphi}{\sin\theta} = \frac{0.8\times 1.2\times 0.8}{\sin25.98°} = 1.753$$

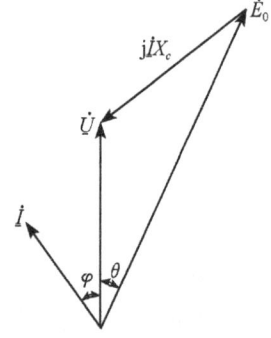

图 16-11

16-12 已知一台同步电动机，额定电压 $U_N=380$V（星形联结），额定电流 $I_N=20$A，额定功率因数 $\cos\varphi_N=0.8$（超前），同步电抗 $X_c=10\Omega$，忽略定子电阻. 若这台电机在额定工况下运行，求：

(1) 空载电动势 E_0 及功率角 θ_N；

(2) 电磁功率 P_M.

解：求解方法请参见题 16-11. 结果为：

(1) $E_0 = 375.2$V，$\theta_N = 25.24°$

(2) $P_M = 10.53$kW

16-13 一台三相隐极同步电动机，额定电压 $U_N=380$V（星形联结），当功率角 $\theta=30°$

时，电磁功率 $P_M=16\text{kW}$，同步电抗 $X_c=5\Omega$，忽略定子电阻.

(1) 求此时空载电动势 E_0；

(2) 保持(1)中励磁电流不变，求最大电磁功率 $P_{M\max}$.

解：(1) $E_0=\dfrac{P_M X_c}{3U\sin\theta}=\dfrac{P_M X_c}{\sqrt{3}U_N\sin\theta}=\dfrac{16\times10^3\times5}{\sqrt{3}\times380\times\sin30°}=243(\text{V})$

(2) $P_{M\max}=3\dfrac{E_0 U}{X_c}=\dfrac{\sqrt{3}E_0 U_N}{X_c}=\dfrac{\sqrt{3}\times243\times380}{5}=32(\text{kW})$

16-14 一台三相凸极同步电机，转子不励磁，以同步转速旋转，定子绕组接在对称的电源上，每相电压 $U=1.0$，电流 $I=1.0$，$X_d=1.23$，$X_q=0.707$，忽略定子电阻，功率因数角 $\varphi=75°$（超前）. 当 A 相电压为正的最大值时，求：

(1) 用双反应法画出此时的电动势相量图（按发电机惯例）；

(2) 在时空相-矢量图上标出转子位置、电枢反应磁动势 F_a 的位置；

(3) 说明电机工作在发电机状态还是电动机状态.

解：(1) 按发电机惯例，作出电动势相量图，如图 16-12 所示. 相量图作法如下：先作出 $\dot U$，然后由 $\varphi=75°$（超前）作出 $\dot I$. 由 $IX_q=1\times0.707=0.707$ 作出 $j\dot I X_q$ 相量，定出 $\dot E_0$（如果有的话）的位置，即 q 轴的位置. 然后可作出 $\dot I_d$、$\dot I_q$，进而完成整个相量图. 根据已知条件，有

$$\tan\psi=\dfrac{IX_q+U\sin\varphi}{U\cos\varphi}$$

$$=\dfrac{1\times0.707+1\times\sin(-75°)}{1\times\cos(-75°)}=-1$$

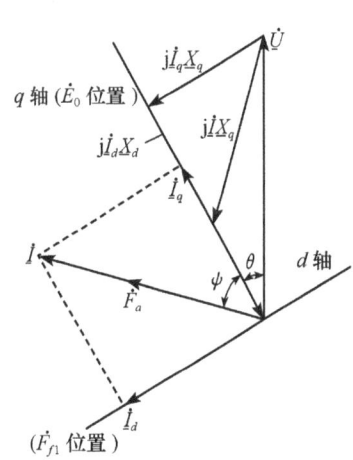

图 16-12

则 $\psi=-45°$，负值说明 $\dot I$ 超前于 $\dot E_0$（如果有的话）. 因此，$\theta=\psi-\varphi=-45°-(-75°)=30°$.

(2) 转子位置，以 F_{f1} 位置（如果有励磁）或 d、q 轴表示，如图 16-12 所示. 在时空相-矢量图中，F_a 应与 $\dot I$ 同相（按发电机惯例），由此可在图中作出 F_a.

(3) 由于 $\dot E_0$ 超前于 $\dot U$，因此该同步电机工作在发电机状态.

16-15 已知一台三相同步电动机，额定功率 $P_N=2000\text{kW}$，额定频率 $f_N=50\text{Hz}$，额定电压 $U_N=3000\text{V}$（星形联结），额定功率因数 $\cos\varphi_N=0.85$（超前），额定效率 $\eta_N=95\%$，极对数 $p=3$，定子每相电阻 $R=0.1\Omega$，求：

(1) 额定运行时定子输入的电功率 P_{1N}；

(2) 额定电流 I_N；

(3) 额定电磁功率 P_{MN}；

(4) 额定电磁转矩 T_N.

解：(1) $P_{1N}=\dfrac{P_N}{\eta_N}=\dfrac{2000}{0.95}=2105.3(\text{kW})$

(2) $I_N=\dfrac{P_1}{\sqrt{3}U_N\cos\varphi_N}=\dfrac{2105.3\times10^3}{\sqrt{3}\times3000\times0.85}=476.7(\text{A})$

(3) $P_{MN} = P_1 - 3I_N^2 R = 2105.3 \times 10^3 - 3 \times 476.7^2 \times 0.1 = 2037.1(\text{kW})$

(4) $\Omega_N = \dfrac{2\pi f_N}{p} = \dfrac{2\pi \times 50}{3} = 104.72(\text{rad/s})$

$T_N = \dfrac{P_{MN}}{\Omega_N} = \dfrac{2037.1 \times 10^3}{104.72} = 19453(\text{N}\cdot\text{m})$

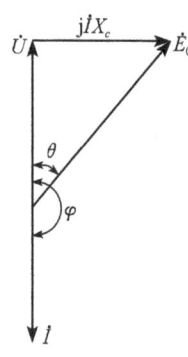

图 16-13

16-16 一台同步电机，其相量图按照发电机惯例，如图 16-13 所示，判断该同步电机是运行在发电机状态还是电动机状态；电机的励磁状态是过励、欠励还是正常励磁？

解：根据 $\dot{F}_a$ 滞后 $\dot{F}_\delta'$（或 $\dot{E}_0$ 滞后 $\dot{U}$）可知 θ 角为负值，因此同步电机运行在电动机状态. 又因为 $\varphi = 180°$，无功功率 $Q = mUI\sin\varphi = 0$，所以电机的励磁状态为正常励磁.

16-17 一台三相 Y 联结隐极同步电动机，$U_N = 220\text{V}$，同步电抗 $X_c = 1.27\Omega$，输入功率 $P_1 = 33\text{kW}$，功率角 $\theta = 30°$，忽略定子电阻. 作出电动机的电动势相量图，计算输入的无功功率为多大？

解：每相电压 $U = \dfrac{U_N}{\sqrt{3}} = \dfrac{220}{\sqrt{3}} = 127(\text{V})$.

因为忽略电阻，电磁功率 P_M 等于输入功率 P_1，根据公式 $P_M = 3\dfrac{UE_0}{X_c}\sin\theta$，将已知数据代入，可求得

$$E_0 = \dfrac{P_M X_c}{3U\sin\theta} = \dfrac{33 \times 10^3 \times 1.27}{3 \times 127 \times \sin 30°} = 220(\text{V})$$

作电动机的电动势相量图，如图 16-14 所示. 根据 $E_0 = \sqrt{3}U$，$\theta = 30°$，可知 $IX_c = U = 127\text{V}$，$\varphi = 30°$（超前），可求出电枢电流为

$$I = \dfrac{IX_c}{X_c} = \dfrac{127}{1.27} = 100(\text{A})$$

输入电动机的无功功率为

$Q = mUI\sin\varphi = 3 \times 127 \times 100 \times \sin(-30°)$
$= -19000(\text{var}) = -19(\text{kvar})$

即实际电机发出感性无功功率 19kvar.

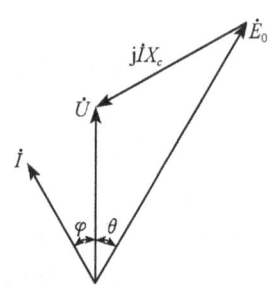

图 16-14

16-18 一台隐极同步电机，并联在无限大电网上，原运行在发电机状态，$\underline{U} = 1$，$\underline{I} = 0.8$，$\underline{X}_c = 1.25$，$\cos\varphi = 0.866$（滞后）. 现保持励磁电流不变，将原动机的输入功率逐步减小至零，然后逐步增加轴上所带的机械负载，使电机成为电动机运行，最后使轴上输出的机械功率和原发电机状态时的输入功率相同. 忽略电枢电阻和电机的空载损耗. 求：

（1）用相应的正方向惯例，画出原来发电机运行及最后电动机运行两种情况下的电动势相量图，并求出它们的 θ 角；

（2）分析有功功率变化过程中电机的功率因数、电枢电流大小如何变化？

解：（1）先画发电机状态相量图. 从 $\cos\varphi = 0.866$（滞后）可得 $\varphi = 30°$（滞后），$\underline{IX}_c = 0.8 \times 1.25 = 1$. 由发电机惯例的方程式 $\dot{E}_0 = \dot{U} + j\dot{I}X_c$ 可画出相量图，如图 16-15（a），可得

$E_0 = \sqrt{3}$，$\theta = 30°$.

再作电动机运行状态相量图. 已知电动机轴上输出机械功率等于发电机轴上输入的机械功率，忽略空载损耗及电阻，则电动机电枢端输入的电功率等于发电机电枢端输出的电功率，两种情况下电磁功率也相等. 由于电机的励磁电流未变，因此电枢空载电动势 E_0 大小不变，功率角 θ 大小也不变，仅是从原来的 $\dot{E}_0$ 超前 $\dot{U}$ 变为 $\dot{E}_0$ 滞后 $\dot{U}$. 所以可由电动机惯例的方程式 $\dot{U} = \dot{E}_0 + j\dot{I}X_c$ 画出电动机运行状态的相量图，如图 16-15 (b) 所示. 可得 $I = 0.8$，由 $j\dot{I}X_c$ 可作出 $\dot{I}$ 超前 $\dot{U}$，$\varphi = 30°$（超前），θ 仍为 $30°$.

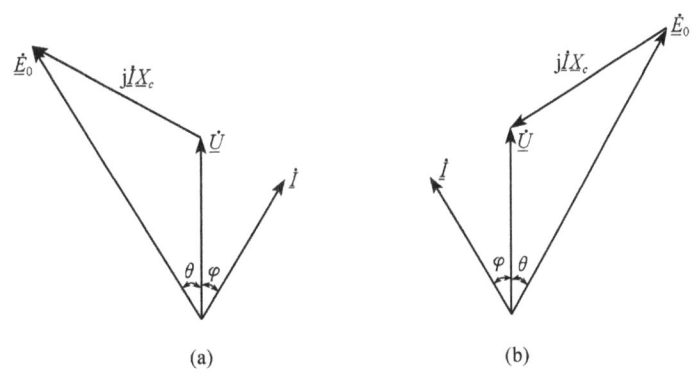

图 16-15

(2) 在电机从发电机状态逐步变为电动机状态的过程中，从相量图可以看到，开始时随着发电机有功功率的减小，θ 角减小，电机的功率因数 $\cos\varphi$ 也逐步减小，当电机输出的有功功率为零时，$\cos\varphi$ 为零. 以后变为电动机运行，随着有功功率增大，θ 角又逐步增大，$\cos\varphi$ 也逐步增大.

分析电枢电流 I 的变化，只要分析 IX_c 的变化，发电机运行时，随有功功率减小，θ 减小，IX_c 减小，I 减小. 电机输出有功功率为零时 I 最小. 后变为电动机运行，随有功功率增加，θ 增加，IX_c 增大，I 增大.

16-19 一台三相凸极同步电动机，并联在电网上运行，$U_N = 380\text{V}$（Y 联结），参数 $X_d = 15\Omega$，$X_q = 11\Omega$，忽略电枢电阻. 已知在额定电压下输入功率 $P_1 = 11.43\text{kW}$，功率因数 $\cos\varphi = 0.866$（超前）.

(1) 画出运行时的电动势相量图，并求出 θ、I_d、I_q、E_0 各为多少?

(2) 若此时电机失去励磁，问能否继续稳定运行?

解：(1) 先求一相电流、电压值

$$I = \frac{P_1}{\sqrt{3}U_N \cos\varphi} = \frac{11.43 \times 10^3}{\sqrt{3} \times 380 \times 0.866} = 20(\text{A})$$

$$U = \frac{U_N}{\sqrt{3}} = \frac{380}{\sqrt{3}} = 220(\text{V})$$

$$IX_q = 20 \times 11 = 220(\text{V})$$

先作出 $\dot{U}$、$\dot{I}$ 相量，如图 16-16 所示，再截取 $\overline{ab} = IX_q$ 可找到 b 点，连 ob 直线即为 $\dot{E}_0$ 方向线. 从 $\triangle oab$ 几何关系可知 $\theta = 30°$. 分解 $\dot{I}$ 为 $\dot{I}_d$ 及 $\dot{I}_q$：

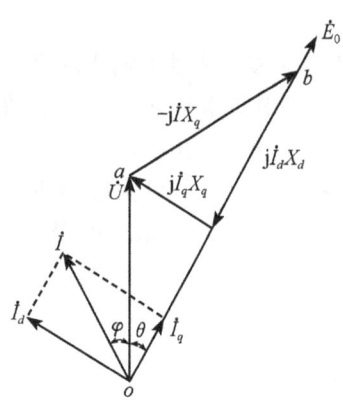

图 16-16

$I_d = I\sin\psi = 20\sin60° = 17.32(\text{A})$

$I_q = I\cos\psi = 20\sin30° = 10(\text{A})$

根据电动机方程式 $\dot{U} = \dot{E}_0 + j\dot{I}_q X_q + j\dot{I}_d X_d$ 可在图 16-13 中得到 $\dot{E}_0$ 相量.

$E_0 = U\cos\theta + I_d X_d$
$= 220 \times \cos30° + 17.32 \times 15 = 450(\text{V})$

（2）若电机失去励磁，则电磁功率中第一项为零，只剩第二项

$$P_M = \frac{mU^2}{2}\frac{(X_d - X_q)}{X_d X_q}\sin2\theta$$

当 $\theta = 45°$ 时 P_M 有最大值 $P_{M\max}$ 为

$$P_{M\max} = \frac{mU^2}{2}\frac{(X_d - X_q)}{X_d X_q}$$
$$= \frac{3 \times 220^2}{2}\frac{(15-11)}{15 \times 11} = 1760(\text{W})$$

这时电动机的负载功率较大，与原输入功率 P_1 接近，而这时的最大电磁功率 $P_{M\max}$ 比 P_1 小很多，所以电动机带不动负载，将不能继续运行．

*第十七章　同步电机的非正常运行

17.1　学习目标

本章主要研究三相同步发电机的非正常运行问题,包括三相不对称稳态运行和三相突然短路瞬态过程.
基本要求:
(1) 理解三相同步发电机各相序的电压方程式和等效电路.
(2) 掌握三相同步发电机不对称稳态短路的分析方法.
(3) 了解超导体闭合回路磁链守恒定则.
(4) 了解三相同步发电机三相突然短路电流的变化规律.

17.2　基本知识点

1. 三相同步发电机的不对称稳态运行

(1) 对称分量法
三相同步发电机的不对称稳态运行问题,可采用对称分量法进行分析,具体步骤如下:
①根据发电机的运行条件,确定定子绕组端口的约束条件;
②利用对称分量法,将端口约束条件转换为各相序电压和电流的关系;
③根据上述关系,把各相序等效电路连接起来,得到不对称运行时的等效电路;
④利用等效电路求解各序电压分量和电流分量;
⑤将各序电压分量和电流分量合成,得到各相的实际电压和电流.
注意　对称分量法的理论基础是叠加原理.应用该方法时需忽略磁路饱和的影响.
(2) 三相同步发电机的各相序电压方程式和等效电路
以隐极同步发电机为例(下同).A相定子回路的各相序电压方程式为

正序: $\dot{U}_A^+ = \dot{E}_A^+ - \dot{I}_A^+ R - j\dot{I}_A^+ X_1 = \dot{E}_A^+ - \dot{I}_A^+ Z_1$

负序: $\dot{U}_A^- = -\dot{I}_A^- R - j\dot{I}_A^- X_2 = -\dot{I}_A^- Z_2$

零序: $\dot{U}_A^0 = -\dot{I}_A^0 R - j\dot{I}_A^0 X_0 = -\dot{I}_A^0 Z_0$

式中,$\dot{E}_A^+ = \dot{E}_{0A}$,为正常的空载电动势.$R$ 为定子一相的电阻;X_1、X_2、X_0 分别为定子一相的正序、负序、零序电抗;Z_1、Z_2、Z_0 分别为正序、负序、零序阻抗.
各相序等效电路如教材图 17-1 所示.
(3) 同步发电机的各相序电抗(详见教材 17-2 节之3)
(4) 不对称运行对同步发电机的影响
负序磁场在转子本体和转子绕组中感应电动势和产生电流,增加转子的损耗,可能造成转子局部高温.负序磁场还会在电机转子上产生交变的转矩,引起转子振动.

2. 同步发电机的三相突然短路

(1) 同步发电机三相突然短路的分析方法
①超导体闭合回路磁链守恒定则:超导体闭合回路(没有电阻的闭合回路)的磁链永远保持其原有值

不变．这说明：无论外磁场与超导体闭合回路相交链的磁链如何变化，回路感应电流所产生的磁链始终恰好抵消这种变化，使回路所交链的总磁链保持不变．

②分析同步发电机三相突然短路的基本方法：先忽略各绕组的电阻，利用超导体闭合回路磁链守恒定则求出各绕组电流的初始值；然后再考虑绕组电阻的作用，分析各绕组电流的衰减规律，得到电流随时间变化的瞬态表达式．

(2) 同步发电机的瞬态电抗

直轴超瞬态电抗 $X_d'' = X_s + \dfrac{1}{\dfrac{1}{X_{ad}} + \dfrac{1}{X_f} + \dfrac{1}{X_K}}$；直轴瞬态电抗 $X_d' = X_s + \dfrac{1}{\dfrac{1}{X_{ad}} + \dfrac{1}{X_f}}$．

(3) 同步发电机三相突然短路电流

①突然短路电流的衰减

电枢绕组的三相突然短路电流包含非周期性分量 $i_=$ 和周期分量 $i_\sim$．A 相绕组突然短路电流的非周期分量 $i_{=A}$ 和周期分量 $i_{\sim A}$ 的初始值和衰减情况如下表所示．

电流分量		初始值（幅值）	稳态值（幅值）	衰减原因	衰减时间常数
$i_{=A}$		$\dfrac{\sqrt{2}E}{X_d''}\cos\alpha_0$	0	电枢绕组电阻	$T_a = \dfrac{L_2}{R} = \dfrac{X_2}{\omega} \cdot \dfrac{1}{R}$
$i_{\sim A}$	超瞬态	$\dfrac{\sqrt{2}E}{X_d''}$	$\dfrac{\sqrt{2}E}{X_d'}$	阻尼绕组非周期电流的衰减	$T_d'' = \dfrac{X_K''}{\omega} \cdot \dfrac{1}{R_K}$
	瞬态	$\dfrac{\sqrt{2}E}{X_d'}$	$\dfrac{\sqrt{2}E}{X_d}$	励磁绕组非周期电流的衰减	$T_d' = \dfrac{X_f'}{\omega} \cdot \dfrac{1}{R_f}$

表中，T_a 为电枢绕组短路时间常数；T_d''、T_d' 分别为阻尼绕组、励磁绕组电流非周期分量衰减的时间常数，R_K、R_f 分别为阻尼绕组、励磁绕组的电阻，X_K''、X_f' 分别为阻尼绕组、励磁绕组的等效电抗．

②三相突然短路电流的瞬时值表达式（A 相）

$$i_A = \sqrt{2}\dfrac{E}{X_d''}\cos\alpha_0 \, e^{-\frac{t}{T_a}} - \sqrt{2}\left[\left(\dfrac{E}{X_d''} - \dfrac{E}{X_d'}\right)e^{-\frac{t}{T_d''}} + \left(\dfrac{E}{X_d'} - \dfrac{E}{X_d}\right)e^{-\frac{t}{T_d'}} + \dfrac{E}{X_d}\right]\cos(\omega t + \alpha_0)$$

式中，α_0 是发生突然短路瞬间转子的位置角．

③三相突然短路电流的最大值

当 $\alpha_0 = 0$ 时发生机端三相突然短路，对 A 相而言短路情况最严重．在短路发生后半个周期，即 $t = 0.01$ s（$\omega t = 180°$）时，出现最大瞬态电流 $i_{A\max}$．

17.3 典型例题解析

例 17.1 一台三相同步发电机，在产生空载额定电压的励磁电流下作短路试验，结果如下：三相稳态短路电流 $I_{k3} = 0.75$，两相之间稳态短路电流 $I_{k2} = 1.13$，单相对中点稳态短路电流 $I_{k1} = 1.9$．试求发电机的参数 $\underline{X}_1$、$\underline{X}_2$ 和 $\underline{X}_0$（忽略定子绕组电阻）．

思路与技巧 稳态短路电流大小取决于空载电动势和相序阻抗．忽略定子绕组电阻，根据三相稳态短路电流、两相之间稳态短路电流和单相对中点稳态短路电流的表达式，可依次求得参数 $\underline{X}_1$、$\underline{X}_2$ 和 $\underline{X}_0$．

解：三相稳态短路、两相之间稳态短路和单相对中点稳态短路的电流表达式分别为 $\underline{I}_{k3} = \dfrac{E_0}{\underline{X}_1}$，$\underline{I}_{k2} = \dfrac{\sqrt{3}E_0}{\underline{X}_1 + \underline{X}_2}$，$\underline{I}_{k1} = \dfrac{3E_0}{\underline{X}_1 + \underline{X}_2 + \underline{X}_0}$．由此可求得

正序电抗 $\underline{X}_1 = \dfrac{E_0}{\underline{I}_{k3}} = \dfrac{1}{0.75} = 1.333$

负序电抗 $\underline{X}_2 = \dfrac{\sqrt{3}E_0}{I_{k2}} - \underline{X}_1 = \dfrac{\sqrt{3}\times 1}{1.13} - 1.333 = 0.1998$

零序电抗 $\underline{X}_0 = \dfrac{3E_0}{I_{k1}} - \underline{X}_1 - \underline{X}_2 = \dfrac{3\times 1}{1.9} - 1.333 - 0.1998 = 0.04615$

17.4 思考题及其解答

17-1 负序电抗 X_2 的物理意义是什么？它与有无阻尼绕组有什么关系？

答：同步电机转子以同步转速正向旋转，励磁绕组短路，电枢绕组通以额定频率的正弦负序电流时，负序电枢电流遇到的阻抗就是负序阻抗 Z_2，

$$Z_2 = R_2 + jX_2$$

R_2 为负序电阻，其值很小，一般忽略不计；X_2 是负序电抗.

负序电枢电流产生的负序电枢反应旋转磁场是一个以同步转速反转的磁场，以两倍同步转速切割转子及转子绕组，在转子绕组和转子铁心中产生两倍基波频率的感应电动势和电流．这些电流都产生反磁动势，起着削弱负序电枢磁场的作用，使气隙中的合成负序磁场减弱，在电枢绕组中感应的负序电动势减小．从电枢绕组的角度看，如同其负序磁场所经磁路的磁导小，因而相应的电抗，即负序电抗 X_2 就小．反映负序对称电枢电流产生负序磁场进而在电枢绕组中感应负序电动势的大小的参数就是负序电抗 X_2.

因为气隙合成负序旋转磁场的强弱受转子绕组中两倍基波频率的感应电流的影响，从而影响到 X_2 的大小，所以转子有、无阻尼绕组时 X_2 的大小是不同的．转子有阻尼绕组时，阻尼绕组中的感应电流要对产生它的电枢负序磁场起削弱作用，因此，X_2 值要比无阻尼绕组时的小.

17-2 有两台同步发电机，定子的材料、尺寸、结构都完全一样，但转子所用材料不同，一个转子的磁极用钢片叠成；另一个为实心磁极（整块钢件），问哪台电机的负序电抗要小些？

答：在同样的电枢负序电流作用下，实心磁极中感应的电流比叠片磁极的要大，因此对电枢负序磁场产生的反磁动势就大，电枢负序磁场被削弱得多．因此实心磁极同步电机的负序电抗要小些.

17-3 当转子以额定转速旋转时，定子绕组通入负序电流后，定子绕组与转子绕组之间的电磁联系与通入正序电流时有何本质区别？

答：本质区别在于：定子绕组通入正序电流时，电枢旋转磁场不会在转子绕组和转子铁心中产生感应电流，转子绕组对电枢正序磁场相当于开路；而在定子绕组通入负序电流时，电枢旋转磁场会在转子绕组和转子铁心中产生感应电流，这些电流反过来又产生反磁动势，对电枢负序磁场起去磁作用，也就是说，这时定、转子绕组间出现了变压器作用，转子绕组对负序电枢磁场相当于变压器短路的二次绕组.

17-4 一台同步电机定子加恒定的三相对称交流低电压，在气隙里产生正转的旋转磁场．已知转子上有阻尼绕组，忽略定子绕组电阻．若

(1) 转子以同步转速正转，励磁绕组短路，测得的定子电流为 I_1；

(2) 转子以同步转速反转，励磁绕组短路，测得的定子电流为 I_2；

(3) 转子以同步转速反转，励磁绕组开路，测得的定子电流为 I_3.

试比较上述 3 个电流的大小.

答：$I_1 < I_3 < I_2$.

17-5 若一台同步电机定子为分布、短距、双层绕组，它的零序电抗为 X_0，定子漏电抗为 X_s，试比较 X_0 与 X_s 的大小.

答：通常 $X_0 < X_s$. 理由见教材.

17-6 负序电流对发电机有哪些不利的影响？

答：负序电流产生负序磁场，对发电机有如下不利的影响：

(1) 在励磁绕组及阻尼绕组中产生两倍电网频率的感应电流，引起附加损耗.

(2) 在转子本体中产生涡流，引起转子发热，一方面增加了损耗，另一方面影响转子绕组的散热并危

及其绝缘；涡流较大时，可能烧毁它所流经的护环与转子本体的搭接处．

(3) 励磁绕组中感应的两倍电网频率的交变电流给励磁机的换向增加了困难．

(4) 负序磁场与正序磁场相互作用，在电机转子上产生交变的转矩，该转矩同时作用于定、转子上，引起两倍电网频率的振动与噪声．

17-7 为何单相同步发电机通常都在转子上装有较强的阻尼绕组？

答：单相同步发电机定子绕组为不对称的单相绕组；对于非同步转速旋转的磁场，转子励磁绕组也是一个单相绕组．在负载运行时，单相定子电流所产生的脉振磁场，可以分解为两个幅值相等、转向相反的正、负序旋转磁场，负序磁场在转子绕组产生感应电流，这个感应电流产生的脉振磁场也可分解为两个大小相等、转向相反的旋转磁场．依此类推下去，定子电压和电流中除了基波外，还有一系列奇次谐波；相应地，转子励磁绕组电流中，不仅有直流励磁电流，还有一系列偶次谐波．为了改善负载运行时的电动势波形，减少谐波电流引起的附加损耗，单相同步发电机通常在转子上都装有电阻和漏电抗都很小的阻尼绕组．通过阻尼绕组中感应电流所产生的反磁动势的去磁作用，大大削弱气隙中各个非同步转速或非正向旋转的磁场，使定子电压和电流波形基本上为正弦．

17-8 为什么三相突然短路电流比三相稳态短路电流要大许多倍？有阻尼绕组的同步发电机与无阻尼绕组的相比，三相突然短路电流哪个大？为什么？

答：突然短路时，电枢反应磁通突然发生变化，在转子绕组中引起感应电流．转子电流要产生反磁动势，对电枢反应磁通起抵制作用，迫使电枢反应磁通不能像在稳态短路时那样穿过转子绕组闭合，而只能经由转子绕组的漏磁路闭合，磁阻比稳态短路时增加很多，相应的电抗 X''_d 比稳态短路时的电抗即同步电抗 X_d 小很多．由于短路电流主要由电抗限制，所以突然短路电流要比稳态短路电流大很多．

电枢突然短路电流的大小与转子绕组在突然短路时产生的反磁动势的大小有关，反磁动势越大，电枢反应磁通遇到的磁阻就大，电抗就小，电枢突然短路电流就大．没有阻尼绕组时，转子绕组的反磁动势仅由励磁绕组产生；而有阻尼绕组时，阻尼绕组也产生反磁动势．因此，有阻尼绕组时电枢突然短路电流较大．

17-9 同步发电机空载三相突然短路时，各绕组中突然短路电流的周期分量和非周期分量是如何产生的？在什么情况下电枢绕组电流的非周期分量最大？

答：电枢绕组突然短路电流的非周期分量是为了维持突然短路发生时它的初始磁链不变而产生的；其周期分量是为了抵制转子绕组非周期电流在电枢绕组中产生的交变磁链而产生的，其中的稳态短路电流分量是由转子励磁绕组原有的直流励磁电流产生的．

转子励磁绕组和阻尼绕组突然短路电流的非周期分量是为了抵制电枢电流周期分量所产生的磁通从其中穿过而产生的．可认为它们分别与电枢绕组电流周期分量中幅值为 $E_m\left(\dfrac{1}{X'_d}-\dfrac{1}{X_d}\right)$ 的瞬态分量与幅值为 $E_m\left(\dfrac{1}{X''_d}-\dfrac{1}{X'_d}\right)$ 的超瞬态分量相对应．转子绕组电流周期分量是为了抵制电枢电流非周期分量产生的磁通从其中穿过而产生的．

概括以上关系，就是，定、转子中一侧的电流非周期分量通过电磁感应产生另一侧的电流周期分量．

突然短路发生时，电枢绕组的初始磁链越大，维持该磁链所需的突然短路电流非周期分量也就越大．也就是说，一相电枢绕组突然短路电流非周期分量的大小与突然短路时该相绕组的初始磁链的大小有关，当初始磁链最大时，电流非周期分量也最大．

17-10 同步电机三相突然短路时，定子各相电流周期分量的初始值与发生突然短路瞬间转子的位置 α_0 有关，那么，与它对应的转子绕组电流非周期分量幅值是否也与 α_0 有关？为什么？

答：定子三相电流周期分量所产生的合成旋转磁动势是与转子同步旋转的，该合成磁动势（而不是一相的磁动势）引起转子绕组电流的非周期分量．因此，转子绕组电流非周期分量幅值只与合成磁动势的幅值有关，而与 α_0 无关．

17-11 同步电机三相突然短路时，定子各相电流非周期分量的初始值与发生突然短路瞬间转子的位置

α_0 有关,那么与其对应的转子绕组电流的周期分量幅值是否也与 α_0 有关？为什么？

答：α_0 不相同时，虽然定子各相电流非周期分量的初始值不同，但它们产生的合成磁动势 $F_=$ 是一个位置始终在 $\alpha=\alpha_0$ 处、幅值不变的静止的磁动势。由于转子绕组电流周期分量是由该合成磁动势 $F_=$（而不是某一相的磁动势）引起的，因此转子电流周期分量的幅值仅取决于 $F_=$ 的幅值，而与 α_0 无关。

17-12 三相突然短路时，定、转子绕组的突然短路电流各分量为什么会衰减？衰减时，哪几个分量是主动的，哪几个是被动的？

答：由于定、转子各绕组都有电阻，因此各绕组电流的非周期分量都要衰减，由它们感应的另一侧绕组电流的周期分量分别随其衰减。

17.5 习题及其解

17-1 一台同步发电机，星形联结，三相电流不对称，$I_A=I_N$，$I_B=0.8I_N$，$I_C=0.8I_N$，试用对称分量法求出负序电流。

解：设 $\dot{I}_A=I_N\angle 0°$，则 $\dot{I}_B=0.8I_N\angle -120°$，$\dot{I}_C=0.8I_N\angle 120°$。

于是
$$\dot{I}_A^- = \frac{1}{3}(\dot{I}_A+a^2\dot{I}_B+a\dot{I}_C)$$
$$= \frac{1}{3}(I_N+e^{-j120°}\cdot 0.8I_N\angle -120°+e^{j120°}\cdot 0.8I_N\angle 120°)$$
$$= \frac{I_N}{3}(1+0.8e^{j120°}+0.8e^{j240°})$$
$$= \frac{I_N}{3}\left[1+0.8\times\left(-\frac{1}{2}+j\frac{\sqrt{3}}{2}\right)+0.8\times\left(-\frac{1}{2}-j\frac{\sqrt{3}}{2}\right)\right]=\frac{1}{15}I_N$$

则
$$\dot{I}_B^- = a\dot{I}_A^- = \frac{1}{15}I_N\angle 120°,$$
$$\dot{I}_C^- = a^2\dot{I}_A^- = \frac{1}{15}I_N\angle -120°.$$

17-2 一台两相电机，两相绕组在空间上相差 90° 电角度，匝数相等。已知两相电流分别为 $\dot{I}_A$ 及 $\dot{I}_B$（I_A 不等于 I_B，二者之间的相位差也不等于 90°）。试用对称分量法求出 A 相的正序电流与负序电流的大小。

解：设正序为 B 相滞后于 A 相 90°，即
$$\dot{I}_B^+ = \dot{I}_A^+\angle -90° = -j\dot{I}_A^+, \quad \dot{I}_B^- = \dot{I}_A^-\angle 90° = j\dot{I}_A^-$$

可将两相系统分解为对称分量，即
$$\dot{I}_A = \dot{I}_A^+ + \dot{I}_A^-$$
$$\dot{I}_B = \dot{I}_B^+ + \dot{I}_B^- = -j\dot{I}_A^+ + j\dot{I}_A^-$$

解之，得
$$\dot{I}_A^+ = \frac{1}{2}(\dot{I}_A+j\dot{I}_B)$$
$$\dot{I}_A^- = \frac{1}{2}(\dot{I}_A-j\dot{I}_B)$$

17-3 一台三相同步发电机，星形联结，在 A 相与中点间接入一个单相负载，阻抗大小为 Z_L，B、C 两相开路，试用对称分量法求出通过单相负载的电流 $\dot{I}$ 的计算公式。设同步发电机的空载电动势 $\dot{E}_A$ 及正序阻抗 Z_1、负序阻抗 Z_2、零序阻抗 Z_0 均已知。

解：由已知条件可得 $\dot{I}_A=\dot{I}$，$\dot{I}_B=\dot{I}_C=0$

则
$$\dot{I}_A^+ = \frac{1}{3}(\dot{I}_A+a\dot{I}_B+a^2\dot{I}_C) = \frac{1}{3}\dot{I}$$

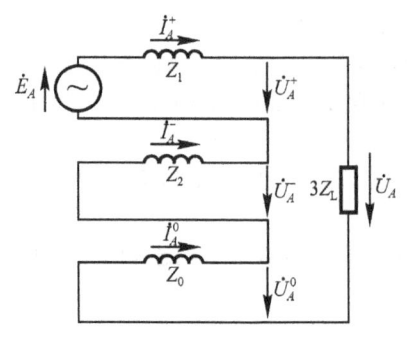

图 17-1

$$\dot{I}_A^- = \frac{1}{3}(\dot{I}_A + a^2\dot{I}_B + a\dot{I}_C) = \frac{1}{3}\dot{I}$$

$$\dot{I}_A^0 = \frac{1}{3}(\dot{I}_A + \dot{I}_B + \dot{I}_C) = \frac{1}{3}\dot{I}$$

即

$$\dot{I}_A^+ = \dot{I}_A^- = \dot{I}_A^0 = \frac{1}{3}\dot{I}$$

由题意可知负载 Z_L 的电压方程式为

$$\dot{U}_A = \dot{I}Z_L = 3\dot{I}_A^+ Z_L$$

于是可得如图 17-1 所示的等效电路. 由图可得

$$\dot{I} = 3\dot{I}_A^+ = \frac{3\dot{E}_A}{Z_1 + Z_2 + Z_0 + 3Z_L}$$

17-4 用对称分量法分别求出下列三种情况的等效电路（设短路均发生在发电机的出线端）：

(1) 两相短路；

(2) 两相对中点短路；

(3) 一相对中点短路.

解：(1)、(2)、(3) 的等效电路分别如图 17-2 (a)、(b)、(c) 所示.

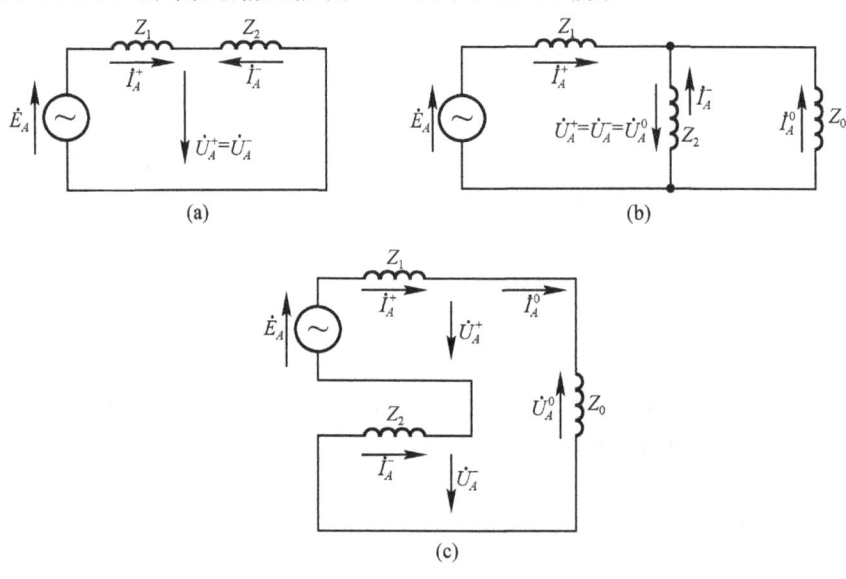

图 17-2

17-5 一台同步发电机的参数（标幺值）为：$\underline{X}_1 = 1.55$，$\underline{X}_2 = 0.215$，$\underline{X}_0 = 0.054$. 设空载电压为额定电压，求发生下述短路故障时的稳态短路电流（忽略定子绕组电阻）：

(1) 三相短路；

(2) 二线之间短路；

(3) 一线对中点短路.

解：(1) 三相短路时的短路电流

$$\underline{I}_{k3} = \frac{\underline{E}_A}{\underline{X}_1} = \frac{1}{1.55} = 0.645$$

(2) 二线之间短路时的短路电流

$$\underline{I}_{k2} = \frac{\sqrt{3}\underline{E}_A}{\underline{X}_1 + \underline{X}_2} = \frac{\sqrt{3}}{1.55 + 0.215} = 0.981$$

(3) 一线对中点短路时的短路电流

$$I_{k1} = \frac{3E_A}{X_1 + X_2 + X_0} = \frac{3}{1.55 + 0.215 + 0.054} = 1.649$$

由此可见，几种故障情况下的稳态短路电流相比较是 $I_{k1} > I_{k2} > I_{k3}$. 本例中 $\frac{I_{k2}}{I_{k3}} = 1.52$，$\frac{I_{k1}}{I_{k3}} = 2.56$. 一相对中点短路的电流是最危险的.

17-6 一台汽轮发电机的额定电压为 $U_N = 6300V$（星形联结），在空载额定电压下做三相突然短路试验，测得电枢一相短路电流的周期分量的包络线方程为

$$i = 6206e^{-\frac{t}{0.03}} + 8407e^{-t} + 3608 (A)$$

试求发电机的参数 X_d''、X_d'、X_d 和 T_d''、T_d'.

解：相电压为

$$U = \frac{U_N}{\sqrt{3}} = \frac{6300}{\sqrt{3}} = 3637.3(V)$$

在空载额定电压下，有 $E_m = \sqrt{2}U = 5143.9V$. 由题中包络线方程得

$$\frac{E_m}{X_d} = 3608A$$

$$\frac{E_m}{X_d'} - \frac{E_m}{X_d} = 8407A$$

$$\frac{E_m}{X_d''} - \frac{E_m}{X_d'} = 6206A$$

则有

$$\frac{E_m}{X_d''} = 3608 + 8407 + 6206 = 18221(A)$$

$$\frac{E_m}{X_d'} = 3608 + 8407 = 12015(A)$$

故

$$X_d = \frac{E_m}{3608} = \frac{5143.9}{3608} = 1.426(\Omega)$$

$$X_d' = \frac{E_m}{12015} = \frac{5143.9}{12015} = 0.4281(\Omega)$$

$$X_d'' = \frac{E_m}{18221} = \frac{5143.9}{18221} = 0.2823(\Omega)$$

$$T_d'' = 0.03s$$

$$T_d' = 1s$$

17-7 一台汽轮同步发电机，电抗的标幺值与时间常数分别为 $X_d = 1.845$，$X_d' = 0.332$，$X_d'' = 0.245$，$T_d'' = 0.04s$，$T_d' = 0.83s$，$T_a = 0.2s$. 当该发电机在空载额定电压下发生机端三相突然短路时，试求以标幺值表示的

(1) 电枢绕组突然短路电流的瞬时值表达式；
(2) 在最不利情况下电枢绕组突然短路电流的瞬时值表达式；
(3) 最大瞬时冲击电流；
(4) 在突然短路开始后 0.2s 和 3s 时的短路电流瞬时值.

解：本题解中，电动势、电流及电抗均用标幺值.

(1) 在空载额定电压下，$E_m = \sqrt{2} \times 1 = \sqrt{2}$.

$$E_m \left(\frac{1}{X_d''} - \frac{1}{X_d'} \right) = \sqrt{2} \times \left(\frac{1}{0.245} - \frac{1}{0.332} \right) = 1.513$$

$$E_m\left(\frac{1}{X'_d}-\frac{1}{X_d}\right)=\sqrt{2}\times\left(\frac{1}{0.332}-\frac{1}{1.845}\right)=3.493$$

$$\frac{E_m}{X_d}=\frac{\sqrt{2}}{1.845}=0.7665$$

$$\frac{E_m}{X''_d}=\frac{\sqrt{2}}{0.245}=5.772$$

设在 $\alpha=\alpha_0$ 处发生了三相突然短路,则短路电流为(以 A 相为例)

$$i_A=5.772\cos\alpha_0\,e^{-\frac{t}{0.2}}-(1.513e^{-\frac{t}{0.04}}+3.493e^{-\frac{t}{0.83}}+0.7665)\cos(\omega t+\alpha_0)$$

(2) 在 A 相绕组初始磁链最大时,即 $\alpha=0$ 时,A 相突然短路电流最大,此时

$$i_A=5.772e^{-\frac{t}{0.2}}-(1.513e^{-\frac{t}{0.04}}+3.493e^{-\frac{t}{0.83}}+0.7665)\cos\omega t$$

(3) 最大冲击电流出现在突然短路发生后半个周期时,即 $t=0.01$s 时. 此时

$$e^{-\frac{t}{0.2}}=e^{-\frac{0.01}{0.2}}=0.95123$$

$$e^{-\frac{t}{0.04}}=e^{-\frac{0.01}{0.04}}=0.7788$$

$$e^{-\frac{t}{0.83}}=e^{-\frac{0.01}{0.83}}=0.98802$$

$$\cos\omega t=\cos(100\pi\times0.01)=\cos180°=-1$$

则

$$i_{A\max}=5.772\times0.95123-(1.513\times0.7788+3.493\times0.98802+0.7665)\times(-1)$$
$$=10.886$$

(4) $t=0.2$s 时,$\cos\omega t=1$

$$e^{-\frac{t}{0.2}}=e^{-\frac{0.2}{0.2}}=0.36788$$

$$e^{-\frac{t}{0.04}}=e^{-\frac{0.2}{0.04}}=0.006738$$

$$e^{-\frac{t}{0.83}}=e^{-\frac{0.2}{0.83}}=0.78587$$

则

$$i_{A(t=0.2)}=5.772\times0.36788-(1.513\times0.006738+3.493\times0.78587+0.7665)\times1$$
$$=-1.3983$$

$t=3$s 时,$\cos\omega t=1$

$$e^{-\frac{t}{0.2}}=e^{-\frac{3}{0.2}}\approx0$$

$$e^{-\frac{t}{0.04}}=e^{-\frac{3}{0.04}}\approx0$$

$$e^{-\frac{t}{0.83}}=e^{-\frac{3}{0.83}}\approx0.02693$$

则

$$i_{A(t=3)}=-(3.493\times0.02693+0.7665)\times1=-0.86057$$

17-8 一台汽轮发电机,$P_N=6000$kW,$U_N=3150$V(星形联结),$\cos\varphi_N=0.8$(滞后),以标幺值表示的参数值为 $X''_d=0.117$,$X'_d=0.202$,$X_d=1.50$,$X_2=0.143$,$X_0=0.063$. 试求此发电机在空载额定电压下分别发生机端三相、二相、单相突然短路时,突然短路电流的超瞬态、瞬态和稳态周期分量的有效值.

解: 额定电流为

$$I_N=\frac{P_N}{\sqrt{3}U_N\cos\varphi_N}=\frac{6000\times10^3}{\sqrt{3}\times3150\times0.8}=1374.6(\text{A})$$

以下计算中空载电动势及电抗均为标幺值.

(1) 三相突然短路时短路电流周期分量的有效值：

超瞬态分量为

$$\underline{I}'' = \frac{E}{X_d''} = \frac{1}{0.117} = 8.55$$

$$I'' = \underline{I}'' I_N = 8.55 \times 1374.6 = 11749 \text{(A)}$$

瞬态分量为

$$\underline{I}' = \frac{E}{X_d'} = \frac{1}{0.202} = 4.95$$

$$I' = \underline{I}' I_N = 4.95 \times 1374.6 = 6805 \text{(A)}$$

稳态电流为

$$\underline{I} = \frac{E}{X_d} = \frac{1}{1.5} = 0.667$$

$$I = \underline{I} I_N = 0.667 \times 1374.6 = 916.4 \text{(A)}$$

(2) 二相突然短路时短路电流周期分量的有效值：

对正序分量，像三相对称突然短路一样，计算超瞬态短路电流和瞬态短路电流时，分别以 X_d''，X_d' 代替 X_d 即可. 对负序和零序分量，相应的电抗仍分别为 X_2，X_0.

设 A、B 二相突然短路，如图 17-3 (a) 所示，则 $\dot{I}_A = 0$，$\dot{I}_B = -\dot{I}_C$. 利用对称分量法可推得

$$\dot{I}_A^+ = -\dot{I}_A^-, \quad \dot{I}_A^0 = 0$$

因 $\dot{U}_B = \dot{U}_C$，则可推得

$$\dot{U}_A^+ = \dot{U}_A^-$$

于是可得如图 17-3 (b) 所示的超瞬态等效电路，可求得

$$\dot{I}_A^+ = -\dot{I}_A^- = \frac{\dot{E}_A}{j(X_d'' + X_2)}$$

$$\dot{I}_B = \dot{I}_B^+ + \dot{I}_B^- = a^2 \dot{I}_A^+ + a \dot{I}_A^- = (a^2 - a) \dot{I}_A^+$$

$$= -j\sqrt{3} \dot{I}_A^+ = -\frac{\sqrt{3} \dot{E}_A}{X_d'' + X_2}$$

则

$$\underline{I}'' = \frac{\sqrt{3} E}{X_d'' + X_2} = \frac{\sqrt{3} \times 1}{0.117 + 0.143} = 6.662$$

$$I'' = \underline{I}'' I_N = 6.662 \times 1374.6 = 9157 \text{(A)}$$

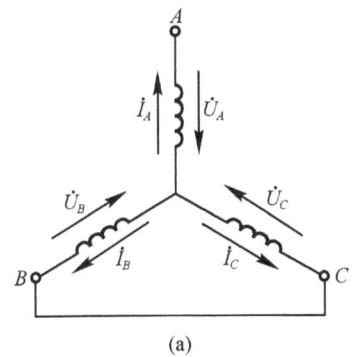
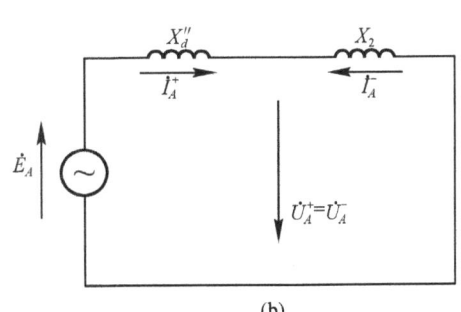

图 17-3

同理，可得瞬态分量为

$$\underline{I}' = \frac{\sqrt{3} E}{X_d' + X_2} = \frac{\sqrt{3} \times 1}{0.202 + 0.143} = 5.02$$

$$I' = \underline{I}'I_N = 5.02 \times 1374.6 = 6901(\text{A})$$

稳态电流为

$$\underline{I} = \frac{\sqrt{3}E}{X_d + X_2} = \frac{\sqrt{3} \times 1}{1.5 + 0.143} = 1.054$$

$$I = \underline{I}I_N = 1.054 \times 1374.6 = 1449(\text{A})$$

(3) 单相突然短路时短路电流周期分量的有效值:

设 A 相对中点突然短路，如图 17-4 (a) 所示. 因 $\dot{I}_B = \dot{I}_C = 0$，则

$$\dot{I}_A^+ = \dot{I}_A^- = \dot{I}_A^0 = \frac{1}{3}\dot{I}_A$$

又

$$\dot{U}_A = \dot{U}_A^+ + \dot{U}_A^- + \dot{U}_A^0 = 0$$

则可得如图 17-4 (b) 所示的超瞬态等效电路，从中可求得

$$\dot{I}_A^+ = \frac{\dot{E}_A}{j(X_d'' + X_2 + X_0)}$$

则

$$\dot{I}_A = 3\dot{I}_A^+ = \frac{3\dot{E}_A}{j(X_d'' + X_2 + X_0)}$$

即

$$\underline{I}'' = \frac{3E}{X_d'' + X_2 + X_0} = \frac{3 \times 1}{0.117 + 0.143 + 0.0063} = 9.29$$

$$I'' = \underline{I}''I_N = 9.29 \times 1374.6 = 12770(\text{A})$$

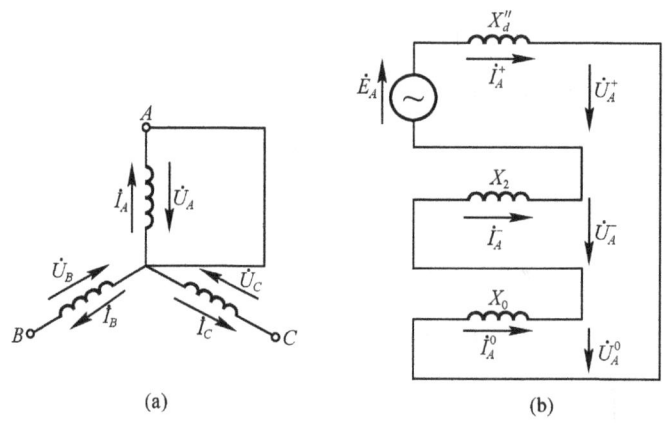

图 17-4

同理，可得瞬态分量为

$$\underline{I}' = \frac{3E}{X_d' + X_2 + X_0} = \frac{3 \times 1}{0.202 + 0.143 + 0.0063} = 8.54$$

$$I' = \underline{I}'I_N = 8.54 \times 1374.6 = 11739(\text{A})$$

稳态电流为

$$\underline{I} = \frac{3E}{X_d + X_2 + X_0} = \frac{3 \times 1}{1.5 + 0.143 + 0.0063} = 1.819$$

$$I = \underline{I}I_N = 1.819 \times 1374.6 = 2500(\text{A})$$

第五篇 异步电机

第十八章 三相异步电动机的结构和基本工作原理

18.1 学习目标

本章介绍三相异步电动机先要了解的入门知识.
基本要求:
(1) 了解三相异步电动机的基本结构.
(2) 掌握三相异步电动机额定值的含义及其关系.
(3) 了解三相异步电动机的基本工作原理,掌握转差率的概念及计算.
(4) 了解三相异步电机的三种运行状态.
本章重点是三相异步电动机的基本工作原理、转差率和异步电机运行状态的判断.

18.2 基本知识点

1. 异步电机的用途与分类

(1) 异步电机的用途

三相异步电机主要用作电动机,拖动各种生产机械,其应用范围很广,需要量大.也可作为发电机,用于风力发电场和小型水电站等.

(2) 异步电动机的分类

异步电动机的种类很多,常见的分类方法有:

①按定子绕组相数分:单相异步电动机、两相异步电动机、三相异步电动机等.

②按转子绕组的结构形式分:绕线型异步电动机、鼠笼型异步电动机(包括单鼠笼、双鼠笼和深槽型).

2. 三相异步电动机的主要结构

三相异步电机主要由定子和转子两大部分组成,定、转子之间有很小的气隙.

(1) 定子:由定子铁心、定子绕组、机座和端盖等部件组成.

(2) 转子:由转子铁心、转子绕组、转轴、轴承、风扇等部件组成.

①鼠笼型转子绕组:由转子槽内的转子导条和转子铁心两端的端环联结起来构成的自行短路的多相对称绕组.

②绕线型转子绕组:为嵌在转子槽内的三相对称绕组,它的三个出线端通过集电环和电刷引出,可直接短路,也可在转子绕组中串接外加电阻,以改善启动和调速性能.

与鼠笼型异步电动机相比,绕线型异步电动机转子结构较复杂,造价较高,通常只用于对启动性能要求较高或需要调速的场合.

3. 异步电动机的主要优缺点

（1）主要优点：结构简单、容易制造、价格低廉、运行可靠、坚固耐用（指鼠笼型），运行效率较高.

（2）缺点：运行时须从电网吸收滞后的无功功率以建立磁场，使电网功率因数变差.

注意 气隙的大小对异步电机的运行性能有很大的影响. 为了减小励磁电流，提高功率因数，异步电机的气隙比同容量同步电机的要小很多.

4. 三相异步电动机的额定值

主要有额定功率 P_N、额定电压 U_N、额定电流 I_N、额定频率 f_N、额定转速 n_N、额定功率因数 $\cos\varphi_N$ 等.

注意 ①额定功率 P_N 是指电动机额定运行时，转轴上输出的机械功率.

②额定电压 U_N 和额定电流 I_N 分别指额定运行时定子三相绕组的线电压和线电流.

三相异步电动机额定值之间的关系为 $P_N=\sqrt{3}U_N I_N \cos\varphi_N \eta_N$.

额定输出转矩为 $T_{2N}=9550\dfrac{P_N}{n_N}$（$P_N$、$n_N$ 的单位分别为 kW、r/min）.

5. 异步电机的转差率和运行状态

（1）转差率：异步电机在运行时，转子的转速 n 总是与同步转速 n_1 存在一定的差异. 同步转速 n_1 和转子转速 n 之差与同步转速 n_1 的比值称为转差率，用 s 表示，即

$$s=\frac{n_1-n}{n_1}$$

在用上式计算时，若令 $n_1>0$，则当 n 与 n_1 方向相同时，$n>0$；否则，$n<0$.

转差率 s 是异步电机一个重要的量，与电机的运行特性密切相关.

（2）异步电机的三种运行状态

根据 s 的正负和大小，可判断异步电机的运行状态：①电动机状态：$0<n<n_1$，$0<s<1$；②发电机状态：$n>n_1$，$s<0$；③电磁制动状态：$n<0$，$s>1$.

18.3 典型例题解析

例 18.1 一台三相异步电动机，接到 50Hz 的交流电源上，额定转速为 $n_N=970$r/min，求该电动机的同步转速 n_1、极对数 p 以及额定负载时的转差率 s_N.

思路与技巧 由于异步电动机额定运行时的转差率 s_N 很小，一般不超过 0.05，因此其额定转速 n_N 与同步转速 n_1 很接近. 应先根据异步电动机的额定转速 n_N 确定其同步转速 n_1，然后求极对数 p 和额定负载时的转差率 s_N.

解：电动机的同步转速 $n_1=\dfrac{60f_1}{p}=\dfrac{60\times 50}{p}=\dfrac{3000}{p}$

由额定转速 $n_N=970$r/min，可知同步转速为 $n_1=1000$r/min.

电动机的极对数 $p=\dfrac{60f_1}{n_1}=\dfrac{3000}{1000}=3$

额定负载时的转差率 $s_N=\dfrac{n_1-n_N}{n_1}=\dfrac{1000-970}{1000}=0.03$

例 18.2 一台 4 极三相异步电动机，额定功率 $P_N=55\text{kW}$，额定电压 $U_N=380\text{V}$，额定频率 $f_N=50\text{Hz}$，额定电流 $I_N=118\text{A}$，额定功率因数 $\cos\varphi_N=0.8$，额定转差率 $s_N=0.02$. 求该电动机的额定转速 n_N 和额定效率 η_N.

解： 同步转速 $n_1=\dfrac{60f_N}{p}=\dfrac{60\times50}{4/2}=1500$（r/min）

额定转速 $n_N=(1-s_N)n_1=(1-0.02)\times1500=1470$（r/min）

额定输入功率 $P_{1N}=\sqrt{3}U_NI_N\cos\varphi_N=\sqrt{3}\times380\times118\times0.8=62132$（W）$=62.132$（kW）

额定效率 $\eta_N=\dfrac{P_N}{P_{1N}}\times100\%=\dfrac{55}{62.132}\times100\%=88.52\%$

18.4　思考题及其解答

18-1 异步电动机有哪些主要部件？它们各起什么作用？

答： 异步电动机的主要部件是静止的定子和旋转的转子，定子和转子之间是气隙. 此外还有端盖、轴承等部件.

（1）定子由机座、定子铁心和定子绕组组成. 机座起着支撑电动机的作用. 定子铁心一方面是电机磁路的一部分，起导磁作用；另一方面内壁开槽，槽内安放定子绕组，起着固定定子绕组的作用. 三相定子绕组接上三相电源后，电源输入的电功率通过电磁功率传给转子，最后从转子的轴伸端输出机械功率，完成电动机中由电功率向机械功率的转换.

（2）转子由转轴、转子铁心和转子绕组组成. 转轴起着固定转子铁心的作用. 转子铁心一方面是电机磁路的一部分，起导磁作用；另一方面外壁开槽，槽内安放转子绕组，起着固定转子绕组的作用. 只要转子转速的大小或方向与定子绕组产生的旋转磁动势的不同，转子绕组中就会感应电动势和电流. 该电流与气隙磁场相互作用，产生电磁转矩.

（3）端盖有两个，固定在机座两端，在它的轴承室里安装上轴承来支持转子，以使定子和转子得到较好的同心度，保证转子能在定子内圆里正常旋转. 端盖除了起支撑作用外，还起到保护绕组端部的作用.

18-2 异步电动机的转子有哪两种类型？各有何特点？

答： 一种为绕线型转子. 转子绕组像定子绕组一样为三相对称绕组，可以联结成星形或三角形. 绕组的三根引出线接到装在转子一端轴上的三个集电环上，用一套三相电刷引出来，可以自行短路，也可以接三相电阻. 串电阻是为了改善启动特性或为了调节转速.

另一种为鼠笼型转子. 转子绕组与定子绕组大不相同. 在转子铁心上也有槽，各槽里都有一根导条，在铁心两端有两个端环，分别把所有导条伸出槽外的部分都联结起来，形成了自行短路的绕组.

18-3 异步电动机的气隙比同步电动机的气隙大还是小？为什么？

答： 异步电动机的气隙比同容量的同步电动机的气隙小，因为异步电动机的励磁电流由三相交流电源提供. 如果气隙大，则磁阻大，所需的励磁电流就大. 因励磁电流为无功电流,所以励磁电流大就使异步电动机功率因数降低. 而同步电动机励磁电流由直流电源提供,从同步电动机的V形曲线可知,当励磁电流从小增大,励磁状态从欠励到过励时,功率因数可由滞后的转变为超前的. 而异步电动机的功率因数总是滞后的.

18-4 异步电动机定子绕组通电产生的旋转磁场转速与电动机的极对数有何关系?为什么异步电动机工作时的转子转速总是小于同步转速?

答:定子绕组通电产生的旋转磁场转速,即同步转速,其大小 n_1 由电网的频率 f 和电机极对数 p 决定,即 $n_1 = \dfrac{60f}{p}$.

我国的电网频率 $f=50$Hz,当

极对数 $p=1$ 时,$n_1=3000$r/min;

极对数 $p=2$ 时,$n_1=1500$r/min;

极对数 $p=3$ 时,$n_1=1000$r/min;

极对数 $p=4$ 时,$n_1=750$r/min;

依此类推.

异步电动机工作时的转子转速总是小于同步转速,这是因为,如果转子转速等于同步转速,则转子绕组与旋转磁场就没有相对运动,也就不能切割磁力线,因此转子绕组中感应电动势和电流为零,产生的电磁转矩为零,也就无法拖动转子旋转. 所以异步电动机工作时的转子转速总是小于同步转速.

18-5 什么叫转差率?转差率是怎样计算的?如何根据转差率的数值来判断异步电机的三种运行状态?三种状态时电功率和机械功率的流向如何?

答:转差率就是同步转速 n_1 和电机转子转速 n 二者之差与同步转速 n_1 的比值.

转差率用 s 表示,其计算公式按照以上定义表示如下:

$$s = \frac{n_1 - n}{n_1}$$

电动机状态:转子转速 n 应为 $0<n<n_1$. 代入转差率公式就可知 $1>s>0$. 在电动机状态时电功率为输入,机械功率为输出.

发电机状态:转子转速 n 应大于同步转速 n_1,即 $n>n_1$. 代入转差率公式就可知 $s<0$. 在发电机状态时电功率为输出,机械功率为输入.

电磁制动状态:转子转速 n 应和同步转速 n_1 转向相反,即 $n<0$ 为负数,代入转差率公式就可知 $s>1$. 在电磁制动状态时,电功率和机械功率都为输入,最后转化为电机中的损耗.

18.5 习题及其解

18-1 一台三相4极异步电机,接到50Hz的交流电源上,已知转子的转速为下列四种情况,求各种情况下的转差率 s ("一"号表示转子转向与旋转磁场转向相反).

(1) 1550r/min; (2) 1350r/min;

(3) 0r/min; (4) -500r/min.

解:(1) $$n_1 = \frac{60f}{p} = \frac{60 \times 50}{2} = 1500(\text{r/min})$$

$$s = \frac{n_1 - n}{n_1} = \frac{1500 - 1550}{1500} = -\frac{50}{1500} = -0.0333$$

(2) $$s = \frac{1500 - 1350}{1500} = 0.1$$

(3) $$s = \frac{1500 - 0}{1500} = 1$$

(4) $$s = \frac{1500 - (-500)}{1500} = 1.33$$

18-2 已知一台三相异步电动机的额定功率 $P_N = 4\text{kW}$，额定电压 $U_N = 380\text{V}$，额定功率因数 $\cos\varphi_N = 0.77$，额定功率 $\eta_N = 0.84$，额定转速 $n_N = 960\text{r/min}$，求该电动机的额定电流 I_N。

解： $$I_N = \frac{P_N}{\eta_N \cdot \sqrt{3} U_N \cos\varphi_N} = \frac{4 \times 10^3}{0.84 \times \sqrt{3} \times 380 \times 0.77} = 9.4(\text{A})$$

第十九章 三相异步电动机的运行原理

19.1 学习目标

本章以三相绕线型异步电动机为例,分析三相异步电动机在转子不转和转子旋转时的电磁关系.本章是异步电动机的重点内容.

基本要求:
(1) 了解三相异步电动机的基本电磁关系.
(2) 掌握三相异步电动机的电动势和磁动势平衡关系.
(3) 掌握三相异步电动机转子折合的目的、条件和方法.
(4) 掌握三相异步电动机的基本方程式、等效电路和相量图.
(5) 了解三相异步电动机 T 型等效电路中各参数的物理意义.

本章重点为三相异步电动机的电动势和磁动势平衡关系、转子折合、T 型等效电路.

19.2 基本知识点

1. 三相异步电动机的电磁关系

三相异步电动机定子外施频率为 f_1、相电压为 U_1 的三相对称电压,以转差率 s 稳态运行时,定子三相对称绕组流过三相对称电流 $\dot{I}_1$,产生定子基波旋转磁动势 F_1.转子多相对称绕组流过多相对称电流 $\dot{I}_{2s}$,产生转子基波旋转磁动势 F_2. F_1 和 F_2 的合成磁动势——励磁磁动势 F_0 在气隙中建立以同步转速 n_1 旋转的基波气隙磁场,基波气隙磁通密度波 B_δ 切割定、转子绕组,在定、转子绕组中分别感应电动势 $\dot{E}_1$、$\dot{E}_{2s}$.定子的相电压 $\dot{U}_1$ 与其感应电动势 $\dot{E}_1$ 及漏阻抗压降 $\dot{I}_1 Z_1$ 相平衡,转子感应电动势 $\dot{E}_{2s}$ 与其漏阻抗压降 $\dot{I}_{2s} Z_{2s}$ 相平衡.

上述三相异步电动机转子旋转时的电磁关系可归纳如下:

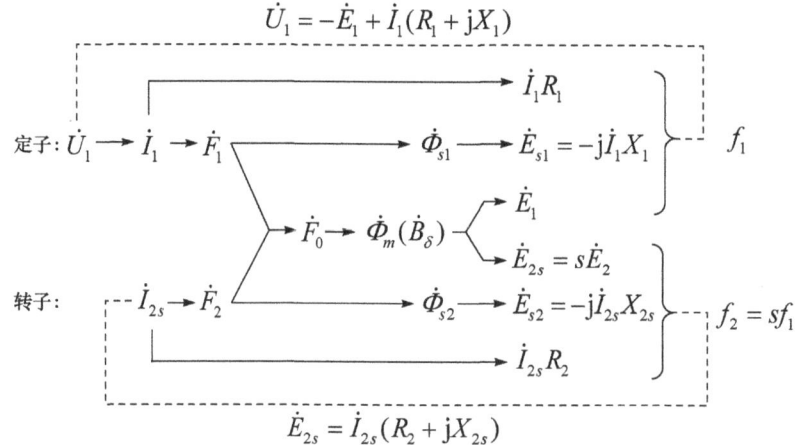

(1) 转子频率

转子以转速 n 旋转时，基波气隙磁通密度 $\dot{B}_\delta$ 相对转子绕组的转速为 (n_1-n)，在转子绕组感应电动势和电流的频率（简称转子频率）为 $f_2=\dfrac{p(n_1-n)}{60}=sf_1$。

当转子不转时，有 $n=0$，$\dot{B}_\delta$ 相对转子绕组的转速为 n_1，$s=1$，$f_2=f_1$。

(2) 定、转子感应电动势

①主磁通（基波气隙磁通密度 $\dot{B}_\delta$）感应的电动势

定、转子一相绕组的感应电动势 $\dot{E}_1$（频率为 f_1）和 $\dot{E}_{2s}$（频率为 f_2）有效值分别为
$$E_1=4.44f_1N_1k_{dp1}\Phi_m, \quad E_{2s}=4.44f_2N_2k_{dp2}\Phi_m=4.44sf_1N_2k_{dp2}\Phi_m=sE_2$$

式中，Φ_m 为气隙基波磁场的每极磁通量；N_1、k_{dp1} 和 N_2、k_{dp2} 分别为定、转子一相绕组的串联匝数和基波绕组因数。

注意 E_{2s} 是三相异步电动机转子以转差率 s 旋转时的转子相电动势；E_2 是异步电动机主磁通仍为 Φ_m，但转子不转（即转子频率为 f_1）时的转子相电动势。

②漏磁通感应的电动势

定、转子漏磁通 $\dot{\Phi}_{s1}$、$\dot{\Phi}_{s2}$ 分别在定、转子一相绕组中感应漏电动势 $\dot{E}_{s1}$、$\dot{E}_{s2}$，漏电动势可以用漏电抗压降的形式表示为 $\dot{E}_{s1}=-j\dot{I}_1X_1$，$\dot{E}_{s2}=-j\dot{I}_{2s}X_{2s}$。其中，$X_1$ 为定子一相绕组的漏电抗；X_{2s} 为转子旋转时转子一相绕组的漏电抗（频率为 f_2），$X_{2s}=\omega_2L_2=2\pi f_2L_2=s2\pi f_1L_2=sX_2$，$X_2$ 为转子不转时转子一相绕组的漏电抗。

(3) 磁动势平衡方程式

①定、转子基波磁动势

三相异步电动机定、转子绕组的基波合成磁动势 $\dot{F}_1$、$\dot{F}_2$ 均为旋转磁动势，二者同极数、同转向、同转速（均为同步转速 $n_1=60f_1/p$），在空间保持相对静止。

注意 $\dot{F}_2$ 相对转子的转速 n_2 取决于转子频率 f_2，$n_2=\dfrac{60f_2}{p}=\dfrac{60sf_1}{p}=sn_1$。因此 $\dot{F}_2$ 相对定子的转速为 n_2 与转子转速 n 之和，即 $n_2+n=sn_1+(1-s)n_1=n_1$。定、转子磁动势 $\dot{F}_1$、$\dot{F}_2$ 在空间保持相对静止是交流电机产生平均电磁转矩，从而实现机电能量转换的前提条件。

②磁动势平衡方程式

三相异步电动机的气隙磁场是由 $\dot{F}_1$ 和 $\dot{F}_2$ 的合成磁动势——励磁磁动势 $\dot{F}_0$ 产生的，即
$$\dot{F}_1+\dot{F}_2=\dot{F}_0$$

注意 励磁磁动势 $\dot{F}_0$ 可看作由励磁电流 $\dot{I}_0$ 产生的，$\dot{F}_0$ 产生主磁通 $\dot{\Phi}_m$，与 $\dot{\Phi}_m$ 对应的磁通密度波为基波气隙磁通密度波 $\dot{B}_\delta$。

(4) 定、转子回路电压方程式

①各电磁量正方向的规定：定子侧采用电动机惯例，转子侧采用发电机惯例；磁动势、磁通和磁通密度的正方向都是磁力线出定子、进转子的方向；磁动势与电流的正方向、电动势与磁通的正方向分别符合右手螺旋关系。

②定子一相电压方程式：$\dot{U}_1=-\dot{E}_1+\dot{I}_1(R_1+jX_1)=-\dot{E}_1+\dot{I}_1Z_1$

式中，$Z_1=R_1+jX_1$ 为定子一相绕组的漏阻抗。

定子相电动势 $\dot{E}_1$ 可表示成 $\dot{I}_0$ 在励磁阻抗 Z_m 上产生的电压降，即 $\dot{E}_1=-\dot{I}_0(R_m+jX_m)=-\dot{I}_0Z_m$。其中，$Z_m=R_m+jX_m$，是励磁阻抗；$R_m$ 是励磁电阻；X_m 是励磁电抗。

注意 三相异步电动机正常运行时，定子加额定电压，当负载变化时（从空载到额定负载），由于 $|Z_1|$ 较小，$I_1|Z_1|$ 与 U_1 相比较小，因此 E_1 变化很小．所以，在分析负载变化的物理过程时，可近似地认为 E_1 不变；因而产生 E_1 的主磁通 Φ_m 和主磁路饱和程度基本不变，故 R_m 和 X_m 可视为常数．

③转子一相电压方程式：$\dot{E}_{2s} = \dot{I}_{2s}(R_2 + jX_{2s}) = \dot{I}_{2s} Z_{2s}$

式中，$\dot{E}_{2s}$、$\dot{I}_{2s}$、$Z_{2s} = R_2 + jX_{2s}$ 分别为转子旋转时转子一相绕组的电动势、电流和漏阻抗．

2. 三相异步电动机的折合算法

（1）折合的目的

得到反映异步电动机内部电磁关系的等效电路，以简化分析、计算过程．

（2）折合的依据（转子绕组向定子绕组折合）

异步电动机的转子是通过其基波磁动势 F_2 对定子起作用的，因此，只要保持 F_2（幅值和空间相位）不变，则折合后定子侧各物理量不变，电动机的功率平衡关系也不变．

（3）折合的方法（转子绕组向定子绕组折合）

①转子的频率折合

用一个静止的等效转子代替以转差率 s 旋转的转子，使转子频率与定子频率相同．

频率折合后，转子的电压方程式为：$\dot{E}_2 = \dot{I}_2 \left(\dfrac{R_2}{s} + jX_2 \right)$．

折合关系：转子相电动势、漏电抗分别变为转子不转时的相电动势 E_2 和漏电抗 X_2，$E_2 = \dfrac{E_{2s}}{s}$，$X_2 = \dfrac{X_{2s}}{s}$；转子回路的电阻变为 $\dfrac{R_2}{s} = R_2 + \dfrac{1-s}{s} R_2$；转子相电流 $I_2 = I_{2s}$．

附加电阻 $\dfrac{1-s}{s} R_2$ 的物理意义：根据能量守恒定律和转子侧总功率不变的原则，可知该附加电阻上消耗的电功率应等于转子旋转时转轴上产生的总机械功率，即该附加电阻是模拟三相异步电机转轴上总机械功率的等效电阻（实际上并不存在）．

②转子的绕组折合

用和定子绕组一样的相数为 m_1、每相串联匝数为 N_1、基波绕组因数为 k_{dp1} 的等效转子绕组代替实际相数为 m_2、每相串联匝数为 N_2、基波绕组因数为 k_{dp2} 的转子绕组．注意：在进行转子的绕组折合时，定、转子频率应相同（转子经过了频率折合或转子本身不转）．

折合关系：转子电流 $\dot{I}'_2 = \dfrac{\dot{I}_2}{k_i}$，转子电动势 $\dot{E}'_2 = k_e \dot{E}_2 = \dot{E}_1$，转子电阻 $R'_2 = k_e k_i R_2$，转子漏电抗 $X'_2 = k_e k_i X_2$，转子漏阻抗 $Z'_2 = k_e k_i Z_2$．其中，k_e、k_i 分别是电压变比和电流变比，

$$k_e = \dfrac{E_1}{E_2} = \dfrac{N_1 k_{dp1}}{N_2 k_{dp2}}, \qquad k_i = \dfrac{I_2}{I'_2} = \dfrac{m_1 N_1 k_{dp1}}{m_2 N_2 k_{dp2}} = \dfrac{m_1}{m_2} k_e$$

注意电压变比 k_e 定义为异步电动机转子不转时定、转子相电动势有效值之比．

需要说明的是：鼠笼型转子绕组的极对数自动地与定子绕组的极对数相等；转子相数 m_2 等于转子导条数；每相绕组匝数 $N_2 = \dfrac{1}{2}$；转子基波绕组因数 $k_{dp2} = 1$．

3. 三相异步电动机的基本方程式、等效电路和相量图

(1) 基本方程式

采用折合算法后，磁动势平衡方程式 $F_1+F_2=F_0$ 可用电流关系式 $\dot{I}_1+\dot{I}_2'=\dot{I}_0$ 表示．结合折合后的转子电压方程式，可得基本方程式，如教材式（19-13）所示．

(2) T 型等效电路

根据三相异步电动机的基本方程式，可画出对应的 T 型等效电路，如图 19-1 所示．

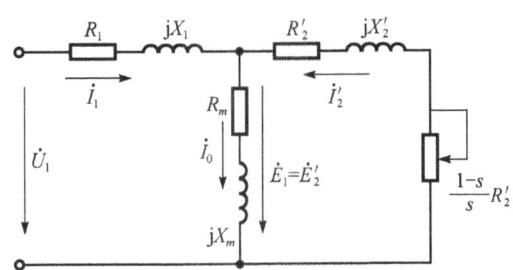

图 19-1　三相异步电动机的 T 型等效电路

注意　①基本方程式、等效电路和相量图中的各物理量均为一相的值．

②从 T 型等效电路可知，异步电动机对于电源来说是个感性负载，其功率因数总是滞后的．

③异步电动机的机械负载的变化在等效电路中是由转差率 s 的变化来体现的．当负载转矩 T_L 增大时，转速 n 降低，s 增大，使转子电流 I_{2s} 增大，以产生更大的电磁转矩 T 和 T_L 相平衡．同时转子磁动势 F_2 增大，根据磁动势平衡关系，定子磁动势 F_1 也增大，即定子电流 I_1 增大，电动机从电网吸收更多的功率以和增大的输出功率及损耗相平衡．

(3) 相量图、简化等效电路

根据三相异步电动机的基本方程式或 T 型等效电路，可以画出三相异步电动机的相量图，如教材图 19-16 所示．

为简化分析和计算，可采用简化等效电路，如教材图 19-17 所示．

(4) 关于空载运行和转子堵转

空载运行和转子堵转都可看作上述一般情况的特例，均可利用 T 型等效电路进行分析．

①空载运行

三相异步电动机的空载运行是其负载运行的一个特例（负载转矩和输出功率等于零）．空载运行时，转速 $n \approx n_1$，转差率 $s \approx 0$，附加电阻 $(1-s)R_2'/s \to \infty$，转子回路相当于开路（不是真正开路），转子电流 $\dot{I}_2' \approx 0$，此时定子电流 $\dot{I}_1$ 就相当于励磁电流 $\dot{I}_0$，而 $\dot{I}_0$ 滞后于定子相电压 $\dot{U}_1$ 接近 90°，所以空载运行时的定子功率因数是滞后的，且很低．

②转子堵转

三相异步电动机的转子堵转是指转子绕组短路且转子堵住不转，可视为转子旋转的一种特例．转子堵转时，$n=0$，$s=1$，$f_2=f_1$，附加电阻 $(1-s)R_2'/s=0$，由此可得此时的基本方程式、T 型等效电路．此时，电动机转子上不产生机械功率（因转子静止）．

19.3 典型例题解析

例 19.1 一台三相异步电动机,定子绕组接到频率为 50Hz 的三相对称电源上,以额定转速 $n_N=730\text{r/min}$ 运行,试求:(1)转子电流的频率;(2)转子基波磁动势相对于转子、定子的转向及转速.

解:(1)同步转速 $n_1=\dfrac{60f_1}{p}=\dfrac{60\times 50}{p}=\dfrac{3000}{p}$

由 $n_N=730\text{r/min}$,可知同步转速为 $n_1=750\text{r/min}$.

极对数 $p=\dfrac{60f_1}{n_1}=\dfrac{3000}{750}=4$

额定负载时的转差率 $s_N=\dfrac{n_1-n_N}{n_1}=\dfrac{750-730}{750}=0.02667$

转子电流的频率 $f_2=s_Nf_1=0.02667\times 50=1.334$(Hz)

(2)转子基波磁动势相对于转子的转向与定子基波磁动势的转向相同,转速为

$$n_2=\frac{60f_2}{p}=\frac{60\times 1.334}{4}=20\ (\text{r/min})$$

或

$$n_2=s_Nn_1=0.02667\times 750=20\ (\text{r/min})$$

转子基波磁动势相对于定子的转向与定子基波磁动势的转向相同,转速为

$$n_2+n=20+730=750\ (\text{r/min})$$

注意 三相异步电机转子基波旋转磁动势 F_2 的转向和转速均与定子基波旋转磁动势 F_1 的相同,两者在空间保持相对静止的关系.

例 19.2 一台三相绕线型异步电动机,定、转子绕组均为 Y 联结,额定电压 $U_N=380\text{V}$,额定转速 $n_N=1450\text{r/min}$,电源频率为 50Hz.当定子上加额定电压,转子不转并开路时的集电环电压为 200V,转子不转时的每相漏阻抗为 $0.4+\text{j}2.6$(Ω).

(1)求该电机的变比 k_e、k_i;

(2)忽略定子漏阻抗的影响,求额定运行时转子相电动势 E_{2s}、相电流 I_{2s} 及其频率 f_2.

解:(1)电压变比 $k_e=\dfrac{E_1}{E_2}\approx\dfrac{U_1}{U_2}=\dfrac{U_N/\sqrt{3}}{U_{20}/\sqrt{3}}=\dfrac{380/\sqrt{3}}{200/\sqrt{3}}=1.9$

电流变比 $k_i=\dfrac{m_1}{m_2}k_e=\dfrac{3}{3}\times 1.9=1.9$

(2)由 $f_N=50\text{Hz}$,$n_N=1450\text{r/min}$,可知同步转速 $n_1=1500\text{r/min}$.

极对数 $p=\dfrac{60f_1}{n_1}=\dfrac{3000}{1500}=2$

额定转差率 $s_N=\dfrac{n_1-n_N}{n_1}=\dfrac{1500-1450}{1500}=0.03333$

转子相电动势 $E_{2s}=s_NE_2=0.03333\times\dfrac{200}{\sqrt{3}}=3.849$(V)

转子相电流 $I_{2s}=\dfrac{E_{2s}}{\sqrt{R_2^2+X_{2s}^2}}=\dfrac{E_{2s}}{\sqrt{R_2^2+(s_N X_2)^2}}=\dfrac{3.849}{\sqrt{0.4^2+(0.03333\times 2.6)^2}}=9.404$ (A)

转子频率 $f_2=s_N f_1=0.03333\times 50=1.667$ (Hz)

注意 ①转子绕组开路时的集电环电压,是指与三个集电环分别接触的三组电刷的出线端的线电压. 此时,转子没有电流,因此该电压的相值等于此时的转子相电动势 E_2.

②在定子相电压 U_1 不变且转子绕组开路并不转的情况下,不计定子漏阻抗的影响,则 $E_1=U_1$,即定子相电动势 E_1 不变,主磁通 Φ_m 不变,于是转子相电动势 E_2 不变($E_2=E_1/k_e$). 因此,额定运行时的转子相电动势 E_{2s} 与转子绕组开路时的相电动势 E_2 之间存在 $E_{2s}=s_N E_2$ 的关系.

例 19.3 一台三相绕线型异步电动机,定、转子绕组均为 Y 联结,定子加额定电压 $U_N=380\text{V}$、转子绕组开路时,集电环电压为 95V;定子加额定电压、转子堵转时,定子电流为 $I_s=102\text{A}$. 已知定子绕组每相电阻 $R_1=0.4\Omega$,漏电抗 $X_1=1\Omega$,转子绕组每相漏电抗 $X_2=0.0625\Omega$. 不计励磁电流,求电动机在额定电压下以转差率 $s=0.05$ 运行时气隙磁场产生的转子相电动势.

思路与技巧 首先要明确:三相异步电动机以转差率 s 运行时,气隙磁场在转子一相绕组中产生的感应电动势是 E_{2s},而不是其折合值 E_2 或者 E_2',即本题所求的是 E_{2s}. 已知定、转子漏电抗,不计励磁电流,则可考虑利用不计励磁阻抗的 T 型等效电路来计算. 为此还需要知道转子电阻 R_2. 根据已知堵转时的电压、电流值,可以通过堵转时的等效电路求出 R_2. 利用折合到定子侧的等效电路,求出转差率为 0.05 时的转子相电动势折合值 E_2' 之后,需根据绕组折合和频率折合关系,求出实际值 E_{2s}.

解:电压变比 $k_e=\dfrac{E_1}{E_2}\approx\dfrac{U_1}{U_2}=\dfrac{380/\sqrt{3}}{95/\sqrt{3}}=4$

电流变比 $k_i=\dfrac{m_1}{m_2}k_e=\dfrac{3}{3}\times 4=4$

转子漏电抗折合值 $X_2'=k_e k_i X_2=4\times 4\times 0.0625=1$ (Ω)

转子堵转时,不计励磁电流,定子堵转电流为 $I_s=\dfrac{U_1}{|Z_1+Z_2'|}=\dfrac{U_1}{|(R_1+jX_1)+(R_2'+jX_2')|}$. 则

$$R_2'=\sqrt{\left(\dfrac{U_1}{I_s}\right)^2-(X_1+X_2')^2}-R_1=\sqrt{\left(\dfrac{380/\sqrt{3}}{102}\right)^2-(1+1)^2}-0.4=0.3915\ (\Omega)$$

转差率 $s=0.05$ 时,不计励磁电流,可得

$$I_1=I_2'=\dfrac{U_1}{\left|(R_1+jX_1)+\left(\dfrac{R_2'}{s}+jX_2'\right)\right|}=\dfrac{380/\sqrt{3}}{\left|(0.4+j1)+\left(\dfrac{0.3915}{0.05}+j1\right)\right|}=25.9\ (\text{A})$$

转子相电动势折合值 $E_2'=I_2'\left|\dfrac{R_2'}{s}+jX_2'\right|=25.9\times\left|\dfrac{0.3915}{0.05}+j1\right|=204.4$ (V)

则

$$E_{2s}=s\dfrac{E_2'}{k_e}=0.05\times\dfrac{204.4}{4}=2.555\ (\text{V})$$

注意 求解本题易出现的错误是直接用转子绕组开路(转子不转)时的转子相电动势

E_2 乘上转子旋转时的转差率（$s=0.05$），来求得转子旋转时的 E_{2s}，即 $E_{2s}=sE_2=0.05\times95/\sqrt{3}=2.742$ (V)．例题 19.2 便是这样求解的，但应注意其前提条件是忽略定子漏阻抗 Z_1 的影响．本例题已知 Z_1，因此需要考虑 Z_1 上的电压降对定、转子电动势的影响．

19.4 思考题及其解答

19-1 三相异步电动机的主磁通指什么磁通？它是由各相电流分别产生的各相磁通，还是由三相电流共同产生的？在等效电路中哪个电抗参数与之对应？该参数本身是一相的还是三相的值？它与同步电动机的哪个参数相对应？与变压器中的励磁电抗是完全相同的概念吗？

答：三相异步电动机的主磁通指的是由三相合成基波旋转磁动势产生并通过气隙到达转子的磁通，它是由三相电流共同产生的．等效电路中励磁电抗 X_m 与之对应．该参数本身是一相的值，它与同步电动机的电枢反应电抗 X_a 相对应，与变压器中励磁电抗的概念是不完全相同的．变压器中的励磁电抗，为一相励磁电流产生的主磁通所感应的电动势与该相励磁电流的比值，即 $X_m=\dfrac{E_1}{I_0}$（忽略铁损耗）．

19-2 三相异步电动机的主磁通在定、转子绕组中感应电动势的大小、相序、相位与什么有关？它在定子 A 相绕组和转子 a 相绕组中所感应电动势的相位关系是固定不变的吗？为什么？这与变压器一相的一、二次绕组感应电动势的关系有何不同？

答：三相异步电动机的主磁通在定、转子绕组中感应电动势的大小、相序、相位与转子转速 n 或转差率 s 有关．它在定子 A 相绕组和转子 a 相绕组中所感应电动势的相位关系不是固定不变的．因为它们的频率不同，定子绕组感应电动势的频率为 f_1，转子绕组感应电动势的频率为 $f_2=sf_1$，所以它们根本不可能有固定的相位关系．变压器每相一、二次感应电动势的相位关系是固定不变的．

19-3 一台已经造好的异步电动机，其主磁通的大小与什么因素有关？

答：已造好的电动机，每相绕组的有效匝数 N_1k_{dp1} 一定．电动机运行时，根据 $E_1=4.44f_1N_1k_{dp1}\Phi_m$ 和 $U_1\approx-E_1$，主磁通 Φ_m 大小主要与每相电压大小 U_1、电压频率 f_1 有关．若更精确些，根据 $\dot{U}_1=-\dot{E}_1+\dot{I}_1Z_1$，则主磁通大小除了与以上两个因素有关外，还与定子电流 I_1 的大小有关．

19-4 如果电源电压不变，则三相异步电动机的主磁通大小与什么因素有关？

答：如果电源电压的大小和频率不变，则三相异步电动机的主磁通大小就与定子电流 I_1 有关．因为 $\dot{I}_1=\dot{I}_0-\dot{I}'_2$，即 I_1 随 I_2 变化而改变，而 I'_2 大小与转子转速有关，所以主磁通大小实质上与转子转速 n 有关，或与转差率 s 有关．

19-5 当主磁通确定之后，异步电动机的励磁电流大小与什么有关？有人说，根据任意两台同容量异步电动机励磁电流的大小，便可比较其主磁通的大小，此话对吗？为什么？

答：当主磁通确定之后，异步电动机的励磁电流大小与定、转子之间的气隙大小有密切关系．气隙大也就是磁阻大．根据磁路欧姆定律，磁动势=磁通×磁阻，在磁通确定时，磁阻大则磁动势大，也就是励磁电流大．所以一般异步电动机气隙较小，以使励磁电流减小．在主磁通相同时，气隙大小不同，励磁电流大小就不同，即不同大小的励磁电流可产生相同的主磁通．所以，根据励磁电流的大小便可比较其主磁通的大小，此话是不对的．

19-6 在已造好的异步电动机中，其励磁电流大小随外施电压如何变化？为什么？

答：在已制好的异步电动机中，因为外施电压大小反映主磁通的大小，即

$$U_1 \approx E_1 = 4.44 f_1 N_1 k_{dp1} \Phi_m$$

而励磁电流大小与励磁磁动势幅值成正比，即

$$F_0 = \frac{3}{2} \frac{4}{\pi} \frac{N_1 k_{dp1}}{2p} \sqrt{2} I_0$$

所以，励磁电流大小随外施电压变化的关系就与电机中励磁磁动势大小随主磁通变化的关系即电机的磁化特性曲线相似（定子电流不过大时）．

19-7 异步电动机和变压器在额定电压时的空载电流标幺值哪个大？为什么？

答：在额定电压时异步电动机的空载电流标幺值通常约为20%～50%，而电力变压器的空载电流标幺值通常不超过3%，异步电动机的大．因为异步电动机在定子和转子之间必须有气隙，使转子能在定子内圆内自由转动，这样异步电动机的磁路磁阻就较大．而变压器磁路中没有气隙，磁阻小．因此，相对于变压器而言，异步电动机所需的励磁磁动势大，励磁电流大．而空载电流基本上就是励磁电流．

19-8 异步电机的定子漏磁通、转子漏磁通由哪些电流产生？异步电机的定子漏电抗与同步电机的哪个参数相对应？与变压器的一次绕组漏电抗是完全相同的概念吗？为什么？

答：异步电机的定子漏磁通由定子电流产生，转子漏磁通由转子电流产生．异步电机的定子漏电抗与同步电机的定子漏电抗相对应，它与变压器的一次漏电抗不是完全相同概念．因为异步电机与变压器的结构不同，异步电机的定子漏电抗可分为槽漏电抗、端部漏电抗和谐波漏电抗，而变压器的一次漏电抗就不能这样分，根本没有这些漏电抗．此外，异步电机定子漏电抗是三相电流产生的漏磁通在一相绕组中感应的漏磁电动势与该相电流的比值，而变压器一次漏电抗是一相一次电流产生的漏磁通在一相绕组中感应的漏磁电动势与该相电流的比值．

19-9 异步电动机转子电路中感应电动势的大小、漏电抗的大小、转子电流和转子电动势夹角的大小与转子的转差率有何关系？如果通过集电环从外部给绕线型异步电动机的转子绕组串联上电抗器，这个电抗数值会随转子转速而改变吗？为什么？

答：(1) 转子感应电动势和转差率的关系为

$$E_{2s} = sE_2$$

(2) 转子漏电抗和转差率的关系为

$$X_{2s} = sX_2$$

(3) 转子电流和电动势夹角 φ_2 与转差率 s 的关系为

$$\tan\varphi_2 = \frac{X_{2s}}{R_2} = \frac{sX_2}{R_2} = \frac{X_2}{R_2/s}$$

如果绕线型异步电动机转子绕组串联上电抗器，则当转子转速改变时，转子回路中电动势频率就改变，而电抗数值和频率成正比，所以串联电抗器的电抗数值会随转子转速而改变．

19-10 异步电机的转子磁动势是怎样产生的？这个磁动势相对转子的转向、转速与转子自身的转向及转速有何关系？相对定子的转向、转速呢？由此说明进行转子频率折合是否可行？是否适用于异步电机的任何状态？

答：转子磁动势是由转子三相（或多相）对称绕组感应的三相（或多相）对称电流产生

的一个旋转磁动势. 这个磁动势相对转子的转向由感应的转子电流的相序决定. 当转子转速小于同步转速或转子转向与定子磁动势转向相反时, 转子电流相序和定子电流相序一致, 转子磁动势相对转子的转向就与定子磁动势的转向一致. 只要转子转速大于同步转速且二者同向, 转子电流相序就和定子电流相序相反, 则转子磁动势相对转子转向与定子磁动势的转向相反. 这个磁动势相对转子的转速由转子电流的频率决定. 当转子转速为 n, 转差率为 s 时, 转子电流的频率 $f_2=sf_1$, 则这个磁动势相对转子的转速为 sn_1. 这个磁动势相对定子的转向始终与定子磁动势的相同, 相对定子的转速为 $sn_1+n=\dfrac{n_1-n}{n_1}n_1+n=n_1$, 即永远为同步转速.

转子和定子之间没有电的联系, 转子对定子的作用是通过转子磁动势实现的. 从以上分析可知, 不管转子是什么转速, 转子电流是什么频率, 转子磁动势相对定子的转速永远为同步转速. 这样就可以用一个不转的转子 (转子电流频率为 f_1) 来代替一个转速为 n、转差率为 s、转子电流频率为 sf_1 的转子, 只要保证转子磁动势大小和相位不变就可以了. 这就是转子频率的折合. 频率折合适用于任何转速、任何转差率, 也就是适用于异步电机的任何状态, 即发电机、电动机和电磁制动状态.

19-11 试比较异步电动机与变压器在折合的目的、折合的条件、折合的内容和折合的结果上的异同.

答: 折合目的都是为了得到一个等效电路来表示它们的电磁关系. 变压器中, 利用其等效电路可计算二次电压调整率等; 异步电动机中, 利用等效电路可计算机械特性等.

折合条件, 对变压器来说是保持二次磁动势不变, 对异步电机来说是保持转子磁动势不变.

折合的内容, 对变压器来说就是匝数的折合; 对异步电机来说, 除了有效匝数的折合外, 还有频率的折合. 如果是鼠笼型异步电动机, 还有相数的折合.

折合结果都是 T 型等效电路. 不同的是, 变压器负载端接的是负载阻抗折合值, 即 $Z'_L=k^2 Z_L$, 而异步电动机负载端接的是等效电阻 $\dfrac{1-s}{s}R'_2$.

19-12 异步电动机定子、转子的频率互不相同, 为什么能把定子、转子的时空相-矢量图重合在一起? 时空相-矢量图上转子各量是表示它们的实际大小吗?

答: 这是因为转子各量经过频率折合后, 其频率已与定子的相同.

时空相-矢量图上转子各量是表示它们经过折合后的大小, 不是实际大小.

19-13 异步电动机的各物理量 E_1、E_2、$\dot{I}_1$、$\dot{I}_2$、$\dot{I}_0$、$\dot{\Psi}_1$、$\dot{\Psi}_2$、B_δ、F_1、F_2、F_0 哪些是时间相量, 哪些是空间矢量? 在画定子、转子的时空相-矢量图时, $\dot{\Psi}_1$、$\dot{\Psi}_2$ 与 B_δ 有什么关系? $\dot{I}_1$、$\dot{I}_0$、$\dot{I}_2$ 与 F_1、F_0、F_2 有什么关系? E_1、E_2 与 B_δ 有什么关系? 为什么存在这样的关系?

答: E_1、E_2、$\dot{I}_1$、$\dot{I}_2$、$\dot{I}_0$、$\dot{\Psi}_1$、$\dot{\Psi}_2$ 为时间相量, B_δ、F_1、F_2、F_0 为空间矢量. $\dot{\Psi}_1$、$\dot{\Psi}_2$ 和 B_δ 这三个相、矢量是重合在一起的. 因为, 时空相-矢量的三根参考轴, 即定子 A 相轴线、转子 a 相轴线和时间参考轴 j 都重合在一起, 当代表空间磁通密度最大值的矢量 B_δ 在 A 相轴线时, 代表 A 相磁链的相量 $\dot{\Psi}_1$ 应为最大值, 即应在 j 轴上. 由于 A 轴与 j 轴重合, 因此 B_δ 就和 $\dot{\Psi}_1$ 重合. 同理, 由于 a 轴也与 j 轴重合, 所以 B_δ 也和 $\dot{\Psi}_2$ 重合.

$\dot{I}_1$ 与 F_1 重合, $\dot{I}_0$ 与 F_0 重合, $\dot{I}_2$ 与 F_2 重合. 这是因为 A 相绕组电流相量 $\dot{I}_1$ 为正的最

大值即在 j 轴时，三相合成旋转磁动势最大值 F_1 位置就在 A 相轴线上. 由于 A 轴与 j 轴重合，所以 F_1 与 $\dot{I}_1$ 重合. 同理，$\dot{I}_0$ 与 F_0 重合，$\dot{I}_2$ 与 F_2 重合.

在电动势、磁链的正方向符合右手螺旋关系时，$\dot{E}_1$、$\dot{E}_2$ 应分别滞后 $\dot{\Psi}_1$、$\dot{\Psi}_2$ 90°，从上面分析知 B_δ、$\dot{\Psi}_1$ 和 $\dot{\Psi}_2$ 重合在一起，所以 $\dot{E}_1$、$\dot{E}_2$ 都滞后 B_δ 90°.

19-14 异步电动机在空载运行，额定负载运行及堵转运行三种情况下的等效电路有什么不同？当定子外加电压一定时，三种情况下的定、转子感应电动势的大小，转子电流，转子功率因数角，定子电流及定子功率因数角有什么不同？

答：这三种情况下等效电路中的附加电阻 $\dfrac{1-s}{s}R_2'$ 不同. 在空载运行时，$s \approx 0$，该附加电阻近似为 ∞. 在额定负载运行时，若 $s_N = 0.05$，则该附加电阻为 $19R_2'$. 在堵转运行时，$s=1$，该附加电阻为 0.

当定子外加电压一定时，在空载运行情况下，定、转子感应电动势 E_1、E_2 最大；转子电流最小，近似为零；转子功率因数角最小，约为零；定子电流最小，为励磁电流 I_0；定子功率因数角最大，约为 $\varphi_0 = \arctan \dfrac{X_m}{R_m}$.

在额定负载运行下，定、转子感应电动势 E_1、E_2 比空载运行时的小；转子电流和转子功率因数角都比空载运行时的大；定子电流也比空载运行的大，为 I_{1N}；定子功率因数角比空载运行时小，为 φ_N.

在堵转情况下，定、转子感应电动势 E_1、E_2 最小，约为空载运行时的一半；定、转子电流最大；转子功率因数角最大，为 $\arctan \dfrac{X_2}{R_2}$；定子功率因数角约为 $\arctan \dfrac{X_1+X_2'}{R_1+R_2'}$ 比额定负载运行的大，比空载运行的小.

19-15 异步电动机运行时，为什么总是要从电源吸收滞后的无功电流？

答：这是因为：一方面，异步电动机需要励磁电流来产生主磁通，对应参数为励磁电抗 X_m，要从电源吸收滞后的无功电流. 另一方面，对应定、转子漏磁通的参数为定、转子漏电抗 X_1 和 X_2，也要从电源吸收滞后的无功电流. 因此，异步电动机运行时总是要从电源吸收滞后的无功电流，以满足这三个电抗的需要.

19-16 绕线型异步电动机定子上加三相电压，将转子上两个集电环并联后，在此二集电环与第三集电环之间加直流电压，问此电机能否运行？运行状态是同步电机状态还是异步电机状态？

答：这时，转子成了直流励磁. 如果转子三相绕组为 Y 联结，则直流磁动势最大值位置就在与第三个集电环相联结的该相绕组的轴线上. 所以，它已经变成了一台隐极同步电机，可以运行在同步电机状态.

19-17 绕线型异步电机转子绕组的相数、极对数总是设计得与定子相同，鼠笼型异步电机的转子相数、极对数又是如何确定的呢？与导条的数量有关吗？

答：鼠笼型异步电机转子相数就是鼠笼转子上的导条数；转子极对数是靠定子绕组磁动势感应而得的，因此它始终与定子绕组的极对数相等，与鼠笼转子的导条数无关.

19-18 一台绕线型异步电机：

（1）定子通三相交流电，其频率为 f_1，产生逆时针旋转磁场，同步转速为 n_1，转子绕组短路，求转子的转向；

(2) 转子绕组通入频率为 f_2 的三相交流电,产生相对转子逆时针旋转磁场,其同步转速为 n_2,定子绕组短路,求转子的转向;

(3) 如果向定子绕组通入频率为 f_1 的三相交流电,其旋转磁场相对定子以同步转速 n_1 逆时针旋转,同时向转子绕组通入频率为 f_2、相序相反的三相交流电,其旋转磁场相对于转子的同步转速为 n_2,求转子的转向及转速 n.

答:(1) 转子为逆时针旋转.

(2) 假如定子是可转动的,那么定子应为逆时针旋转.但由于定子固定不能旋转,所以转子为顺时针旋转.

(3) 定子和转子同时通电时,必须使定子磁场和转子磁场都以同步转速旋转而保持相对静止.由于定子磁场相对定子以转速 n_1 逆时针旋转,转子绕组通入负序电流使转子磁场相对转子以转速 n_2 顺时针旋转,所以,转子必须以转速 n_1+n_2 向逆时针方向转,才能使定、转子磁场相对于定子都以同步转速 n_1 逆时针旋转.

19.5 习题及其解

19-1 异步电动机转子开路:

(1) 如图 19-2 (a) 所示,转子 a 相绕组的轴线 $+A_2$ 超前定子 A 相绕组轴线 $+A_1$ 30°,$t=0$ 时,$\dot{B}_\delta$ 的位置与 $+A_1$ 重合,在相量图上画出 $\dot{\Psi}_1$、$\dot{\Psi}_2$ 及 $\dot{E}_1$,$\dot{E}_2$ 的位置;

(2) 如图 19-2 (b) 所示,$+A_2$ 滞后于 $+A_1$ 90°,$t=0$ 时,$\dot{B}_\delta$ 的位置与 $+A_2$ 重合,在相量图上画出 $\dot{\Psi}_1$,$\dot{\Psi}_2$ 及 $\dot{E}_1$,$\dot{E}_2$.

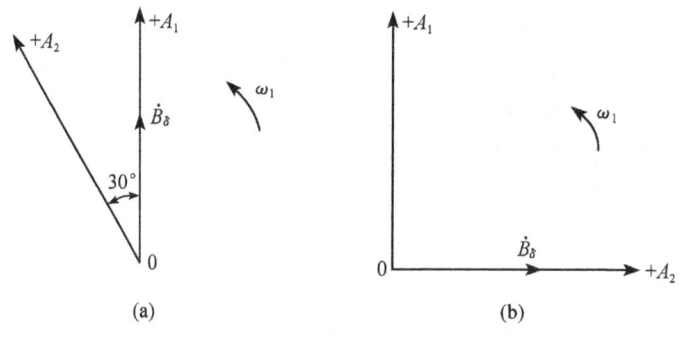

图 19-2

解:(1) 由于 $\dot{B}_\delta$ 与 $+A_1$ 重合,所以这时定子 A 相绕组的磁链为正的最大值,$\dot{\Psi}_1$ 与 $+j$ 轴重合.由于 $+A_2$ 超前 $+A_1$ 30°,所以这时转子 a 相绕组的磁链不是最大值,要过 30°后 $\dot{B}_\delta$ 转到 $+A_2$ 轴时才达到最大值,因此现在 $\dot{\Psi}_2$ 要滞后 $+j$ 轴 30°,如图 19-3 (a) 所示.$\dot{E}_1$ 滞后 $\dot{\Psi}_1$ 90°,$\dot{E}_2$ 滞后 $\dot{\Psi}_2$ 90°.

(2) 由于 $\dot{B}_\delta$ 和 $+A_2$ 重合,所以这时 $\dot{\Psi}_2$ 与 $+j$ 轴重合.$+A_1$ 超前 $+A_2$ 90°,所以 $\dot{\Psi}_1$ 要滞后 $+j$ 轴 90°,$\dot{E}_1$ 滞后 $\dot{\Psi}_1$ 90°,$\dot{E}_2$ 滞后 $\dot{\Psi}_2$ 90°,如图 19-3 (b) 所示.

19-2 一台异步电动机转子短路并堵转,已知 $t=0$ 时的气隙磁通密度 $\dot{B}_\delta$ 在空间的位置如图 19-4 所示.当转子位置处在图 19-4 (a)、(b) 两种情况下,在相量图上画出 $\dot{\Psi}_2$,$\dot{E}_2$,$\dot{I}_2$ 的位置,在空间矢量图上画出转子磁动势 $\dot{F}_2$ 的位置(已知转子阻抗角 $\varphi_2=80°$).

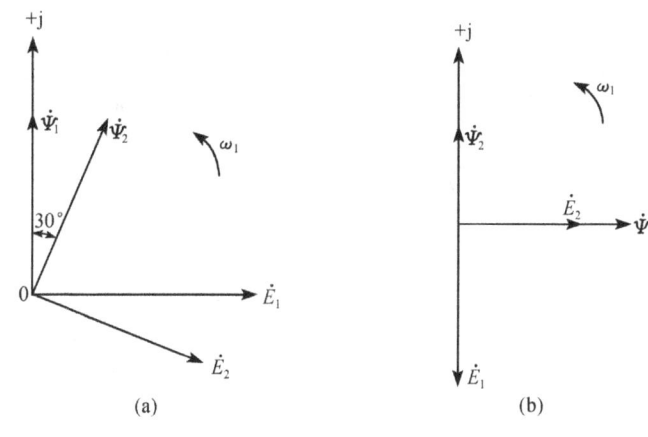

图 19-3

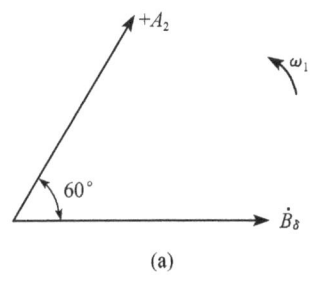
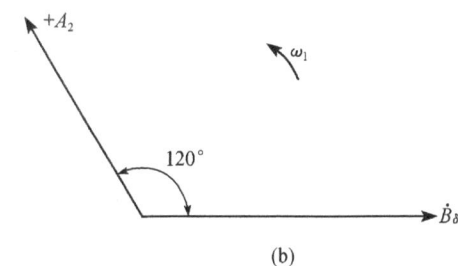

图 19-4

解: 图 19-4 (a) 情况: 可以将时间参考轴 $+j$ 和空间参考轴 $+A_2$ 重合. $\dot{B}_\delta$ 和 $\dot{\Psi}_2$ 就重合了, $\dot{E}_2$ 滞后 $\dot{\Psi}_2$ 90°, $\dot{I}_2$ 滞后 $\dot{E}_2$ φ_2 角, $\dot{F}_2$ 和 $\dot{I}_2$ 重合, $\dot{F}_2$ 滞后 $\dot{B}_\delta$ 的角度为 90°+φ_2. 作出时空相-矢量图, 如图 19-5 所示.

图 19-4 (b) 情况略.

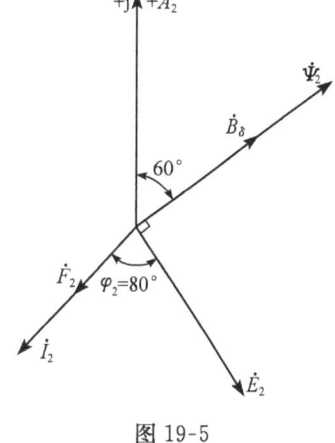

图 19-5

19-3 已知一台绕线型异步电动机, 定子绕组接在三相对称的电源上, 转子绕组自己短路, 且转子被卡住不转. 如果转子的位置分别如图 19-6 (a) 和 (b) 所示的两种情况 (已知定子漏阻抗 $Z_1=R_1+jX_1$, 转子漏阻抗 $Z_2=R_2+jX_2$, 转子的漏阻抗角 $\varphi_2=45°$),

(1) 画出 $\dot{B}_\delta$ 在 $\alpha_1=-60°$ 位置时定、转子的时空相-矢量图;

(2) 如果图 19-6 (a)、(b) 中定、转子轴线重合, 时空相-矢量图又是什么样?

解: (1) 根据图 19-6 (a) 和 (b) 可画出定、转子的时空相-矢量图, 见图 19-7 (a) 和 (b). 图中忽略了磁滞和涡流效应.

(2) 略.

19-4 已知绕线型异步电动机, 定、转子有效匝数比 $k=N_1 k_{dp1}/N_2 k_{dp2}$. 今将定、转子绕组按图 19-8 接线方式联结起来, 把转子卡住不转, 转子绕组接在三相对称电源上, 求在空载时:

(1) 转子绕组轴线滞后定子绕组轴线 α 角时, 定子输出的电压 U_2 是多少 (忽略励磁电

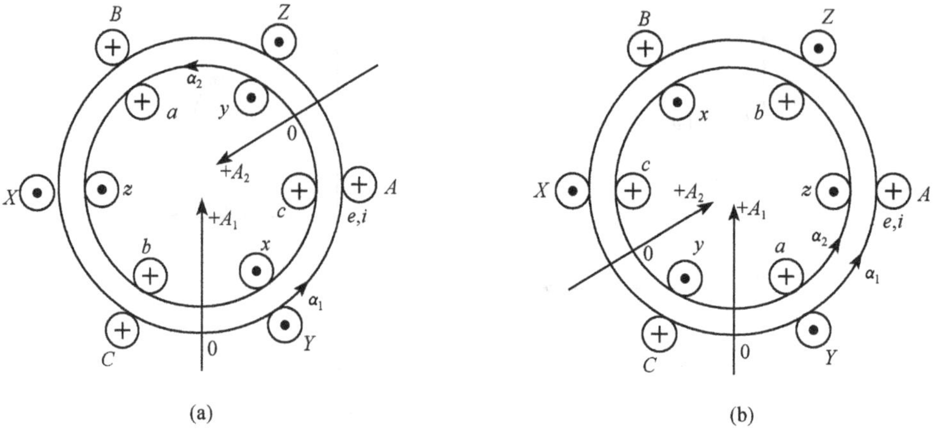

图 19-6

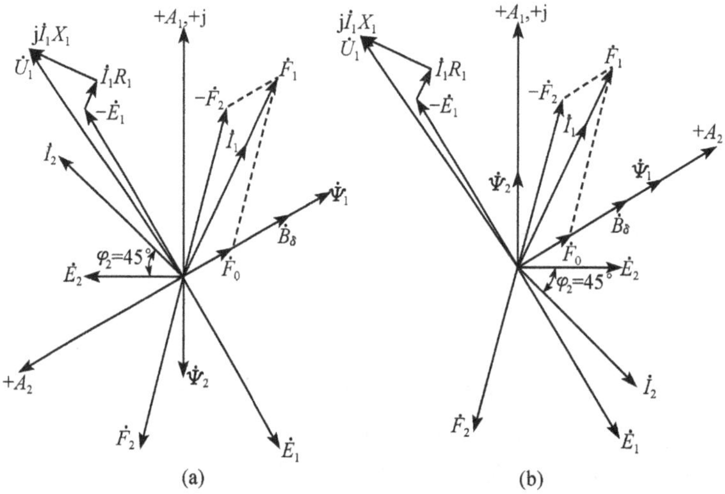

图 19-7

流在转子里引起的漏阻抗压降）？

(2) 要想获得 U_2 为最大或最小，应如何安排转子的位置？

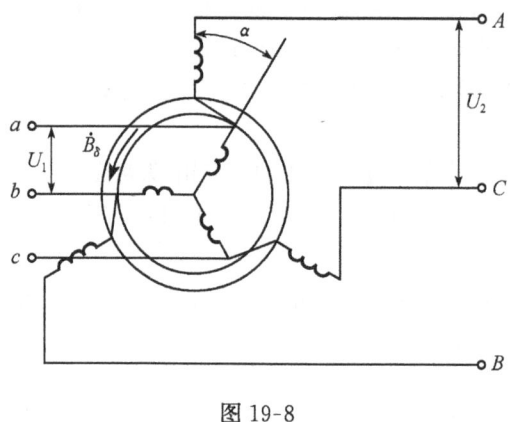

图 19-8

解：(1) 不计漏阻抗压降，则 $U_2=U_1(1+k\angle-\alpha)$

(2) 当 $\alpha=0°$ 时，U_2 最大

$$U_2 = U_1(1+k)$$

当 $\alpha=180°$ 时，U_2 最小

$$U_2 = U_1(1-k)$$

19-5 一台三相绕线型异步电机，额定电压 $U_N=380V$，额定电流 $I_N=35A$，定、转子绕组均为 Y 联结，每相绕组的匝数和绕组因数为 $N_1=320$，$k_{dp1}=0.945$，$N_2=170$，$k_{dp2}=0.93$. 求：

(1) 这台电机的变比 k_e、k_i；

(2) 若转子绕组开路，定子加额定电压，求转子每相感应电动势 E_2；

(3) 若转子绕组短路堵转，定子接电源，量得定子电流为额定值，求转子每相电流 I_2（忽略励磁电流）.

解：(1)
$$k_e = \frac{N_1 k_{dp1}}{N_2 k_{dp2}} = \frac{320 \times 0.945}{170 \times 0.93} = 1.913$$

$$k_i = \frac{m_1 N_1 k_{dp1}}{m_2 N_2 k_{dp2}} = \frac{3 \times 320 \times 0.945}{3 \times 170 \times 0.93} = 1.913$$

(2) $$U_1 \approx E_1 = E_2'$$

其中
$$U_1 = \frac{U_N}{\sqrt{3}} = \frac{380}{\sqrt{3}} = 220(V)$$

$$E_2 = \frac{E_2'}{k_e} = \frac{220}{1.913} = 115(V)$$

(3) $$I_1 = I_2' = 35A$$
$$I_2 = I_2' k_i = 35 \times 1.913 = 67(A)$$

19-6 一台三相绕线型异步电机，额定电压 $U_N=380V$，当定子加额定电压、转子不转并开路时的集电环电压为 254V，定、转子绕组都为 Y 联结. 已知定、转子一相的参数为 $R_1=0.044\Omega$，$X_1=0.54\Omega$，$R_2=0.027\Omega$，$X_2=0.24\Omega$，忽略励磁电流，求：

(1) 这台电机的变比 k_e，k_i；

(2) 定子加额定电压、转子堵转时的转子相电流.

解：(1) $$k_e = k_i = \frac{E_1}{E_2} \approx \frac{U_1}{U_2} = \frac{\frac{380}{\sqrt{3}}}{\frac{254}{\sqrt{3}}} = 1.496$$

(2) $$R_2' = k_e k_i R_2 = 1.496^2 \times 0.027 = 0.0604(\Omega)$$
$$X_2' = k_e k_i X_2 = 1.496^2 \times 0.24 = 0.573(\Omega)$$
$$I_1 = I_2' = \frac{U_1}{\sqrt{(R_1+R_2')^2 + (X_1+X_2')^2}}$$
$$= \frac{220}{\sqrt{(0.044+0.0604)^2 + (0.54+0.537)^2}}$$
$$= 203(A)$$
$$I_2 = k_i I_2' = 1.496 \times 203 = 304(A)$$

19-7 有一台三相 4 极 50Hz 的绕线型异步电动机，转子每相电阻 $R_2=0.02\Omega$，转子不

转时每相的漏电抗 $X_2=0.08\Omega$，电压变比 $k_e=\dfrac{E_1}{E_2}=10$. 当 $E_1=200\text{V}$ 时，求转子堵转时转子一相电动势 E_2、转子相电流 I_2 以及转子功率因数 $\cos\varphi_2$.

解： 转子相电动势

$$E_2=\dfrac{E_1}{k_e}=\dfrac{200}{10}=20(\text{V})$$

转子相电流

$$I_2=\dfrac{E_2}{\sqrt{R_2^2+X_2^2}}=\dfrac{20}{\sqrt{0.02^2+0.08^2}}=242.5(\text{A})$$

转子功率因数

$$\cos\varphi_2=\dfrac{R_2}{\sqrt{R_2^2+X_2^2}}=\dfrac{0.02}{\sqrt{0.02^2+0.08^2}}=0.243$$

19-8 一台三相绕线型异步电动机，当定子加额定电压而转子开路时，集电环上电压为 60V，转子绕组为 Y 联结. 已知当转子不转时，转子的漏阻抗为 $0.6+\text{j}4.0\Omega$，定子每相漏阻抗 $Z_1=Z_2'$（Z_2' 为转子漏阻抗的折合值），忽略励磁电流，问当转子绕组里串入每相电阻值为 5Ω 的 Y 联结的电阻，在额定电压下堵转时，转子绕组中的电流是多少？

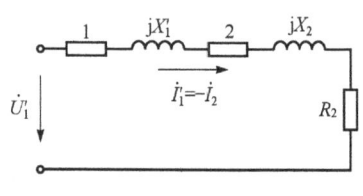

图 19-9 转子串接电阻堵转时的等效电路

解： 本题待求量为转子电流，已知转子侧电压和定、转子漏阻抗，而定子电压未知，因此，采用折合到转子侧的等效电路进行计算比较方便. 忽略励磁电流，即不计励磁阻抗，可得转子串入电阻 R_s 堵转时的等效电路，如图 19-9 所示. 由于 $Z_1=Z_2'$，因此，$Z_1'=Z_2$.

转子绕组开路时，集电环电压等于线电动势，每相电动势为

$$E_2=\dfrac{60}{\sqrt{3}}=34.64\ (\text{V})$$

不计此时定子漏阻抗的影响，则定子每相额定电压的折合值为

$$U_1'\approx E_1'=E_2=34.64\ (\text{V})$$

堵转时，转子相电流为

$$I_2=\dfrac{U_1'}{|Z_1'+Z_2+R_s|}=\dfrac{U_1'}{|2Z_2+R_s|}=\dfrac{34.64}{|2\times(0.6+\text{j}4)+5|}=3.422\ (\text{A})$$

19-9 一台三相绕线型异步电动机，转子绕组为 Y 联结，当定子加额定电压而转子绕组开路时，集电环上电压为 260V. 转子不转时，转子每相漏阻抗为 $0.06+\text{j}0.2\Omega$（设定子每相漏阻抗 $Z_1=Z_2'$）. 求：

（1）定子加额定电压、转子堵转时转子相电流的大小；

（2）在转子回路串入每相 0.2Ω 的三相对称电阻，转子堵转时的每相电流是多大？

解： 由于异步电动机的漏阻抗比励磁阻抗小得多，因此在计算这样的堵转情况时，可以忽略励磁阻抗。这样，本题就与上题类似，可以用同样的方法求解。

由于 $k_e=k_i=\dfrac{E_1}{E_2}\approx\dfrac{U_1}{E_2}$，其中，$U_1$ 为额定相电压，$E_2=\dfrac{260}{\sqrt{3}}$ (V)，因此，也可以采用下面的方法求解：

(1) 定子加额定电压、转子堵转时的转子相电流

$$I'_2 = \frac{U_1}{|Z_1 + Z'_2|} = \frac{U_1}{2|Z'_2|} = \frac{k_e E_2}{2k_e k_i |Z_2|}$$

$$I_2 = k_i I'_2 = \frac{k_e k_i E_2}{2k_e k_i |Z_2|} = \frac{E_2}{2|Z_2|} = \frac{260/\sqrt{3}}{2 \times |0.06 + j0.2|} = 359.5 \text{ (A)}$$

(2) 定子加额定电压,转子每相串入 $R_s = 0.2\Omega$ 电阻堵转时的相电流

$$I'_2 = \frac{U_1}{|Z_1 + Z'_2 + R'_s|} = \frac{U_1}{|2Z'_2 + R'_s|} = \frac{k_e E_2}{k_e k_i |2Z_2 + R_s|}$$

$$I_2 = k_i I'_2 = \frac{k_e k_i E_2}{k_e k_i |2Z_2 + R_s|} = \frac{E_2}{|2Z_2 + R_s|} = \frac{260/\sqrt{3}}{|2 \times (0.06 + j0.2) + 0.2|} = 293 \text{ (A)}$$

19-10 一台三相异步电动机,定子绕组接到频率 $f_1 = 50\text{Hz}$ 的三相对称电源上,已知它运行在额定转速 $n_N = 960\text{r/min}$. 求:

(1) 该电动机的极对数 p 是多少?
(2) 额定转差率 s_N 是多少?
(3) 额定转速运行时,转子电动势的频率 f_2 是多少?

解:(1) 求极对数 p

异步电动机额定运行时,转差率 s 较小,一般不超过 0.05. 现根据电动机的额定转速 $n_N = 960\text{r/min}$,便可判断出它的气隙磁通密度 B_δ 的转速为 $n_1 = 1000\text{r/min}$. 于是

$$p = \frac{60f_1}{n_1} = \frac{60 \times 50}{1000} = 3$$

(2) 额定转差率为

$$s_N = \frac{n_1 - n_N}{n_N} = \frac{1000 - 960}{1000} = 0.04$$

(3) 转子电动势的频率为

$$f_2 = s_N f_1 = 0.04 \times 50 = 2(\text{Hz})$$

19-11 一台三相 6 极绕线型异步电动机,当定子接到额定电压、转子不转且开路时,转子每相感应电动势为 110V,电源频率为 50Hz. 已知电动机的额定转速 $n_N = 980\text{r/min}$,转子堵转时的参数 $R_2 = 0.1\Omega$,$X_2 = 0.5\Omega$,忽略定子漏阻抗的影响,求额定运行时的

(1) 转子电流频率 f_2;
(2) 转子每相电动势 E_{2s};
(3) 转子每相电流 I_{2s}.

解:(1)
$$n_1 = \frac{60f_1}{p} = \frac{60 \times 50}{3} = 1000(\text{r/min})$$

$$s_N = \frac{n_1 - n_N}{n_N} = \frac{1000 - 980}{1000} = 0.02$$

$$f_2 = s_N f_1 = 0.02 \times 50 = 1(\text{Hz})$$

(2) $$E_{2s} = s_N E_2 = 0.02 \times 110 = 2.2(\text{V})$$

(3) $$I_{2s} = \frac{E_{2s}}{\sqrt{(s_N X_2)^2 + R_2^2}} = \frac{2.2}{\sqrt{(0.02 \times 0.5)^2 + 0.1^2}} = 22(\text{A})$$

19-12 已知一台三相异步电动机,在额定运行时转子电路的实际量为转差率 s、一相电

流 I_{2s}、相电动势 E_{2s}、一相电阻 R_2、一相漏电抗 X_{2s}，又知定、转子电压变比为 k_e，电流变比为 k_i. 求：

(1) 将转子绕组进行频率折合（折合到不转的转子），这时转子一相电流为多大？一相电动势为多大？转子回路的电阻和电抗为多大？转子回路的阻抗角为多大？

(2) 在频率折合的基础上，再将转子绕组折合到定子绕组的匝数、相数，这时转子一相电流、一相电动势各为多大？转子回路的电阻和电抗为多大？转子回路的阻抗角为多大？

解：(1) 经频率折合后，转子一相电流仍为 I_{2s}，没有变；一相电动势为 $\dfrac{E_{2s}}{s}$，变大了；转子回路电阻为 $\dfrac{R_2}{s}$，变大了；漏电抗为 $\dfrac{X_{2s}}{s}$，变大了；转子回路的阻抗角 $\varphi_2 = \arctan\dfrac{X_{2s}}{R_2}$，没有变.

(2) 经绕组折合后，转子一相电流为 I_{2s}/k_i，一相电动势为 $\dfrac{E_{2s}}{s}k_e$，转子回路的电阻为 $\dfrac{R_2}{s}k_e k_i$，电抗为 $\dfrac{X_{2s}}{s}k_e k_i$，转子回路的阻抗角 $\varphi_2 = \arctan\dfrac{X_{2s}}{R_2}$ 仍不变.

19-13 如果异步电动机转子电阻 R_{2s} 不是常数，而是频率的函数，假设 $R_{2s} = \sqrt{s}R_a$（R_a 为已知数）. 在分析过程中采用频率折合后，其等效转子阻抗是多少？

解：频率折合后，其等效转子阻抗应为 $jX_2 + \dfrac{\sqrt{s}}{s}R_a$.

19-14 一台三相绕线型异步电机，定子绕组接在三相对称的电源上. 今由另一台原动机拖动此异步电机，并使它的转速 n 超过同步转速 n_1，并且 n 与 n_1 转向相同. 已知定子漏阻抗 $Z_1 = R_1 + jX_1$，转子不转时漏阻抗 $Z_2 = R_2 + jX_2$. 分析：

(1) 气隙磁通密度 B_δ 在定、转子绕组中感应电动势的频率；
(2) 定、转子绕组感应电动势的相序；
(3) 画出转子的时空相-矢量图；
(4) 把转子磁动势 F_2 画在定子的空间矢量图上，作出定子的空间矢量图；
(5) 画出定子的时空相-矢量图；
(6) 作用在转子上的电磁转矩是拖动转矩还是制动转矩？
(7) 这时异步电机的电磁功率流动方向如何？

解：(1) 气隙磁通密度在定子绕组中感应电动势频率为 f_1；在转子绕组中感应电动势频率为 sf_1，其中 $s = \dfrac{n_1 - n}{n_1} < 0$.

(2) s 为负说明定、转子绕组感应电动势的相序相反.

(3) 转子的时空相-矢量图见图 19-10（$+A_2$ 和 $+j$ 重合）. 由于 $n > n_1$，$\dot{B}_\delta$ 相对于转子为反转，所以转子绕组的相序与定子绕组相反. $\dot{\Psi}_2$ 与 $\dot{B}_\delta$ 重合，$\dot{E}_{2s}$ 滞后 $\dot{\Psi}_2$ 90°，$\dot{I}_{2s}$ 滞后 $\dot{E}_{2s}$ 为 φ_2，F_2 与 $\dot{I}_{2s}$ 重合.

(4) 和 (5) 定子的时空相-矢量图见图 19-11（$+A_1$ 和 $+j$ 重合）.

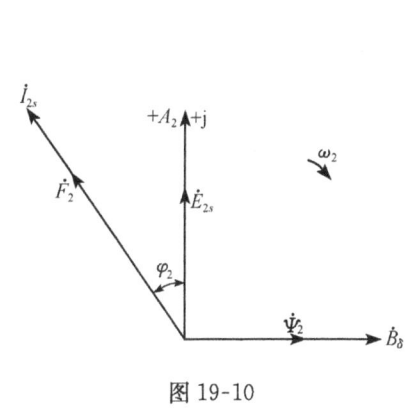

图 19-10

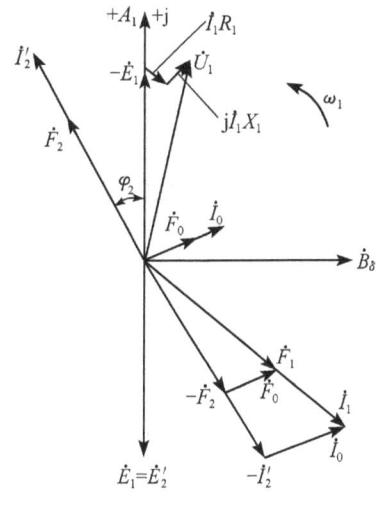

图 19-11

画定子的空间矢量和时间相量的步骤是：首先将+A_1轴和+j轴重合在一起；然后画空间矢量$\dot{B}_\delta$，它相对定子以同步转速旋转，可以画在任意位置，为了方便，画在水平位置；由转子空间矢量图即图 19-10 中$\dot{F}_2$与$\dot{B}_\delta$的关系，可确定$\dot{F}_2$的位置，$\dot{F}_2$和$\dot{B}_\delta$在空间的相对位置是不变的，相对于转子以电角速度$\omega_2=s\omega_1$旋转，相对于定子以电角速度ω_1旋转；考虑铁损耗时，$\dot{F}_0$超前$\dot{B}_\delta$一个小角度；根据$\dot{F}_1=\dot{F}_0-\dot{F}_2$就可确定$\dot{F}_1$。到此空间矢量图已完成。时间相量$\dot{E}_1=\dot{E}_2'$滞后$\dot{B}_\delta$ 90°，$\dot{I}_1$和$\dot{F}_1$重合；根据$\dot{U}_1=-\dot{E}_1+\dot{I}_1 R_1+\mathrm{j}\dot{I}_1 X_1$就可确定$\dot{U}_1$；$\dot{I}_0$和$\dot{F}_0$重合，$\dot{I}_2'$和$\dot{F}_2$重合。这样就完成了定子时间相量图。

（6）转子是逆时针旋转并超过同步转速，$\dot{B}_\delta$对转子的作用即对$\dot{F}_2$的作用是试图使$\dot{F}_2$和$\dot{B}_\delta$方向一致，即产生的转矩为顺时针方向，与旋转方向相反，为制动转矩。

（7）电磁功率为$\dot{E}_1$和$\dot{I}_2'$的点积即标量积

$$P_M=\dot{E}_1 \cdot \dot{I}_2'=\dot{E}_2' \cdot \dot{I}_2'$$

由于$\dot{E}_2'$和$\dot{I}_2'$之间大于 90°，所以点积为负，说明电磁功率从转子流向定子。

19-15 一台鼠笼型三相异步电动机，已知数据如下：$P_N=10\mathrm{kW}$，$f_1=50\mathrm{Hz}$，$U_N=220\mathrm{V}$，D 联结，定子绕组每相串联匝数$N_1=114$ 匝，绕组因数$k_{dp1}=0.902$，$R_1=0.488\Omega$，$X_1=1.2\Omega$，$R_m=3.72\Omega$，$X_m=39.2\Omega$，极数$2p=4$，转子导条数$Q_2=42$，每根导条包括端环部分的电阻$R_2=0.135\times 10^{-3}\Omega$，漏电抗$X_2=0.44\times 10^{-3}\Omega$。求：

（1）画出等效电路，并标明各参数之数值；
（2）计算空载时的线电流（可认为$s\approx 0$）；
（3）当定子加额定电压，$n=1460\mathrm{r/min}$时，定子电流（相值）是多少？

解：（1）
$$k_e=\frac{N_1 k_{dp1}}{N_2 k_{dp2}}=\frac{114\times 0.902}{\frac{1}{2}\times 1}=205.66$$

$$k_i=\frac{m_1 N_1 k_{dp1}}{m_2 N_2 k_{dp2}}=\frac{3\times 114\times 0.902}{42\times \frac{1}{2}\times 1}=14.69$$

$$k_e k_i=205.66\times 14.69=3021$$

$$R_2' = k_e k_i R_2 = 3021 \times 0.135 \times 10^{-3} = 0.408(\Omega)$$
$$X_2' = k_e k_i X_2 = 3021 \times 0.44 \times 10^{-3} = 1.329(\Omega)$$

折合到定子侧的一相等效电路如图 19-12 所示.

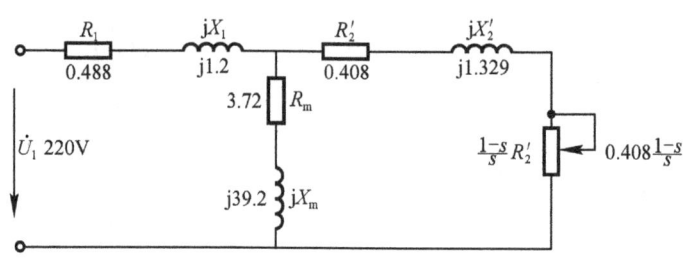

图 19-12

(2) 空载时相电流 I_0 为

$$\dot{I}_0 = \frac{\dot{U}_1}{R_1 + R_m + j(X_1 + X_m)} = \frac{220}{0.488 + 3.72 + j(1.2 + 39.2)}$$
$$= \frac{220}{40.6 \angle 84.05°} = 5.4 \angle -84.05°(A)$$

空载时线电流为 $\sqrt{3} I_0 = 9.4(A)$.

(3) $$s = \frac{n_1 - n}{n_1} = \frac{1500 - 1460}{1500} = 0.0267$$

利用简化等效电路得

$$-\dot{I}_2' = \frac{\dot{U}_1}{R_1 + \frac{R_2'}{s} + j(X_1 + X_2')} = \frac{220}{0.488 + \frac{0.408}{0.0267} + j(1.2 + 1.329)}$$
$$= \frac{220}{15.969 \angle 9.11°} = 13.78 \angle -9.11°(A)$$
$$\dot{I}_1 = \dot{I}_0 - \dot{I}_2' = 5.4 \angle -84.05° + 13.78 \angle -9.11°$$
$$= 16.05 \angle -28.06°(A)$$

第二十章 三相异步电动机的功率、转矩与运行性能

20.1 学习目标

本章主要分析三相异步电动机稳态运行时的功率关系和转矩关系,并研究三相异步电动机电磁转矩与电机参数之间的关系,然后简要介绍三相异步电动机的工作特性和参数的测定方法. 本章也是异步电动机的重点内容.

基本要求:
(1) 掌握三相异步电动机的功率关系和转矩关系.
(2) 掌握三相异步电动机电磁转矩与电磁功率、机械功率之间的关系.
(3) 掌握三相异步电动机电磁转矩的物理表达式.
(4) 掌握三相异步电动机机械特性的参数表达式、实用公式及其应用.
(5) 了解三相异步电动机的工作特性.
(6) 了解三相异步电动机等效电路参数的测定方法.

本章重点为三相异步电动机的功率关系和转矩关系、三相异步电动机的机械特性、电磁转矩的三种表达式及其应用.

20.2 基本知识点

1. 三相异步电动机的功率与转矩关系

(1) 功率平衡关系

利用三相异步电动机的 T 型等效电路,可以分析异步电动机能量转换过程中的各种功率、损耗及功率平衡关系.

①三相异步电动机的功率平衡关系

$P_1 = P_M + p_{Cu1} + p_{Fe}$, $P_M = P_m + p_{Cu2}$, $P_m = P_2 + p_m + p_a$

②功率、损耗表达式

定子输入功率:$P_1 = 3U_1 I_1 \cos\varphi_1$ (φ_1 为定子功率因数角);

定子铜损耗:$p_{Cu1} = 3I_1^2 R_1$;铁损耗:$p_{Fe} = 3I_0^2 R_m$;转子铜损耗:$p_{Cu2} = 3I_2'^2 R_2'$;

电磁功率:$P_M = 3I_2'^2 \dfrac{R_2'}{s} = 3E_2' I_2' \cos\varphi_2 = m_2 E_2 I_2 \cos\varphi_2$ (φ_2 为转子功率因数角)

机械功率:$P_m = 3I_2'^2 \dfrac{1-s}{s} R_2'$(参见第十九章对附加电阻物理意义的说明)

以上各式中的电压、电动势、电流均为相值.

③电磁功率、转子铜损耗和机械功率之间的关系:$P_M : p_{Cu2} : P_m = 1 : s : (1-s)$.

(2) 转矩平衡关系:$T = T_2 + T_0$.

(3) 转矩与功率的关系：$T=\dfrac{P_m}{\Omega}=\dfrac{P_M}{\Omega_1}$，$T_2=\dfrac{P_2}{\Omega}$，$T_0=\dfrac{p_m+p_a}{\Omega}$．其中，$\Omega_1=\dfrac{2\pi n_1}{60}=\dfrac{2\pi f_1}{p}$ 为同步机械角速度，$\Omega=\dfrac{2\pi n}{60}=(1-s)\Omega_1$ 为转子机械角速度，二者的单位都是 rad/s．

(4) 电磁转矩的物理表达式：$T=C_T\Phi_m I_2\cos\varphi_2$．其中，$C_T$ 为转矩因数；Φ_m 为气隙每极磁通量．该式反映了三相异步电动机的电磁转矩 T 是由气隙基波磁通 Φ_m（即主磁通）与转子电流的有功分量 $I_2\cos\varphi_2$ 相互作用产生的物理本质．它主要用于定性分析异步电动机在不同运行工况下电磁转矩的变化趋势．

注意 三相异步电动机电磁转矩的物理表达式与直流电动机的电磁转矩公式相似．不过在异步电动机中，只有电流的有功分量才能产生电磁转矩，从而产生电磁功率，因此电磁转矩 T 和转子电流的有功分量 $I_2\cos\varphi_2$，而非转子电流 I_2 有关．

2. 三相异步电动机的机械特性

三相异步电动机的机械特性是指在定子电压、频率和电动机参数固定的条件下，电磁转矩 T 与转速 n（或转差率 s）之间的函数关系．

机械特性是异步电动机最重要的特性，是分析异步电动机运行性能的一个重要依据．

(1) 机械特性参数表达式（也称电磁转矩参数表达式）

$$T=\dfrac{3pU_1^2\dfrac{R_2'}{s}}{2\pi f_1\left[\left(R_1+\dfrac{R_2'}{s}\right)^2+(X_1+X_2')^2\right]}$$

该表达式反映了电磁转矩 T 与电源参数（电压 U_1 和频率 f_1）、电机参数（R_1、R_2、X_1'、X_2'）和转差率 s 之间的关系．主要用于定性分析各种参数变化对电磁转矩 T 的影响．

(2) 固有机械特性

①定义：是指三相异步电动机在电压、频率均为额定值不变，定、转子回路不串入任何电路元件条件下的机械特性．

②特点：三相异步电机的固有机械特性（T-s 曲线）如图 20-1 所示，其形状主要取决于同步转速点 A、最大电磁转矩点 C 和启动（堵转）点 D.

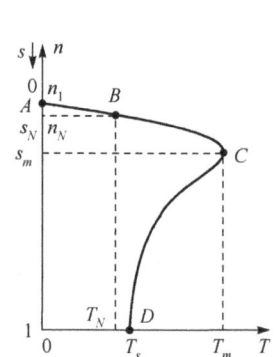

图 20-1 三相异步电动机的固有机械特性

③额定电磁转矩 T_N：$T_N=T_{2N}+T_0\approx T_{2N}=9550\dfrac{P_N}{n_N}$（$P_N$ 的单位是 kW）．

④ 最大电磁转矩 T_m、临界转差率 s_m（产生 T_m 的转差率）

$$T_m=\dfrac{3pU_1^2}{4\pi f_1\left[R_1+\sqrt{R_1^2+(X_1+X_2')^2}\right]}, \quad s_m=\dfrac{R_2'}{\sqrt{R_1^2+(X_1+X_2')^2}}$$

T_m 和 s_m 的变化特点：(a) $T_m\propto U_1^2$，而 s_m 与 U_1 无关；(b) s_m 和 T_m 都随电源频率 f_1 或定、转子漏电抗 X_1、X_2' 的增大而减小；(c) $s_m\propto R_2$，而 T_m 与转子回路电阻 R_2 无关．

过载能力 $k_m=\dfrac{T_m}{T_N}$（也称最大转矩倍数）．k_m 反映了电动机短时过载运行的能力．

⑤堵转转矩 T_s（$s=1$ 时）

$$T_s = \frac{3pU_1^2 R_2'}{2\pi f_1 \left[(R_1+R_2')^2+(X_1+X_2')^2\right]}$$

T_s 的变化特点：(a) $T_s \propto U_1^2$；(b) T_s 随电源频率 f_1 或定、转子漏电抗 X_1、X_2' 的增大而减小．(c) 适当增大转子回路电阻 R_2 可使 T_s 增大，但 R_2 过大时，T_s 反而会减小．

堵转转矩倍数 $k_{st} = \dfrac{T_s}{T_N}$．$k_{st}$ 反映了电动机的启动能力．

(3) 人为机械特性

①定义：人为地改变异步电动机的定子电压 U_1 或电源频率 f_1，或者在定、转子回路中串入电阻或电抗时所得到的机械特性．

②分析人为机械特性，主要是分析以下四个量的变化情况：同步转速 n_1、临界转差率 s_m、最大电磁转矩 T_m、堵转转矩 T_s．

(4) 机械特性实用公式（也称电磁转矩实用表达式）

公式为：$\dfrac{T}{T_m} = \dfrac{2}{\dfrac{s}{s_m}+\dfrac{s_m}{s}}$．主要用于工程上对异步电动机机械特性的计算．

机械特性实用公式的使用方法：

① T_m 的确定：$T_N \approx T_{2N} = 9550\dfrac{P_N}{n_N}$，$T_m = k_m T_N$．

② s_m 的确定：$s_m = s_N\left(k_m+\sqrt{k_m^2-1}\right)$，或 $s_m = s\left[k_m\dfrac{T_N}{T_L}+\sqrt{\left(k_m\dfrac{T_N}{T_L}\right)^2-1}\right]$．

3. 三相异步电动机的工作特性

三相异步电动机的工作特性是指定子绕组加额定频率的额定电压时，转速 n、定子电流 I_1、功率因数 $\cos\varphi_1$、电磁转矩 T、效率 η 与输出功率 P_2 之间的关系，如教材图 20-5 所示．通过工作特性，可以了解异步电动机的运行性能．

三相异步电动机的功率因数 $\cos\varphi_1$ 和效率 η 都是在额定负载附近达到最大．因此电动机不宜长期在空载、轻载或过载情况下运行．应使电动机的额定功率和负载大小相匹配．

4. 三相异步电动机参数的测定

(1) 堵转试验和短路阻抗参数的测定

在额定电流下做堵转试验，测取定子电压 U_k、定子电流 I_k 和三相输入功率 P_k，可求得短路阻抗 $|Z_k|$、短路电阻 R_k 和短路电抗 X_k．详见例 20.2．

(2) 空载试验和励磁阻抗参数的测定

做空载试验，测取不同定子电压 U_0 下的空载电流 I_0 和三相输入功率 P_0，通过作图分离出机械损耗 p_m；再根据额定电压 U_N 下的试验数据，求得 R_m 和 X_m．详见教材和例 20.2．

注意 R_m 和 X_m 的值与主磁路饱和程度有关，随定子电压的变化而变化．为了与实际运行情况相吻合，应取额定电压点的试验数据来计算励磁阻抗参数．

20.3 典型例题解析

例 20.1 一台三相绕线型异步电动机，额定电压 $U_N = 380\text{V}$，定子绕组三角形联结，极

对数 $p=3$，电源频率 $f_1=50\text{Hz}$，定子电阻 $R_1=0.6\Omega$，转子电阻 $R_2=0.21\Omega$，励磁电阻 $R_m=9\Omega$。当输出功率 $P_2=11\text{kW}$ 时，定子相电流 $I_1=13\text{A}$，转子相电流 $I_2=32\text{A}$，每相励磁电流 $I_0=4.3\text{A}$，机械损耗和附加损耗 $p_m+p_a=200\text{W}$。试求：

(1) 该电动机的电磁功率 P_M、机械功率 P_m、输入功率 P_1 和总损耗 $\sum p$；

(2) 定子功率因数 $\cos\varphi_1$ 和电动机效率 η；

(3) 转差率 s 和转速 n。

思路与技巧 本题应利用三相异步电动机的功率关系求解。求出各项功率与损耗后，由 $P_1=3U_1I_1\cos\varphi_1$，可求出功率因数 $\cos\varphi_1$。p_{Cu2} 和 P_M 确定后，转差率可根据公式 $s=p_{Cu2}/P_M$ 求出，进一步可求得转速 $n_N=(1-s)n_1$。

解：(1) 机械功率 $P_m=P_2+p_m+p_a=11+0.2=11.2\text{ (kW)}=11200\text{W}$

转子铜损耗 $p_{Cu2}=3I_2^2R_2=3\times32^2\times0.21=645.12\text{ (W)}$

电磁功率 $P_M=P_m+p_{Cu2}=11.2\times10^3+645.12=11845\text{ (W)}$

定子铜损耗 $p_{Cu1}=3I_1^2R_1=3\times13^2\times0.6=304.2\text{ (W)}$

定子铁损耗 $p_{Fe}=3I_0^2R_m=3\times4.3^2\times9=499.23\text{ (W)}$

输入功率 $P_1=P_M+p_{Cu1}+p_{Fe}=11845+304.2+499.23=12648\text{ (W)}$

总损耗 $\sum p=P_1-P_2=12648-11000=1648\text{(W)}$

(2) 效率 $\eta=\dfrac{P_2}{P_1}\times100\%=\dfrac{11000}{12648}\times100\%=86.97\%$

定子功率因数 $\cos\varphi_1=\dfrac{P_1}{3U_1I_1}=\dfrac{12648}{3\times380\times13}=0.8534$

(3) 同步转速 $n_1=\dfrac{60f_1}{p}=\dfrac{60\times50}{3}=1000\text{ (r/min)}$

转差率 $s=\dfrac{p_{Cu2}}{P_M}=\dfrac{645.12}{11845}=0.05446$

转速 $n_N=(1-s)n_1=(1-0.05446)\times1000=945.5\text{ (r/min)}$

例 20.2 一台三相异步电动机，额定电压 $U_N=380\text{V}$，定子绕组 D 联结，定子电阻 $R_1=0.4\Omega$。其空载试验和短路试验数据如下：

空载试验：$U_0=U_N=380\text{V}$，$I_0=21.4\text{A}$，$P_0=1360\text{W}$，$p_m=100\text{W}$；

短路试验：$U_k=110\text{V}$，$I_k=68\text{A}$，$P_k=4280\text{W}$。

不计附加损耗，设 $X_1=X_2'$，求该电动机 T 型等效电路中的各参数。

解： 由短路试验数据求得

短路阻抗 $|Z_k|=\dfrac{U_{k\phi}}{I_{k\phi}}=\dfrac{U_k}{I_k/\sqrt{3}}=\dfrac{110}{68/\sqrt{3}}=2.802\text{ (}\Omega\text{)}$

短路电阻 $R_k=\dfrac{P_k}{3I_{k\phi}^2}=\dfrac{P_k}{3(I_k/\sqrt{3})^2}=\dfrac{4280}{68^2}=0.9256\text{ (}\Omega\text{)}$

短路电抗 $X_k=\sqrt{|Z_k|^2-R_k^2}=\sqrt{2.802^2-0.9256^2}=2.645\text{ (}\Omega\text{)}$

转子电阻 $R_2'=R_k-R_1=0.9256-0.4=0.5256\text{ (}\Omega\text{)}$

转子漏电抗 $X_1=X_2'=\dfrac{X_k}{2}=\dfrac{2.645}{2}=1.3225\text{ (}\Omega\text{)}$

由空载试验数据求得

空载等效阻抗 $|Z_0|=\dfrac{U_{0\phi}}{I_{0\phi}}=\dfrac{U_0}{I_0/\sqrt{3}}=\dfrac{380}{21.4/\sqrt{3}}=30.76$（Ω）

不计附加损耗时，空载等效电阻 $R_0=\dfrac{P_0-p_m}{3I_{0\phi}^2}=\dfrac{1360-100}{3\times(21.4/\sqrt{3})^2}=2.751$（Ω）

空载等效电抗 $X_0=\sqrt{|Z_0|^2-R_0^2}=\sqrt{30.76^2-2.751^2}=30.64$（Ω）

励磁电阻 $R_m=R_0-R_1=2.751-0.4=2.351$（Ω）

励磁电抗 $X_m=X_0-X_1=30.64-1.3225=29.32$（Ω）

提示 本题中的励磁电阻 R_m 还有一种解法：已知空载时的定子输入功率 P_0、定子铜损耗 $3I_0^2R_1$ 和机械损耗 p_m 时，不计附加损耗，可利用功率关系可先求出铁损耗 p_{Fe}，然后根据铁损耗的计算公式 $p_{Fe}=3I_0^2R_m$，可求出励磁电阻 R_m.

铁损耗 $p_{Fe}=P_0-3I_{0\phi}^2R_1-p_m=1360-3\times\left(\dfrac{21.4}{\sqrt{3}}\right)^2\times0.4-100=1077$（W）

励磁电阻 $R_m=\dfrac{p_{Fe}}{3I_{0\phi}^2}=\dfrac{1077}{3\times(21.4/\sqrt{3})^2}=2.352$（Ω）

20.4 思考题及其解答

20-1 三相异步电动机运行时，内部有哪些损耗？当电动机从空载到额定负载运行时，这些损耗中哪些基本不变？哪些是随负载变化的？

答：一般的异步电动机运行时，内部损耗有：
(1) 定子绕组铜损耗；
(2) 转子绕组铜损耗；
(3) 定子铁损耗；
(4) 机械损耗；
(5) 附加损耗.

当电机从空载变化到额定负载时，上述（3）、（4）两种损耗基本不变，（1）、（2）和（5）三种损耗是随负载变化的.

20-2 三相异步电动机定子铁损耗和转子铁损耗大小与什么有关？只要电压不变，定子铁损耗和转子铁损耗的大小就基本不变吗？

答：定子、转子铁损耗与铁心中的磁通密度和频率有关. 电动机正常运行时，只要定子电压和频率不变，主磁通就基本不变，定子铁损耗也就基本不变. 由于正常运行时转子频率很低，因此转子铁损耗很小，一般都忽略不计.

20-3 三相异步电动机铭牌上的额定功率指的是什么功率？额定运行时的电磁功率、机械功率和转子铜损耗之间有何数量关系？当电机定子接电源而转子短路且不转时，这台电机是否还有电磁功率、机械功率或电磁转矩？

答：异步电动机铭牌上的额定功率指的是输出的机械功率. 额定运行时电磁功率 P_M、机械功率 P_m 和转子铜损耗 p_{Cu2} 之间的数量关系与转差率 s_N 有关：

$$p_{Cu2}=s_NP_M$$

$$P_m = (1-s_N)P_M$$

当转子不转时,这台电机有电磁功率. 由于 $s=1$,电磁功率等于转子铜损耗. 因转速为零,故机械功率为零. 电磁转矩还存在 $T=\dfrac{P_M}{\Omega_1}$,这就是堵转转矩.

20-4 三相异步电动机产生电磁转矩的原因是什么?从转子边来看,电磁转矩与电机内部的哪些量有关?当外加电压 U 及转差率 s 不变时,电机的电磁转矩 T 是否也不会改变?是不是电动机轴上的机械负载越大,转差率 s 就越大?

答: 异步电动机产生电磁转矩的原因是载流导体在磁场中受力. 从转子边来看,电磁转矩与气隙每极磁通量 Φ_m、转子相电流 I_2 以及转子的功率因数 $\cos\varphi_2$ 成正比.

当外加电压 U 和转差率 s 不变时,电机的电磁转矩 T 是不会改变的. 电动机轴上的机械负载越大即负载转矩越大,转差率 s 就越大. s 增大使转子电流增加,电磁转矩增大,从而与负载转矩相平衡.

20-5 三相异步电动机的负载转矩是否任何时候都绝不可超过额定转矩?为什么?

答: 异步电动机的负载转矩不是任何时候都绝不可超过额定转矩的. 因为额定转矩是根据电动机长期连续运行温升的限制所确定的. 只要电机温升不超过其温升限制,负载转矩短时超过额定转矩是允许的.

20-6 一台绕线型三相异步电动机,当负载转矩不变时,在转子回路中串入一个附加电阻 R_s,它的大小等于转子绕组电阻 R_2,问这时电机的转差率将会怎样变化(近似认为电磁转矩不变)?

答: 设不串电阻时转差率为 s,串电阻后转差率为 s'. 为了保持电磁转矩不变,从电磁转矩公式中可知需要 R_2'/s 不变. 因此,

$$\frac{R_2'}{s} = \frac{R_2'+R_s'}{s'} = \frac{2R_2'}{s'}; \quad s' = 2s$$

即转差率增加 1 倍.

20-7 三相异步电动机外加电压的大小与堵转电流有什么关系?与堵转转矩又有什么关系?为什么电磁转矩随外加电压的平方变化?

答: 堵转电流与外加电压成正比,堵转转矩与外加电压的平方成正比. 这是因为电磁转矩等于电磁功率除以 Ω_1,而电磁功率与电压平方成正比. 从另一方面看,电磁转矩与气隙每极磁通量、转子相电流以及转子功率因数的乘积成正比. 气隙每极磁通量与电压成正比,转子相电流也与电压成正比,所以电磁转矩就与电压平方成正比.

20-8 一台原设计在频率 $f_1=50\text{Hz}$ 电源上运行的三相异步电动机,现改用在电压相同、频率 $f_1=60\text{Hz}$ 的电网上,问电动机的堵转转矩、堵转电流和最大转矩如何变化?

答: 根据堵转转矩公式

$$T_s = \frac{m_1 p U_1^2 R_2'}{2\pi f_1[(R_1+R_2')^2+(X_1+X_2')^2]}$$

当频率 f_1 增加,与频率成正比的 X_1,X_2' 也增加,因此堵转转矩 T_s 减小. 忽略励磁电流,从等效电路就可得堵转电流

$$I_s = \frac{U_1}{\sqrt{(R_1+R_2')^2+(X_1+X_2')^2}}$$

当频率增加时,X_1 和 X_2' 也增加,因此堵转电流减小.

根据最大转矩公式

$$T_m = \frac{1}{2} \frac{m_1 p U_1^2}{2\pi f_1 (X_1 + X_2')}$$

当频率增加时，X_1 和 X_2' 增加，因此最大转矩减小.

20-9 一台三相异步电动机，如果

(1) 转子电阻加倍；(2) 定子电阻加倍；(3) 定、转子漏电抗加倍.

各对最大转矩、堵转转矩有何影响？

答：(1) 对最大转矩无影响，堵转转矩增加.

(2) 最大转矩减小，堵转转矩减小.

(3) 最大转矩和堵转转矩都明显减小.

20-10 三相异步电动机运行时，若负载转矩不变而电源电压下降 10%，对电机的同步转速 n_1、转子转速 n、主磁通 Φ_m、转子电流 I_2、转子功率因数 $\cos\varphi_2$、定子电流 I_1 等有何影响？如果负载转矩为额定转矩，长期低电压运行，会有何后果？

答：因为 $n_1 = 60 f_1 / p$，所以对同步转速 n_1 无影响.

由于电压变为原来的 0.9 倍，因此机械特性各点的电磁转矩都变为原来的 $0.9^2 = 0.81$ 倍，而负载转矩不变，所以转子转速 n 必然下降.

因为主磁通 Φ_m 近似与电压成正比，所以主磁通 Φ_m 变小.

由于转子转速 n 变小，即转差率 s 增加，转子回路电阻 R_2'/s 减小，电抗 X_2' 不变，所以转子功率因数 $\cos\varphi_2$ 变小.

由于负载转矩不变，因此拖动负载的电磁转矩也必须不变，才能使转子匀速旋转. 电磁转矩 T 与气隙每极主磁通 Φ_m、转子电流 I_2 以及转子功率因数 $\cos\varphi_2$ 成正比，即

$$T = k \Phi_m I_2 \cos\varphi_2$$

从以上分析可知，Φ_m 变小，$\cos\varphi_2$ 变小，要使电磁转矩 T 不变，转子电流 I_2 必须变大. 因为定子电流 $I_1 \approx I_2'$，当 I_2 变大时，I_2' 也变大，所以 I_1 变大.

如果负载转矩为额定转矩，则定子、转子电流都为额定值. 如果长期低压运行，则定子、转子电流就长期超过额定值，这会缩短电机的使用寿命，甚至会烧毁电机.

20-11 绕线型三相异步电动机转子串电阻改善了 $\cos\varphi_2$（$\cos\varphi_2$ 增加了），使堵转转矩增加；鼠笼型三相异步电动机堵转转矩小，如果把电阻串在定子绕组里以改善功率因数，堵转转矩能否提高？为什么？

答：鼠笼型异步电动机在定子绕组里串电阻，会减小定子、转子堵转电流和每极主磁通，也就减小了堵转转矩. 这是因为堵转转矩与每极主磁通、转子堵转电流、转子功率因数成正比，与定子功率因数无关.

20-12 有一台三相同步电机与一台三相绕线型异步电机同轴连接，两台电机的定子都接到 50Hz 的电源上，从绕线型异步电机的集电环上引出转子三相电作为电源输出，两台电机定子接到电源的相序未知. 在下列两种情况下：(a) 同步电机为 8 极，异步电机为 4 极；(b) 同步电机为 4 极、异步电机为 8 极，求：

(1) 异步电机转子输出三相电流的频率，其相序是否与定子相序相同？

(2) 异步电机内电磁功率的传递方向.

答：(a) 同步电机为 8 极，所以转子转速一定为

$$n = \frac{60f}{4} = 750(\text{r/min})$$

异步电机为 4 极时

$$n_1 = \frac{60f}{2} = 1500(\text{r/min})$$

(1) 一种可能是转子转速 n 与同步转速 n_1 方向相同，此时转差率为

$$s = \frac{n_1 - n}{n_1} = \frac{1500 - 750}{1500} = 0.5(\text{电动机状态})$$

异步电机转子输出三相电的频率为

$$f_2 = sf_1 = 0.5 \times 50 = 25(\text{Hz})$$

其相序与定子相序相同.

另有可能转子转速 n 与同步转速 n_1 方向相反，即 $n = -750\text{r/min}$，因此转差率为

$$s = \frac{1500 + 750}{1500} = 1.5(\text{电磁制动状态})$$

异步电机转子输出三相电的频率为

$$f_2 = sf_1 = 1.5 \times 50 = 75(\text{Hz})$$

其相序与定子相序相同.

(2) 异步电机电磁功率 $P_M = \frac{p_{Cu2}}{s}$ 为正，即从定子传给转子.

(b) 同步电机为 4 极，所以转子转速为

$$n = 60f/2 = 1500(\text{r/min})$$

异步电机为 8 极，$n_1 = 60f/4 = 750(\text{r/min})$

(1) 当 n 与 n_1 方向相同时，转差率为

$$s = \frac{n_1 - n}{n_1} = \frac{750 - 1500}{750} = -1(\text{发电机状态})$$

异步电机转子输出三相电的频率为

$$f_2 = |s|f_1 = 1 \times 50 = 50(\text{Hz})$$

其相序与定子相序相反.

当 n 与 n_1 方向相反时，$n = -1500\text{r/min}$，转差率

$$s = \frac{n_1 - n}{n_1} = \frac{750 + 1500}{750} = 3(\text{电磁制动状态})$$

异步电机转子输出三相电的频率为

$$f_2 = sf_1 = 3 \times 50 = 150(\text{Hz})$$

其相序与定子相序相同.

(2) 异步电机的电磁功率为 $P_M = \frac{p_{Cu2}}{s}$.

当 s 为 -1 时，P_M 为负，说明电磁功率从转子传给定子，异步电机运行在发电机状态，这时机械功率 $P_m = (1-s)P_M = 2P_M$. 由于 P_M 为负，所以 P_m 也为负，说明机械功率不是输出，而是输入，是 2 倍的电磁功率. 其中一倍电磁功率传给定子，另一倍电磁功率作为转子的铜损耗.

当 $s=3$，即电磁制动状态时，$P_M = \dfrac{p_{Cu2}}{3}$，电磁功率为正，说明电磁功率从定子传给转子，且为转子铜损耗的 1/3. 这时的机械功率为

$$P_m = (1-s)P_M = (1-3)P_M = -2P_M$$

机械功率为负，说明机械功率不是输出而是输入. 其大小为 2 倍的电磁功率，即 $2p_{Cu2}/3$，所以现在转子绕组铜损耗 1/3 是由电源通过定子电磁功率提供的，2/3 是由机械功率提供的. 这种功率平衡关系是电磁制动状态的特点.

20.5 习题及其解

20-1 一台三相异步电动机运行时的输入功率为 60kW，定子总损耗为 1kW，转差率为 0.03. 求这台电动机的电磁功率、机械功率和转子的每相铜损耗.

解：电磁功率为

$$P_M = P_1 - (p_{Cu1} + p_{Fe}) = 60 - 1 = 59(\text{kW})$$

机械功率为

$$P_m = (1-s)P_M = (1-0.03) \times 59 = 57.23(\text{kW})$$

转子铜损耗为

$$p_{Cu2} = sP_M = 0.03 \times 59 = 1.77(\text{kW})$$

若转子为三相，则每相铜损耗为 0.59kW.

20-2 一台三相异步电动机，额定运行时的输入功率为 $P_1 = 3600$W，转子铜损耗 $p_{Cu2} = 100$W，额定转差率 $s_N = 0.03$，机械损耗和附加损耗 $p_m + p_a = 100$W，求：

(1) 电磁功率 P_M；

(2) 定子总损耗；

(3) 输出机械功率 P_2.

解：(1) 电磁功率为

$$P_M = p_{Cu2}/s_N = 100/0.03 = 3333(\text{W})$$

(2) 定子总损耗为

$$p_{Cu1} + p_{Fe} = P_1 - P_M = 3600 - 3333 = 267(\text{W})$$

(3) 输出机械功率为

$$P_2 = (1-s_N)P_M - (p_m + p_a) = (1-0.03) \times 3333 - 100 = 3133(\text{W})$$

20-3 一台三相 6 极异步电机，额定电压为 380V，Y 联结，频率为 50Hz，额定功率为 28kW，额定转速为 950r/min，额定负载时的功率因数 $\cos\varphi_N = 0.88$，定子铜损耗及铁损耗共为 2.2kW，机械损耗为 1.1kW，忽略附加损耗. 计算在额定负载时的

(1) 转差率；

(2) 转子铜损耗；

(3) 效率；

(4) 定子电流；

(5) 转子电流的频率.

解：(1)

$$n_1 = \frac{60f_1}{p} = \frac{60 \times 50}{3} = 1000(\text{r/min})$$

$$s_N = \frac{n_1 - n_N}{n_1} = \frac{1000 - 950}{1000} = 0.05$$

(2) $$P_m = P_2 + p_m = 28 + 1.1 = 29.1(\text{kW})$$

$$P_M = \frac{P_m}{1 - s_N} = \frac{29.1}{1 - 0.05} = 30.63(\text{kW})$$

$$p_{Cu2} = s_N P_M = 0.05 \times 30.63 = 1.53(\text{kW})$$

(3) $$P_1 = P_M + (p_{Cu1} + p_{Fe}) = 30.63 + 2.2 = 32.83(\text{kW})$$

$$\eta_N = \frac{P_2}{P_1} = \frac{28}{32.83} = 85.3\%$$

(4) $$I_1 = \frac{P_1}{\sqrt{3} U_1 \cos\varphi_N} = \frac{32.83 \times 10^3}{\sqrt{3} \times 380 \times 0.88} = 56.7(\text{A})$$

(5) $$f_2 = s_N f_1 = 0.05 \times 50 = 2.5(\text{Hz})$$

20-4 一台三相异步电动机的数据为：$P_N = 17\text{kW}$，$U_N = 380\text{V}$，定子绕组为 D 联结，4 极，$f_1 = 50\text{Hz}$. 额定运行时，定子铜损耗 $p_{Cu1} = 700\text{W}$，转子铜损耗 $p_{Cu2} = 500\text{W}$，铁损耗 $p_{Fe} = 450\text{W}$，机械损耗 $p_m = 150\text{W}$，附加损耗 $p_a = 200\text{W}$. 计算这台电动机额定运行时的

(1) 额定转速 n_N；

(2) 负载转矩（输出转矩）T_2；

(3) 空载转矩 T_0；

(4) 电磁转矩 T.

解：(1) $$P_M = P_2 + p_m + p_a + p_{Cu2}$$
$$= 17000 + 150 + 200 + 500 = 17850(\text{W})$$

$$s_N = p_{Cu2}/P_M = 500/17850 = 0.028$$

$$n_1 = 60 f_1/p = 60 \times 50/2 = 1500(\text{r/min})$$

$$n_N = (1 - s_N) n_1 = (1 - 0.028) \times 1500 = 1458(\text{r/min})$$

(2) $$T_2 = 9550 \frac{P_2}{n_N} = 9550 \times \frac{17}{1458} = 111.35(\text{N·m})$$

(3) $$T_0 = 9550 \frac{p_m + p_a}{n_N} = 9550 \times \frac{0.35}{1458} = 2.29(\text{N·m})$$

(4) $$T = 9550 \frac{P_m}{n_N} = 9550 \times \frac{17.35}{1458} = 113.64(\text{N·m})$$

20-5 一台三相 4 极 Y 联结绕线型异步电动机，$f_1 = 50\text{Hz}$，$P_N = 150\text{kW}$，$U_N = 380\text{V}$，额定负载时测得其转子铜损耗 $p_{Cu2} = 2210\text{W}$，机械损耗 $p_m = 2640\text{W}$，附加损耗 $p_a = 1000\text{W}$，并已知电动机的参数为：$R_1 = R_2' = 0.012\Omega$，$X_1 = X_2' = 0.06\Omega$，忽略励磁电流，求：

(1) 额定运行时的 P_M、s、n、T；

(2) 当电磁转矩不变时，在转子每相绕组回路中串入电阻 $R_s' = 0.1\Omega$（已折合到定子侧）后的 s、n、p_{Cu2}；

(3) 产生最大电磁转矩时的转差率 s_m；

(4) 欲使堵转转矩最大，应在转子回路中串入多少电阻（折合到定子侧的值）？

解：(1) 额定运行时
$$P_M = P_N + p_a + p_m + p_{Cu2}$$

$$= 150000 + 1000 + 2640 + 2210 = 155850(\text{W})$$

$$s_N = p_{Cu2}/P_M = 2210/155850 = 0.01418$$

$$n_N = (1-s_N)n_1 = (1-0.01418) \times 1500 = 1479(\text{r/min})$$

$$T_N = 9.55 \frac{P_M}{n_1} = 9.55 \times \frac{155850}{1500} = 992(\text{N} \cdot \text{m})$$

(2) 电磁转矩不变，则必须

$$\frac{R'_2}{s_N} = \frac{R'_2 + R'_s}{s}$$

$$s = \frac{R'_2 + R'_s}{R'_2} s_N = \frac{0.012 + 0.1}{0.012} \times 0.01418 = 0.1323$$

$$n = (1-s)n_1 = (1-0.1323) \times 1500 = 1302(\text{r/min})$$

电磁转矩不变，则电磁功率不变，于是

$$p_{Cu2} = sP_M = 0.1323 \times 155850 = 20619(\text{W})$$

(3)
$$s_m = \frac{R'_2}{\sqrt{R_1^2 + (X_1 + X'_2)^2}}$$

$$= \frac{0.012}{\sqrt{0.012^2 + (0.06 + 0.06)^2}} = 0.0995$$

(4) 此时应使 $s'_m = 1$. 设串入电阻的折合值为 R'，则应有

$$\frac{s'_m}{s_m} = \frac{R'_2 + R'}{R'_2}$$

$$R' = \frac{s'_m}{s_m} R'_2 - R'_2 = R'_2 \left(\frac{s'_m}{s_m} - 1\right)$$

$$= 0.012 \times \left(\frac{1}{0.0995} - 1\right) = 0.1086(\Omega)$$

20-6 上题的电机，求：

(1) 堵转转矩和堵转电流；

(2) 转子回路每相串入电阻 $R' = 0.1\Omega$（折合值）后的堵转转矩和堵转电流；

(3) 定子每相串入电抗 $X_s = 0.1\Omega$ 后的堵转转矩和堵转电流.

解：(1) 堵转转矩为

$$T_s = \frac{m_1 p U_1^2 R'_2}{2\pi f_1 [(R_1 + R'_2)^2 + (X_1 + X'_2)^2]}$$

$$= \frac{3 \times 2 \times 220^2 \times 0.012}{2\pi \times 50 \times [(0.012 + 0.012)^2 + (0.06 + 0.06)^2]}$$

$$= 741(\text{N} \cdot \text{m})$$

堵转电流

$$I_s = \frac{U_1}{\sqrt{(R_1 + R'_2)^2 + (X_1 + X'_2)^2}}$$

$$= \frac{220}{\sqrt{(0.012 + 0.012)^2 + (0.06 + 0.06)^2}}$$

$$= \frac{220}{\sqrt{0.024^2 + 0.12^2}} = 1797(\text{A})$$

(2)
$$T_s = \frac{m_1 p U_1^2 (R_2' + R')}{2\pi f_1 [(R_1 + R_2' + R')^2 + (X_1 + X_2')^2]}$$

$$= \frac{3 \times 2 \times 220^2 \times 0.112}{2\pi \times 50 \times [0.124^2 + 0.12^2]} = 3476(\text{N} \cdot \text{m})$$

$$I_s = \frac{U_1}{\sqrt{(R_1 + R_2' + R')^2 + (X_1 + X_2')^2}}$$

$$= \frac{220}{\sqrt{0.124^2 + 0.12^2}} = 1275(\text{A})$$

(3)
$$T_s = \frac{m_1 p U_1^2 R_2'}{2\pi f_1 [(R_1 + R_2')^2 + (X_1 + X_2' + X_s)^2]}$$

$$= \frac{3 \times 2 \times 220^2 \times 0.012}{2\pi \times 50 \times [0.024^2 + 0.22^2]} = 226(\text{N} \cdot \text{m})$$

$$I_s = \frac{U_1}{\sqrt{(R_1 + R_2')^2 + (X_1 + X_2' + X_s)^2}}$$

$$= \frac{220}{\sqrt{0.024^2 + 0.22^2}} = 994(\text{A})$$

20-7 如果某异步电机的转子电阻 R_{2s} 不是常数，而是频率的函数，设 $R_{2s} = \sqrt{s} R_a$ (R_a 为已知数). 找出它的电磁功率 P_M、机械功率 P_m 和转子铜损耗 p_{Cu2} 关系.

解：（1）进行频率折合

$$\dot{I}_{2s} = \frac{\dot{E}_{2s}}{R_{2s} + jX_{2s}} = \frac{s\dot{E}_2}{R_a\sqrt{s} + jsX_2} = \frac{\dot{E}_2}{R_a\frac{\sqrt{s}}{s} + jX_2} = \dot{I}_2$$

（2）进行相数和匝数折合

$$\dot{I}_2' = \frac{\dot{E}_2'}{R_a'\frac{\sqrt{s}}{s} + jX_2'}$$

电磁功率

$$P_M = m_1 I_2'^2 R_a' \frac{\sqrt{s}}{s}$$

转子铜损耗

$$p_{Cu2} = m_1 I_2'^2 R_a' \sqrt{s}$$

所以

$$p_{Cu2} = s P_M$$

机械功率

$$P_m = P_M - p_{Cu2} = P_M - sP_M = (1-s)P_M$$

因此原来电磁功率和机械功率、转子铜损耗间的关系式仍成立.

20-8 已知一台三相 4 极绕线型异步电动机，定、转子绕组均为 Y 联结，额定功率 $P_N = 14\text{kW}$，额定转差率 $s_N = 0.05$，转子电阻 $R_2 = 0.01\Omega$，额定运行时机械损耗 $p_m = 0.7\text{kW}$. 今在转子每相中串入附加电阻 $R = \frac{1-s_N}{s_N} R_2 = 0.19\Omega$，并把转子卡住不转，忽略附加损

耗. 求:

(1) 气隙磁通 Φ_m、转子磁动势 F_2 和定子磁动势 F_1 的大小及相对位置与额定运行时比较有没有变化?

(2) 此时的电磁功率 P_M、转子铜损耗 p_{Cu2}、输出功率 P_2 和电磁转矩 T 是多少?

解: (1) 在转子每相绕组中串入附加电阻 $R=\dfrac{1-s_N}{s_N}R_2$,并把转子卡住不转,这实际上就是异步电动机的频率折合,即用一个不转的转子代替以额定转差率 s_N 旋转的转子,因此,气隙磁通 Φ_m、转子磁动势 F_2 和定子磁动势 F_1 的大小及相对位置与额定运行时比较没有变化.

(2) 电磁功率

$$P_M = \frac{P_m}{1-s_N} = \frac{P_2+p_m}{1-s_N} = \frac{14+0.7}{1-0.05} = \frac{14.7}{0.95} = 15.47(\text{kW})$$

转子绕组铜损耗

$$p_{Cu2} = s_N P_M = 0.05 \times 15.47 = 0.77(\text{kW})$$

转子附加电阻 R 上的铜损耗

$$p_{CuR} = 14.7(\text{kW})$$

输出功率

$$P_2 = 0$$

电磁转矩

$$T = 9550 \frac{P_M}{n_1} = 9550 \times \frac{15.47}{1500} = 98.5(\text{N}\cdot\text{m})$$

20-9 一台三相异步电动机的数据为 $P_N=50\text{kW}$,$U_N=380\text{V}$,频率 $f_1=50\text{Hz}$,极对数 $p=4$,额定负载时的转差率为 $s_N=0.025$,最大电磁转矩为额定转矩的 2 倍. 求产生最大电磁转矩时的转速是多少(用转矩的实用公式)?

解:
$$n_1 = \frac{60f_1}{p} = \frac{60\times50}{4} = 750(\text{r/min})$$
$$n_N = (1-s_N)n_1 = (1-0.025)\times750 = 731(\text{r/min})$$
$$T_N = 9550\frac{P_N}{n_N} = 9550\times\frac{50}{731} = 653(\text{N}\cdot\text{m})$$
$$k_m = 2$$
$$T_m = k_m T_N = 2\times653 = 1306(\text{N}\cdot\text{m})$$
$$s_m = s_N(k_m+\sqrt{k_m^2-1}) = 0.025(2+\sqrt{2^2-1})$$
$$= 0.025\times3.732 = 0.0933$$

产生最大电磁转矩时的转速为

$$n_m = (1-s_m)n_1 = (1-0.0933)\times750 = 680(\text{r/min})$$

20-10 一台三相 6 极异步电机,折合到定子侧的定、转子总漏电抗为每相 0.1Ω,折合到定子侧的转子电阻为每相 0.02Ω,电源的频率为 50Hz. 求产生最大电磁转矩时的转速. 又如需要产生的堵转转矩为最大转矩的 $\dfrac{2}{3}$,问须在转子中接入多大电阻(折合到定子侧的值,并忽略定子电阻的影响)?

解：
$$s_m = \frac{R_2'}{X_1 + X_2'} = \frac{0.02}{0.1} = 0.2$$
$$n_1 = 60f_1/p = 60 \times 50/3 = 1000(\text{r/min})$$

产生最大电磁转矩时的转速为
$$n_m = (1-s_m)n_1 = (1-0.2) \times 1000 = 800(\text{r/min})$$

利用转矩实用公式，根据堵转转矩为最大转矩的 2/3，可得新的 s_m. 根据 s_m 与转子电阻成正比的关系，可得转子应串的电阻.

$$\frac{T_s}{T_m} = \frac{2}{\frac{1}{s_m} + s_m}, \qquad \frac{2}{3} = \frac{2}{\frac{1}{s_m} + s_m}$$

$$\frac{1}{s_m} + s_m = 3, \qquad s_m^2 - 3s_m + 1 = 0$$

$$s_{m1,2} = \frac{3 \pm \sqrt{9-4}}{2} = 2.618, 0.382$$

$$\frac{s_{m1}}{s_m} = \frac{R_2' + R'}{R_2'}$$

$$R' = \left(\frac{s_{m1}}{s_m} - 1\right)R_2' = \left(\frac{2.618}{0.2} - 1\right) \times 0.02 = 0.24(\Omega)$$

或

$$R' = \left(\frac{s_{m2}}{s_m} - 1\right)R_2' = \left(\frac{0.382}{0.2} - 1\right) \times 0.02 = 0.0182(\Omega)$$

须串入的电阻阻值折合到定子边为 0.24Ω 或 0.0182Ω.

20-11 已知一台三相 50Hz 绕线型异步电动机，额定电压 $U_N = 380$V，额定功率 $P_N = 100$kW，额定转速 $n_N = 950$r/min. 在额定转速下运行时，机械损耗 $p_m = 1$kW，忽略附加损耗，求额定运行时的转差率 s_N、电磁功率 P_M 及转子铜损耗 p_{Cu2}.

解： 根据 $n_N = 950$r/min，可判断出同步转速 $n_1 = 1000$r/min，则额定转差率为

$$s_N = \frac{n_1 - n}{n} = \frac{1000 - 950}{1000} = 0.05$$

额定运行时的电磁功率为

$$P_M = \frac{P_2 + p_m}{1 - s_N} = \frac{P_N + p_m}{1 - s_N} = \frac{100 + 1}{1 - 0.05} = 106.3(\text{kW})$$

额定运行时转子铜损耗为

$$p_{Cu2} = s_N P_M = 0.05 \times 106.3 = 5.3(\text{kW})$$

20-12 上题中的异步电动机，在额定运行时的电磁转矩、输出转矩及空载转矩各为多少？

解： 额定电磁转矩为

$$T_N = \frac{P_M}{\Omega_1} = \frac{P_M}{\frac{2\pi n_1}{60}} = 9550 \frac{P_M}{n_1} = 9550 \times \frac{106.3}{1000} = 1015.2(\text{N} \cdot \text{m})$$

额定输出转矩为

$$T_{2N} = \frac{P_N}{\Omega_N} = \frac{P_N}{\frac{2\pi n_N}{60}} = 9550\frac{P_N}{n_N} = 9550 \times \frac{100}{950} = 1005.3(\text{N}\cdot\text{m})$$

额定运行时的空载转矩为

$$T_0 = \frac{p_m}{\Omega_N} = \frac{p_m}{\frac{2\pi n_N}{60}} = 9550\frac{p_m}{n_N} = 9550 \times \frac{1}{950} = 10.1(\text{N}\cdot\text{m})$$

或

$$T_0 = T_N - T_{2N} = 1015.2 - 1005.3 = 9.9(\text{N}\cdot\text{m})$$

20-13 一台三相 6 极鼠笼型异步电动机，定子绕组 Y 联结，额定电压 $U_N=380\text{V}$，额定转速 $n_N=957\text{r/min}$，电源频率 $f_1=50\text{Hz}$，定子电阻 $R_1=2.08\Omega$，定子漏电抗 $X_1=3.12\Omega$，转子电阻折合值 $R_2'=1.53\Omega$，转子漏电抗折合值 $X_2'=4.25\Omega$. 计算：

(1) 额定电磁转矩；
(2) 最大电磁转矩及过载能力；
(3) 产生最大电磁转矩时的转差率 s_m；
(4) 堵转转矩及堵转转矩倍数.

解：气隙磁通密度 B_δ 的转速为

$$n_1 = \frac{60f_1}{p} = \frac{60 \times 50}{3} = 1000(\text{r/min})$$

额定转差率为

$$s_N = \frac{n_1 - n}{n} = \frac{1000 - 957}{1000} = 0.043$$

定子绕组额定相电压为

$$U_1 = \frac{U_N}{\sqrt{3}} = \frac{380}{\sqrt{3}} = 220(\text{V})$$

(1) 额定电磁转矩为

$$T_N = \frac{3pU_1^2 \frac{R_2'}{s_N}}{2\pi f_1\left[\left(R_1 + \frac{R_2'}{s_N}\right)^2 + (X_1 + X_2')^2\right]}$$

$$= \frac{3 \times 3 \times 220^2 \times \frac{1.53}{0.043}}{2\pi \times 50 \times \left[\left(2.08 + \frac{1.53}{0.043}\right)^2 + (3.12 + 4.25)^2\right]}$$

$$= 33.5(\text{N}\cdot\text{m})$$

(2) 最大电磁转矩为

$$T_m = \frac{1}{2}\frac{3pU_1^2}{2\pi f_1(X_1+X_2')} = \frac{1}{2} \times \frac{3 \times 3 \times 220^2}{2\pi \times 50 \times (3.12+4.25)} = 94(\text{N}\cdot\text{m})$$

过载能力为

$$k_m = \frac{T_m}{T_N} = \frac{94}{33.5} = 2.8$$

（3）产生最大电磁转矩时的转差率为

$$s_m = \frac{R'_2}{X_1 + X'_2} = \frac{1.53}{3.12 + 4.25} = 0.2$$

（4）堵转转矩为

$$T_s = \frac{3pU_1^2 R'_2}{2\pi f_1[(R_1 + R'_2)^2 + (X_1 + X'_2)^2]}$$

$$= \frac{3 \times 3 \times 220^2 \times 1.53}{2\pi \times 50 \times [(2.08 + 1.53)^2 + (3.12 + 4.25)^2]}$$

$$= 31.5(\text{N} \cdot \text{m})$$

堵转转矩倍数为

$$k_{st} = \frac{T_s}{T_N} = \frac{31.5}{33.5} = 0.94$$

20-14 已知一台三相异步电动机，额定功率 $P_N=70\text{kW}$，额定电压 220/380V，额定转速 $n_N=725\text{r/min}$，过载能力 $k_m=2.4$．求其转矩的实用公式（转子不串电阻）．

解：额定电磁转矩为

$$T_N = 9550 \frac{P_N}{n_N} = 9550 \times \frac{70}{725} = 922(\text{N} \cdot \text{m})$$

最大电磁转矩为

$$T_m = k_m T_N = 2.4 \times 922 = 2212.9(\text{N} \cdot \text{m})$$

根据额定转速 $n_N=725\text{r/min}$，可判断出同步转速 $n_1=750\text{r/min}$，则额定转差率为

$$s_N = \frac{n_1 - n_N}{n_N} = \frac{750 - 725}{750} = 0.033$$

产生最大电磁转矩时的转差率为

$$s_m = s_N(k_m + \sqrt{k_m^2 - 1}) = 0.033 \times (2.4 + \sqrt{2.4^2 - 1}) = 0.15$$

转子不串电阻时的转矩实用公式为

$$T = \frac{2T_m}{\dfrac{s}{s_m} + \dfrac{s_m}{s}} = \frac{2 \times 2212.9}{\dfrac{s}{0.15} + \dfrac{0.15}{s}} = \frac{4425.8}{\dfrac{s}{0.15} + \dfrac{0.15}{s}}$$

20-15 一台三相绕线型异步电动机，已知额定功率 $P_N=150\text{kW}$，额定电压 $U_N=380\text{V}$，额定频率 $f_1=50\text{Hz}$，额定转速 $n_N=1460\text{r/min}$，过载能力 $k_m=2.3$．求电动机转差率 $s=0.02$ 时的电磁转矩及拖动恒转矩负载 860N·m 时电动机的转速（不计空载转矩 T_0）．

解：根据额定转速 n_N 的大小，可以判断出气隙旋转磁通密度 B_δ 的转速 $n_1=1500\text{r/min}$，则额定转差率为

$$s_N = \frac{n_1 - n_N}{n_N} = \frac{1500 - 1460}{1500} = 0.027$$

产生最大电磁转矩时的转差率为

$$s_m = s_N(k_m + \sqrt{k_m^2 - 1}) = 0.027 \times (2.3 + \sqrt{2.3^2 - 1}) = 0.118$$

额定电磁转矩为

$$T_N = 9550 \frac{P_N}{n_N} = 9550 \times \frac{150}{1460} = 981.2(\text{N} \cdot \text{m})$$

$s=0.02$ 时的电磁转矩为

$$T = \frac{2k_m T_N}{\dfrac{s}{s_m} + \dfrac{s_m}{s}} = \frac{2 \times 2.3 \times 981.2}{\dfrac{0.02}{0.118} + \dfrac{0.118}{0.02}} = 743.5(\text{N} \cdot \text{m})$$

不计空载转矩 T_0，则负载转矩为 $860\text{N} \cdot \text{m}$ 时，电磁转矩也为 $860\text{N} \cdot \text{m}$. 设此时的转差率为 s'，则

$$T = \frac{2k_m T_N}{\dfrac{s'}{s_m} + \dfrac{s_m}{s'}}$$

即

$$860 = \frac{2 \times 2.3 \times 981.2}{\dfrac{s'}{0.118} + \dfrac{0.118}{s'}}$$

可解出 $s'=0.0234$（另一解为 0.596，不合理，舍去）.

电动机转速为
$$n = (1-s')n_1 = (1-0.0234) \times 1500 = 1465(\text{r/min})$$

第二十一章 三相异步电动机的启动

21.1 学习目标

本章介绍三相异步电动机常用的各种启动方法及其特点,并简要介绍采用特殊设计以改善启动性能的几种鼠笼型异步电动机.

基本要求:
(1) 了解三相异步电动机直接启动的特点.
(2) 掌握三相鼠笼型异步电动机降压启动的方法及其特点.
(3) 掌握三相绕线型异步电动机转子串电阻启动的原理.
(4) 了解三相双鼠笼型和深槽型异步电动机改善启动性能的原理.

21.2 基本知识点

1. 三相异步电动机的直接启动

(1) 对异步电动机启动的基本要求:①启动转矩足够大;②启动电流尽量小;③启动设备简单,成本低,便于操作,启动时能耗小.

(2) 三相异步电动机的直接启动:是指三相异步电动机的定、转子不串任何阻抗,把定子绕组直接接到额定电压的电网上启动.

(3) 三相异步电动机直接启动存在的问题及原因

问题:启动电流(堵转电流)I_s相当大,而启动转矩(堵转转矩)T_s并不是很大.

原因:最初启动瞬间,转速 $n=0$,转差率 $s=1$,忽略励磁电流,堵转电流 $I_s = \dfrac{U_1}{|Z_k|}$. 由于 $|Z_k|$ 较小,因此 I_s 和转子电流 I_2 都很大,$I_s|Z_1|$ 也较大,故 E_1 和气隙基波磁通 Φ_m 都减小,约为额定值的一半.另外,X_2' 通常是 R_2' 的几倍,故 $\cos\varphi_2 = \dfrac{R_2'}{\sqrt{R_2'^2 + X_2'^2}}$ 也较小.根据 $T = C_T \Phi_m I_2 \cos\varphi_2$ 可知,堵转时虽然 I_2 很大,但 Φ_m、$\cos\varphi_2$ 都较小,因此 T_s 并不很大.

(4) 三相鼠笼型异步电动机采用直接启动的条件:在供电变压器容量较大,电动机容量较小的情况下,通常采用直接启动.一般容量在 7.5kW 以下的电动机都可直接启动.

2. 三相鼠笼型异步电动机的降压启动

当供电变压器容量相对电动机容量而言不是足够大时,应采用降压启动.
降压启动时的定子相电压、供电变压器线电流和堵转转矩的情况如下表所示.

降压启动方法	电压、电流、转矩相对值（与直接启动时的比值）		
	定子相电压	供电变压器线电流	堵转转矩
定子串接电抗器启动	u（$u<1$）	u	u^2
Y-△启动	$1/\sqrt{3}$	$1/3$	$1/3$
自耦变压器降压启动	$1/k_A$（变比 $k_A>1$）	$1/k_A^2$	$1/k_A^2$

注意 ①Y-△启动的适用对象是：正常运行时定子绕组采用三角形联结，且三相绕组首尾6个端子全部引出的三相鼠笼型异步电动机．

②三相鼠笼型异步电动机采用降压启动，虽然能降低启动电流，但启动转矩也随之下降，所以降压启动只适合空载或轻载启动．

* 3. 高启动转矩的三相鼠笼型异步电动机

(1) 转子电阻值较大的鼠笼型异步电动机：鼠笼采用电阻率较高的材料制造，以增大转子电阻，从而增大启动转矩．但其正常运行时的效率降低．

(2) 三相双鼠笼型和深槽型异步电动机

两种电动机都采用较深的转子槽形，利用集肤效应改变导条电流的分布，使启动初期（转子频率 f_2 较高）的转子电流经过较大的电阻，从而提高启动转矩；而在正常运行时（f_2 很低），转子电流经过较小的电阻，从而保证有较高的效率．具体结构特点、原理详见教材．

与普通异步电动机相比，这两种异步电动机的缺点是：转子漏电抗较大，因此正常运行时的功率因数和最大转矩略低；此外制造工艺复杂，价格高．

4. 三相绕线型异步电动机的启动

三相绕线型异步电动机启动时，在转子回路中串入适当的电阻，既能限制启动电流，又可增大启动转矩，因而具有良好的启动性能．

(1) 转子回路串电阻启动：启动时，在转子回路中串入分级的启动电阻，随着转速升高，逐级切除启动电阻，以使在启动过程中始终保持较大的启动转矩．

启动开始（堵转）时，为使启动转矩（堵转转矩）最大，即 $T_s=T_m$，则应使 $s_m=\dfrac{R_2'+R_s'}{\sqrt{R_1^2+(X_1+X_2')^2}}=1$，由此可求得此时转子每相回路应串入的启动电阻 R_s'.

(2) 转子串频敏变阻器启动：启动时，在转子回路中串入频敏变阻器，随着转速升高，频敏变阻器的等效电阻自动减小，从而既限制了启动电流，又保持了较大的启动转矩．

21.3 典型例题解析

例 21.1 一台三相绕线型异步电动机，$2p=4$，额定电压 $U_N=380$V（Y联结），额定频率 $f_N=50$Hz，额定电流 $I_N=200$A，额定转速 $n_N=1470$r/min，电动机的参数为：$R_1=R_2'=0.02\Omega$，$X_1=X_2'=0.1\Omega$. 忽略励磁电流，电压及电流变比 $k_e=k_i=1.71$. 求：

(1) 直接启动时的堵转电流倍数是多大？

(2) 若在转子每相回路中串入 0.12Ω 的电阻，则堵转电流倍数减为多少？串入电阻后的堵转转矩为多大？

(3) 若采用定子串接电抗器降压启动，将堵转电流限制为2倍额定电流，则每相应串入多大的电抗?

解: (1) 该三相异步电动机的短路阻抗为

$$|Z_k| = \sqrt{(R_1+R_2')^2+(X_1+X_2')^2} = \sqrt{(0.02+0.02)^2+(0.1+0.1)^2} = 0.20396\ (\Omega)$$

直接启动时的堵转电流为 $\quad I_s = \dfrac{U_1}{|Z_k|} = \dfrac{U_N/\sqrt{3}}{|Z_k|} = \dfrac{380/\sqrt{3}}{0.20396} = 1076\ (\text{A})$

直接启动时的堵转电流倍数为 $\quad k_{si} = \dfrac{I_s}{I_N} = \dfrac{1076}{200} = 5.38$

(2) 在转子每相回路中串入 0.12 Ω 的电阻,折合到定子侧的电阻值为

$$R_s' = k_e k_i R_s = 1.71^2 \times 0.12 = 0.3509\ (\Omega)$$

此时堵转电流

$$I_s' = \dfrac{U_1}{\sqrt{(R_1+R_2'+R_s')^2+(X_1+X_2')^2}} = \dfrac{380/\sqrt{3}}{\sqrt{(0.02+0.02+0.3509)^2+(0.1+0.1)^2}} = 499.7\ (\text{A})$$

堵转电流倍数减为 $\quad k_{si}' = \dfrac{I_s'}{I_N} = \dfrac{499.7}{200} = 2.499$

串入电阻后的堵转转矩

$$T_s' = \dfrac{3pU_1^2\ (R_2'+R_s')}{2\pi f_N\ [(R_1+R_2'+R_s')^2+(X_1+X_2')^2]}$$

$$= \dfrac{3\times 2\times (380/\sqrt{3})^2 \times (0.02+0.3509)}{2\pi\times 50\times [(0.02+0.02+0.3509)^2+(0.1+0.1)^2]} = 1768\ (\text{N}\cdot\text{m})$$

(3) 定子串接电抗器后,堵转电流 $\quad I_s' = 2I_N = 2\times 200 = 400\ (\text{A})$

所需的阻抗 $\quad |Z_s| = \dfrac{U_1}{I_s'} = \dfrac{U_N/\sqrt{3}}{I_s'} = \dfrac{380/\sqrt{3}}{400} = 0.5485\ (\Omega)$

由 $|Z_s| = |Z_k + X| = \sqrt{(R_1+R_2')^2+(X_1+X_2'+X)^2}$,可得每相应串入的电抗为

$$X = \sqrt{|Z_s|^2-(R_1+R_2')^2} - (X_1+X_2')$$

$$= \sqrt{0.5485^2-(0.02+0.02)^2} - (0.1+0.1) = 0.347\ (\Omega)$$

提示 本题 (3) 还有一种解法,如下所示.

(3) 定子串接电抗器后,定子电压与直接启动时定子所加额定电压的比值为

$$u = \dfrac{U_1'}{U_1} = \dfrac{I_s'}{I_s} = \dfrac{2}{5.38} = 0.3717$$

每相应串入的电抗为

$$X = \dfrac{\sqrt{(1-u^2)\ R_k^2+X_k^2}}{u} - X_k = \dfrac{\sqrt{(1-u^2)\times (R_1+R_2')^2+(X_1+X_2')^2}}{u} - (X_1+X_2')$$

$$= \dfrac{\sqrt{(1-0.3717^2)\times (0.02+0.02)^2+(0.1+0.1)^2}}{0.3717} - (0.1+0.1) = 0.347\ (\Omega)$$

或 $\quad X \approx \dfrac{1-u}{u}|Z_k| = \dfrac{1-0.3717}{0.3717} \times 0.20396 = 0.3448\ (\Omega)$

注意 定子串接电抗器时,定子绕组上所加的电压与直接启动时所加额定电压的比值为

$\dfrac{U_1'}{U_1}=\dfrac{|Z_k|}{|Z_k+\mathrm{j}X|}=\dfrac{\sqrt{R_k^2+X_k^2}}{\sqrt{R_k^2+(X_k+X)^2}}=u$，则定子应串入的电抗为 $X=\dfrac{\sqrt{(1-u^2)\,R_k^2+X_k^2}}{u}-X_k$. 因为 $X_k\approx|Z_k|$，所以 $X\approx\dfrac{1-u}{u}|Z_k|$.

例 21.2 一台三相鼠笼型异步电动机，额定功率 $P_N=30\mathrm{kW}$，额定电压 $U_N=380\mathrm{V}$（三角形联结），额定频率 $f_N=50\mathrm{Hz}$，额定转速 $n_N=1475\mathrm{r/min}$，额定电流 $I_N=64\mathrm{A}$，电动机的参数为：$R_1=R_2'=0.12\Omega$，$X_1=X_2'=0.48\Omega$. 该电动机由 200kVA 的三相变压器供电，拖动 $T_L=0.8T_N$ 恒转矩负载启动. 若供电变压器要求电动机的堵转电流不得大于变压器的额定电流，试求：

(1) 能否采用直接启动？为什么？
(2) 能否采用 Y-△启动？为什么？
(3) 能否采用抽头为 73% 的自耦变压器降压启动？

思路与技巧 三相异步电动机正常启动需满足的条件是：$T_s>1.1T_L$，且堵转电流 I_s 不超过允许值. 要确定能否采用直接启动，首先应求出直接启动时的堵转转矩 T_s 和堵转电流 I_s，然后根据上述条件加以判断. 同理，要确定能否采用 Y-△启动或自耦变压器降压启动，应先根据 Y-△启动或自耦变压器降压启动时堵转电流和堵转转矩的变化特点（参见本书 21.2 节中的表格），求出堵转电流和堵转转矩，然后即可判断是否满足启动条件要求.

解：该三相异步电动机的短路阻抗为

$|Z_k|=\sqrt{(R_1+R_2')^2+(X_1+X_2')^2}=\sqrt{(0.12+0.12)^2+(0.48+0.48)^2}=0.9895$（Ω）

直接启动时的堵转电流　$I_s=\dfrac{U_1}{|Z_k|}=\dfrac{U_N}{|Z_k|}=\dfrac{380}{0.9895}=384$（A）

由 $n_N=1475\mathrm{r/min}$，$f_N=50\mathrm{Hz}$，可知同步转速为 $n_1=1500\mathrm{r/min}$.

电机的极对数　$p=\dfrac{60f_N}{n_1}=\dfrac{60\times 50}{1500}=2$

不计空载转矩，则额定电磁转矩　$T_N=\dfrac{P_N}{\Omega_N}=\dfrac{P_N}{\dfrac{2\pi n_N}{60}}=\dfrac{30000}{\dfrac{2\pi\times 1475}{60}}=194.2$（N·m）

直接启动时的堵转转矩　$T_s=\dfrac{3pU_1^2R_2'}{2\pi f_N[(R_1+R_2')^2+(X_1+X_2')^2]}$

$=\dfrac{3\times 2\times 380^2\times 0.12}{2\pi\times 50\times[(0.12+0.12)^2+(0.48+0.48)^2]}$

$=338$（N·m）

直接启动时的堵转转矩倍数　$k_s=\dfrac{T_s}{T_N}=\dfrac{338}{194.2}=1.74$

(1) 直接启动时，堵转转矩　$T_s=k_sT_N=1.74T_N>1.1T_L=0.88T_N$

供电变压器的额定电流　$I_{NT}=\dfrac{S_{NT}}{\sqrt{3}U_{NT}}=\dfrac{200\times 10^3}{\sqrt{3}\times 380}=303.9$（A）

虽然 $T_s>1.1T_L$，但是由于 $I_s>I_{NT}$，所以不能采用直接启动.

(2) 定子绕组为三角形联结的异步电动机，采用 Y-△启动时，堵转转矩为

$$T'_s = \frac{1}{3}T_s = \frac{1}{3} \times 1.74T_N = 0.58T_N < 1.1T_L$$

由于 $T'_s < 1.1T_L$，所以不能采用 Y-△ 启动（不必再去判断堵转电流是否满足要求）.

（3）采用抽头为 73% 的自耦变压器降压启动时

堵转转矩 $T''_s = u^2 T_s = 0.73^2 \times 1.74T_N = 0.9272T_N > 1.1T_L$

堵转电流 $I''_s = u^2 I_s = 0.73^2 \times 384 = 204.6$ (A) $< I_{NT}$

因为 $T''_s > 1.1T_L$ 且 $I''_s < I_{NT}$，所以可以采用抽头为 73% 的自耦变压器降压启动.

21.4 思考题及其解答

21-1 三相异步电动机的堵转电流与外加电压、电机所带负载是否有关？关系如何？是否堵转电流越大堵转转矩也越大？负载转矩的大小会对启动过程产生什么影响？

答：堵转电流与外加电压成正比关系，与负载大小无关.

若电机参数不变，则堵转电流越大，堵转转矩也越大.

负载转矩的大小会对启动时间的长短产生影响.

21-2 采用定子串接电抗器、Y-△ 和自耦减压等几种降压启动方法时，堵转电流及堵转转矩与直接启动时相比，会有什么变化？

答：（1）定子串接电抗器启动，若堵转电流为直接启动时堵转电流的 k 倍（$k<1$），则堵转转矩为直接启动时堵转转矩的 k^2 倍.

（2）Y-△ 启动，电机绕组中堵转电流为直接启动时的 $1/\sqrt{3}$ 倍，堵转转矩为直接启动时的 $1/3$ 倍，电源供给的堵转电流为直接启动堵转电流的 $1/3$ 倍.

（3）自耦减压启动，若自耦变压器二次电压是电源电压的 k 倍（$k<1$），则电机绕组中堵转电流为直接启动堵转电流的 k 倍，堵转转矩为直接启动堵转转矩的 k^2 倍. 由于自耦变压器的一次与二次电流之比为 k，因此电源供给的堵转电流为直接启动时的 k^2 倍.

21-3 试分析与比较绕线型异步电动机在转子回路串电阻和不串电阻启动时的 Φ_m、I_2、$\cos\varphi_2$、I_1 有何不同. 是否所串电阻越大，堵转转矩也越大？

答：一般情况下，串电阻后 I_2 和 I_1 将变小，Φ_m 基本不变. 由于 Φ_m 与 E_1 成正比，而 $-\dot{E}_1 = \dot{U}_1 - \dot{I}_1 Z_1$，当 U_1 不变时，E_1 和 Φ_m 随 I_1 有一点小变化. 因此，严格地讲，随 I_1 变小，Φ_m 会变大一点. $\cos\varphi_2$ 随转子串电阻将明显提高，堵转转矩将明显增加.

因为 $\cos\varphi_2$ 最大为 1，接近 1 时变化就不大了. 相反，电阻串大了，电流明显减小，堵转转矩反而会变小. 所以，并不是所串电阻越大堵转转矩也越大.

21-4 深槽和双鼠笼异步电动机为什么能在减小堵转电流同时增大堵转转矩？

答：因为深槽和双鼠笼异步电动机在堵转时转子频率 $f_2 = sf_1 = f_1$，有明显的集肤效应，即转子电流在转子导体表面流动，相当于转子导体的截面积变小，电阻增大，即相当于转子回路串电阻，使堵转电流减小，堵转转矩增大. 当启动完毕，正常运行时，$f_2 = 2$Hz 左右，没有集肤效应，转子电流流过的导体截面积增大，电阻减小，相当于将堵转时转子回路所串的电阻去掉，减小了转子铜损耗，提高了电机的效率.

21-5 两台同样的鼠笼型异步电动机拖动一个负载，启动时将它们的定子串联后接至电网，启动完毕后再改为并联，分析这种启动方式对堵转电流和堵转转矩的影响.

答：通过串联启动，使每台电动机定子绕组电压为并联启动时的 $1/2$，因此堵转转矩为并联启动时的 1/4,电动机的堵转电流为并联启动时的 1/2,而电网供给的堵转电流为并联启动时的 1/4.

21-6 判断以下各种说法是否正确:

(1) 额定运行时定子绕组为 Y 联结的三相异步电动机,不能采用 Y-△启动.

(2) 三相鼠笼型异步电动机直接启动时,堵转电流很大,为了避免启动过程中因过大电流而烧毁电动机,轻载时需要采取降压启动.

(3) 电动机拖动的负载越大,电流就越大,因此只要是空载,三相异步电动机就都可以直接启动.

(4) 三相绕线型异步电动机,若在定子侧串入电阻或电抗,都可以减小堵转转矩和堵转电流;若在转子侧串入电阻或电抗,都可以增大堵转转矩和减小堵转电流.

答:(1) 正确.

(2) 不正确. 因为降压启动主要是为了使供电变压器输出电压不致因过大电流而下降太多.

(3) 不正确. 因为能否直接启动主要是由供电变压器容量决定的.

(4) 不正确. 转子侧串入电抗器不能增大堵转转矩.

21.5 习题及其解

21-1 一台鼠笼型异步电动机由自耦变压器降压启动. 已知自耦变压器变比为 2∶1,自耦变压器从高压侧看入的短路阻抗实际值等于异步电动机从定子边看入的短路阻抗实际值. 忽略励磁电流,并认为两个短路阻抗角相等. 问此时的堵转电流、堵转转矩为直接启动时的多少倍?

解:自耦变压器等效电路如图 21-1 所示,二次侧接负载为 Z_k,折合到一次侧为 $k^2 Z_k = 2^2 Z_k = 4 Z_k$.

从等效电路可知二次电压折合值 U_2'

$$U_2' = \frac{4}{5} U_1$$

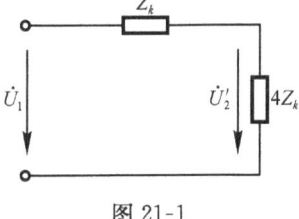

图 21-1

所以二次电压

$$U_2 = \frac{1}{2} U_2' = \frac{1}{2} \times \frac{4}{5} U_1 = 0.4 U_1$$

此时电机的堵转电流为直接启动时的 0.4 倍,堵转转矩为直接启动时的 $0.4^2 = 0.16$ 倍. 电源供给的堵转电流为直接启动时的

$$\frac{0.4}{2} = 0.2 \text{(倍)}$$

21-2 一台三相 4 极异步电动机,额定功率 28kW,额定电压 380V,额定负载时效率为 90%,功率因数 $\cos\varphi_N = 0.88$,定子绕组为三角形联结. 在额定电压下的堵转电流为额定电流的 5.6 倍. 问如用 Y-△启动时的堵转电流是多少?

解:额定电流为

$$I_{1N} = \frac{P_N}{\sqrt{3} U_N \cos\varphi_N \cdot \eta_N} = \frac{28 \times 10^3}{\sqrt{3} \times 380 \times 0.88 \times 0.9} = 53.7 \text{(A)}$$

直接启动时堵转电流为
$$I_s = 5.6I_{1N} = 5.6 \times 53.7 = 301(\text{A})$$
Y-△启动时堵转电流为
$$I'_s = \frac{1}{3}I_s = 100\text{A}$$

21-3 一台三相绕线型异步电动机，$P_N = 155\text{kW}$，$I_N = 294\text{A}$，$2p = 4$，$U_N = 380\text{V}$，星形联结，每相参数 $R_1 = R'_2 = 0.012\Omega$，$X_1 = X'_2 = 0.06\Omega$，忽略励磁电流，电压及电流变比 $k_e = k_i = 2$，现在把堵转电流限制为 3 倍额定电流，求在转子每相中应串入多大的启动电阻？这时的堵转转矩为多少？

解： 堵转电流为
$$I_s = 3I_N = 3 \times 294 = 882(\text{A})$$
启动阻抗为
$$|Z_s| = \frac{U_N}{\sqrt{3}I_s} = \frac{380}{\sqrt{3} \times 882} = 0.249(\Omega)$$
启动电阻为
$$R_s = \sqrt{|Z_s|^2 - (X_1 + X'_2)^2}$$
$$= \sqrt{0.249^2 - 0.12^2} = 0.218(\Omega)$$
转子每相应串入电阻的折合值为
$$R' = R_s - R_1 - R'_2 = 0.218 - 0.024 = 0.194(\Omega)$$
转子每相应串入电阻为
$$R = \frac{R'}{k_e k_i} = \frac{0.194}{4} = 0.0485(\Omega)$$
这时堵转转矩 T_s 为
$$T_s = \frac{m_1 p U_1^2 (R'_2 + R')}{2\pi f_1 [(R_1 + R'_2 + R')^2 + (X_1 + X'_2)^2]}$$
$$= \frac{3 \times 2 \times 220^2 (0.012 + 0.194)}{2\pi \times 50 \times [(0.024 + 0.194)^2 + 0.12^2]}$$
$$= 3071(\text{N} \cdot \text{m})$$

21-4 上题所述的电机，若采用自耦减压启动，保持上题同样堵转电流，求：
(1) 自耦变压器应在何处抽头？
(2) 堵转转矩是多少？

解： (1) 从上题可知，为保持同样的堵转电流，就要有同样的启动阻抗，即 $|Z_s| = 0.249\Omega$。

电机的短路阻抗 $|Z_k|$ 为
$$|Z_k| = \sqrt{(R_1 + R'_2)^2 + (X_1 + X'_2)^2} = \sqrt{0.024^2 + 0.12^2} = 0.1224(\Omega)$$
若自耦变压器的变比为 k_A，则
$$|Z_s| = k_A^2 |Z_k|$$
$$k_A = \sqrt{|Z_s|/|Z_k|} = \sqrt{0.249/0.1224} = 1.426$$
即自耦变压器的抽头应放在 $\frac{1}{k_A} = \frac{1}{1.426} = 0.7$ 即 70% 处。

(2) $$T_s = \frac{m_1 p U_1^2 R_2'}{2\pi f[(R_1+R_2')^2+(X_1+X_2')^2]}$$
$$= \frac{3\times 2\times(0.7\times 220)^2\times 0.012}{2\pi\times 50\times[0.024^2+0.12^2]} = 363(\text{N}\cdot\text{m})$$

21-5 一台三相绕线型异步电动机的堵转试验数据为 $U_k = \frac{1}{4}U_N$，$I_k = I_N$，用定子串接电抗器降压启动，不计定、转子电阻，求：

(1) 若堵转电流不超过额定电流，应串入标幺值为多大的电抗器？此时堵转转矩为直接启动时堵转转矩的多少倍？

(2) 若必须保证降压后的堵转转矩不低于直接启动时的 25%，则堵转电流是直接启动时堵转电流的多少倍？

解：(1) 短路电抗标幺值为
$$\underline{X}_k \approx |\underline{Z}_k| = \frac{\underline{U}_k}{\underline{I}_k} = \frac{\frac{1}{4}}{1} = \frac{1}{4}$$

设应串入电抗的标幺值为 $\underline{X}$，则
$$\underline{X} + \underline{X}_k = \frac{U_N}{I_N} = 1$$
$$\underline{X} = 1 - \underline{X}_k = 1 - \frac{1}{4} = \frac{3}{4} = 0.75$$

此时堵转转矩为直接启动时的
$$\left(\frac{1}{4}\right)^2 = \frac{1}{16} = 0.0625(\text{倍})$$

(2) 为保证堵转转矩为直接启动时的 25%，则堵转电流应是直接启动时的 $\sqrt{25\%} = 0.5$ 或 1/2 倍.

21-6 上题的电机，已知堵转试验时 $\cos\varphi_k = 0.2$，并假定定子漏阻抗与转子漏阻抗折合值相等，且阻抗角也相等. 当采用转子回路串接电阻的方法启动且保证堵转电流不超过额定值时，求：

(1) 应串入电阻的标幺值；

(2) 此时堵转转矩是直接启动时的多少倍？

解：(1) $$\underline{R}_k = |\underline{Z}_k|\cos\varphi_k = \frac{1}{4}\times 0.2 = 0.05$$
$$\underline{X}_k = \sqrt{|\underline{Z}_k|^2 - \underline{R}_k^2} = \sqrt{0.25^2 - 0.05^2} = 0.245$$

为了保证堵转电流不超过额定值，要求 $|\underline{Z}_k'| = 1$，则
$$\underline{R}_k' = \sqrt{|\underline{Z}_k'|^2 - \underline{X}_k^2} = \sqrt{1^2 - 0.245^2} = 0.9695$$

转子应串电阻的标幺值
$$\underline{R}_s = \underline{R}_k' - \underline{R}_k = 0.9695 - 0.05 = 0.9195$$

(2) 因
$$T_s = \frac{m_1 p U_1^2 R_2'}{2\pi f[(R_1+R_2')^2+(X_1+X_2')^2]}$$

所以此时堵转转矩是直接启动时的倍数，为

$$\frac{(R_2+R_s)|Z_k|^2}{R_2|Z_k'|^2} = \frac{(0.025+0.9195)\times 0.25^2}{0.025\times 1^2} = 2.36$$

21-7 一台三相鼠笼型异步电动机的有关数据为：$P_N=60\text{kW}$，$U_N=380\text{V}$（星形联结），$I_N=136\text{A}$，堵转转矩倍数 $k_{st}=1.1$，堵转电流倍数 $k_{si}=6.5$，供电变压器限制该电动机最大堵转电流为 500A.

（1）若采用定子串接电抗器空载启动，求每相串入的电抗最少应是多大？

（2）若拖动 $T_L=0.3T_N$ 恒转矩负载，是否可以采用定子串接电抗器启动？若可以，计算每相串入的电抗值的范围是多少？

解：（1）空载启动时每相串入电抗值计算：
直接启动时的堵转电流为

$$I_s = k_{si}I_N = 6.5\times 136 = 884(\text{A})$$

串电抗器（最小值）启动时的堵转电流与 I_s 的比值为

$$u = \frac{I_s'}{I_s} = \frac{500}{884} = 0.566$$

短路阻抗为

$$|Z_k| = \frac{U_N}{\sqrt{3}I_s} = \frac{380}{\sqrt{3}\times 884} = 0.248(\Omega)$$

每相串入电抗最小值为（不计电机定、转子电阻）

$$X = \frac{1-u}{u}|Z_k| = \frac{1-0.566}{0.566}\times 0.248 = 0.19(\Omega)$$

（2）拖动 $T_L=0.3T_N$ 恒转矩负载启动时的计算：
串电抗器启动时要求最小堵转转矩为

$$T_{s1}' = 1.1T_L = 1.1\times 0.3T_N = 0.33T_N$$

串电抗器启动时堵转转矩与直接启动时堵转转矩之比值

$$u_1^2 = \frac{T_{s1}'}{T_s} = \frac{0.33T_N}{k_{st}T_N} = \frac{0.33}{k_{st}} = \frac{0.33}{1.1} = 0.3$$

串电抗器启动时堵转电流与直接启动时堵转电流比值为

$$\frac{I_{s1}'}{I_s} = u_1 = \sqrt{0.3} = 0.548$$

堵转电流为

$$I_{s1}' = u_1 I_s = 0.548\times 884 = 484.4\text{A} < 500\text{A}$$

所以，可以串电抗器启动. 每相串入的电抗最大值为

$$X_1 = \frac{1-u_1}{u_1}|Z_k| = \frac{1-0.548}{0.548}\times 0.248 = 0.205(\Omega)$$

每相串入的电抗最小值为 $X=0.19\Omega$ 时，堵转转矩 $T_s'=u^2 k_{st}T_N=0.352T_N>T_{s1}'$，因此，电抗值的范围是 $0.19\sim 0.205\Omega$.

21-8 一台三相鼠笼型异步电动机，定子绕组为三角形联结，$P_N=28\text{kW}$，$U_N=380\text{V}$，$I_N=58\text{A}$，$\cos\varphi_N=0.88$，$n_N=1455\text{r/min}$，堵转转矩倍数 $k_{st}=1.1$，堵转电流倍数 $k_{si}=6$，过载能力 $k_m=2.3$. 供电变压器要求堵转电流不大于 150A，启动时负载转矩为 73.5N·m.

(1) 该电动机能否用 Y-△启动？

(2) 该电动机能否用定子串接电抗器启动？如可以，计算所需的电抗值.

解： 电动机额定转矩为

$$T_N = 9550 \frac{P_N}{n_N} = 9550 \times \frac{28}{1455} = 183.78(\text{N} \cdot \text{m})$$

正常启动要求堵转转矩不小于 T_{s1}，其大小为

$$T_{s1} = 1.1 T_L = 1.1 \times 73.5 = 80.85(\text{N} \cdot \text{m})$$

(1) 校核是否能采用 Y-△启动的方法：Y-△启动时的堵转电流为

$$I_s' = \frac{1}{3} I_s = \frac{1}{3} \times 6 \times 58 = 116(\text{A})$$

$$I_s' < I_{s1} = 150\text{A}$$

Y-△启动时的堵转转矩为

$$T_s' = \frac{1}{3} T_s = \frac{1}{3} \times 1.1 \times 183.78 = 67.39(\text{N} \cdot \text{m})$$

因 $T_s' < T_{s1}$，故不能采用 Y-△启动.

(2) 校核是否能采用串接电抗器启动的方法：限定的最大堵转电流 $I_{s1} = 150\text{A}$，则串接电抗器启动最大堵转转矩为

$$T_s'' = \left(\frac{I_{s1}}{I_s}\right)^2 T_s = \left(\frac{150}{6 \times 58}\right)^2 \times 1.1 \times 183.78 = 37.4(\text{N} \cdot \text{m})$$

因 $T_s'' < T_{s1}$，故不能采用串接电抗器启动.

21-9 上题的异步电动机，若采用自耦减压启动，自耦变压器抽头有 55%、64%、73%三种，问用哪种抽头启动才能满足要求？

解：（1）抽头为 55%时，其堵转电流与堵转转矩分别为

$$I_{s1}' = 0.55^2 I_s = 0.55^2 \times 6 \times 58 = 105.27(\text{A})$$

$$I_{s1}' < I_{s1}$$

$$T_{s1}' = 0.55^2 T_s = 0.55^2 \times 1.1 \times 183.78 = 61.15(\text{N} \cdot \text{m})$$

$T_{s1}' < T_{s1}$，不能采用.

（2）抽头为 64%时，其堵转电流与堵转转矩分别为

$$I_{s2}' = 0.64^2 I_s = 0.64^2 \times 6 \times 58 = 142.5\text{A}$$

$$I_{s2}' < I_{s1}$$

$$T_{s2}' = 0.64^2 T_s = 0.64^2 \times 1.1 \times 183.78 = 82.80\text{N} \cdot \text{m}$$

$$T_{s2}' > T_{s1}$$

能采用 64%的抽头.

（3）抽头为 73%时，其堵转电流为

$$I_{s3}' = 0.73^2 \times 6 \times 58 = 185.45(\text{A})$$

$I_{s3}' > I_{s1}$，不能采用，堵转转矩不必计算了.

第二十二章　三相异步电动机的调速

22.1　学习目标

本章重点介绍三相异步电动机各种调速方法的基本原理、特点及应用，简要介绍交流电机的矢量控制和异步电动机的直接转矩控制．

基本要求：
(1) 了解三相异步电动机的各种调速方法及其特点．
(2) 掌握恒转矩负载下，三相绕线型异步电动机转子串电阻调速的计算．

22.2　基本知识点

1. 三相异步电动机的调速方法

根据三相异步电动机的转速公式 $n=(1-s)n_1=(1-s)\dfrac{60f_1}{p}$，可知其调速方法有：

(1) 改变转差率调速：包括改变定子电压调速和绕线型异步电动机转子回路串接电阻调速等．

(2) 变极调速：改变定子绕组的极对数 p 调速．

(3) 变频调速：改变电机供电电源的频率 f_1 调速．

2. 改变转差率调速

(1) 改变定子电压调速

对于恒转矩负载，该方法的调速范围很小，实用价值不高．对于风机类负载，其调速范围较大，但低速时可能出现过电流的问题．

(2) 转子回路串接电阻调速（绕线型异步电动机）

三相绕线型异步电动机拖动恒转矩负载运行时，负载转矩 T_L 不变，不计空载转矩 T_0，则电磁转矩 $T=T_L=$ 常数．由于电动机的极对数 p、定子电压 U_1、频率 f_1 均不变，因此，由电磁转矩参数表达式，可得转子每相回路串接电阻前、后的转差率 s_N、s 有如下关系

$$\frac{R_2'}{s_N}=\frac{R_2'+R_s'}{s}=\text{常数}, \quad \text{或} \quad s=s_N\left(1+\frac{R_s}{R_2}\right)$$

即在转子回路中串接的电阻 R_s 越大，电动机转差率 s 越大，转速 n 越低，转子铜损耗 p_{Cu2} 越大，效率 η 越低．调速前后，电磁功率 P_M，转子回路功率因数 $\cos\varphi_2$，主磁通 Φ_m，定、转子电动势 E_1、E_2（频率为 f_1）和定、转子电流 I_1、I_2 等均不变．

转子回路串接电阻调速常用于中、小型绕线型异步电动机的调速．

3. 变极调速

变极调速只用于鼠笼型异步电动机，通过改变定子绕组的极对数 p 来改变同步转速 n_1，

从而达到调速的目的.

变极调速属于有级调速,调速的平滑性不好,常用于不需要平滑调速的生产机械.

4. 变频调速

变频调速通过改变供电电源的频率 f_1 来改变同步转速 n_1,从而达到调速的目的.由于电源频率连续可调,所以变频调速属于无级调速.

三相异步电动机的额定频率 f_N 称为基频.变频调速时,f_1 可从基频向下或向上调节.从基频往下调节频率时,为防止磁路过饱和,通常保持 $\dfrac{E_1}{f_1}$ 或 $\dfrac{U_1}{f_1}$ 为常数.从基频往上调节时,定子电压为额定值不变,于是频率 f_1 越高,主磁通 Φ_m 越低,相当于弱磁调速.

变频调速具有优良的调速性能:调速范围宽、机械特性硬、转速稳定性好、运行效率高,是一种理想的调速方法,其缺点是必须有专用的变频电源.

22.3 典型例题解析

例 22.1 一台三相 8 极绕线型异步电动机,额定频率 $f_N=50\text{Hz}$,转子每相电阻 $R_2=0.07\Omega$.额定运行时转子电流频率 $f_2=1.8\text{Hz}$,转子铜损耗 $p_{Cu2}=520\text{W}$.

(1) 求额定转速 n_N 是多少?

(2) 若负载转矩保持不变(不计空载转矩),在转子回路中串入电阻运行时,测得转子铜损耗为 1300W,求串入的电阻为多大?此时转子转速为多少?

思路与技巧 三相绕线型异步电动机拖动恒转矩负载运行时,不计空载转矩,则电磁转矩不变,因此电磁功率 P_M 不变.在转子回路串入电阻 R_s 前后,稳态运行时有 $\dfrac{R_2}{s_N}=\dfrac{R_2+R_s}{s}$.为求得 R_s,需先求出串接电阻前、后的转差率 s_N、s.由已知的 f_2 和 f_N 可求出 s_N;由已知串接电阻前、后的转子铜损耗和 $p_{Cu2}=sP_M$ 的关系可求出 s.

解:(1) 同步转速 $n_1=\dfrac{60f_N}{p}=\dfrac{60\times50}{4}=750$(r/min)

额定转差率 $s_N=\dfrac{f_2}{f_1}=\dfrac{f_2}{f_N}=\dfrac{1.8}{50}=0.036$

额定转速 $n_N=(1-s_N)n_1=(1-0.036)\times750=723$(r/min)

(2) 设串入电阻后转子铜损耗为 p'_{Cu2},转差率为 s,则有

$$\dfrac{p'_{Cu2}}{p_{Cu2}}=\dfrac{sP_M}{s_N P_M}=\dfrac{s}{s_N},\quad s=\dfrac{p'_{Cu2}}{p_{Cu2}}s_N=\dfrac{1300}{520}\times0.036=0.09$$

转子回路中应串入的电阻 $R_s=\left(\dfrac{s}{s_N}-1\right)R_2=\left(\dfrac{0.09}{0.036}-1\right)\times0.07=0.105$(Ω)

转子转速 $n=(1-s)n_1=(1-0.09)\times750=682.5$(r/min)

注意 三相异步电动机的转子铜损耗 p_{Cu2} 是指转子回路所有电阻上产生的有功功率损耗,包括转子绕组自身的铜损耗和串入的附加电阻的铜损耗,它与电磁功率 P_M 的关系是 $p_{Cu2}=sP_M$.不应把 p_{Cu2} 理解成仅是转子电阻 R_2 上的损耗,否则,在计算转子回路串接电阻时的功率关系时,就会得到错误的结果.

例 22.2 一台 50Hz 三相鼠笼型异步电动机，$P_N=35$kW，$U_N=380$V，$n_N=980$r/min，过载能力 $k_m=2.2$. 不计空载转矩 T_0，试求：

(1) 拖动恒转矩负载 $T_L=400$N·m 时的转速？

(2) 当定子端电压降至 300V，$T_L=300$N·m 时，电动机的转速为多少？

思路与技巧 要计算定子电压 $U_1=300$V，$T_L=300$N·m 时电动机的转速，应先求出 $U_1=300$V 时电磁转矩的实用公式，再将 $T_L=300$N·m 代入该公式，即可求出此时的转差率 s，进一步可求得转速 n.

注意 三相异步电动机降低定子电压调速时，临界转差率 s_m 保持不变，最大电磁转矩 T_m 与定子端电压 U_1 的平方成正比例地下降.

解：(1) 由 $n_N=980$r/min，$f_N=50$Hz，可知同步转速 $n_1=1000$r/min.

额定转差率 $s_N=\dfrac{n_1-n_N}{n_1}=\dfrac{1000-980}{1000}=0.02$

临界转差率 $s_m=s_N(k_m+\sqrt{k_m^2-1})=0.02\times(2.2+\sqrt{2.2^2-1})=0.08319$

额定电磁转矩（不计空载转矩） $T_N=9550\dfrac{P_N}{n_N}=9550\times\dfrac{35}{980}=341.1$（N·m）

最大电磁转矩 $T_m=k_mT_N=2.2\times341.1=750.4$（N·m）

电磁转矩的实用公式为 $T=\dfrac{2T_m}{\dfrac{s}{s_m}+\dfrac{s_m}{s}}=\dfrac{2\times750.4}{\dfrac{s}{0.08319}+\dfrac{0.08319}{s}}=\dfrac{1500.8}{\dfrac{s}{0.08319}+\dfrac{0.08319}{s}}$

拖动恒转矩负载 $T_L=400$N·m 时，不计空载转矩，电磁转矩 $T=T_L=400$N·m，此时有

$$400=\dfrac{1500.8}{\dfrac{s}{0.08319}+\dfrac{0.08319}{s}}$$

解得 $s=0.024$ 或 $s=0.2881$（$s>s_m$，不合理，故舍去），所以转速

$$n=(1-s)n_1=(1-0.024)\times1000=976\text{（r/min）}$$

(2) 当 $U_1=300$V（线电压）时，临界转差率保持不变，有 $s'_m=s_m=0.08319$.

最大电磁转矩 $T'_m=\left(\dfrac{U_1}{U_N}\right)^2T_m=\left(\dfrac{300}{380}\right)^2\times750.4=467.7$（N·m）

电磁转矩的实用公式为 $T=\dfrac{2T'_m}{\dfrac{s}{s'_m}+\dfrac{s'_m}{s}}=\dfrac{2\times467.7}{\dfrac{s}{0.08319}+\dfrac{0.08319}{s}}=\dfrac{935.4}{\dfrac{s}{0.08319}+\dfrac{0.08319}{s}}$

拖动恒转矩负载 $T_L=300$N·m 时，不计空载转矩，电磁转矩 $T=T_L=300$N·m，此时有

$$300=\dfrac{935.4}{\dfrac{s}{0.08319}+\dfrac{0.08319}{s}}$$

解得 $s=0.0302$ 或 $s=0.2292$（$s>s'_m$，不合理，故舍去），所以转速

$$n=(1-s)n_1=(1-0.0302)\times1000=969.8\text{（r/min）}$$

提示 用机械特性实用表达式求转差率 s 时还有一种方法. 当已知最大电磁转矩 T_m、临界转差率 s_m 以及电动机在某运行工况下的电磁转矩 T（不计空载转矩，则 $T=T_L$），根据机械特性的实用表达式，可求得该工况的转差率为

$$s = s_m\left[\frac{T_m}{T} \pm \sqrt{\left(\frac{T_m}{T}\right)^2 - 1}\right] = s_m\left[\frac{T_m}{T_L} \pm \sqrt{\left(\frac{T_m}{T_L}\right)^2 - 1}\right]$$

其中，取"+"号时得到的 $s > s_m$，不符合实际情况，故舍去．

本题（1）中，恒转矩负载 $T_L = 400\text{N·m}$ 时，电磁转矩 $T = T_L = 400\text{N·m}$，此时

$$s = s_m\left[\frac{T_m}{T} - \sqrt{\left(\frac{T_m}{T}\right)^2 - 1}\right] = 0.08319 \times \left[\frac{750.4}{400} - \sqrt{\left(\frac{750.4}{400}\right)^2 - 1}\right] = 0.024$$

本题（2）中，恒转矩负载 $T_L = 300\text{N·m}$ 时，电磁转矩 $T = T_L = 300\text{N·m}$，当 $U_1 = 300\text{V}$ 时，$T'_m = 467.7\text{N·m}$，则

$$s = s'_m\left[\frac{T'_m}{T} - \sqrt{\left(\frac{T'_m}{T}\right)^2 - 1}\right] = 0.08319 \times \left[\frac{467.7}{300} - \sqrt{\left(\frac{467.7}{300}\right)^2 - 1}\right] = 0.0302$$

22.4 思考题及其解答

22-1 鼠笼型异步电动机和绕线型异步电动机各有哪些调速方法？这些方法的依据各是什么？各有何特点？

答：鼠笼型异步电动机调速方法主要有改变定子电压调速、变极调速和变频调速．绕线型异步电动机可用转子串接电阻调速和串级调速.

（1）改变定子电压调速．利用异步电动机的机械特性随定子电压变化而改变的关系，使它与负载机械特性的交点不同，从而得到不同的转差率 s，达到调速目的．它适合于风机类负载，不适合恒转矩负载．当负载转矩已达到额定转矩时，降低电压会增加转差率，致使定、转子电流超过额定值．若长期运行，将缩短电机寿命，甚至烧毁电机.

（2）变极调速是通过改变定子绕组的极对数 p 来改变异步电机的同步转速 $n_1 = 60f_1/p$，从而达到调速目的．这种调速方法只能是一级一级地改变转速而不是平滑调速．一般都采用鼠笼转子，因为它能自动适应定子极对数.

（3）变频调速是通过改变异步电机的定子频率，从而改其同步转速来达到调速目的．以额定频率为基频，当从基频往下调时，一定要同时调压，保持 U_1/f_1 为常数；当从基频往上调时，只能保持额定电压不变，相当于弱磁调速的方法.

（4）绕线型异步电机转子串接电阻调速．如果是恒转矩负载，则 $R_2/s = $ 常数，因此通过转子串电阻可改变 s 来达到调速目的，所以这种调速方法属于恒转矩调速．由于电磁功率不变，而输出机械功率变小了，减少的这部分功率消耗在转子外串的电阻上，所以这种方法在低速时效率很低．串级调速就是针对这个缺点，把原来损失在外串电阻上的能量回收到电网中.

22.5 习题及其解

22-1 一台三相 4 极绕线型异步电机，频率 $f_1 = 50\text{Hz}$，额定转速 $n_N = 1485\text{r/min}$．已知转子每相电阻 $R_2 = 0.02\Omega$，若电源电压和频率不变，电机的电磁转矩不变，问必须在转子每相串多少电阻才能使转速降为 1050r/min？

解：
$$n_1 = 60f_1/p = 60 \times 50/2 = 1500(\text{r/min})$$

$$s_N = \frac{n_1 - n_N}{n_1} = \frac{1500 - 1485}{1500} = 0.01$$

$$s = \frac{n_1 - n}{n_1} = \frac{1500 - 1050}{1500} = 0.3$$

$$\frac{R_2}{s_N} = \frac{R_2 + R_s}{s}$$

$$R_s = \left(\frac{s}{s_N} - 1\right) R_2 = \left(\frac{0.3}{0.01} - 1\right) \times 0.02 = 0.58 (\Omega)$$

即必须在转子每相串 0.58Ω 电阻, 才能使转速降为1050r/min.

22-2 一台三相绕线型异步电机的转子绕组为星形联结, 转子每相电阻$R_2 = 0.16\Omega$, 已知在额定运行时转子电流为50A, 转速为1440r/min. 现将转速降为1300r/min, 问每相应串入多大电阻(假定电磁转矩不变)? 降速运行时电机的电磁功率是多少?

解:
$$s_N = \frac{n_1 - n_N}{n_1} = \frac{1500 - 1440}{1500} = 0.04$$

$$s = \frac{n_1 - n}{n_1} = \frac{1500 - 1300}{1500} = 0.1333$$

假定电磁转矩不变, 则有

$$\frac{R_2}{s_N} = \frac{R_2 + R_s}{s}$$

$$R_s = \left(\frac{s}{s_N} - 1\right) R_2 = \left(\frac{0.1333}{0.04} - 1\right) \times 0.16 = 0.373 (\Omega)$$

因电磁转矩不变, 则电磁功率不变, 降速运行时的电磁功率等于额定运行时的电磁功率, 即

$$P_M = 3I_2^2 \frac{R_2}{s_N} = 3 \times 50^2 \times \frac{0.16}{0.04} = 30 (\text{kW})$$

22-3 一台三相4极绕线型异步电动机带一重物升降, 如图22-1所示. 已知绞车半径$r = 20$cm, 重物的质量$G = 50$kg, 转子星形联结, 每相电阻$R_2 = 0.05\Omega$. 当重物上升时, 电机转速为1440r/min, 忽略机械摩擦转矩. 今要使电机以750r/min转速把重物下放, 问转子每相需串入多少附加电阻R_s? 附加电阻需要有多大的电流容量? 并证明: 在重物下降时, 转子铜损耗p_{Cu2} 等于来自定子的电磁功率P_M和来自重物所作的机械功率P_m之和.

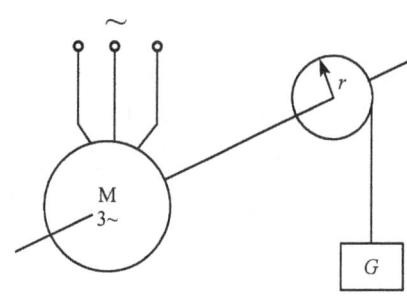

图22-1

解: $T_2 = 9.81Gr$
$$= 9.81 \times 50 \times 0.2 = 98.1 \ (\text{N} \cdot \text{m})$$

$$P_2 = T_2 \Omega_N = 98.1 \times \frac{2\pi n_N}{60} = 98.1 \times \frac{2\pi \times 1440}{60}$$
$$= 14793 \ (\text{W})$$

忽略机械摩擦转矩时, 有
$$P_m = P_2 = 14793\text{W}$$

$$s_N = \frac{n_1 - n_N}{n_1} = \frac{1500 - 1440}{1500} = \frac{60}{1500} = 0.04$$

$$P_M = \frac{P_m}{1 - s_N} = \frac{14793}{1 - 0.04} = 15409(\text{W})$$

$$p_{Cu2} = P_M - P_m = 15409 - 14793 = 616(\text{W})$$

$$I_2 = \sqrt{\frac{p_{Cu2}}{3R_2}} = \sqrt{\frac{616}{3 \times 0.05}} = 64.1(\text{A})$$

下放重物时的转差率为

$$s = \frac{n_1 - n}{n_1} = \frac{1500 - (-750)}{1500} = 1.5$$

应串附加电阻 R_s 为

$$\frac{R_s + R_2}{s} = \frac{R_2}{s_N}$$

$$R_s = \left(\frac{s}{s_N} - 1\right)R_2 = \left(\frac{1.5}{0.04} - 1\right) \times 0.05 = 1.825(\Omega)$$

附加电阻的电流容量为 64.1A.

重物下放时转子铜损耗 p_{Cu2} 为

$$p_{Cu2} = 3I_2^2(R_2 + R_s) = 3 \times 64.1^2 \times 1.875 = 23112(\text{W})$$

由于电磁转矩不变，则电磁功率不变，有

$$P_M = 15409\text{W}$$

$$P_m = (1-s)P_M = (1-1.5) \times 15409 = -7705(\text{W})$$

负号说明此时机械功率不是输出而是输入，即输入 7705W.

证明： $p_{Cu2} = P_M - P_m = 15409 + 7705 = 23114(\text{W})$

22-4 上题如果考虑到机械摩擦转矩（设其为一与转速大小无关、与转向相反的常数）的影响，当重物上升时电动机的转速为 1434r/min；当重物下降时，在转子回路中仍串同样大的附加电阻 R_s，问电动机的转速是多少？原来串入的附加电阻的电流容量够不够？

解： 上升时的转差率为

$$s'_N = \frac{n_1 - n'_N}{n_1} = \frac{1500 - 1434}{1500} = \frac{66}{1500} = 0.044$$

若考虑机械摩擦转矩为一与转速大小无关、与转向也无关的常数，设下放时转速为 n'、转差率为 s'，则

$$\frac{R_2}{s'_N} = \frac{R_2 + R_s}{s'}$$

$$s' = s'_N \frac{R_2 + R_s}{R_2} = 0.044 \times \frac{1.875}{0.05} = 1.65$$

$$n' = (1-s')n_1 = (1-1.65) \times 1500 = -975(\text{r/min})$$

实际转速增加 $975 - 750 = 225\text{r/min}$.

如果考虑机械摩擦转矩为一与转速大小无关、与转向相反的常数，则重物下降时它和电磁转矩都成了制动转矩，使电磁转矩变小，即

上升时　　电磁转矩＝Gr＋机械摩擦转矩

下降时   电磁转矩＝Gr－机械摩擦转矩

所以下降转速为 $750-225=525\text{r/min}$.

因为下放时电流将变小,所以原来串入的附加电阻的电流容量是够的.

22-5 已知一台三相4极、星形联结的异步电动机,额定功率 $P_N=1.7\text{kW}$,额定电压 380V,额定电流 3.9A,额定转速 $n_N=1445\text{r/min}$. 今拖动一恒转矩负载 $T_L=11.38\text{N·m}$ 连续工作,此时定子绕组平均温升已达绝缘材料允许的温度上限. 若电网电压下降为 300V,在上述负载下电机转速为 1400r/min,求此时电动机的铜损耗为原来的多少倍?此电机能否长期工作下去(忽略励磁电流和机械损耗)?

解： 额定负载时的电磁转矩和转差率为

$$T_N = T_{2N} = 9550 \frac{P_N}{n_N} = 9550 \times \frac{1.7}{1445} = 11.235(\text{N·m})$$

$$s_N = \frac{n_1 - n_N}{n_1} = \frac{1500 - 1445}{1500} = 0.0366$$

拖动一恒转矩负载时,电磁转矩为

$$T = T_L = 11.38\text{N·m}$$

在 s_N 附近利用近似公式求 s：

$$\frac{s}{s_N} = \frac{T}{T_N}$$

$$s = s_N \frac{T}{T_N} = 0.0366 \times \frac{11.38}{11.235} = 0.0371$$

当电压下降为 300V 时转差率 s' 为

$$s' = \frac{n_1 - n'}{n_1} = \frac{1500 - 1400}{1500} = 0.0667$$

由于恒转矩负载即电磁转矩不变,因此电磁功率不变. 电网电压下降前的电磁功率为

$$P_M = 3I_1^2 R_2'/s \quad (\text{因忽略励磁电流 } I_1 = I_2')$$

电网电压下降后电磁功率为

$$P_M' = 3I_1'^2 R_2'/s'$$

所以

$$3I_1^2 R_2'/s = 3I_1'^2 R_2'/s'$$

$$I_1'^2/s' = I_1^2/s$$

电网电压下降后铜损耗为原来的倍数就是电流平方的比值,即

$$\frac{I_1'^2}{I_1^2} = \frac{s'}{s} = \frac{0.0667}{0.0371} = 1.798$$

由于铜损耗增长太多,因此电机不能长期工作下去.

22-6 某起重机的原动机是一台三相绕线型异步电动机,转子绕组为 Y 联结,电动机的额定数据为：$P_N=40\text{kW}$, $n_N=1460\text{r/min}$, $E_{2N}=420\text{V}$, $I_{2N}=61.5\text{A}$,过载能力 $k_m=2.6$. 提升重物时,电动机负载转矩 $T_L=0.75T_N$,若采用转子串接电阻调速,当转子每相串入的电阻分别为 0.165Ω, 0.589Ω 和 1.672Ω 时,电动机运行的转速各为多少?

解： 要计算转子回路串电阻后拖动负载 $T_L=0.75T_N$ 的转速,应先求出转子每相电阻 R_2 及在该负载下不串电阻时的转差率.

(1) 求转子每相电阻 R_2：

额定转差率为
$$s_N = \frac{n_1 - n_N}{n_1} = \frac{1500 - 1460}{1500} = 0.027$$

转子每相电阻为
$$R_2 \approx \frac{s_N E_{2N}}{\sqrt{3} I_{2N}} = \frac{0.027 \times 420}{\sqrt{3} \times 61.5} = 0.106(\Omega)$$

(2) 求转子不串电阻、拖动负载 $T_L = 0.75 T_N$ 时的转差率 s_1：

产生最大电磁转矩时的转差率为
$$s_m = s_N(k_m + \sqrt{k_m^2 - 1}) = 0.027 \times (2.6 + \sqrt{2.6^2 - 1}) = 0.135$$

利用转矩实用公式，可求出转子不串接电阻时的转差率 s_1，即
$$0.75 T_N = \frac{2 T_m}{\dfrac{s_1}{s_m} + \dfrac{s_m}{s_1}}$$

$$0.75 T_N = \frac{2 \times 2.6 T_N}{\dfrac{s_1}{0.135} + \dfrac{0.135}{s_1}}$$

$$7.41 s_1^2 - 6.93 s_1 + 0.135 = 0$$

$$s_1 = 0.02$$

(3) 转子回路串入 0.165Ω 电阻时的转速计算：

此时转子每相总电阻为
$$R_{s1} = R_2 + 0.165 = 0.106 + 0.165 = 0.271(\Omega)$$

设此时转差率为 s_2，则
$$\frac{s_2}{R_{s1}} = \frac{s_1}{R_2}$$

$$s_2 = \frac{R_{s1}}{R_2} s_1 = \frac{0.271}{0.106} \times 0.02 = 0.051$$

转速为
$$n_2 = n_1(1 - s_2) = 1500 \times (1 - 0.051) = 1424(\text{r/min})$$

(4) 转子回路串入 0.589Ω 电阻时的转速计算：

此时转子每相总电阻为
$$R_{s2} = R_2 + 0.589 = 0.106 + 0.589 = 0.695(\Omega)$$

设此时转差率为 s_3，则
$$\frac{s_3}{R_{s2}} = \frac{s_1}{R_2}$$

$$s_3 = \frac{R_{s2}}{R_2} s_1 = \frac{0.695}{0.106} \times 0.02 = 0.131$$

转速为
$$n_3' = n_1(1 - s_3) = 1500 \times (1 - 0.131) = 1304(\text{r/min})$$

(5) 转子回路串入 1.672Ω 电阻时转速计算：

此时转子每相总电阻
$$R_{s3} = R_2 + 1.672 = 0.106 + 1.672 = 1.778(\Omega)$$

设此时转差率为 s_4，则
$$s_4 = \frac{R_{s3}}{R_2} s_1 = \frac{1.778}{0.106} \times 0.02 = 0.335$$

转速为
$$n_4 = n_1(1 - s_4) = 1500 \times (1 - 0.335) = 998(\text{r/min})$$

22-7 一台三相绕线型异步电动机，转子绕组为 Y 联结，其额定数据为：$P_N = 75\text{kW}$，$U_N = 380\text{V}$，$I_N = 148\text{A}$，$n_N = 720\text{r/min}$，$E_{2N} = 213\text{V}$，$I_{2N} = 220\text{A}$，过载能力 $k_m = 2.4$。拖动恒转矩负载 $T_L = 0.85 T_N$ 时，要求电动机运行在 $n = 540\text{r/min}$。

(1) 若采用转子串接电阻调速，求每相应串入的电阻值；
(2) 若采用改变定子电压调速，求定子电压应是多少？
(3) 若采用变频调速，保持 $U/f = $ 常数，求频率与电压各为多少？

解：(1) 转子回路串电阻时的计算：

额定转差率为
$$s_N = \frac{n_1 - n_N}{n_1} = \frac{750 - 720}{750} = 0.04$$

产生最大电磁转矩时的转差率为
$$s_m = s_N(k_m + \sqrt{k_m^2 - 1}) = 0.04 \times (2.4 + \sqrt{2.4^2 - 1}) = 0.183$$

转子每相电阻为
$$R_2 \approx \frac{s_N E_{2N}}{\sqrt{3} I_{2N}} = \frac{0.04 \times 213}{\sqrt{3} \times 220} = 0.0224(\Omega)$$

$n = 540\text{r/min}$ 时的转差率为
$$s' = \frac{n_1 - n}{n_1} = \frac{750 - 540}{750} = 0.28$$

设串电阻后产生最大电磁转矩时的转差率为 s'_m，则有
$$T_L = \frac{2k_m T_N}{\dfrac{s'}{s'_m} + \dfrac{s'_m}{s'}}$$

$$\frac{s'}{s'_m} + \frac{s'_m}{s'} = \frac{2k_m T_N}{T_L}$$

$$\frac{s'^2_m}{s'} - \frac{2k_m T_N}{T_L} s'_m + s' = 0$$

$$s'_m = \frac{\dfrac{2k_m T_N}{T_L} \pm \sqrt{\left(\dfrac{2k_m T_N}{T_L}\right)^2 - 4\dfrac{1}{s'} s'}}{2\dfrac{1}{s'}}$$

$$= s'\left[\frac{k_m T_N}{T_L} \pm \sqrt{\left(\frac{k_m T_N}{T_L}\right)^2 - 1}\right]$$

$$= 0.28\left[\frac{2.4T_N}{0.85T_N} \pm \sqrt{\left(\frac{2.4T_N}{0.85T_N}\right)^2 - 1}\right]$$

$$= 1.53(0.05\text{ 值不合理,舍去})$$

转子回路每相串入电阻值 R 为

$$\frac{R_2 + R}{R_2} = \frac{s'_m}{s_m}$$

$$R = \left(\frac{s'_m}{s_m} - 1\right)R_2 = \left(\frac{1.53}{0.183} - 1\right) \times 0.0224 = 0.165(\Omega)$$

(2) 改变定子电压调速时，s_m 不变，$s' > s_m$，因此不能稳定运行，故不能用.

(3) 变频调速 $U/f =$ 常数时的计算：

$T_L = 0.85T_N$ 时在固有机械特性上运行的转差率 s，可根据转矩实用公式求出.

$$T_L = \frac{2k_m T_N}{\frac{s}{s_m} + \frac{s_m}{s}}$$

$$0.85T_N = \frac{2 \times 2.4T_N}{\frac{s}{0.183} + \frac{0.183}{s}}$$

$$\frac{s^2}{0.183} - 5.647s + 0.183 = 0$$

$$s = 0.033 \quad (\text{另一值舍去})$$

运行时的转速降落

$$\Delta n = sn_1 = 0.033 \times 750 = 25(\text{r/min})$$

变频调速后的同步转速

$$n'_1 \approx n + \Delta n = 540 + 25 = 565(\text{r/min})$$

变频的频率为

$$f' = \frac{n'_1}{n_1}f_1 = \frac{565}{750} \times 50 = 37.67(\text{Hz})$$

变频的电压为

$$U' = \frac{f'}{f_1}U_N = \frac{n'_1}{n_1}U_N = \frac{565}{750} \times 380 = 286.3(\text{V})$$

*第二十三章　三相异步电机的其他运行方式

23.1　学习目标

本章介绍三相异步发电机的基本电磁关系和感应调压器的工作原理.
基本要求：
(1) 掌握三相异步发电机的基本方程式和功率关系.
(2) 了解感应调压器的工作原理.

23.2　基本知识点

1. 三相异步发电机

三相异步电机在发电机状态下运行时，必须有原动机拖动转子旋转，且转子转速 n 须超过同步转速 n_1，即转差率 $s<0$.

(1) 基本方程式：仍采用第十九章中规定的正方向，如教材式（23-1）所示.

(2) 相量图：三相异步发电机的转子有功电流 I'_{2a} 与转子电动势 $\dot E'_2$ 反相位；转子无功电流 I'_{2r} 滞后 $\dot E'_2$ 90°电角度. 其相量图如教材图 23-1 所示.

(3) 功率关系：$P_1-p_m-p_a=P_m$，$P_m-p_{Cu2}=P_M$，$P_M-p_{Cu1}-p_{Fe}=P_2$

即：输入功率 P_1（机械功率）减去机械损耗 p_m 和附加损耗 p_a，为机械功率 P_m；P_m 减去转子铜损耗 p_{Cu2}，为电磁功率 P_M；P_M 减去定子铜损耗 p_{Cu1} 和铁损耗 p_{Fe}，为输出功率 P_2（电功率）.

2. 感应调压器

(1) 结构：感应调压器实质上是静止的三相绕线型异步电机，但是其定、转子绕组（均为星形联结）除了有磁的联系外，还有电路上的联系.

(2) 工作原理

①单感应调压器：转子绕组接相电压为 U_1 的交流电源，通过改变转子的位置来改变定、转子相电动势 $\dot E_1$、$\dot E_2$ 之间的相位差，从而调节定子绕组出线端的输出相电压 $\dot U_2$（$\approx \dot E_1+\dot E_2$）的大小. $U_2=U_1\left(1-\dfrac{1}{k}\right)\sim U_1\left(1+\dfrac{1}{k}\right)$（$k$ 为电压变比）.

②双感应调压器：将两台相同的单感应调压器转子装在同一根轴上，按一定方式联结而成（它们的转子绕组接至同一电源，但使两者的相序不同）. 其输出端相电压 $U_2=U_1\left(1-\dfrac{2}{k}\right)\sim U_1\left(1+\dfrac{2}{k}\right)$.

注意　单感应调压器在调节输出电压 $\dot U_2$ 的大小的同时，$\dot U_2$ 的相位也发生变化，且需采取制动措施不让转子旋转. 而双感应调压器只调节 $\dot U_2$ 的大小，不改变其相位，也不必对转子采取制动措施.

23.3　典型例题解析

例 23.1　一台定子绕组 Y 联结的三相异步电机，$2p=6$，$f_N=50\mathrm{Hz}$，$U_N=380\mathrm{V}$，其参数为：$R_1=$

$R_2'=1.6\Omega$, $X_1=X_2'=7.2\Omega$, $R_m=16\Omega$, $X_m=180\Omega$. 现在将该电机接在额定频率、额定电压的电网上，用原动机拖动以 1050r/min 的转速稳态运行. 求：

(1) 此时电机向电网发出的有功功率和从电网吸收的无功功率；

(2) 该电机单独空载运行，发出额定频率的额定电压时，所需的三相 D 联结并联电容器组的每相电容值.

思路与技巧 该电机极对数 $p=3$，在电网频率为 50Hz 时，同步转速 $n_1=1000$r/min. 当由原动机拖动以转速 $n=1050$r/min 运行时，因 $n>n_1$，$s<0$，故电机运行于发电机状态.

要求异步发电机的有功、无功功率，应先利用三相异步电机的 T 型等效电路求出定子电流，然后按照电动机惯例，计算定子从电网吸收的有功功率和无功功率. 此时定子从电网吸收的有功功率为负值，说明电机实际上运行于发电机状态，向电网发出有功功率.

单独运行的异步发电机，励磁所需的无功功率 Q_0 由并联电容器提供. 要求并联电容器组每相电容的值，应先求出发电机的励磁电流 I_0，进而求出无功功率 Q_0. 三相 D 联结的并联电容器组的容量 $Q_C=3U_N^2\omega_N C=Q_0$，由此可求出每相电容 C.

解：(1) 定子额定相电压 $U_1=\dfrac{U_N}{\sqrt{3}}=\dfrac{380}{\sqrt{3}}=220$ (V)

同步转速 $n_1=\dfrac{60f_N}{p}=\dfrac{60\times 50}{3}=1000$ (r/min)

转差率 $s=\dfrac{n_1-n}{n_1}=\dfrac{1000-1050}{1000}=-0.05$

电机的参数为

$$Z_1=R_1+jX_1=1.6+j7.2=7.3756\angle 77.47°\ (\Omega)$$

$$Z_{2s}'=\dfrac{R_2'}{s}+jX_2'=\dfrac{1.6}{-0.05}+j7.2=-32+j7.2=32.8\angle 167.3°\ (\Omega)$$

$$Z_m=R_m+jX_m=16+j180=180.71\angle 84.92°\ (\Omega)$$

根据 T 型等效电路，以定子相电压 $\dot{U}_1$ 为参考相量，可求得定子相电流为

$$\dot{I}_1=\dfrac{\dot{U}_1}{Z_1+\dfrac{Z_{2s}'Z_m}{Z_{2s}'+Z_m}}=\dfrac{220\angle 0°}{1.6+j7.2+\dfrac{32.8\angle 167.3°\times 180.71\angle 84.92°}{-32+j7.2+16+j180}}=6.54\angle -144.9°\ (A)$$

按照电动机惯例，电机从电网吸收的有功功率为

$$P_1=3U_1I_1\cos\varphi_1=3\times 220\times 6.54\cos 144.9°=-3531\ (W)$$

P_1 为负值，表示异步电机实际上运行于发电机状态，向电网发出有功功率 3531W.

电机从电网吸收的滞后无功功率为

$$Q_1=3U_1I_1\sin\varphi_1=3\times 220\times 6.54\sin 144.9°=2482\ (var)$$

(2) 该电机单独空载运行，发出额定频率的额定电压时，励磁电流为

$$\dot{I}_0=\dfrac{\dot{U}_1}{Z_1+Z_m}=\dfrac{220\angle 0°}{1.6+j7.2+(16+j180)}=\dfrac{220\angle 0°}{188\angle 84.63°}=1.17\angle -84.63°\ (A)$$

电机需要的无功功率 $Q_0=3U_1I_0\sin\varphi_0=3\times 220\times 1.17\times\sin 84.63°=768.8$ (var)

并联电容器组的容量 $Q_C=3U_N^2\omega_N C=Q_0=768.8$var

三相 D 联结并联电容器组的每相电容为

$$C=\dfrac{Q_C}{3U_N^2\omega_N}=\dfrac{Q_C}{3U_N^2\times 2\pi f_N}=\dfrac{768.8}{3\times 380^2\times 2\pi\times 50}=5.649\times 10^{-6}\ (F)=5.649\ (\mu F)$$

提示 本题(2)还有一种解法.

设三相 D 联结的并联电容器组每相电流为 I_C，则并联电容器组的容量为

$$Q_C=3U_N I_C=Q_0=768.8\text{var}$$

每相电流 $I_C = \dfrac{Q_C}{3U_N} = \dfrac{768.8}{3 \times 380} = 0.6744$ (A)

每相容抗 $X_C = \dfrac{U_N}{I_C} = \dfrac{380}{0.6744} = 563.46$ (Ω)

每相电容 $C = \dfrac{1}{\omega_N X_C} = \dfrac{1}{2\pi f_N X_C} = \dfrac{1}{2\pi \times 50 \times 563.46} = 5.649 \times 10^{-6}$ (F) $= 5.649$ (μF)

23.4 思考题及其解答

23-1 画出表示异步发电机各种功率和损耗的分配、传递情况的功率流程图.

答: 三相异步发电机的功率流程图如图 23-1 所示.

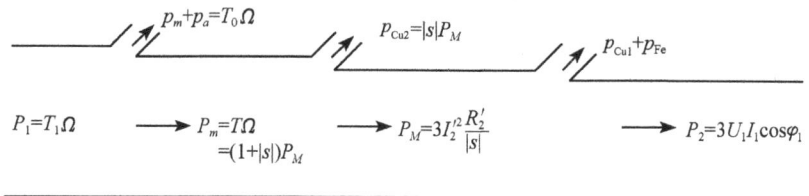

图 23-1

23-2 并网运行的异步发电机能否发出滞后的无功功率? 为什么?

答: 并网运行的异步发电机, 其励磁电流需要由电网供应, 即需要从电网吸收滞后无功功率来建立气隙磁场, 因此不能发出滞后的无功功率.

23.5 习题及其解

23-1 一台三相4极、星形联结的异步电动机, 并联在额定电压 $U_N = 380$V、频率 $f = 50$Hz 的电网上. 已知电机的参数为 $R_1 = 0.488\Omega$, $X_1 = 1.2\Omega$, $R_m = 3.72\Omega$, $X_m = 39.5\Omega$, $R_2' = 0.408\Omega$, $X_2' = 1.333\Omega$, 现由原动机拖动使转子转速为 1550r/min 作发电机运行.

(1) 计算转差率 s;
(2) 求电机发出的有功功率 P_2、无功功率 Q 及其性质;
(3) 求电机的电磁功率 P_M 及能量转换方向;
(4) 计算电机转子吸收的机械功率 P_m;
(5) 设电机的机械损耗与附加损耗之和为 0.14kW, 求原动机输入给电机的机械功率 P_1.

解: (1)
$$s = \frac{n_1 - n}{n_1} = \frac{1500 - 1550}{1500} = -0.0333$$

(2) 为计算方便, 采用简化等效电路.

$$\dot{I}_0' = \frac{\dot{U}_1}{R_1 + R_m + j(X_1 + X_m)} = \frac{220}{(0.488 + 3.72) + j(1.2 + 39.5)}$$
$$= 5.38\angle -84.097°\,(A)$$

$$-\dot{I}_2' = \frac{\dot{U}_1}{\left(R_1 + \dfrac{R_2'}{s}\right) + j(X_1 + X_2')} = \frac{220}{\left(0.488 + \dfrac{0.408}{-0.0333}\right) + j(1.2 + 1.333)}$$
$$= \frac{220}{-11.76 + j2.53} = \frac{220}{12.03\angle 167.86°} = 18.29\angle -167.86°\,(A)$$

$$\dot{I}_1 = \dot{I}'_0 - \dot{I}'_2 = 19.62\angle -152.05°(\text{A})$$

按电动机惯例计算出输入有功功率为

$$3U_1 I_1 \cos\varphi_1 = 3\times 220\times 19.62\cos 152.05 = -11439(\text{W})$$

即输出有功功率 $P_2=11439\text{W}$.

吸收无功功率为

$$3U_1 I_1 \sin\varphi_1 = 3\times 220\times 19.62\sin 152.05 = 6069(\text{var})（滞后）$$

即发出无功功率 $Q=-6069\text{var}$（超前）.

(3) 电磁功率 $$P_M = 3I'^2_2 R'_2/s = 3\times 18.29^2 \times \frac{0.408}{-0.0333} = -12296\,(\text{W})$$

因为按电动机惯例计算出的电磁功率为负，所以能量转换方向是从转子到定子或者说由机械功率转换为电功率.

(4) 转子输出的机械功率为

$$3I'^2_2 R'_2\frac{1-s}{s} = 3\times 18.29^2 \times 0.408 \times \frac{1.0333}{-0.0333} = -12705(\text{W})$$

即转子吸收的机械功率 $P_m = 12705\text{W}$.

(5) 原动机输入给电机的功率为

$$P_1 = P_m + p_m + p_a = 12705 + 140 = 12845(\text{W})$$

23-2 将一台三相移相器的定、转子对应相的线圈串联起来，作三相可调电抗器用，并使其定、转子各自产生的基波磁动势 F_1 与 F_2 同向旋转。设定子 A_1 相在空间上超前于转子 A_2 相线一个电角度 β，定、转子每相有效匝数分别为 $N_1 k_{dp1}$，$N_2 k_{dp2}$，且 $N_2 k_{dp2} = \frac{1}{\sqrt{3}} N_1 k_{dp1}$，忽略绕组漏电抗，当绕组中有电流 I 时，求合成基波磁动势的幅值为多少？

解：

$$\dot{F}_2 = \frac{4}{\pi}\times \frac{3}{2}\frac{N_2 k_{dp2}}{2p}\sqrt{2}\dot{I}$$

$$\dot{F}_1 = \frac{4}{\pi}\times \frac{3}{2}\frac{N_1 k_{dp1}}{2p}\sqrt{2}\dot{I}\angle\beta = \sqrt{3}\dot{F}_2\angle\beta$$

合成磁动势为

$$\dot{F} = \dot{F}_2 + \dot{F}_1 = \dot{F}_2 + \sqrt{3}\dot{F}_2\angle\beta$$
$$F^2 = F_2^2 + (\sqrt{3}F_2)^2 - 2\sqrt{3}F_2^2\cos(180°-\beta) = 4F_2^2 + 2\sqrt{3}F_2^2\cos\beta = F_2^2(4+2\sqrt{3}\cos\beta)$$
$$F = F_2\sqrt{4+2\sqrt{3}\cos\beta} = \frac{4}{\pi}\times\frac{3}{2}\frac{N_2 k_{dp2}}{2p}\sqrt{2}I\sqrt{4+2\sqrt{3}\cos\beta}$$

23-3 一台三相单感应调压器，转子绕组接电网，电网线电压为400V，已知定子每相有效匝数为30，转子每相有效匝数为126，求这台感应调压器的调压范围.

解： 转子每相相电压为 $\frac{400}{\sqrt{3}}\text{V}$；定子每相相电压为 $\frac{400}{\sqrt{3}}\times\left(\frac{30}{126}\right)\text{V}$；输出每相最大相电压为 $\frac{400}{\sqrt{3}}\times\left(1+\frac{30}{126}\right)\text{V}$；输出每相最小相电压为 $\frac{400}{\sqrt{3}}\times\left(1-\frac{30}{126}\right)\text{V}$.

输出最大线电压为 $400\times\left(1+\frac{30}{126}\right) = 495$ （V）

输出最小线电压为 $400\times\left(1-\frac{30}{126}\right) = 305$ （V）

即调压器的调压范围为 305～495V.

*第六篇 特种电机

第二十四章 自控式同步电动机

24.1 学习目标

基本要求:
(1) 了解同步电动机调速系统的类型和特点.
(2) 了解交直交自控式同步电动机的组成、工作原理和运行性能.
(3) 了解交交变频同步电动机的工作原理.

24.2 基本知识点

1. 同步电动机调速系统的分类

根据电源频率控制方式的不同,同步电动机调速系统分为他控式和自控式两种.

(1) 他控式同步电动机:同步电动机的交流电源的频率 f_1 是由外部给定的,通过改变 f_1 来改变电机转速 n_1. 一般采用开环控制,运行中可能存在转子振荡和失步问题.

(2) 自控式同步电动机:同步电动机的变频电源的输出频率是由电动机本身的转速决定的,并与转子的转速协调变化,在运行过程中不存在转子失步问题.

2. 交直交自控式同步电动机的组成和工作原理

(1) 组成:由晶闸管交直交变频器、三相同步电动机和转子位置检测器组合而成,如教材图 24-1 所示.

(2) 工作原理:由转子位置检测器发出转子位置信号,经过触发控制电路控制逆变器中各晶闸管的导通状态. 逆变器通常采用三相六拍供电方式,在每一时刻都有两个晶闸管同时导通,转子在空间每转过 60°电角度,就改变一次晶闸管导通状态,使三相绕组的通电次序变化即换相一次(每次都是两相绕组通电,另一相不通电). 晶闸管的开通次序为 $A \rightarrow Z \rightarrow B \rightarrow X \rightarrow C \rightarrow Y$,每个晶闸管在一周期内持续导通 120°电角度;相应地,三相绕组的通电次序为 $AB \rightarrow AC \rightarrow BC \rightarrow BA \rightarrow CA \rightarrow CB$. 定子磁动势 F_a 的大小始终保持不变,但每换相一次,F_a 在空间转过 60°电角度,因此 F_a 和转子磁动势 F_f 的空间夹角在 120°~60°电角度间变化,其平均值为 90°;F_a 和 F_f 相互作用,产生最大电磁转矩 T,拖动转子持续旋转.

注意 转子磁动势 F_f 为连续旋转的磁动势,而定子磁动势 F_a 是步进式旋转的磁动势.

3. 交直交自控式同步电动机的运行性能

(1) 转速公式:
$$n = \frac{E_D - I\sum R}{K_e\phi\cos\left(\gamma - \frac{\mu}{2}\right)\cos\frac{\mu}{2}}$$

式中,E_D 是整流器输出的直流电压;I 是流入电机的电流;$\sum R$ 是等效电阻,包括整流器平波电抗器电阻、逆变器两个导通晶闸管的正向电阻以及电机的两相电阻；K_e 是电动势常数；ϕ 是同步电机每极气隙磁通量；γ 是实际换流超前角；μ 是换流重叠角.

(2) 转矩公式：$T = K_T \phi I \cos\left(\gamma - \dfrac{\mu}{2}\right) \cos \dfrac{\mu}{2}$（$K_T = \dfrac{60}{2\pi} K_e$，为转矩常数）.

(3) 机械特性表达式：$n = \dfrac{E_D}{K_e \phi \cos\left(\gamma - \dfrac{\mu}{2}\right) \cos \dfrac{\mu}{2}} - \dfrac{\sum R}{K_e K_T \phi^2 \cos^2\left(\gamma - \dfrac{\mu}{2}\right) \cos^2 \dfrac{\mu}{2}} T$

(4) 调速方法

常用的调速方法有：①调节整流器输出的直流电压 E_D，其效果类似于直流电动机调压调速. ②调节电动机的励磁电流 I_f，一般用于弱磁升速.

此外，还可以通过改变换流超前角 γ、改变电枢回路电阻来调速，但较少采用.

4. 交交变频同步电动机的工作原理

(1) 交交变频器：无中间直流环节，直接将工频交流电变换成频率、电压均可调的交流电的变频装置，由多组相控晶闸管整流电路组成.

(2) 单相交交变频器：由正、反两组反并联的三相桥式可控整流电路组成，让正组桥、反组桥按一定频率交替工作，负载就可以得到该频率的交流电. 改变两组整流电路的切换频率，就可以改变输出频率；改变整流电路的控制角，就可以改变交流输出电压的幅值.

(3) 三相交交变频器供电的同步电动机：三相交交变频器由三组输出电压相位互差 120° 的单相交交变频器组成，其控制原理与单相交交变频器相同. 每相由一台三相双绕组变压器供电，输出频率 f 低，多用于 $f < f_1 / 3$ 的场合，主要用于低速大容量同步电动机调速系统.

24.3 思考题及其解答

24-1 自控式同步电动机与传统的他控式同步电动机的主要区别是什么？

答：自控式同步电动机与传统的他控式同步电动机的主要区别是电源频率的控制方式不同.

传统的他控式同步电动机运行时，其交流电源的频率即定子频率 f_1 是给定的，电动机稳态转速是由 f_1 和电机极对数 p 决定的同步转速 n_1，$n_1 = 60 f_1 / p$. f_1 可根据对电机转速 n_1 的需要来确定；通过改变 f_1，就可以改变电动机的同步转速. 他控式同步电动机调速系统一般采用开环控制，运行中可能存在转子振荡和失步问题.

自控式同步电动机采用变频电源（变频器或逆变器）供电，变频电源的输出频率不是给定的，而是由电动机本身的转速决定的，不能独立调节. 通常在电动机转子上安装磁极位置检测器，用位置检测器发出的脉冲信号控制变频电源中开关器件的开通与关断. 当转速变化时，位置检测器输出信号的频率也变化，使变频电源的输出频率随之改变. 这样，就能使变频电源的输出频率（即定子频率）与转子转速协调变化，所以称为自控式同步电动机. 这种电动机在运行中不存在转子失步问题.

24-2 交直交自控式同步电动机也称为直流无换向器电动机，试简述其电子换相原理.

答：交直交自控式同步电动机由交直交变频器、三相同步电动机和转子位置检测器组合而成. 通过转子位置检测器发出的转子位置信号来控制变频器开关器件的开通时刻，从而控制定子（电枢）三相绕组的通电次序. 这就是没有机械换向器的电子换相，它类似于普通直流电机中电枢绕组元件电流通过机械换向器的换向情况.

通过电子换相，可以根据转子位置的变化，使电枢磁动势 F_a 相应地在空间转过一定的角度，以保证 F_a 和转子磁动势 F_f 的空间夹角 δ 在 120°～60° 间变化，即 δ 的平均值为 90°，从而产生最大的电磁转矩.

24-3 采用交直交电源供电的自控式同步电动机所产生的电枢磁动势与常规三相电网供电的同步电动机所产生的电枢旋转磁动势有什么不同？对电机的电磁转矩会有什么影响？

答：常规三相电网供电的同步电动机，电枢三相绕组中通以对称交流电流所产生的电枢磁动势，在电流幅值一定时，主要是一个基波圆形旋转磁动势，其幅值不变，以同步转速 n_1 在空间连续旋转. 在稳态时，电磁转矩是恒定值.

采用交直交电源供电的自控式同步电动机，其三相电枢绕组的通电情况是由交直交变频电源决定的. 变频电源一般采用三相 6 拍导通方式，每一瞬间都有二相绕组同时通电，另一相不通电；每经过 60°时间电角度换相一次. 因此，电枢绕组产生的磁动势是步进式的旋转磁动势. 而在稳态运行时，转子磁动势是随转子连续旋转的. 因此，即使在电枢电流大小一定时，电磁转矩也不是恒定的，而是有脉动的.

24-4 自控式同步电动机的电磁转矩公式与直流电动机的电磁转矩公式有何相同之处？有何不同之处？

答：直流电动机当电刷位于几何中性线时，电枢磁动势轴线与励磁磁动势轴线在空间总是相距 90°电角度，电磁转矩公式为 $T=C_t\Phi I_a$（其中，C_t 为转矩常数），可以分别通过调节主磁通 Φ 和电枢电流 I_a 来调节电磁转矩的大小.

自控式同步电动机的电磁转矩公式为

$$T = K_T \Phi I_a \cos\left(\gamma - \frac{\mu}{2}\right) \cos\frac{\mu}{2}$$

可见，二者的电磁转矩都与气隙磁通量 Φ、电枢电流 I_a 成正比. 不同之处是：自控式同步电动机的电磁转矩除了与 Φ、I_a 有关外，还与换流超前角 γ 关系较大. 换流超前角的存在，相当于直流电机中移动了电刷的位置，使换向时刻提前. 一般情况下，$\gamma=0$，此时，电磁转矩公式与直流电动机的类似，产生的电磁转矩最大；若增大 γ，则电磁转矩的平均值减小，电磁转矩随时间的脉动增大.

24-5 自控式同步电动机运行时调节励磁电流的作用与一般他控式同步电动机调节励磁的作用有什么不同？

答：一般他控式同步电动机，由于电源电压和频率不变，电机的气隙磁通基本不变，因此调节励磁电流只能改变电机的无功功率，达到调节电机功率因数的目的. 自控式同步电动机在调节励磁电流时，电机的功率因数不会有很大变化，但可以改变电机的气隙磁通量，使电机的电磁转矩、转速发生变化.

24-6 自控式同步电动机的调速方法有几种？

答：由自控式同步电动机的转速公式 $n = \dfrac{E_D - I\sum R}{K_e \Phi \cos\left(\gamma - \frac{\mu}{2}\right)\cos\frac{\mu}{2}}$ 可知，其调速方法可有如下四种：

（1）调节电源电压 E_D（即整流器输出的直流电压）

通过调节整流器晶闸管的触发角 α，可调节整流器输出电压 E_D，转速 n 随 E_D 的降低而下降，其效果与他励直流电动机调压调速一样.

（2）调节励磁电流 I_f

改变电动机的励磁电流 I_f，可调节电机的气隙磁通量 Φ，从而实现调速. 一般转速 n 随 Φ 的减小而升高，即弱磁升速.

（3）改变电枢回路电阻 $\sum R$

转速 n 随电枢回路串联电阻 $\sum R$ 的增大而降低. 这相当于直流电动机电枢回路串电阻调速. 这种方法通常耗能较大.

（4）调节换流超前角 γ

控制变频电源开关器件的开通时刻，改变电机的换流超前角 γ. γ 越大，电枢反应去磁作用就越强，转速会升高.

一般常用前两种方法，后两种方法较少应用.

第二十五章 永磁电机

25.1 学习目标

基本要求：

(1) 了解永磁材料的种类及其特性.
(2) 了解永磁无刷直流电动机的组成和工作原理.

25.2 基本知识点

1. 永磁电机的定义和特点

(1) 永磁电机：是指用永久磁铁做成磁极、建立励磁磁场的电机.
(2) 永磁电机的优点：①没有励磁损耗，效率较高.②没有励磁绕组，可减小电机的体积和重量.③励磁部分结构简单，可提高电机运行的可靠性.
(3) 永磁电机的缺点：①励磁不能调节.②永磁材料硬脆，机械加工困难，高温下会出现退磁现象.

2. 永磁材料的特性

(1) 永磁材料的去磁曲线：是指永磁材料的磁滞回线位于第二象限的部分，它是永磁材料的基本特性曲线.
(2) 永磁材料的磁性能：常用剩磁磁通密度 B_r、矫顽力 H_c 和最大磁能积 $(BH)_{max}$ 等指标来衡量. 通常 B_r、H_C 和 $(BH)_{max}$ 这三项指标越高，永磁材料的磁性能越好.
(3) 永磁材料的种类及其特性
①铝镍钴系永磁材料：剩磁磁通密度高，机械强度好，最大磁能积较高，但矫顽力低.
②铁氧体永磁材料：矫顽力较高，但剩磁磁通密度和最大磁能积较小，机械强度差.
③稀土永磁材料：剩磁磁通密度、矫顽力、最大磁能积均很高，但机械性能较差.
(4) 回复线：对永磁材料在 $H=0$ 和 $H=H_d$（$H_d<H_c$）间多次反复磁化所形成的小回线称为次磁滞回线. 其上升、下降曲线很接近，可用一条直线来近似表示，称为回复线.
(5) 永磁体的工作点

永磁体提供的磁动势和磁通分别等于其外磁路上的磁动势和磁通. 因此，永磁电机空载运行时，永磁体的工作点是永磁材料回复线与其外磁路磁化特性（B-H 曲线）的交点.

永磁电机负载运行时，电枢电流产生电枢反应磁动势 F_a，其直轴分量 F_{ad} 对永磁体起去磁或增磁作用. F_{ad} 产生的磁场强度为 H_{ad}，当 F_{ad} 起去磁、增磁作用时，将空载时的外磁路 B-H 曲线分别向左、右平移 H_{ad} 后，与回复线的交点就是永磁体的负载工作点.

3. 永磁电机及其结构特点

(1) 永磁直流电机：定子磁极为永磁体.
(2) 永磁同步发电机：转子极身由永磁体构成，转子极靴则由硅钢片叠成.

4. 永磁无刷直流电动机

（1）基本结构：由交直交变频电源、永磁同步电动机、转子位置传感器以及驱动控制器等部件组成.

（2）工作原理：控制电路对转子位置传感器发出的位置信号进行逻辑变换后产生 PWM 信号，通过驱动电路控制逆变器中各功率开关管的导通和关断，使定子各相绕组电流和感应电动势同相位，这样按一定顺序给定子三相绕组轮流通电，产生跳跃式的旋转磁场，与转子磁极相互作用而产生最大电磁转矩，拖动转子沿某一方向连续旋转.

注意 无刷直流电动机的定子磁场每隔一定电角度跳跃前进一步，而转子磁场是随转子沿某一方向连续旋转的，定、转子磁场的平均速度是相同的，保持"同步".

（3）基本电磁关系

①电压方程式：$u_k = R i_k + (L-M) \dfrac{\mathrm{d} i_k}{\mathrm{d} t} + e_k$

式中，u_k、i_k、e_k（$k=a, b, c$）分别为定子绕组各相电压、电流和感应电动势的瞬时值；R、L、M 分别是定子每相绕组的电阻、自感和互感.

②电磁转矩公式

表达式：$T_e = \dfrac{e_a i_a + e_b i_b + e_c i_c}{\Omega}$（$\Omega$ 为电机转子的机械角速度）

计算公式：$T_e = K_T \Phi I_m$（K_T 为转矩系数；Φ 为气隙每极磁通量；I_m 为一相电流最大值）

（4）分类

①方波无刷直流电动机：气隙磁通密度、定子绕组电压和电流均为方波.

②正弦波无刷直流电动机：气隙磁通密度、定子绕组电压和电流均为正弦波.

（5）主要优点

与普通直流电动机相比，永磁无刷直流电动机由于用电子换相代替机械换向，因此运行可靠，维护简便，寿命长；因使用高性能永磁材料做磁极，故电机体积小、重量轻、效率高.

25.3 思考题及其解答

25-1 简述永磁电机的特点.

答：永磁电机不需要励磁绕组及外加直流电源来产生励磁磁动势，可以由永磁磁钢产生电机磁场. 其特点是结构简单、体积小、重量轻、运行可靠、损耗小、效率高，目前已得到越来越广泛的应用. 但永磁材料硬、脆，加工和装配工艺较复杂. 永磁材料在过高温度或过低温度时，在冲击电流产生的电枢反应作用下或在剧烈振动时，有可能产生不可逆退磁（失磁），使电机无法使用.

25-2 永磁电机工作在磁化曲线的哪个象限？它是怎样产生所需要的电机气隙磁通的？

答：永磁电机内没有励磁绕组，不像常规电机可以根据励磁磁动势在电机磁化曲线第一象限上得到电机气隙磁通. 永磁电机工作在磁铁磁滞回线的第二象限——去磁曲线上，它的工作点一般是由电机的空载磁化特性曲线与去磁曲线回复线的交点来确定的. 这个工作点的磁感应强度足够大，才能满足电机气隙磁通的要求.

25-3 永磁电机为了保证电机有良好的磁性能，对磁钢有什么要求？

答：永磁电机工作在永磁材料磁滞回线的去磁曲线上，其中剩磁感应强度 B_r、矫顽力 H_c、相对回复磁导率 μ_m 和最大磁能积 $(BH)_{max}$ 是表征永磁材料的四个重要参数. 一般要求 B_r、H_c、$(BH)_{max}$ 尽可能大些. 一般来说，去磁曲线的凸出系数 γ 大，最大磁能积高，才能用较少的磁钢体积产生所需要的电机磁场，制造出高性能的永磁电机.

25-4 为什么有的永磁电机的转子可以多次取出而不影响其磁性能，而有的转子却不能抽出？

答：这主要是由不同的充磁方法造成的. 如果将电机的永磁体装好后先进行充磁，再将电机的定子和转子装配成整机，这样的电机就可以多次拆装而不影响电机的磁性能．如果先将电机的定子和转子装配成整机后进行充磁，再用过载或短路改变电机永磁体工作的回复线，使电机带负载运行时做到磁稳定，在这种充磁方法下，就不能拆开电机再装上，否则会改变电机的磁性能．

25-5 永磁无刷直流电动机的基本结构是怎样的？它与普通直流电动机相比有何主要优点？

答： 永磁无刷直流电动机主要由交直交变频电源、永磁同步电动机、转子位置传感器以及驱动控制器等部件构成．其最大优点是取消了普通直流电动机的机械换向器，用电子换相来代替，所以不存在运行时的火花问题，运行安全可靠；又因为使用了高性能永磁材料做磁极，所以电机的体积小、重量轻、效率高．

25-6 简述永磁无刷直流电动机的机械特性．

答： 根据永磁无刷直流电动机的电磁转矩公式 $T=K_T\Phi I_a$，可知与普通直流电机电磁转矩公式类似．如果保持电机的端电压不变，机械特性是一条直线．改变端电压可改变机械特性，为一系列平行的直线．电机带负载启动时，当电压从零上升到额定值，转速也从零上升到额定转速，保持电流为最大值，可实现恒转矩调速．

第二十六章 绕线型双馈异步电动机

26.1 学习目标

基本要求：
(1) 了解绕线型双馈异步电动机的运行条件和调速原理．
(2) 了解绕线型双馈异步电动机的五种运行状态和功率关系．
(3) 了解双馈异步电动机调速系统的组成．

26.2 基本知识点

1. 绕线型双馈异步电动机的定义

所谓双馈异步电动机，是指绕线型异步电动机的定、转子三相绕组分别接到两个独立的三相对称交流电源，其中定子绕组直接接到工频电网，而转子绕组则接到电压的幅值、频率和相位都可以根据运行要求分别进行调节的三相对称电源．

2. 双馈异步电动机的调速原理

绕线型异步电动机拖动恒转矩负载以转差率 s 运行时（转子回路未外接电压），在每相转子回路中串入与转子电动势频率相同的三相对称相电压 $\dot{U}_2$，若忽略转子漏电抗，则转子电流为 $\dot{I}_{2a} = \dfrac{s'\dot{E}_2 + \dot{U}_2}{R_2} = \dfrac{s\dot{E}_2}{R_2}$．通过调节 $\dot{U}_2$ 的大小及其相对于转子相电动势 $s\dot{E}_2$ 的相位，不仅可以调节电动机的转速，还可以调节定子侧的功率因数：

(1) $\dot{U}_2$ 与 $s\dot{E}_2$ 反相时：$s' = s + \dfrac{U_2}{E_2}$，转差率增大、转速降低；

(2) $\dot{U}_2$ 与 $s\dot{E}_2$ 同相时：$s' = s - \dfrac{U_2}{E_2}$，转差率减小、转速升高；

(3) $\dot{U}_2$ 与 $-|s|\dot{E}_2$ 反相、同相时：s' 分别为小于、大于 0，转速分别向同步转速以上和以下调节．

(4) $\dot{U}_2$ 与 $s\dot{E}_2$ 相差 90°时：若 $\dot{U}_2$ 超前 $s\dot{E}_2$ 90°，则定子侧功率因数 $\cos\varphi_1$（滞后）提高，$\cos\varphi_1$ 可为 1，甚至变为超前的；若 $\dot{U}_2$ 滞后 $s\dot{E}_2$ 90°，则 $\cos\varphi_1$（滞后）降低．

当 $\dot{U}_2$ 与 $s\dot{E}_2$ 的相位差为其他角度时，可将 $\dot{U}_2$ 分解成两个分量，按上述情况分别考虑．在调速范围较大时，需要考虑转子漏电抗对转子电流大小和相位的影响．

3. 双馈电机的五种各种运行状态及功率关系

在确定双馈电机的运行状态时，为简单起见，仅分析其电磁功率、机械功率和转差功率的流向．忽略定、转子绕组的铜损耗和铁损耗，则转差功率等于转子电源的功率 $m_2 U_2 I_2 \cos\varphi_2'$，电磁功率等于输入功率．可利用相量图进行分析，结果如下表所示．

运行状态	转差率	电磁功率流向	机械功率流向	转差功率流向
次同步速电动	$1>s'>0$	从定子电源输入	从轴上输出	回馈给转子电源
次同步速回馈制动	$1>s'>0$	回馈给定子电源	从轴上输入	从转子电源输入
超同步速电动	$s'<0$	从定子电源输入	从轴上输出	从转子电源输入
超同步速回馈制动	$s'<0$	回馈给定子电源	从轴上输入	回馈给转子电源
倒拉反转	$s'>1$	从定子电源输入	从轴上输入	回馈给转子电源

4. 双馈异步电动机调速系统的组成

双馈异步电动机调速系统由绕线型异步电动机、转子电源变压器、变频器、转子频率检测器和控制系统等部分组成.

转子电源变压器为变频器提供三相工频交流电. 变频器将工频交流电转换为幅值、频率、相位均可调的三相交流电, 供给转子绕组. 转子频率检测器检测转子感应电动势的频率, 为控制器提供转子频率反馈信号.

26.3 思考题及其解答

26-1 什么是双馈异步电动机? 它与一般的绕线型异步电动机的主要区别是什么?

答: 双馈异步电动机是指定、转子三相绕组分别接到两个独立的三相对称电源的绕线型异步电动机, 定子绕组通常接到工频电源, 转子绕组接至电压的幅值、频率和相位都可以调节的独立交流电源.

双馈异步电动机与一般的绕线型异步电动机的主要区别是:

(1) 与交流电源联结关系不同. 一般的绕线型异步电动机, 仅定子绕组接交流电源, 转子绕组是短路的 (或者串入附加电阻之后短路); 而双馈异步电动机转子绕组要通过电力电子变流器再接工频电源 (相当于接了一个可调的交流电源).

(2) 一般的绕线型异步电动机, 励磁电流由定子电源提供, 在转子串接电阻调速时定子功率因数不能调节, 总是滞后的; 而双馈异步电动机不仅能调节转速, 而且能调节定子功率因数, 还可以向电网发出滞后性无功功率.

(3) 一般的绕线型异步电动机只能在同步转速以下运行于电动机状态; 而双馈异步电动机的转速不仅可以低于同步转速, 而且可以等于和超过同步转速.

26-2 如何调节双馈异步电动机的转速? 其转速可以是同步转速或者超过同步转速吗? 为什么?

答: 双馈异步电动机调速的基本思想是在转子回路中串入附加电动势, 通过调节附加电动势的大小、相位, 来调节电动机的转速. 附加电动势的频率应与转子电动势的频率相同, 与转差率成正比. 实际调速系统中, 该附加电动势的作用由转子外接的三相交流电源来实现. 在拖动恒转矩负载时, 如果转子电源相电压 $\dot{U}_2$ 与转子相电动势 $s\dot{E}_2$ 反相 (转子侧采用电动机惯例, $\dot{E}_2$ 与转子相电流 $\dot{I}_2$ 正方向相同; U_2、E_2、I_2 均为折合到定子侧的值), 则电动机实际运行的转差率 $s'=s+\dfrac{U_2}{E_2}$ (不计转子漏电抗), 即可使转差率增大、转速降低. 当 $\dot{U}_2$ 与 $s\dot{E}_2$ 同相时, $s'=s-\dfrac{U_2}{E_2}$, 即可使转差率减小、转速升高. 此时, 只要使 $U_2=sE_2$, 就可使电动机转差率 $s'=0$, 即运行于同步转速; 当 $U_2>sE_2$ 时, 可使电动机转差率 $s'<0$, 即转速超过同步转速. 所以, 需要特别注意: 一般异步电机 (转子绕组短路) 中根据转差率的符号来判断电机运行状态的方法对于双馈异步电机是不成立的.

26-3 怎样调节双馈异步电机的有功功率和无功功率?

答: 通过调节双馈异步电机转子电源电压 (或电流) 的频率、幅值和相位, 可以调节有功功率和无功功率. 具体来说，转子电源频率在任何情况下都应保持与转子感应电动势的频率相同. 而转子有功、无功电流都由两部分电流组成：一是转差电动势 $sÉ_2$ 产生的电流；二是外接电源电压 $Ú_2$ 产生的电流. 也就是说，转子电流的有功、无功分量都与 $Ú_2$ 的幅值和相位有关，因此，调节电压 $Ú_2$ 的幅值及其相位，都能改变转子有功、无功电流的大小，从而改变有功功率和无功功率.

26-4 试比较一般的绕线型异步电机和双馈异步电机运行于电动状态时的功率平衡关系.

答：一般绕线型异步电机运行于电动状态时，转差率 s 总是 $0<s<1$，定子从交流电源输入电功率，转子获得电磁功率；电磁功率扣除成为转子回路铜损耗的转差功率，即是转子获得的机械功率. 当拖动恒转矩负载，转子回路串接附加电阻使转速降低时，转子机械功率减小，减小的功率等于附加电阻上消耗的电功率.

双馈异步电机运行于电动状态时，转速可以低于同步转速（$s>0$），也可以高于同步转速（$s<0$）. 两种情况下，电磁功率和机械功率的传递方向都与一般绕线型异步电动机的相同，不同的是转子回路的转差功率. 转差功率一部分是转子绕组的铜损耗，这与一般绕线型异步电动机中的相同；另一部分是转子外接电源的功率，它相当于一般绕线型异步电动机转子回路串接的附加电阻上的功率，但并不作为铜损耗被消耗掉，而是回馈给转子电源（$s>0$ 时），或者从转子电源输入到转子（$s<0$ 时）.

26-5 简述双馈异步电动机调速系统的构成.

答：双馈异步电动机调速系统主要由绕线型异步电机、转子电源变压器、电力电子变流器及其控制系统组成. 变压器为变流器提供工频交流电源；变流器与电机转子绕组相接，为转子提供幅值、频率及相位均可调的对称交流电源，通常是由晶闸管构成的交交变频器或者由自关断器件构成的交直交变频器.

第二十七章 开关磁阻电机调速系统

27.1 学习目标

基本要求：
(1) 了解开关磁阻电机调速系统的组成及工作原理．
(2) 了解开关磁阻电动机的分析方法．
(2) 掌握开关磁阻电动机的典型机械特性和控制方法．

27.2 基本知识点

1. 开关磁阻电机调速系统的组成

开关磁阻电机调速系统由四部分组成：开关磁阻电机、功率变换器、检测器（包括转子位置检测和电流检测）和控制器．

(1) 开关磁阻电机的结构特点：①双凸极结构，即定、转子铁心均为由硅钢片叠成的凸极结构，且定、转子极数 N_s、N_r 不相等，通常 $N_r=N_s-2$；②定子绕组为集中绕组，径向相对的两个定子极上的绕组串联在一起，组成电路上的一相；③转子上没有绕组．

(2) 功率变换器：功率变换器主要由功率半导体开关器件及其驱动电路构成，在控制器的作用下，通过开关器件的导通或关断，使电机各相绕组依次轮流通电．

(3) 检测器：转子位置检测器向控制器提供转子位置信息，同时也为转速控制环节提供转速反馈信号和转向信息；电流检测器向控制器提供电流反馈信号．

(4) 控制器：控制器根据检测器提供的转子位置、转速和电流等反馈信息，按照转速指令等外部指令，控制功率变换器中开关器件的导通与关断，决定各相绕组的通电次序并对绕组电流进行控制．

2. 开关磁阻电动机的基本运行原理

开关磁阻电动机的运行遵循"磁阻最小原理"，即磁通总要沿磁阻最小的路径闭合．若磁力线被扭曲，则定子、转子极间就产生磁拉力，产生电磁转矩使转子向磁阻最小位置转动．

3. 开关磁阻电动机的运行分析

(1) 一相绕组电感

为简化分析，忽略磁路饱和的影响，则一相绕组电感 L 与相电流 i 的大小无关，仅随转子位置角 θ 的变化而变化．若忽略极尖磁场的边缘效应，则 L 随转子的转动在其最大值 L_{max} 和最小值 L_{min} 间呈梯形波周期性地变化，变化周期为一个转子极距，如教材图 27-3 所示．

(2) 一相绕组电流

对于结构一定的开关磁阻电动机，当直流电源电压 U、转子角速度 ω 为常数时，可以根据电压方程式和电感 L 的变化规律求出一相绕组电流 i 的波形．该波形主要取决于开通角 θ_{on} 和关断角 θ_{off}．调节 θ_{on} 可以改变 i 的波形和峰值，调节 θ_{off} 可以改变 i 波形的宽度．

(3) 电磁转矩

开关磁阻电动机的瞬时电磁转矩为：$T(i,\theta) = \frac{1}{2}i^2\frac{dL}{d\theta}$.

在一个通电周期内的平均电磁转矩为：$T_{av} = \frac{N_s N_r}{4\pi}\left(\frac{U}{\omega}\right)^2 \bar{\theta}(\theta_{on}, \theta_{off}, L_{max}, L_{min})$.

在 U、θ_{on} 和 θ_{off} 一定时，函数 $\bar{\theta}(\theta_{on}, \theta_{off}, L_{max}, L_{min})$ 也为常数，则 T_{av} 与 ω^2 成反比.

注意 ①开关磁阻电机的电磁转矩是由于转子转动时磁路的磁阻变化而产生的，电感 L 对转子位置角 θ 的变化率越大，产生的电磁转矩 T 就越大.

②开关磁阻电机电磁转矩的方向仅取决于电感 L 随转子位置角 θ 的变化情况，与电流的方向无关. 在电感 L 随 θ 增加而增大、减小的阶段给绕组通电，可分别产生拖动、制动性质的电磁转矩. 因此通过控制绕组通电的时刻，就可控制电磁转矩.

③增大开关磁阻电机相电流，可以提高其电磁转矩.

4. 开关磁阻电动机的控制方法

(1) 电流斩波控制：控制器将相电流检测值 i 与其给定值 i^* 进行比较，在 i 升至 $i^* + \Delta i$ 时将该相开关器件关断（绕组断电），在 i 降至 $i^* - \Delta i$ 时使该相开关器件重新导通（绕组通电），从而使相电流维持在给定值 i^* 上下. 当取 Δi 很小时，可使平均电磁转矩基本不变.

(2) 角度控制：通过改变 θ_{on} 和 θ_{off} 来改变相电流的波形，进而改变电磁转矩.

(3) 电压控制：通过改变直流电源电压 U 的大小来改变电磁转矩.

5. 开关磁阻电动机的机械特性和调速系统的控制策略

开关磁阻电动机的典型机械特性如教材图 27-9 所示：从静止到转速 ω_b 具有恒转矩特性；在转速 ω_b 以上具有恒功率特性；在恒功率特性的转速上限以上，具有自然串励特性.

相应地，开关磁阻电机调速系统的控制策略如下：

(1) 低速运行时采用电流斩波控制：相电流 i 与转速 ω 成反比，因此在低速时（转速低于 ω_b），采用电流斩波控制，通过调节电流给定值 i^* 来限制相电流并得到恒转矩特性.

(2) 高速运行时采用角度控制方法：当转速高于 ω_b 时，采用角度控制方法. 通常固定 θ_{off}，通过调节 θ_{on} 使 T_{av} 与 ω 成反比，可在较宽的速度范围内得到恒功率特性.

当转速高于恒功率特性的转速上限时，为防止开关器件连续导通，导通角就不能再增加，这时 U、θ_{on}、θ_{off} 固定，机械特性为自然串励特性（与串励直流电动机的机械特性类似）.

注意 对于给定的开关磁阻电动机，在最高外施电压 U_{max}、最大允许磁链 ψ_{max} 与最大电流 i_{max} 条件下，存在一个临界速度 ω_b，它是电动机能产生最大转矩的最高速度（或最大功率下的最小转速）.

27.3 思考题及其解答

27-1 开关磁阻电机的主要结构特点是什么？其定、转子极的数量能否相同或者为整数倍关系？

答：开关磁阻电机的结构和工作原理与传统的交、直流电机有根本的区别，它的主要结构特点是：①双凸极结构，即定、转子铁心都是由硅钢片叠成的凸极结构，转子上既没有任何绕组，也没有永磁体；②定子采用集中绕组，即每个定子极上布置一个集中绕组，在直径方向相对的两个定子极上的绕组串联在一起，组成电路上的一相.

为了使转子旋转时定、转子间磁阻变化较大，产生所需的电磁转矩，开关磁阻电机定、转子极的数量应不相同，也不能是整数倍关系. 由于定、转子极数相近时可加大磁路磁阻的平均变化率，从而增大电磁转矩，再考虑到结构设计的合理性，因此，最常用的定、转子极数关系就是 $N_s = N_r + 2$（N_s、N_r 分别为定、转子极数），如 8/6 极、6/4 极等．

27-2 开关磁阻电机调速系统由哪几部分构成？它们分别起什么作用？

答：开关磁阻电机调速系统由四部分组成：开关磁阻电动机、功率变换器、检测器（包括电流检测和转子位置检测）和控制器．

开关磁阻电动机是开关磁阻电机调速系统中的执行元件，用于将电功率转换为机械功率．功率变换器为开关磁阻电动机提供所需的电功率，主要由电力电子器件及其驱动电路组成．转子位置检测器用于产生控制器所需的电机转子位置、转速和转向信息；电流检测器向控制器提供定子电流反馈信号．控制器是整个调速系统的指挥中心，它根据转子位置检测器、电流检测器等提供的反馈信号以及外部输入的控制指令，按照预先设定的控制策略，控制功率变换器中开关器件的工作状态（导通或关断），从而使各相绕组按一定规律轮流通电，实现转矩与转速的调节、各种运行方式和保护功能．需要指出的是：开关磁阻电机电磁转矩的大小及方向与定、转子极的相对位置密切相关，为了实现对电机转矩的有效控制，必须向控制器提供准确的转子位置信息，因此，转子位置检测是开关磁阻电机调速系统中至关重要的环节．

27-3 开关磁阻电机的电磁转矩是什么性质的？为什么它一般都采用双凸极结构而不采用单凸极（仅转子是凸极）的结构？

答：开关磁阻电机的电磁转矩是基于磁路中的磁通总要沿磁阻最小的路径闭合这一原理而产生的，是磁阻性质的．它要求电机转子位置改变时磁路的磁阻是变化的，而且变化幅度越大，产生的电磁转矩就越大．所以，开关磁阻电机都采用定、转子双边凸极的结构，以尽可能加大磁阻的变化而产生较大的电磁转矩．

27-4 改变开关磁阻电动机绕组电流方向是否会改变其转向？为什么？怎样才能改变它的转向？

答：开关磁阻电动机转子的转向取决于其电磁转矩的方向，而电磁转矩的方向取决于定、转子极的相对位置，与电流方向无关．或者说，改变绕组电流方向，只是磁力线方向改变了，并不能改变磁通所走的路径，即不会改变因磁通沿磁阻最小路径闭合而产生的电磁转矩的方向．所以，改变绕组电流方向不能改变其转向．

要改变电动机的转向，应该改变定子各相绕组轮流通电的顺序（这个顺序应与转子位置检测器的信号相一致）．例如，对于四相 8/6 极开关磁阻电动机，如果定子各相绕组通电顺序是 A—B—C—D，此时转子为正转，则将通电顺序反过来，即为 D—C—B—A 时，转子就会反转．

27-5 开关磁阻电动机在低速和高速运行时应分别采用什么控制方式？两种方式下分别可以产生怎样的机械特性？开关磁阻电动机的自然机械特性又是怎样的？

答：开关磁阻电动机在低速运行时，采用电流斩波控制．此时电动机的开通角 θ_{on} 固定在电动机效率最高或转矩脉动最小的位置，通过调节斩波电流给定值，使电动机机械特性保持为恒转矩特性．在高速运行时，为了得到较大的电磁转矩，须增大导通角，为此，采用角度控制法，通过调节 θ_{on} 的大小，使平均电磁转矩 T_{av} 与转速 n 成反比，电磁功率 P_M 不随 n 改变，即机械特性为恒功率特性．

开关磁阻电动机的自然机械特性，又称固有机械特性，是指当绕组电压 U、开通角 θ_{on}、关断角 θ_{off} 不变时的机械特性．此时，$T_{av} \propto 1/n^2$，$P_M \propto 1/n$．转矩、功率与转速的这种关系类似于串励直流电动机的特性，故也称之为自然串励特性．

高速运行中采用角度控制法，导通角增大到一定值时，为了防止功率开关器件连续导通，就不能继续增加了．此时，电压 U 和 θ_{on}、θ_{off} 都固定（导通角保持在最大值），因而电动机的机械特性呈自然串励特性．

参 考 文 献

李发海,王岩.2005.电机与拖动基础.3版.北京:清华大学出版社
李发海,朱东起.2013.电机学.5版.北京:科学出版社
孙旭东,王善铭.2007.电机学学习指导.北京:清华大学出版社
严震池.2003.电机学同步训练.北京:中国电力出版社
阎治安,崔新艺.2003.电机学(含拖动基础)重点难点及典型题解析.西安:西安交通大学出版社
章名涛.1973.电机学(上、下册).北京:科学出版社
朱东起.1995.电机学(上、下册).北京:中央广播电视大学出版社